P. JAZET. e!

ROUMANIE

D'ANDRINOPLE A BALTA-LIMAN (1829-1849)

RÈGNE
DE
BIBESCO

CORRESPONDANCE ET DOCUMENTS
1843-1856

PAR LE PRINCE
GEORGES BIBESCO

TOME PREMIER

PARIS
LIBRAIRIE PLON
E. PLON, NOURRIT et Cie, IMPRIMEURS-ÉDITEURS
10, RUE GARANCIÈRE

1893
Tous droits réservés

L'histoire d'une époque se présente rarement dégagée des erreurs de fait ou de dates, des appréciations inexactes ou passionnées, si elle n'a pas subi la maturité que les années, — parfois les siècles, — donnent aux événements, en répandant sur eux la lumière.

Moins heureuse que ces monuments, que la morsure du temps transforme peu à peu, en estompant, en adoucissant les parties défectueuses, en donnant à l'ensemble de l'œuvre une harmonie dans laquelle finissent par se fondre les faiblesses ou les erreurs du maître, — l'Histoire a sans cesse besoin de l'intérêt, des efforts, de la plume de ceux qui sont en état de la servir; jamais elle ne se lasse d'ajouter des richesses nouvelles aux richesses déjà amassées, de tenir son livre grand ouvert aux rayons que la vérité peut y laisser tomber. Or, les mémoires, les pièces diplomatiques, les lettres intimes étant les collaborateurs féconds de la vérité, je pense que tous les détenteurs de pareils documents font œuvre utile en les produisant au grand jour.

Voilà pourquoi je publie, aujourd'hui, la correspondance diplomatique, les documents politiques et administratifs du règne du Prince Georges D. Bibesco. En payant un tribut à l'histoire, je rends, en même temps, un hommage à la mémoire de mon père.

En dehors des lettres (1) politiques échangées entre le prince de Valachie et les cabinets de Vienne, de Saint-Pétersbourg, de

(1) Beaucoup de lettres n'ont pas été retrouvées.

Constantinople, de Paris et de Berlin, — de 1843 à 1848, — et des principaux documents relatifs aux actes de son gouvernement, ce recueil renferme quelques lettres intimes qui ont ici leur place marquée, comme elles ont aussi leur prix, parce qu'elles laissent voir jusqu'au fond de la pensée de celui qui les a écrites.

Les documents réunis dans ce livre feront connaître aux écrivains désireux de raconter les événements des cinquante dernières années vécues par la Roumanie, quel a été le patriotisme du Prince Bibesco, et quelle a été sa sollicitude pour le développement moral, politique, intellectuel et économique de la Valachie. Ils leur diront si le Prince a su gagner les sympathies et la considération de grands États en faveur de son pays; si sa politique a été pondérée, également déférente et ferme en sa loyauté à l'égard des Puissances protectrices, dont il ne fut pas toujours aisé de concilier les désirs ou les intérêts; ils témoigneront, à maintes reprises, de la sollicitude de la Russie, à laquelle les Principautés danubiennes doivent d'être rentrées, — après tant de siècles de luttes et de souffrances, — dans la vie des peuples libres, et de s'être développées jusqu'à la prospérité, sous l'administration sage et paternelle du général Kisseleff; ils leur diront enfin comment le premier élu de la nation, Prince élu à vie, — qui en montant sur le trône a affranchi les esclaves (1) et préparé la solution de deux questions capitales, l'union des Principautés (2) et l'émancipation des paysans (3), — a aimé sa Patrie, et comment il l'a servie.

(1) Loi du 13 février 1847, n° 138. (*Bull. off.* du 17 février, n° 13.)
(2) Union des douanes entre la Valachie et la Moldavie, premier pas vers l'union définitive des deux pays roumains. (*Bull. off.* du 18 mars 1847, n° 35.)
(3) Projet de loi du 5 avril 1843, n° 303, — en réponse à celui de la Chambre. — Voir les instructions aux préfets en faveur des paysans, du 23 mai 1847. (*Bull. off.*, n° 37) et du 6 sept. 1847. (*Bull. off.*, n° 62.)

Une courte page d'histoire sert d'introduction au travail principal de cet ouvrage.

En faisant précéder la correspondance et les documents relatifs au règne du Prince Bibesco des clauses principales des traités de Koutchouk-Kaïnardji (1774), de Jassy (1792), de Bucarest (1812), d'Ackermann (1826), qui font connaître le développement progressif de l'influence russe sur le Danube, marquent les étapes de la Valachie (1) et de la Moldavie vers la conquête de leurs anciens privilèges, et dont le traité d'Andrinople est comme le couronnement, car il en assure finalement l'exécution; en rappelant, en quelques mots, les événements militaires qui amènent entre la Russie et la Sublime Porte le traité du 24 septembre 1829, — date qui marque pour les Principautés danubiennes une heure de délivrance et d'espoir; — et en jetant un coup d'œil sur l'histoire du pays roumain de 1829 au 1ᵉʳ janvier 1843, jour où, maître d'user, — pour la première fois (2) depuis cent cinquante ans, — de son droit souverain, le pays élut un Prince indigène, Georges D. Bibesco, nous avons pensé qu'il serait intéressant pour le lecteur d'assister au travail de régénération du peuple roumain, et que le réveil de ces souvenirs lui faciliterait l'étude des documents qui font l'objet de la présente publication.

(1) Tara romàneascà, la Terre roumaine; c'est ainsi que la Valachie a été désignée de tout temps. Voir les traités entre les « Domnitori » (souverains) valaques et la Turquie. Aujourd'hui la Valachie, partie de la Roumaine située en deçà du Milcov, qui la sépare de la Moldavie, est connue sous le nom de *Muntenia,* emprunté aux Moldaves. — Le mot de *Valachie,* inconnu en Roumanie, nous vient des Slaves et signifie pays latin [le Welche (latin) opposé au Deutch (allemand).]

(2) Les Princes élus avant l'époque des Fanariotes ne l'étaient que par le haut clergé et les boyards. On peut donc dire que le Prince Bibesco fut le premier Prince roumain élu par le pays, puisque les délégués du commerce et des districts prirent part à son élection.

QUELQUES MOTS

A PROPOS DES TRAITÉS

CONCLUS DE 1774 A 1829

La campagne de 1769 avait eu pour conséquence l'installation des Russes et de leur administration en Moldavie et en Valachie.

Après une foule de projets échangés entre les cours de Berlin, de Vienne et de Saint-Pétersbourg ; après maintes ruses employées par les deux premières, pour empêcher toute entente directe entre la Russie et la Porte aux abois, par la troisième, pour éluder l'intervention gênante de l'Autriche et de la Prusse, et parvenir à imposer au Sultan ses conditions (1) ;

Après une lutte diplomatique des plus tourmentées, à laquelle prennent part : 1° au nom de la Prusse, Frédéric II, déconcertant ses adversaires par la pénétration de son jugement, la logique inébranlable de sa politique, et par son habileté à profiter de leurs côtés faibles ; disposé à des *complaisances* envers ses alliés, mais affirmant qu'il y a des *bornes à tout* (2) ; 2° au nom de l'Autriche, Kaunitz, qui ne songe qu'à l'indemniser aux dépens

---

(1) A savoir : la mise en liberté d'Obreskof, la possession d'Azof, des deux Kabarda reconnues à la Russie, à laquelle elles avaient déjà appartenu et que Catherine II déclarait « nécessaires à la sécurité de sa frontière » ; la nouvelle délimitation des frontières turques, portées du Dnieper au Danube ; la proclamation, « au nom de l'humanité », de l'indépendance des Tartares de Crimée, ainsi que celle de la Moldavie et de la Valachie. (Voir *la Question d'Orient au dix-huitième siècle*, par Albert SOREL, de l'Institut.)

(2) Frédéric II au prince Henri, 19 décembre 1770 (page 138).

du pays roumain et de la Porte, par l'annexion de l'Oltenie (1), et qui n'a pas les scrupules de Marie-Thérèse sa souveraine, n'en ayant ni la droiture innée ni les délicatesses, bien que cette princesse les sacrifie souvent, en gémissant, aux exigences de sa politique (2); 3° au nom de la Russie, la czarine Catherine II, dont les intentions à l'égard de la Turquie se reflètent dans cette phrase : *Je n'obtiendrai jamais une bonne paix si je ne m'endurcis pas contre l'orgueil des Turcs et la partialité qui les soutient* (3); 4° au nom de la France, Choiseul qui, — malgré l'effacement de cette Puissance, — reste quand même, sinon une menace, du moins une gêne pour la Prusse et la Russie;

Après la série curieuse de pièges que les souverains de Prusse, d'Autriche et de Russie, se tendent les uns aux autres au sujet du partage de la Pologne, acte arrêté en janvier 1771, conclu en février et mars 1772, accompli en juillet de la même année avec une sérénité et un sang-froid qui feront éternellement la stupeur de l'histoire;

Après la duplicité mémorable de la politique de Kaunitz à l'égard de ses deux alliés, la France et la Turquie, *qu'il endort* ou *qu'il exploite ;*

Après les conférences stériles de Focshani, en avril, et celles de Bucarest, en janvier et en mars 1773, entre les Russes et les Turcs;

Après la reprise des hostilités en juin, le passage du Danube par les Russes; leur défaite et leur retraite, puis leur marche nouvelle en avant et leurs nouveaux revers;

Enfin, après l'intervention intéressée de l'Autriche, qui con-

---

(1) Portion de la Valachie rendue par elle à la paix de Belgrade (1739), et située entre le Banat, la Transylvanie, l'Aluta (l'Olto) et le Danube.

(2) « Elle pleurait et prenait toujours », disait Frédéric le Grand, en parlant de Marie-Thérèse (page 280). (Voir *la Question d'Orient au dix-huitième siècle*, par Albert SOREL, de l'Institut.)

(3) Lettre de madame de Bielke, 11 décembre 1770. (Voir Albert SOREL, p. 151.)

voite la Bucovine (1), « berceau de la Moldavie » (2), et l'écrasement de la Porte à Bajardick, — en juin 1774, — par le général russe Romantzof, nous arrivons au mémorable traité de Koutchouk-Kaïnardji, conclu en septembre de cette même année et ratifié quatre mois plus tard, le 24 janvier 1775 (3).

Ce traité, comme le suivant, comme beaucoup d'autres encore, nous amène à reconnaître cette fatalité historique, que les peuples finissent toujours par expier leurs fautes politiques.

Lous XIV, abandonnant la politique traditionnelle de la France, n'a-t-il pas contribué à la défaite des Turcs par l'Autriche, à Saint-Gothard en Hongrie, en 1664, et cette politique n'a-t-elle pas porté ses fruits au dix-huitième siècle, en privant les armées françaises de l'alliance utile de la Sublime Porte, lorsque la France recommença son duel historique contre l'Autriche?

Sobieski n'a-t-il pas employé les forces de la Pologne à sauver Vienne des mains des Turcs, sans prévoir qu'en aidant à les affaiblir, il les rendait impuissants à sauver un jour cette même Pologne des serres de l'aigle impérial?

Au dix-huitième siècle encore, tandis que certains pays, restés longtemps forts et indépendants, laissaient, peu à peu, des lam-

---

(1) En 1776, l'Autriche s'entendra avec la Porte sur la délimitation de la Bucovine et l'annexera, en 1777, d'après les mêmes principes de morale qui avaient dicté le partage de la Pologne. L'énergique protestation de Gr. Ghica coûtera la vie à ce prince, qui sera assassiné dans sa capitale de Jassy, par les envoyés de la Porte (1777). (Voir le poème d'Enaki KOGALNICEANO.)

(2) Selon l'expression même du prince Grégoire Ghika.

(3) Aux conférences de Focsani (1772), la Russie proposa que les principautés fussent déclarées indépendantes sous la garantie de plusieurs puissances. — Ces conférences n'eurent pas de résultats.

Au même congrès, le spatar (ministre de la guerre) Jean Cantacuzène, — mort en Russie en 1809, — produisit, à propos de la question des forteresses que la Turquie occupait, en Valachie, contre tout droit, une protestation du divan de ce pays. Cette protestation était fausse. Elle émanait de Cantacuzène, qui l'avait donnée comme étant l'œuvre de ceux dont il était le mandataire. Son patriotisme lui avait fait commettre ce mensonge, digne, quand même, de tout respect.

beaux de leurs libertés et de leur autonomie aux ronces de l'âpre politique, et que deux nouveaux États, la Prusse et la Russie, s'agrandissaient à leurs dépens; tandis que l'avenir se montrait menaçant pour la Turquie, les fils de Mahomet, oublieux aussi de leur intérêt, n'ont-ils pas pris à tâche de renverser de leurs propres mains leur boulevard naturel, ce boulevard danubien, les Principautés roumaines?

Ce n'est pas, en effet, en violant les traités, en installant des Grecs à la place de Cantemir, sur le trône de Moldavie, après le désastre de Pierre le Grand à Sculeni et le traité du Pruth (1711); en faisant enlever à Bucarest, dans son palais même, — pour la honte des boyards et de la capitale, qui n'ont pas osé défendre leur Prince, — Brancovan, sa famille et ses trésors; en faisant décapiter ce souverain, ses fils et son ministre Vacaresco, à Constantinople en 1714, en faisant exécuter également son successeur Cantacuzène, en 1716, et en les remplaçant l'un et l'autre par des Princes du Fanar, — dont la mission fut de détruire les institutions du pays et principalement de désorganiser l'armée et de tuer l'esprit militaire, — que la Sublime Porte pouvait se faire des Roumains des amis fidèles, un rempart dans l'avenir.

Est-ce que l'Autriche, restée maîtresse de la Hongrie, à la suite de la paix de Carlovitz (1699), et qui est devenue voisine des Principautés par l'annexion, — dans la même année, après l'abdication de Michel Abaffi II, — du *Regnum Transylvaniæ* (terme consacré par l'empereur Léopold Ier dans ses Diplômes), n'aurait pas été mieux inspirée, si, sollicitée comme elle le fut par les Roumains désireux de trouver en elle un contrepoids à l'influence des Czars, elle avait répondu à leurs avances par une politique franche, pure de toute convoitise? si elle n'eût pas abandonné les Roumains au traité de Passarovitz (1718)? si elle n'eût pas démembré la Valachie en se faisant céder par la Porte, au mépris des capitulations, qui ne lui reconnaissaient pas ce droit, l'Olténie, — qu'elle fut d'ailleurs forcée de restituer au traité de

Belgrade (1739), — puis la Bucovine en 1777 (qu'elle n'a jamais rendue), et qu'elle se fût attachée à conserver la confiance que les Principautés avaient cru pouvoir placer en elle?

Enfin, si l'Autriche qui, en 1849, avait eu l'occasion d'éprouver la fidélité et la bravoure des Roumains relevant de la couronne des Habsbourg, avait eu pour eux une pensée maternelle et qu'elle leur eût témoigné la gratitude dont ils s'étaient rendus dignes ; si elle avait bien voulu se rappeler leurs revendications formulées dans le *Mémoire d'Olmütz*, — présenté à l'Empereur le 25 février 1849, — par lequel ces loyales populations ne demandaient que la reconnaissance de leur individualité nationale sous le sceptre de l'Autriche, l'Europe ne se trouverait pas aujourd'hui en présence de quatre millions de Roumains persécutés par le chauvinisme maghyar. Pour arriver à la dénationalisation des autres peuples, ce chauvinisme ne recule devant aucune persécution : qu'elle vise la liberté individuelle, la liberté d'enseignement ou la liberté de religion ! Les grandes puissances qui assistent à cette persécution ne donneraient pas au monde le spectacle d'une réserve, prudente à ce point, qu'elle tient en échec tout sentiment d'humanité, de chevalerie, et elles n'auraient pas à redouter quelque grave inconnu, surgissant tout à coup des Carpathes, et mettant en péril la paix de l'Europe !

RÉSUMÉ DES TRAITÉS

(1774-1826.)

TRAITÉ DE KOUTCHOUK-KAINARDJI.

(Septembre 1774.)

L'article XI du traité de Koutchouk-Kaïnardji reconnaissait la réciprocité de libre navigation pour les vaisseaux et bâtiments marchands des deux puissances contractantes sur toutes les mers baignant leurs États, ainsi que sur le Danube, absolument dans les mêmes conditions que pour les autres puissances amies.

Par l'article XVI, la Russie restituait à la Porte toute la Bessarabie avec les villes d'Ackermann, de Kilia, d'Ismaïl, et la forteresse de Bender; la Moldavie et la Valachie.

La Porte prenait envers les Principautés divers engagements, dont voici les principaux : amnistie générale, réintégration des amnistiés dans leurs grades, emplois et possessions; libre exercice de la religion chrétienne; restitution aux monastères de leurs possessions; suppression de tout impôt pour le temps de la guerre; droit concédé aux Principautés d'avoir auprès de la Porte des chargés d'affaires; droit reconnu aux ministres de la cour impériale de Russie de parler en faveur de ces Principautés.

A la suite de ce traité, la Porte confia le gouvernement de la Valachie à Alexandre Ypsilanti, dont l'administration laissa d'excellents souvenirs (1).

---

(1) Voir le texte complet du traité de Koutchouk-Kaïnardji aux Pièces justificatives.

CONVENTION EXPLICATIVE DU TRAITÉ DE KOUTCHOUK-KAI-NARDJI ENTRE L'EMPIRE RUSSE ET LA PORTE OTTOMANE, CONCLUE A CONSTANTINOPLE (AMALI-KOVAK).

(Le 10 mars 1779.)

En 1779 fut signée une convention explicative dont l'article VII, qui renferme six paragraphes, *renouvelait les engagements de la Turquie envers les deux Principautés au sujet du libre exercice de la religion chrétienne, de la restitution, tant aux couvents qu'aux particuliers, des terres et possessions qui leur appartenaient avant la guerre; des égards à témoigner au clergé chrétien; de la modération à apporter dans le chiffre du tribut à réclamer des Principautés* (1); *du droit d'intercession de la cour de Russie, etc., etc.* (2).

Le traité de Koutchouk-Kaïnardji est le point de départ de l'immixtion nettement accusée de la Russie dans les affaires des Principautés. Le contrat qu'elle a fait signer à la Porte est la préparation à la censure qu'elle exercera bientôt sur les actes de cette Puissance à l'égard de la Valachie et de la Moldavie, puis à la protection qu'elle étendra sur elles.

TRAITÉ DE JASSY.

(29 décembre 1791 et 9 janvier 1792.)

En 1787, la guerre éclata de nouveau entre la Russie et la

---

(1) Voir le texte complet de la convention aux Pièces justificatives.
Voir le travail de M. Wilkinson, ancien consul général d'Angleterre à Bucarest. Tableau historique, géographique et politique de la Moldavie et de la Valachie.
(2) La Russie usa, quand elle le jugea nécessaire, de ce droit d'intercession.

Turquie. La Turquie essuya plusieurs défaites ; les Autrichiens, alliés aux Russes, occupèrent la Valachie, malgré la résistance du voïvode Nicolas Mavroyeni, tandis que les Russes entraient en Moldavie. L'intervention de l'Angleterre et de la Prusse mit fin à la guerre : l'Autriche conclut la paix à Sistow, et la Russie signa le traité de Jassy.

L'Autriche restitua la Valachie, et la Moldavie fut rendue à la Porte, sans que la Russie stipulât, en sa faveur, aucune autre condition particulière, en dehors de celles déjà arrêtées dans le traité de Kaïnardji. Il est dit, dans le traité de Jassy, que *le Dniester sera pour toujours la limite qui séparera les deux Empires* (1).

La Russie se montre modérée, mais en faisant confirmer le traité de Kaïnardji, elle affermit la situation qu'elle s'est faite en 1774.

TRAITÉ DE BUCAREST.

(28 mai 1812.)

En 1806, le Sultan Sélim, encouragé par Napoléon, déclara la guerre à la Russie. Les Russes occupèrent aussitôt la Moldavie et la Valachie. Leurs victoires forcèrent la Turquie à demander la paix ; elle fut conclue à Bucarest le 28 mai 1812.

Ce traité porta du Dniester au Pruth les possessions de la Russie. Le *chenal du fleuve marqua la limite des deux Empires. Les traités et les conventions relatifs aux privilèges de la Moldavie et de la Valachie furent confirmés suivant les principes de l'article V des préliminaires ; les conventions particulières et les dispositions de l'article XI du traité de Jassy demeurèrent également en vigueur.*

(1) Voir le texte du traité de Jassy aux Pièces justificatives.

La Russie rendait à la Porte la partie de la Moldavie située sur la rive droite du Pruth, ainsi que la grande et la petite Valachie. La Moldavie perdait la Bessarabie.

LA RUSSIE, EN DIX ANS, S'ÉTAIT DONC AVANCÉE DU DNIESTER AU PRUTH ET AUX BOUCHES DU DANUBE.

TRAITÉ D'ACKERMANN.

(Octobre 1826.)

A la suite du mouvement de l'Hétérie (Société des amis de l'indépendance hellénique), dirigée par Ypsilanti, et de celui de Tudor Vladimiresco en Valachie (1821), la Porte avait occupé les Principautés. Dès 1823, la Russie demanda que ces provinces fussent évacuées. La Turquie, qui avait été longue à prendre un parti, finit par se décider à conclure la convention d'Ackermann (1826).

Ce traité assure la pleine exécution du traité de Bucarest (1812). Les traités et actes antérieurs sont renouvelés et confirmés; l'arrangement stipulé dans la conférence tenue à Constantinople le 21 août 1817 au sujet des deux îles du Danube situées en face d'Ismaïl et de Kilia est maintenu. La Porte s'engage solennellement à observer « avec la fidélité la plus scrupuleuse » les traités et actes relatifs aux privilèges reconnus à la Valachie et à la Moldavie et confirmés par une clause expresse de l'article V du traité de Bucarest.

Les autres articles confirment les traités de Bucarest, de Jassy, de Koutchouk-Kaïnardji, en ce qui concerne les stipulations relatives aux frontières asiatiques, les affaires et les réclamations des sujets russes et turcs, les traités de commerce et la libre navigation des bâtiments marchands des deux États sur les mers respectives des deux Empires (1).

(1) Voir le texte du traité aux Pièces justificatives.

ACTE SÉPARÉ RELATIF AUX PRINCIPAUTÉS DE VALACHIE ET DE MOLDAVIE.

Cet acte règle les questions relatives aux deux Principautés et particulièrement la question de l'Hospodarat. Il y est dit que les divans devront présenter à la confirmation de la Porte les candidats qu'ils auront élus; que la durée du règne de l'Hospodar est fixée à sept ans; qu'en cas de destitution, d'abdication ou de mort d'un Hospodar, l'intérim sera rempli par des caïmacans (gouverneurs provisoires) nommés par le divan de la Principauté; **que les caïmacans ne pourront être destitués qu'avec l'assentiment de la Russie.** *Cet acte reconnaît encore aux Hospodars le droit de déterminer, de concert avec les boyards, les impôts, et il ramène le nombre des beschlis (garnison turque d'occupation) à celui établi en 1821, avant les troubles; — il réintègre les propriétaires, dépossédés de leurs biens à la suite de ces troubles, dans leurs possessions, et déclare que les Principautés seront, pendant deux ans, exemptes de tribut et redevances envers la Porte.*

Le traité d'Ackermann, — le plus important de tous ceux qui précèdent, — fait voir le chemin parcouru par la politique russe dans les questions danubiennes, et la marche ascendante de son influence. En se plaçant résolument entre la Porte et les Principautés et en obtenant pour celles-ci les modifications importantes contenues dans l'acte diplomatique de 1826; en imposant à la Porte la clause en vertu de laquelle les caïmacans ne pourraient pas être destitués sans le consentement du cabinet de Saint-Pétersbourg, la Russie s'est fait reconnaître un droit de contrôle qui est une atteinte grave aux droits comme à l'influence de sa rivale.

PREMIÈRE PARTIE

EXPOSÉ SOMMAIRE

DES ÉVÉNEMENTS QUI PRÉCÈDENT ET SUIVENT LE TRAITÉ D'ANDRINOPLE, DEPUIS L'OUVERTURE DES HOSTILITÉS ENTRE LA SUBLIME PORTE ET LA RUSSIE (23 AVRIL 1828) JUSQU'A L'AVÈNEMENT AU TRONE DE VALACHIE DE BIBESCO (GEORGES-DEMETRE, 1ᵉʳ JANVIER 1843).

CHAPITRE PREMIER

COUP D'ŒIL SUR LES CAMPAGNES DE 1828 ET 1829.

Firman du 20 décembre 1827. — La Russie y répond par une déclaration de guerre. — Le 23 avril 1828 les troupes russes passent le Pruth; elles s'emparent de Braïla et de Varna, elles échouent devant Silistrie. — En 1829 nouveau siège de Silistrie. Après la capitulation de la place, le maréchal Diebitch marche sur Constantinople, remporte la victoire de Slivno, s'empare d'Andrinople et impose la paix au Sultan. Traité d'Andrinople, 14 septembre 1829 (1).

Le firman du 20 décembre 1827, adressé à tous ses agents diplomatiques par la Porte Ottomane irritée, à bon droit, du désastre de sa flotte à Navarin, — acte consommé le 20 octobre par les flottes anglaise, française et russe, — fut comme le coup de canon annonçant à l'Europe la guerre qui allait éclater entre la Turquie et la Russie, pour ne se terminer que deux ans plus tard, le 24 septembre 1829, par la paix d'Andrinople.

Dans son hatti-sherif, la Porte représentait la Russie comme l'auteur de tous ses malheurs; elle déclarait que le but des infidèles était d'anéantir l'islamisme, et elle appelait tous les musulmans à une guerre nationale et religieuse.

Bien que cette pièce ne fût « qu'un acte d'administration inté- « rieure, une sorte de lettre confidentielle de la Sublime Porte à « ses agents », — c'est sous cette forme que le reiss-effendi l'a présentée, — il n'en est pas moins vrai qu'elle était grave dans sa teneur, qu'elle fut ébruitée, et que le Czar y répondit par une déclaration de guerre.

La Porte, qui savait la Russie engagée, pour longtemps peut-

---

(1) Voir l'*Annuaire historique,* années 1827 et 1828, par LESUR.

être, dans une campagne contre la Perse, avait jugé sans doute le moment favorable pour rompre avec elle. Son langage témoignait bien de ses dispositions ; elle avait déclaré n'avoir supporté des injures, n'avoir dissimulé, que dans le but de gagner du temps ; qu'elle préférait succomber plutôt que de reconnaître l'indépendance des Grecs de la Morée et des îles, « attendu que « ce serait encourager les autres raïas à la révolte et réduire « l'islamisme sous la domination des infidèles ».

Mais la Porte n'avait compté ni sur la rapidité avec laquelle le général Paskewitch mena la campagne contre la Perse, ni sur les brillants succès de ce général, ni sur l'effort que s'imposa la Russie pour se mettre en mesure de répondre au défi du Sultan.

A peine le traité de Tournant-chaï fut-il signé avec la Perse (le 22 février 1828), que, libre de ses mouvements, le Czar se tourna vers la Turquie, lança, le 23 avril 1828, un manifeste accusant cette puissance d'exciter les tribus du Caucase à la révolte, et de fermer arbitrairement le Bosphore aux bâtiments européens et principalement aux provinces méridionales de la Russie.

Le jour même où ce manifeste paraissait, les troupes russes passaient le Pruth, sous le commandement du feld-maréchal comte de Wittgenstein, et les hostilités commençaient.

La première phase de cette campagne fut signalée par la prise de Braïloff (Braïla), — ville valaque aux mains des Turcs, — par la conquête de la Dobrutcha, par la capitulation de Varna, par la victoire du général Kisseleff sous les murs de Schumla, — 20 juillet, — et par le siège de Silistrie, dont les opérations furent conduites tour à tour, sans succès, par les généraux Roth et Langeron.

Le colonel Schilders, chef du génie de l'armée russe, chargé d'investir Silistrie, s'était établi sur la position d'Arab-Tabia, comme la meilleure à occuper pour diriger, de là, les attaques contre la place.

Outre que cette position était rapprochée de la flottille concentrée à Kalarasch, elle avait encore l'avantage de permettre aux troupes russes de protéger efficacement le pont de bateaux commencé en aval de Silistrie. Toutefois, le résultat de cette occupation fut négatif : le siège de Silistrie, commené le 11 juillet 1828, dut être levé quatre mois plus tard, le 10 novembre.

L'année suivante, l'armée russe, commandée par le général Diebitch, mit de nouveau le siège devant Silistrie, dont les premières opérations furent confiées aux généraux Schilders et Rudiger.

De même que l'année précédente, la place se défendit énergiquement; pendant dix-huit jours les Russes bombardèrent Silistrie, sans résultat, et ils commençaient à être inquiets de la résistance des Turcs, quand le colonel Berg, devenu plus tard feld-maréchal, reconnut, en repoussant une sortie des assiégés jusque sur la position dominante de Medjidié-Tabia, tout le parti qu'il y avait à tirer de ce plateau. Il s'y retrancha et y fit monter des batteries. Sous son habile direction, l'attaque partit de ce point, et neuf jours après, la forteresse défendue par Hadji-Achmet-Pacha tombait en son pouvoir. Cet événement important avait lieu le 30 juin, vingt jours après la déroute, à Koulewtcha, de l'armée turque qui devait marcher au secours de Silistrie (1).

(1) Il n'est pas sans intérêt de rappeler, en passant, qu'en 1878 le congrès de Berlin, après avoir cédé à la Russie la partie de la Bessarabie appartenant à la Roumanie, avait reconnu à cette dernière, comme compensation, la possession de la Dobrutcha, moins Silistrie et ses positions, c'est-à-dire moins la clef de la Dobrutcha; que le pont, dont l'emplacement avait été déterminé à cinq cents mètres en avant de Silistrie, pour servir aux communications entre les deux rives du Danube, était inexécutable parce qu'il se serait trouvé sous le canon de Silistrie et de Medjidié-Tabia; qu'Arab-Tabia, accordé à la Roumanie comme une position de premier ordre, n'était pas un fort et se trouvait dominé par Medjidié-Tabia; enfin que Medjidié-Tabia, qui se dresse à l'ouest d'Arab-Tabia, entre les routes de Schumla et de Rasgrad, est une vraie forteresse en bon état. Cette forteresse a un commandement de 16 mètres par rapport à Arab-Tabia; elle est à une distance de 2,250 mètres de cette position, à 2,680 mètres de l'extrémité du pont projeté rive droite, et à 3,800 mètres de l'extrémité rive gauche. Entre Medjidié-Tabia et le pont, aucun obstacle pour l'artillerie! Bref Medjidié-Tabia est la clef de toutes les positions. Cependant, chose surprenante, son nom n'a jamais été prononcé dans les discussions du con-

Silistrie conquise, l'armée russe, sous les ordres du général Diebitch, passe les Balkans, prend la route de Constantinople, gagne la bataille de Slivno, le 11 août, et entre dans Andrinople le 20 du même mois. C'est la fin de la guerre. La capitale de l'empire turc se trouvant à découvert, le Sultan demande la paix. Elle lui est accordée.

Pendant ce temps le général Kisseleff, nommé au commandement des troupes russes destinées à rester en Valachie, pour couvrir les derrières du principal corps d'armée qui manœuvrait en Bulgarie, reçoit un renfort de vingt mille hommes et l'ordre de tenir en échec Giurgevo et Roustchouk, places situées toutes deux sur le Danube : l'une sur le territoire valaque, l'autre, presque en face, sur la rive bulgare. Le général s'acquitte avec bonheur de sa mission ; mais à peine a-t-il déjoué les plans d'attaque du pacha de Vidin contre Bucarest, qu'il apprend que Mustapha-Pacha, à la nouvelle de la prise de Silistrie, s'est élancé sur la route d'Andrinople à la tête de vingt-cinq mille hommes. Kisseleff se met à sa poursuite, rejoint à Vratra son arrière-garde composée d'Albanais, et il va livrer bataille lorsqu'il reçoit l'avis officiel de la signature des préliminaires de paix et l'ordre de s'arrêter. Son temps d'arrêt, toutefois, est de courte durée : la présence du pacha de Scutari et d'un corps d'armée turc à quarante lieues d'Andrinople le détermine à prendre possession de Sofia, de Gabrova, et à se tenir prêt à passer les Balkans au premier signal.

La paix d'Andrinople, signée le 14 septembre 1829, met fin aux hostilités.

grès de Berlin, il ne figure dans aucun des articles du traité de 1878. On dirait un parti pris de ne pas connaître, de ne pas voir Medjidié-Tabia. (Voir pages 100 et suivantes de l'*Histoire d'une frontière ou la Roumanie sur la rive droite du Danube,* par Georges BIBESCO. Plon, édit.)

CLAUSES PRINCIPALES DU TRAITÉ D'ANDRINOPLE.

(2/14 septembre 1829.)

Aux termes des articles II et III de ce traité, « l'Empereur et Padischah de toutes les Russies » rend à la Sublime Porte la Moldavie et la Valachie; le Pruth doit continuer à former la limite des deux Empires; les îles formées par les différents bras du Danube appartiendront à la Russie, et la rive droite du fleuve à la Porte, à condition que cette rive reste inhabitée, depuis le point où le bras de Saint-Georges se sépare de celui de Soulina, à une distance de deux heures du fleuve. Il est interdit aux bâtiments de guerre russes, remontant le Danube, de dépasser les points de jonction du fleuve avec le Pruth.

Aux termes de l'article V, la Sublime Porte déclare que « *les Principautés de Moldavie et de Valachie s'étant, par une capitulation, placées sous la suzeraineté de la Sublime Porte, et la Russie ayant garanti leur prospérité, il est entendu qu'elles conserveront tous leurs privilèges et immunités qui leur ont été accordés, en vertu de leurs capitulations, soit par les traités conclus entre les deux Cours impériales ou par les hatti-sherifs promulgués* ».

Par l'article VII la Porte reconnaît et déclare le passage du canal de Constantinople et celui des Dardanelles ouverts aux bâtiments russes marchands, ainsi qu'aux bâtiments marchands des autres puissances en paix avec la Sublime Porte; elle reconnaît encore le droit de la cour de Russie, d'obtenir une garantie de la pleine liberté de commerce et de navigation dans la mer Noire (1).

---

(1) Voir le texte du traité aux Pièces justificatives.

NOTE.

La note qui fait suite au traité d'Andrinople règle la question des pertes subies par les sujets russes, de l'indemnité de 1,500,000 ducats de Hollande à payer par la Porte, et stipule les termes des échéances. Elle fixe l'indemnité de guerre de dix millions de ducats de Hollande à allouer à la Russie; les différentes époques où les Russes auraient à évacuer les territoires appartenant à la Turquie, « *exception faite pour les Principautés, que la Russie* « *garde en dépôt, jusqu'à l'entier acquittement de l'indemnité de* « *guerre due par la Porte* ». — La Porte prend également l'engagement d'exécuter l'article V de l'acte séparé du traité d'Ackermann concernant la Serbie, et de lui rendre immédiatement les six districts détachés (1).

SUITE DU TRAITÉ D'ANDRINOPLE.
TRAITÉ SÉPARÉ ENTRE LA RUSSIE ET LA PORTE, RELATIF AUX PRINCIPAUTÉS DE MOLDAVIE ET DE VALACHIE.

Outre les anciens privilèges rendus aux Principautés par le traité d'Andrinople, ce traité séparé leur *reconnaît* LE DROIT SOUVERAIN D'ÉLIRE LEURS PRINCES ET DE LES ÉLIRE A VIE; — *il leur assure une administration indépendante, la liberté de commerce, le retrait des garnisons turques occupant les forteresses de la rive gauche du Danube et le démantèlement de ces places. Il interdit aux sujets musulmans de s'établir sur la rive gauche du Danube; il arrête que le chenal de ce fleuve, depuis son entrée*

---

(1) Voir le texte de la Note aux Pièces justificatives.

dans les États ottomans jusqu'à son confluent avec le Pruth, deviendra la limite entre la Turquie et les Principautés ; que toutes les îles situées sur la rive gauche du fleuve appartiendront à ces Principautés ; il prescrit l'établissement de cordons sanitaires le long du Danube, et reconnaît aux bâtiments moldovalaques le droit de naviguer librement dans les eaux et ports de la Turquie, munis de passeports de leurs gouvernements.

Telles sont les principales stipulations concernant les Principautés.

Par ce traité, qui ne laissait subsister entre la Turquie et les Principautés de Valachie et de Moldavie que deux liens : un tribut et l'investiture des Princes par le Sultan, la Russie imposait à la Porte la protection dont elle entendait couvrir la Moldo-Valachie ; en brisant les chaînes qui rivaient ces provinces à la Sublime Porte, la Russie se créait de nouveaux droits à leur reconnaissance.

CHAPITRE II

KISSELEFF GOUVERNEUR GÉNÉRAL DES PRINCIPAUTÉS DANUBIENNES.

Les Principautés avant 1829. — Kisseleff nommé gouverneur général de la Moldo-Valachie. — Ses réformes. — Travaux relatifs au règlement organique. — Le premier mai 1831, le règlement pour la Valachie et celui destiné à la Moldavie sont votés par l'assemblée générale extraordinaire convoquée *ad hoc*. Principales dispositions de l'œuvre. — Le choléra. — Énergie et dévouement de Kisseleff. — Reprise et achèvement des travaux de réorganisation.

Le traité d'Andrinople ouvrait aux Principautés danubiennes une ère nouvelle : l'espoir renaissait avec la délivrance.

Avant 1829, il n'existait pour elles ni sécurité, ni indépendance, ni stabilité, ni commerce possible. Être gouvernées par des Princes nommés par la Porte, se trouver sans cesse menacées du régime des Princes fanariotes qui, pour la plupart, les exploitaient dans l'intérêt de la suzeraine ; être en butte aux incursions dévastatrices des Turcs qui tenaient garnison dans les places fortes de la rive gauche du Danube ; voir les produits de leur sol accaparés par la Porte, qui en avait prohibé l'exportation à son profit ; gémir sous des impôts excessifs ; assister, impuissantes, au gaspillage des revenus, aux exactions les plus audacieuses des gouverneurs des districts et des employés chargés de lever les impôts (1) ; enfin, pour comble d'infortune, souf-

---

(1) Voir les Mémoires de Carra, le Girondin, qui fut docteur à Bucarest sous les Fanariotes, et l'ouvrage d'histoire (écrit en roumain) sur le règne de Mavrogheni, par M. Urechia, professeur d'histoire, membre de l'Académie roumaine.

frir les horreurs de la guerre, de la peste, de la famine, de l'épizootie qui enleva au labour près d'un million de bestiaux, voilà quel était, en septembre 1829, le sort de la Valachie et de la Moldavie encore saignante d'une double amputation : la Bucovine passée aux mains de l'Autriche en 1777, la Bessarabie cédée à la Russie en 1812.

Le traité d'Andrinople (1), en émancipant la Valachie et la Moldavie, leur laissait entrevoir la réalisation de la grande réforme demandée aux cours de Constantinople et de Pétersbourg, par une clause du traité d'Ackermann, attendue fiévreusement par les intéressées, et qui allait, de son souffle, renverser l'édifice vermoulu de l'ancien régime.

Il était réservé à la Russie, qui avait intérêt à réaliser les promesses qu'elle avait faites, les espérances si souvent déçues des Principautés, — ses sœurs en religion, — de faire entrer l'indépendance, que leur reconnaissait le traité de 1829, dans le domaine du fait accompli.

Cette indépendance, il est vrai, devra longtemps encore se mouvoir dans l'ombre de la suzeraineté de la Sublime Porte; mais, la base sur laquelle elle repose renferme des germes de prospérité dont les populations danubiennes recueilleront la bienfaisante moisson, avec un sentiment de joie et de reconnaissance d'autant plus vif que leur existence passée ne saurait éveiller en elles que des souvenirs de misère et de tortures.

Cependant, dans cette reprise de possession d'eux-mêmes, ces peuples se demandent avec anxiété quel va être le chef qui les guidera, qui les aidera dans leur évolution vers un avenir régénérateur. Cet homme sera un homme de bien, destiné à prendre place parmi les plus éminents de son pays, ce sera le général de Kisseleff, commandant en chef de l'armée d'occupation de la Moldo-Valachie.

(1) Voir, p. 5, 6 et 7, les principales clauses du traité.

Entré à dix-huit ans au corps des chevaliers gardes, Paul-Dimitriaditch Kisseleff s'était distingué aux batailles d'Éylau et de Friedland; il avait combattu en 1812 à la Moskova comme capitaine aide de camp du général Milvradovitch. Ayant fixé l'attention de l'empereur Alexandre par ses brillantes qualités, et particulièrement le 30 mars 1815, sous les murs de Paris, par son courage, il ne tarda pas à être attaché à la personne du souverain, qu'il accompagna au congrès de Vienne.

Nommé général d'état-major à son retour en Russie, il fut élevé, en 1816, au poste de chef d'état-major de la deuxième armée, commandée par le maréchal de Wittgenstein, et, en 1823, à la dignité d'aide de camp général de l'Empereur, en récompense des services importants qu'il avait rendus.

Sa conduite prudente et ferme dans les circonstances qui suivirent la mort d'Alexandre, à propos de la conspiration qui éclata à l'avènement de son successeur, lui conserva, auprès de l'empereur Nicolas, la faveur dont le Czar défunt l'avait honoré.

La part active que le général prit à la campagne de 1828 et 1829 contre la Turquie, lui donna l'occasion de mettre en relief sa valeur et sa vaillance, de conquérir le grade de lieutenant général et de mériter une épée d'honneur (1).

Voilà l'homme que la Russie nomma au commandement de l'armée d'occupation et au gouvernement de la Moldo-Valachie, avec le titre de président plénipotentiaire, et auquel elle confia la mission d'accomplir dans ces Principautés les réformes réclamées par la situation politique nouvelle qui leur était faite.

Au lendemain de son arrivée à Bucarest (novembre 1829), le gouverneur général de la Moldo-Valachie, qui réunissait dans ses mains les pouvoirs civils et militaires, se hâta d'apporter de prompts remèdes aux ravages que la peste et la famine exerçaient sur la rive gauche du Danube; il établit le long du fleuve

---

(1) *Paul Kisseleff et les Principautés danubiennes.* (Firmin Didot.)

un cordon sanitaire, il fit importer une grande quantité de céréales de l'étranger, il encouragea, il facilita les semailles, et il eut la joie de voir, — au bout de quelques semaines, — les deux fléaux battre en retraite, la sécurité renaître au milieu des populations des villes et des campagnes, et de pouvoir espérer une abondante récolte pour l'année 1830. Cet espoir ne fut pas déçu (1). Prévoyance et bonté, voilà les qualités qui marquèrent les débuts de Kisseleff dans le gouvernement des Principautés.

Ces résultats obtenus, l'activité du général se porta sur l'administration intérieure du pays, qui réclamait des modifications radicales. Comme il importait de donner, au plus tôt, aux Principautés une législation qui autorisât les modifications urgentes à introduire dans l'administration vicieuse du passé, et qui fût en rapport avec leur nouvelle existence politique, le gouverneur mit tout en œuvre pour élever le zèle de chacun à la hauteur de la tâche à accomplir, et il réussit à communiquer son activité et son énergie au comité (2), composé des personnages les plus éclairés des deux Principautés, et chargé de préparer, sous sa haute direction, un recueil de lois destiné à former le pacte fondamental de la Valachie et de la Moldavie.

En six mois, cette commission, qui fit preuve d'un dévoue-

---

(1) Voir *Kisseleff et les Principautés danubiennes*. (Firmin Didot.)

(2) Ce comité avait été institué par le général Jaltuchen, prédécessenr de Kisseleff. Il se composait de quatre membres pour la Valachie et de quatre pour la Moldavie. Deux membres étaient élus par le divan (la Chambre) de chaque pays, deux étaient nommés par le gouvernement. — Les membres moldaves qui firent partie de cette commission furent le grand vestiar (trésorier) Catargi ; le grand vornic (ministre de l'intérieur) M. Stourdza ; le grand vestiar C. Cantacuzène ; le grand vornic Conaky ; le divan de Valachie élut le grand vornic M. Baleano et le hetman Balaceano. Le gouverneur Jaltuchen nomma, le 12 juin 1829, pour la Valachie, « le grand vornic G. Philippesco et le hetman (*) A. Vilara, *leur « adjoignant comme secrétaire,* « *pour sa connaissance du français* », Barbo « *Stirbei* ». (Voir le tome I des *Annales parlementaires annexes,* pages 56, n° 34, p. 650, n° 145.)

(*) Le titre de *hetman* désignant le ministre de la guerre en Moldavie, était également donné par le prince de Valachie à des sujets valaques, comme simple titre nobiliaire.

ment, d'un patriotisme sans égal, terminait son travail de législation, recueil de huit codes différents qui embrassaient toutes les branches de l'administration.

Les huit chapitres correspondant aux huit codes traitaient :

1° De l'élection de l'Hospodar;

2° Des attributions de l'assemblée générale;

3° Des finances;

4° De l'administration et des attributions des différents départements;

5° Du commerce;

6° Des quarantaines;

7° de la justice;

8° de la milice.

Il restait à faire discuter et voter ces codes par les mandataires du pays. Le général convoqua, à cet effet, une assemblée générale extraordinaire pour le 1ᵉʳ mai de l'année suivante, 1831.

Dix mois allaient donc s'écouler jusqu'au jour de la réunion de l'assemblée. Kisseleff les mit à profit en introduisant l'ordre, la probité, dans toutes les questions d'administration, de justice, de finances; il fit naître, parmi les employés de tous rangs, une émulation salutaire dans laquelle il savait rencontrer la plus puissante complicité pour le bien auquel il travaillait; il améliora le système des écoles, l'administration des hôpitaux, le régime peu humain des prisons (1) et l'état de la caisse de bienfaisance; il forma le noyau devant servir à l'organisation d'une milice nationale; il fit élever, le long du Danube, des établissements de quarantaine placés dans des conditions si favorables, qu'ils assurèrent la sécurité complète de la rive gauche du fleuve; il réorganisa la

---

(1) « Parmi les instructions qu'il donne, écrit l'auteur de la brochure intitulée : *Paul Kisseleff et les Principautés de la Valachie et de la Moldavie*, on remarque ces lignes tracées de sa propre main : « Ce travail est un acte de con-
« science et de religion, que mes collègues me donneront le moyen d'exécuter
« avant mon départ de ce pays, afin que je puisse le quitter le cœur léger, et
« sans avoir à me reprocher une négligence que je ne pourrais me pardonner. »

police; il embellit les villes de Bucarest et de Jassi; et il éleva des constructions, — autour desquelles devaient bientôt se dresser des villes florissantes, — sur les emplacements des forteresses d'Ibraila (Braïla) et de Giurgevo, affranchies de l'occupation turque par le traité d'Andrinople.

Dans la question des limites à fixer entre la Turquie et les Principautés, le général Kisseleff défendit avec tant d'énergie et de bonheur les droits de *ses pupilles*, — comme il se plaisait à nommer la Valachie et la Moldavie, — qu'il leur fit restituer quatre-vingt-huit îles du Danube, et de nombreuses pêcheries.

Ces importantes réformes nous conduisent au 1er mai 1831, jour où les membres composant l'assemblée générale *extraordinaire*, pleine d'enthousiasme et pleine d'espoir dans l'avenir, se réunissent pour discuter le règlement.

Extraordinaire, en effet, fut cette assemblée où figurèrent non seulement des chefs du haut clergé et les principaux membres de la noblesse, mais encore des députés délégués des districts. Or c'était la première fois, depuis des siècles, que des députés, représentant la petite propriété, étaient appelés à prendre part aux discussions touchant les intérêts du pays, à côté des membres du haut clergé et de la noblesse (1).

Le règlement fut l'objet de sérieuses et longues discussions (2); la Porte et la Russie le sanctionnèrent.

Les Principautés se trouvèrent ainsi dotées d'une législation qui n'était peut-être pas une œuvre parfaite, mais qui certainement était bonne, prudente, et répondait pleinement aux besoins du moment.

« Il est impossible », dit l'auteur de la brochure intitulée : *Quel-*

---

(1) *Quelques mots sur la Valachie* (librairie Dentu). Nous ferons de nombreux emprunts, dans le courant de ce travail, à cette brochure qui ne porte pas le nom de l'auteur, mais qui est certainement écrite par un homme qui a étudié à fond les questions qu'il traite, et qui fait preuve d'un sens politique éprouvé et d'une grande indépendance de jugement.

(2) Voir les *Annales parlementaires,* tome Ier.

ques mots sur la Valachie, « de ne pas reconnaître qu'une haute
« pensée de civilisation a présidé à la rédaction de ce corps de
« lois, alors qu'on s'est bien rendu compte de ce qu'il renferme,
« et qu'on a dégagé, de la foule des dispositions de détail, les prin-
« cipes généraux qui en forment la base. » Voici, en résumé, les
principales dispositions de l'œuvre : « institution d'une assemblée
composée de cent quatre-vingt-dix membres en Valachie, de cent
trente-deux en Moldavie, pour l'élection des Princes ; institution
d'une assemblée ordinaire élective composée pour la Valachie de
quarante-trois membres, et de trente-quatre pour la Moldavie :
membres choisis dans le haut clergé, parmi les boyards et les
délégués des districts, pour étudier et voter les projets de loi,
contrôler les comptes et établir le budget ; répartition des différentes branches de l'administration en six départements, ceux de
l'intérieur, des finances, du secrétariat d'État (affaires étrangères), de la justice, de la milice nationale, de l'instruction
publique et des cultes ; principes relatifs à la question des couvents dédiés (biens conventuels) ; organisation d'une chancellerie
dans chaque département, organisation d'un bureau des archives
et d'un bureau de contrôle pour la réunion des pièces et la vérification des comptes de l'année ; abolition des corvées, des rétri-
butions en nature, des revenants-bons attachés aux différents
emplois ; substitution d'une capitation personnelle de trente piastres (dix francs) par tête et par famille, aux impôts arbitraires
qui écrasaient le contribuable ; création d'une milice nationale sur
le modèle des troupes disciplinées des autres nations ; la liste
civile des Hospodars séparée des revenus de l'État ; le pouvoir
judiciaire séparé du pouvoir administratif ; trois instances créées :
des justices de paix, des tribunaux de première instance, des
cours d'appel, remplaçant des tribunaux où, pour la plupart du
temps, les deux pouvoirs se trouvaient réunis dans les mêmes
mains ; les lois sur la procédure civile et criminelle empruntées à
la France ; le code de commerce français déclaré loi du pays ; les

obligations réciproques du propriétaire et du villageois, qui se nourrissait sur la terre du premier, réglées et établies sur des bases plus justes; la délimitation de toutes les propriétés, décidée ». Le règlement organique dit encore, à l'article 165, que « les rivières de la Principauté, Juil, Oltul, Argesil, Dâmbovita et Jalomnita, seront rendues flottables » (1).

Cependant, au moment de mettre en application les dispositions de cette nouvelle législation, un terrible fléau, le choléra, s'abattit sur la Moldavie, pour envahir ensuite la Valachie. Les deux pays furent éprouvés de la façon la plus cruelle ; et si l'histoire nous a conservé le souvenir des jours sombres qu'ils ont traversés, elle a enregistré aussi l'inoubliable dévouement du gouverneur général. Tant que le fléau sévit à Jassy, Kisseleff resta au milieu de la population affolée; dès qu'il éclata à Bucarest, il y accourut pour calmer les esprits par sa présence et pour prendre les mesures propres à le combattre.

Le fléau disparu, la reconnaissance envers celui qu'on appelait *le bienfaiteur des Principautés* se manifesta, parmi les gens du peuple comme dans les rangs de la noblesse, sous les formes les plus touchantes. Puis, la sécurité revenue, on se remit au travail, et les réformes, un moment interrompues, reprirent leur cours, et finirent par donner les fruits qu'on était en droit d'espérer de l'administration d'un homme qui s'était identifié avec les intérêts roumains, au point de les considérer comme les siens.

L'administration de Kisseleff constitue une des pages importantes de l'histoire contemporaine de notre pays. Le général

---

(1) Voir les brochures : *Quelques mots sur la Valachie* (Dentu, libraire) ; *Paul Kisseleff et les Principautés.*

Nous avons créé en 1881, dans les conditions les meilleures, une société franco-roumaine, dans le but de rendre les rivières de Roumanie flottables ou navigables, et nous avons offert au gouvernement, — MM. J. Bratiano et Rosetti étaient au pouvoir, — de mener à bonne fin cette question de premier ordre pour le pays. Le gouvernement n'a pas accepté notre proposition. Cela est regrettable ; le Sereth serait peut-être aujourd'hui navigable.

a fait l'historique de son administration, — dont nous avons indiqué les grandes lignes, — dans un Mémoire qui a pour titre : *Rapport du général aide de camp Kisseleff sur l'administration de la Moldavie et de la Valachie, du 15 novembre 1829 au 1ᵉʳ janvier 1834* (1).

(1) Le rapport a paru dans les *Mémoires du général comte Kisseleff* (4 vol.)
On le trouve reproduit dans l'ouvrage de M. A.-R. Zablotki Desiatovski : *Le comte P. Kisseleff et son temps : matériaux pour l'histoire des empereurs Alexandre Iᵉʳ, Nicolas Iᵉʳ et Alexandre II.* — Saint-Pétersbourg, 1882. (Voir V, 1).
La traduction française de ce rapport est en regard du texte russe.
M. Codresco, dans son précieux recueil *Uricar*, t. IX et X, a également publié ce rapport, traduit en roumain par M. Kallimaki-Papadopulo.

CHAPITRE III

SITUATION DE LA SUBLIME PORTE.

Préparatifs du général Kisseleff pour se porter au secours de Constantinople menacé par Ibrahim-Pacha. — Situation de la Porte. — La paix est conclue. Kisseleff quitte les Principautés. — Regrets qui l'accompagnent.

En moins de quatre années le pays avait subi une transformation complète : l'arbitraire, le désordre, l'iniquité avaient fait place à la loi, à l'honnêteté, à la justice; la tranquillité régnait à l'intérieur et aux frontières; les nouvelles institutions se développaient avec force, sans à-coups; la prospérité des Principautés danubiennes récompensait, de leurs efforts, Kisseleff et ses collaborateurs (1).

Un jour, la rumeur publique annonça au pays que le gouverneur général venait d'être chargé, par le Czar, d'une mission grave et qu'il allait quitter la Moldo-Valachie (2). En effet, Kisseleff avait reçu l'ordre de marcher au secours de Constantinople, menacé par l'armée victorieuse de Méhémet-Ali. Voici à la suite de quels événements l'empereur Nicolas avait pris cette résolution.

Méhémet-Ali, né en 1769, homme obscur, soldat irrégulier au service du Sultan, dépourvu d'instruction, mais intelligent, ambitieux, énergique et rusé, s'était élevé, peu à peu, jusqu'au rang de pacha, gouverneur de l'Égypte. Administrateur remar-

(1) Voir la note de la page 11, ch. II.
(2) En apprenant cette nouvelle, l'Assemblée de Valachie adressa ces mots au général Kisseleff : « Nous venons d'apprendre la nouvelle marque d'estime et de
« confiance que votre Souverain vient de vous donner, et nous en sommes fiers,
« parce qu'elle vous honore. Vos soldats sont nos frères, parce que vous êtes
« leur chef. Nous serons toujours heureux et glorieux de tout ce qui contribuera
« à votre bonheur et à votre gloire, parce que nous sommes convaincus que la
« destinée de notre patrie est intimement liée à la vôtre. »

quable, il était devenu puissamment riche, de la même richesse qu'il avait su créer, développer dans l'admirable pays sur lequel s'étendait son commandement; puis, son ambition ayant grandi avec la prospérité générale et le développement de ses forces militaires, il rêva d'émancipation et de conquêtes. Les défaites du Sultan, en révélant à Méhémet-Ali la faiblesse du maître, le déterminèrent à profiter des circonstances. A la suite de l'anéantissement de la flotte turco-égyptienne à Navarin (1827), il refusa au Sultan d'acquitter les contributions qu'il devait, en répondant qu'elles représentaient les sacrifices faits par l'Égypte pendant la guerre. Ce fut le premier acte de révolte de Méhémet-Ali; bientôt il convoita la Syrie.

Faire naître le prétexte d'une attaque, envahir ce pays, en novembre 1831, avec 80,000 hommes commandés par Ibrahim-Pacha et Soliman-Pacha (M. Sève, ancien officier de l'Empire, qui de longue main avait organisé et discipliné les troupes du pacha d'Égypte); battre les colonnes envoyées contre lui; assiéger et s'emparer de Saint-Jean d'Acre; se porter au-devant de l'armée chargée par Mahmoud de punir le vassal déclaré rebelle, et la vaincre à Homs, — en juillet 1832, — tels sont les coups frappés, en moins de sept mois, par Méhémet-Ali.

La route de Constantinople était ouverte. Saisi de terreur, le Sultan chercha un appui contre le danger qui menaçait son Empire, et on vit cet événement inoubliable : la Sublime Porte sollicitant le secours de son ennemie séculaire, la Russie!

Pour l'Empereur Nicolas, sauver Mahmoud, c'était ajouter un fleuron à sa couronne de gloire. Le général Kisseleff reçut l'ordre de marcher au secours du Sultan, pendant qu'un corps de débarquement de 10,000 hommes (1) partait d'Odessa pour rejoindre la flotte russe à Constantinople et que le comte Orloff, l'ami de Kisseleff, allait remplacer Boutenieff comme ambassadeur.

(1) Lettre d'Orloff à Kisseleff, Saint-Pétersbourg, 15 mars 1833. (*Mémoires du général Kisseleff*, tome IV, p. 98.)

Un accord, scellé par le traité de Unkiar Skelessi, conclu le 8 juin 1833, était intervenu entre le Czar et le Sultan. Par une clause secrète, la Sublime Porte avait ouvert éventuellement le Bosphore et les Dardanelles à la flotte russe, tandis qu'elle avait fermé ce détroit aux flottes des autres puissances. Mais les événements prirent un cours inattendu, et ce fut la paix, au lieu des armes russes, qui sauvèrent l'Empire turc.

« *D'après les ordres que je viens de recevoir*, écrit Kisseleff à Orloff (1), *de marcher au delà du Danube pour occuper et défendre les Dardanelles, j'avais pris le parti de resserrer mes cantonnements et de rapprocher de moi la 24ᵉ division de la brigade des uhlans restés en Russie ; ne voilà-t-il pas qu'au beau milieu de mes arrangements on m'écrit, par un exprès de Giurgevo, que l'on tire le canon de Routschouk, en réjouissance de la paix qui vient d'être signée entre Méhémet-Ali et le Sultan.* »

Les grandes puissances avaient, en effet, conseillé au Sultan d'abandonner à Méhémet-Ali ses conquêtes, et de signer la paix plutôt que d'exposer l'Europe à une conflagration générale. Ces événements marquaient un fait de la plus haute importance pour l'avenir ; ils venaient, en quelque sorte, de saisir l'Europe de la question d'Orient (2).

Débarrassé des soucis que lui avaient donnés les préparatifs de la campagne qu'il pensait entreprendre, Kisseleff, qui voyait approcher l'heure de résilier ses pouvoirs, consacre les derniers mois de son gouvernement à passer en revue tous les rouages de

(1) Kisseleff à Orloff, 8 avril 1833, Boussio (*Mémoires de Kisseleff*, 4ᵉ volume, p. 101). Toute cette correspondance entre Kisseleff et Orloff, sur l'affaire égyptienne, offre un très vif intérêt.

(2) Méhémet-Ali était encouragé par la France ; le Sultan était soutenu par la Russie et l'Angleterre. La victoire de Méhémet-Ali à Nizib, 23 juin 1839, remportée peu de temps avant la mort de Mahmoud, déterminera une nouvelle intervention des grandes puissances de l'Europe, — la France exceptée, — en faveur de la Turquie, et la défaite d'Ibrahim devant Saint-Jean d'Acre, aussi bien que les conseils donnés par sir John Napier à Méhémet-Ali, décideront de la paix et amèneront la reconnaissance de la domination de Méhémet-Ali et de ses héritiers sur l'Égypte. (*Revue des Deux Mondes*. 1ᵉʳ nov. 1892.)

l'administration, s'assurant des besoins nouveaux, constatant l'actif et le passif des caisses publiques, revisant, arrêtant les comptes, préoccupé de consolider son œuvre et de léguer à ses successeurs une situation saine et forte.

Sur ces entrefaites, une convention conclue à Saint-Pétersbourg, — le 17-29 janvier 1834, — apportait une modification grave à la clause du traité d'Andrinople, touchant au libre exercice du droit souverain d'élection des Princes.

« *Après la reconnaissance formelle de la constitution*, est-il dit au paragraphe 3 du traité, *les Hospodars de Valachie et de Moldavie seront nommés, — mais pour cette fois-ci, et comme un cas tout particulier, — de la manière qui a été convenue, il y a quelque temps, entre les deux puissances contractantes, et ils commenceront à gouverner les deux provinces conformément à la constitution, laquelle est une suite des stipulations dont il a été parlé plus haut* (1). »

Dans ce même acte, la Sublime Porte reconnaît formellement la constitution donnée aux Principautés : « *La Russie s'engage à retirer ses troupes deux mois après la nomination des Princes; elle fixe de concert avec la Porte à dix mille bourses* (c'est-à-dire trois millions de piastres turques) *le tribut que les deux provinces devront payer à partir du 1er janvier 1835* »; les deux cours conviennent encore que « *le nombre des troupes employées comme garnison dans l'intérieur des deux pays sera fixé d'une manière invariable au gré de la Sublime Porte, qui déclare n'exiger d'eux aucune contribution où payement pour tout le temps de la guerre, promet d'user d'humanité et de générosité envers eux et autorise les Princes à se faire représenter auprès d'Elle par des chargés d'affaires chrétiennes orthodoxes* ».

Dans l'article final de la convention, la Sublime Porte accorde à la Russie « *le droit de parler en faveur des Principautés, sui-*

---

(1) Extrait du traité de Saint-Pétersbourg, 29 janvier 1834. (Voir aux Pièces justificatives.)

vant les circonstances dans lesquelles celles-ci pourraient se trouver, et promet d'avoir égard à ces représentations ». Cette concession à la Russie n'est pas nouvelle; elle date du traité de Koutchouk-Kaïnardji, mais c'est la première fois que la Turquie prend l'*engagement de tenir compte* de ses représentations.

Deux mois après l'échange des ratifications, la Sublime Porte publia un firman accompagné d'un hatti-sherif (1), qui renouvelait simplement les déclarations du traité de Saint-Pétersbourg et des traités antérieurs, en ce qui concernait les Principautés, et consacrait formellement leur autonomie et l'indépendance de leur administration intérieure.

Quelques semaines encore, et on allait toucher à l'heure de la nomination des Princes de Valachie et de Moldavie. Kisseleff n'attendit pas ce moment pour rentrer en Russie. Au mois d'avril de cette même année, après un gouvernement de près de quatre ans et demi, il quitta les Principautés, accompagné jusqu'à la frontière par le clergé, la noblesse, la population de Jassy, et au delà, par les bénédictions des petits et des faibles qu'il avait toujours protégés contre les puissants. Lui-même avait des larmes plein les yeux, des regrets plein l'âme, tant son attachement pour le pays auquel il faisait ses adieux était profond (2).

La Chambre valaque, dans le désir de perpétuer le souvenir des services éminents rendus par Kisseleff, décida qu'une statue

---

(1) « Les Principautés feront librement toutes les lois nécessaires à leur admi-
« nistration intérieure, de concert avec leurs divans respectifs, sans qu'ils puis-
« sent néanmoins porter *atteinte aux droits qui ont été garantis en faveur de ces
« pays par les différents traités ou hatti-sherif; et elles ne seront molestées pour
« l'administration intérieure du pays, par aucun ordre contraire à leurs droits.* »
(Art. 4.) Par ce hatti-sherif une indépendance législative entière, — relativement aux questions intérieures, — était reconnue aux Principautés.

(2) Kisseleff était général en chef de l'infanterie depuis 1833. Quelque temps après son retour en Russie, il fut placé à la tête des domaines impériaux et spécialement chargé de l'amélioration du sort des paysans, serfs de l'Empereur. Le tact et l'intelligence dont il fit preuve lui firent décerner le titre de comte de l'Empire et confier la direction de la chancellerie impériale. C'est lui qui fut

serait élevée au général, et elle vota les fonds nécessaires à l'exécution du projet.

Déjà en 1831, le jour où les membres de l'assemblée extraordinaire, appelée à voter le règlement, s'étaient réunis, ils avaient offert au général l'indigénat avec toutes les prérogatives attachées aux plus nobles familles du pays. « *Quel autre plus que vous,* lui dirent-ils, *peut avoir le droit de se nommer fils de cette patrie où toutes les calamités ont disparu dès que votre pied a touché son sol, où tout a été créé par vos mains, où tout ce qui était mort et inerte s'est ranimé à votre souffle* (1) ? »

La Chambre de 1834, en voulant élever un monument à Kisseleff, mettait le sceau au grand souvenir que le général laissait sur la terre roumaine.

Néanmoins, ce témoignage de reconnaissance qui honorait autant la Chambre roumaine dont il émanait, que l'ancien gouverneur, ne devait recevoir son exécution que dix ans plus tard, en 1843, sous le règne de Bibesco (2).

---

envoyé en 1856 à Paris comme ambassadeur extraordinaire, et qui représenta la Russie aux conférences de Paris, en 1858, dans les questions relatives à l'organisation des Principautés.

Le général comte de Kisseleff se retira des affaires en 1862, par raison de santé, et rentra en Russie, où il mourut en 1872.

(1) *Paul Kisseleff et les Principautés* (Firmin Didot, édit.).

(2) Voir la lettre de Kisseleff au Prince Bibesco, à la 2ᵉ partie : Correspondance générale.

CHAPITRE IV

RÉORGANISATION DES PRINCIPAUTÉS DANUBIENNES.

Attitude de la Porte pendant cette période de réorganisation des Principautés. — Nomination par la Porte d'Alexandre Ghyka comme prince de Valachie, de Michel Stourdza comme prince de Moldavie. — Mai 1834. — Le prince Ghyka est déposé en 1842 par un firman de la Porte. — Nomination d'une Caïmacanie chargée de gouverner le pays en attendant l'élection du futur Prince.

On pourrait s'étonner de l'attitude de la Porte, pendant cette période de réorganisation des Principautés danubiennes par la Russie, si on ne se souvenait pas de la situation dans laquelle elle s'était trouvée : comprimée d'un côté par la Russie, de l'autre par Méhémet-Ali (1).

Son indifférence apparente n'avait donc été que de la résignation ; elle avait dû subir, — quelque déplaisir qu'elle en éprouvât, — la présence des Russes au milieu de populations encore soumises à sa suzeraineté.

Attentive aux événements qui se passaient en Europe et dont elle espérait profiter, lente à remplir les conditions du traité d'Andrinople, la Turquie montrait clairement son parti pris de temporiser.

Le cabinet de Saint-Pétersbourg, de son côté, n'en paraissait pas préoccupé outre mesure, et il avait, pour cela, ses raisons. En effet, il avait décidé que si, au mois de mai 1832, date fixée pour le dernier payement de l'indemnité de guerre, la Porte ne s'était pas acquittée, l'évacuation des Principautés, — intimement liée à l'exécution de cette condition, — serait retardée, au moins jus-

(1) Voir lettre de Constantinople, 5 mai 1836, Porto folio, vol. III.

qu'au printemps, et qu'alors les troupes du général Kisseleff en profiteraient pour conserver « *une attitude imposante sur le Danube* » (1).

Toutefois, le général envisageait aussi, dans une lettre au comte de Nesselrode, l'hypothèse de dispositions telles, de la part de la Porte, qu'il n'y aurait à concevoir aucune appréhension, et il concluait que, dans ce cas, on pourrait se hâter d'évacuer les Principautés, ainsi que la forteresse de Silistrie, « *en tâchant de s'assurer de la dette turque par une hypothèque moins onéreuse, et nommément par la garantie de l'Autriche ou de toute autre puissance qui interviendrait dans la question* » (2).

Ainsi, au mois de septembre 1831, personne n'aurait pu dire si l'occupation des Principautés danubiennes prendrait fin en 1832, ou si elle se prolongerait, comme cela a eu lieu, jusqu'en 1834.

Au mois de février, l'attitude de la Porte étant devenue plus significative, — puisqu'elle n'avait encore rempli aucun de ses engagements à l'égard des Principautés et de la Serbie, et qu'elle déclinait l'exécution du traité d'Andrinople, — le général Kisseleff n'hésita pas à proposer à son gouvernement de se fonder sur la convention de Saint-Pétersbourg (3), si, à la date du 2 mai, la Porte n'avait pas acquitté sa dette, « *et de faire dépendre l'évacuation des Principautés de l'exécution pleine et entière du traité d'Andrinople* ».

Dans sa lettre au comte de Nesselrode, datée de Bucarest, 3 septembre 1831, le général de Kisseleff passait en revue les différentes éventualités qui pouvaient se produire, et déclarait « *qu'il ne considérait pas comme utile la réunion des Principautés à l'empire de Russie, si jamais la Porte venait à renoncer à leur*

---

(1) Lettre de Kisseleff au comte de Nesselrode, Bucarest, 3 sept. 1831. (*Mémoires du général Kisseleff*, tome IV, p. 20.)

(2) Lettre de Kisseleff au comte de Nesselrode, Bucarest, 3 septembre 1831. (*Mémoires du général Kisseleff*, tome IV, p. 20.)

(3) *Mémoires du général Kisseleff*, Bucarest, 19 fév. 1832, tome IV, p. 64. (Voir la convention de Saint-Pétersbourg aux Pièces justificatives.)

suzeraineté, comme il est à présumer », écrivait le général, « *surtout si la Russie est décidée à ne pas voir d'un œil indifférent les empiètements qu'ils (les Turcs) ne manqueront pas de faire sur les privilèges garantis aux Principautés* ». Mais si telle était l'opinion de Kisseleff sur cette question, il est intéressant de constater que les idées du maréchal Diebitsch s'en écartaient sensiblement.

Le maréchal avait stipulé dix ans d'occupation, afin de pouvoir assurer plus aisément les moyens de résistance de la forteresse de Silistrie, pour laquelle la Russie devait s'imposer de sérieux sacrifices; afin de se donner le temps de rendre favorable à la politique du cabinet de Saint-Pétersbourg, l'Autriche, désireuse de voir s'accomplir l'évacuation des Principautés, « *et dans l'espoir qu'après dix ans d'occupation de la Moldo-Valachie, — au cas où la Sublime Porte se refuserait à remplir ses engagements, — l'Europe serait accoutumée à la présence de la Russie dans ces provinces* ». Et, ajoute M. Boutenieff, en rappelant les idées du maréchal Diebitsch, « *si l'on objectait que le but de la politique de la Russie n'est point celui de l'extension de territoire, je répondrais que la marche des choses est plus forte que les prévisions, et que la Russie n'a pas marché depuis plus d'un siècle des rives du Dnieper pour s'arrêter sur celles du Pruth. — D'ailleurs, pour ne point sortir de la question, je reviendrai au but que je me propose en me résumant ainsi :*

« *1° Qu'il y a danger de se laisser circonvenir par l'astucieuse politique de la Porte, soutenue des conseils de nos soi-disant amis;*

« *2° Que la convention de Pétersbourg suppose l'exécution du traité d'Andrinople, et qu'il faudrait se prévaloir de l'inexactitude des Turcs à remplir les clauses de cet acte complémentaire pour rentrer dans l'exercice du droit réservé par l'article 4 de la même convention;*

« *3° Qu'il faut garder en hypothèque les Principautés jusqu'à l'exécution des principales stipulations d'Andrinople, si l'on ne veut pas perdre le fruit de la guerre et toute influence sur le ministère ottoman* (1). »

Ce n'était pas la première fois que ces Principautés étaient l'objet de la convoitise de leurs puissants voisins ; l'histoire est là pour nous dire, qu'à l'époque où le général Diebitsch exposait ses théories sur l'utilité qu'il y avait pour la Russie à annexer la Moldo-Valachie, quatre millions de Roumains du Banat, de la Bucovine, de la Transylvanie, de la Bessarabie, avaient **déjà été** détachés de la mère patrie.

En 1807, à Tilsitt, les arrangements de Napoléon Ier avaient failli livrer les Principautés à la Russie, et cette question *d'être ou de ne pas être* devait, on le voit, faire encore en 1832, pour la nation roumaine, l'objet des méditations de la diplomatie russe. Toutefois, à quelque discussion qu'elle ait pu donner lieu, nous constatons, en lisant les Mémoires du comte de Kisseleff, **qu'à** l'époque que nous traversons la Russie, tout en marchant à son but, et bien que préoccupée avant tout de ses intérêts propres, n'en était pas moins désireuse « *de fixer le bien-être des habitants des Principautés* » par des causes déterminantes de générosité, de sympathie et d'humanité, en dehors des questions d'influence à exercer; non moins intéressée à préserver les peuples chrétiens de l'Orient de la contagion, des désordres et de l'anarchie, dont un régime vicieux entretenait les causes dans les Principautés et était une menace pour les provinces russes limitrophes; non moins déterminée à vouloir le repos futur des Principautés, en réorganisant entièrement et dans toutes ses parties leur administration intérieure, que, de son côté, la Porte Ottomane était résolue à maintenir un état de choses qu'elle exploitait, depuis des siècles, à son profit.

« *L'Autriche elle-même*, — ajoute le comte Kisseleff, en faisant allusion aux modifications et au bien-être que son adminis-

(1) Boutenieff au général Kisseleff, tome IV, p. 79.

tration avait déjà introduits dans les Principautés, — *est très éloignée d'applaudir au bienfait d'une réforme qui doit établir chez les peuples moldo-valaques soumis à sa domination des comparaisons fort désavantageuses pour son administration. Elle ne peut et ne doit point voir avec indifférence l'émancipation commerciale et les avantages politiques d'une nation dont les relations sont si naturelles, si intimes et si suivies avec ses États limitrophes. Elle voit que les motifs qui obligeaient naguère le paysan valaque à chercher, par l'émigration, un asile et du repos chez ses voisins, n'existeront plus; elle craint même qu'une plus grande somme d'avantages politiques et commerciaux n'attire en Valachie et en Moldavie une partie des habitants de la Transylvanie et de la Bucovine.* »

Les événements ont confirmé ces prévisions, car aujourd'hui non seulement les cultivateurs, mais encore les paysans de tous les pays roumains, affluent aux *Bálci* (grandes foires annuelles) de la Roumanie.

Quoi qu'il en soit, le 2 mai 1832, le général Kisseleff prévint le représentant de la Porte, le reiss-effendi, que la contribution de guerre, prévue par les traités, n'ayant pas été acquittée, les troupes russes continueraient à séjourner dans les Principautés.

« *Puisque les troupes russes,* — lui répondit avec calme le reiss-effendi, — *se trouvent déjà dans les deux provinces, la Porte est résignée à ce qu'elles y prolongent leur séjour.* »

Deux mois plus tard, Ibrahim-Pacha battait les troupes du Sultan à Homs : on sait le reste. En ce qui concerne les Principautés, la conséquence de ces événements fut leur occupation, par les Russes, jusqu'au milieu de l'année 1834.

Peu de jours après le départ du général Kisseleff, la Sublime Porte, de concert avec la Russie, nomma : prince de Moldavie, Michel Stourdza, et prince de Valachie, Alexandre Ghyka (1).

(1) Rappelons que les Grecs s'étaient organisés, avec l'assentiment tacite de la Russie, en sociétés qui provoquèrent le mouvement de 1821 contre les Turcs;

Ces nominations eurent lieu au mois de mai 1834.

En Moldavie, le pouvoir fut tenu d'une main ferme par le prince Stourdza. Homme d'une haute intelligence et d'une grande énergie, ce prince s'appliqua à ne pas laisser fléchir les institutions à bases solides que lui avait léguées son prédécesseur.

Le trait suivant peut donner une idée du caractère du prince :

Un jour un de ses ministres lui ayant conseillé de faire un emprunt à l'étranger : « *Faire un emprunt!* s'écria le Prince. *Je ne veux pas donner mon pays en hypothèque à des banquiers étrangers* (1). »

En Valachie, il n'en fut pas de même; le prince Ghyka, doué de qualités sérieuses, animé du désir du bien, mais d'un caractère faible, mal entouré, desservi par son frère Michel, fut débordé par le flot des mauvaises passions refoulées et longtemps contenues; le désordre rentra peu à peu dans toutes les branches de l'administration, et la misère remplaça bientôt la prospérité, qui était parvenue à prendre racine sur les débris des institutions de 1828.

En 1842, le mal devint si grand, que l'assemblée générale placée par le règlement organique auprès du Prince, avec droit de contrôle sur tous les actes du gouvernement, adressa au prince Ghyka un mémoire (2), dans lequel elle exposait la situa-

---

que le mouvement fut purement chrétien dans la Péninsule, et que les Roumains de Macédoine et les Albanais aidèrent les Grecs à créer l'hellénisme.

Mais dans les Principautés, les Grecs tyrannisaient à ce point les Roumains, que les boyards opposèrent à Ypsilanti, Tudor Wladimiresco, qui périt victime de la cause roumaine, assassiné à Golesci par ordre de ce prince.

La révolte des Grecs eut pour conséquence d'irriter la Porte contre eux et de la déterminer à ne plus confier les trônes roumains qu'à des indigènes. En effet, elle nomma Grégoire Ghyka en Valachie et Joan Sandu Stourdza en Moldavie. Ces princes régnèrent de 1822 à 1828.

Ce fut le premier pas fait par les Roumains vers la conquête de leur indépendance perdue.

(1) Voir, à propos du prince Michel Stourdza, la biographie du poète Konaky Vogorides, par le prince Constantin Vogorides.

(2) Adresse de l'Assemblée générale de 1842 au prince A. Ghyka. — Extrait du *Moniteur*.

tion lamentable du pays et priait Son Altesse de porter un prompt remède à ses maux.

Le paysan, dont le sort était digne de la plus vive sollicitude, se trouvait, disait le rapport, plus que jamais livré à la concussion et à la rapine.

Les greniers de réserves prévus par le règlement organique étaient devenus, dans un grand nombre de localités, un moyen d'exactions ruineuses pour les paysans, à cause des exigences auxquelles ces malheureux étaient soumis de la part des autorités.

L'intérêt privé et l'arbitraire primaient l'intérêt général et la règle, dans les questions du recrutement de la milice, de l'entretien des Dorobantz, des réparations des routes, des transports, des achats, des corvées, des impôts.

Les villages des bords du Danube, auxquels étaient confiée la garde de la frontière, bien qu'ayant un service pénible, avaient supporté leur sort sans se plaindre, dans l'espoir d'un avenir meilleur.

Cependant, non seulement les quatorze journées que chaque famille fournissait dans le principe, — à son tour de rôle, — avaient été portées à trente-six et quarante, mais les plus fortes corvées continuaient de peser sur ces villages.

On était menacé de voir tous leurs habitants émigrer au delà du Danube.

Le principe fondamental de la séparation des pouvoirs, adopté par le règlement organique, — séparation qui n'existait pas sous l'ancien régime, — recevait chaque jour de nouvelles atteintes.

L'opinion générale accusait les conseils municipaux des villes de mauvaise administration des deniers publics et même de spéculations coupables. La démoralisation, qui avait pénétré dans les tribunaux, le mépris des lois, l'envahissement du pouvoir judiciaire par les autres pouvoirs, mettaient souvent en péril les intérêts et la fortune des particuliers, faisaient naître partout l'inquiétude et jetaient le trouble dans le commerce.

Voilà, très en abrégé, une partie des griefs exposés dans le mémoire que l'assemblée générale présenta à S. A. le Prince A. Ghyka.

Les cours de Russie et de Constantinople en prirent connaissance. Elles en furent si vivement impressionnées, qu'elles envoyèrent en Valachie des commissaires extraordinaires, avec mission de faire une enquête et de s'assurer de la portée des griefs exprimés.

La Sublime Porte désigna Chakib-Effendi.

Si la Turquie, dans cette circonstance, fit montre d'indépendance à l'égard de la France, — très bien disposée en faveur du prince Ghyka par son consul général M. Billecoq, l'ami du Prince, — d'indépendance et de courage envers la Russie, en chargeant Chakib-Effendi d'une mission qui était considérée comme une manifestation du principe de souveraineté, la réserve et la haute prudence dans lesquelles l'ambassadeur de France à Constantinople, M. le baron de Bourqueney, entendait maintenir la politique du Roi dans les Principautés n'en sont pas moins dignes de remarque.

On voit le baron de Bourqueney chercher à pénétrer M. Billecoq de la nécessité de cette politique : « *De ce qui se passe en ce moment à Bucarest* », écrit-il le 18 octobre (1), « *il ne doit résulter aucune aggravation de rapports entre le gouvernement du Roi et les cours alliées; il faut que le jeu naturel de la politique s'y exerce sans bruit!... Nous ne faisons pas de politique valaque, nous soutenons la suzeraineté de fait.*

« *Je sais que vous évitez toujours* », lui dit-il, « *un rôle apparent d'ingérence qui ne convient ni à notre position géographique, ni à notre politique générale.* »

Ces recommandations, le baron de Bourqueney les renou-

---

(1) M. le baron de Bourqueney, ambassadeur de France à Bucarest, à M. Billecoq. Lettre du 18 octobre 1842. Archives du ministère des affaires étrangères (Paris).

velle de la façon la plus instante dans sa lettre du 20 octobre, par laquelle il annonce au consul général l'arrivée à Bucarest de Svafet-Effendi, interprète du divan impérial et porteur du firman de déposition du prince Ghyka. Il insiste pour que rien, dans l'attitude ou le langage de M. Billecoq, ne puisse faire considérer la déposition du prince Ghyka comme un échec à la politique de la France, ou comme un acte blâmable de pusillanimité de la part de la Porte.

« *La situation générale est vive et complexe* », affirme le représentant de la France; « *les affaires de Valachie y entrent pour leur part, mais elles n'y entrent pas seules.*

« *La Porte, volontairement ou à contre-cœur, use en ce moment d'un droit qu'elle tient des traités. Ce qui nous importe, c'est que tout se passe conformément à leurs stipulations.* » Et comme M. de Bourqueney a acquis la conviction que son surbordonné, malgré ses conseils, se compromet en n'observant pas toute la réserve désirable, il accentue ses recommandations :

« *Vos relations avec le Prince Ghyka autorisent des regrets personnels; mais ne donnez pas à ces regrets un caractère politique, les yeux seront fixés sur vous; on vous reproche dans les derniers événements un rôle actif en dehors du rôle d'observation que je vous avais toujours particulièrement recommandé. Vous devinez d'où part ce reproche; je ne l'accepte pas, je le repousse hautement, mais je ne puis trop recommander en ce moment une parfaite sobriété d'action et de langage* (1). »

Le chef couvre son subordonné, mais il sait à quoi s'en tenir sur sa conduite.

Ainsi que M. de Bourqueney l'a annoncé à M. de Billecoq, Savfet-Effendi était porteur du firman de déchéance (2) du

---

(1) M. le baron de Bourqueney à M. Billecoq. Lettre du 20 octobre 1842, de Therapia. On verra par la suite si M. Billecoq a profité des leçons bienveillantes du baron de Bourqueney.

(2) Du 2 octobre 1842, date du mois de Ramazan 1258.

prince Ghyka. Aussitôt le rapport de son commissaire parvenu à sa connaissance, le Sultan avait prononcé la sentence; puis, d'accord avec la Russie, il avait résolu de laisser la nation exercer son droit souverain d'élection.

La Porte reconnut, conformément aux statuts organiques du règlement, le président du grand Divan (1); le ministre de l'intérieur et le ministre de la justice comme caïmacans (2) provisoires de la Valachie, jusqu'à l'élection d'un nouveau Prince.

Elle les confirma dans cette qualité, leur confia le gouvernement du pays, et les chargea de convoquer, sans retard, l'assemblée générale ordinaire, afin que celle-ci choisît les membres qui devaient former l'assemblée extraordinaire pour l'élection du futur souverain de la Valachie.

(1) Haute assemblée.
(2) Gouverneurs.

CHAPITRE V

LE PRINCE GEORGES-DEMETRE BIBESCO

Georges-D. Bibesco. — Origine de sa famille, ses études, ses débuts dans la carrière politique. — Son élection à vie, par la nation, comme Prince de Valachie.

Trois ans auparavant, le 28 octobre 1831, Georges-Demetre Bibesco avait été élu député (1) à l'assemblée générale extraordinaire chargée de voter le règlement organique, par le collège des grands boyards du district de Dolj, et il avait pris, avec éclat, sa place sur la scène politique.

Né en 1804, fils du grand vornic Démétrius Bibesco, — né lui-même en 1772, mort au commencement de novembre 1831 (2), — et de Catinca (Catherine) Vacaresco (3), arrière-petite-fille de la Princesse Safta Brancovan, fille du Prince régnant Constantin Brancovan, décapité à Constantinople en 1714; arrière-petit-fils de Jean Bibesco (4), qui naquit à la fin du dix-septième siècle,

---

(1) Georges-Demetre Bibesco a été élu par 19 voix; Ottetelechano, par 14 voix. (Annales parlementaires, V, II, pages 203-205.)

(2) Demetre Bibesco, le père du Prince Bibesco, figure parmi les conseillers du Prince Grégoire Ghyka, et son nom est parmi ceux des boyards qui adressent au Prince la protestation du 27 décembre 1827, contre le rétablissement des hégoumenes grecs (administrateurs) dans les monastères roumains. (Voir Boleac.) Il meurt au commencement de novembre 1831; en effet, à la date du 10 novembre, il ne figure plus sur la liste des boyards de 1re classe. (Annales parlementaires, t. II, p. 127 et 132.)

(3) La grand'mère du Prince Bibesco, mariée à Vacaresco, était fille de Constantin Crezulesco, dont la mère Domnita (la princesse) Safta Brancovan, fille du Prince régnant Constantin Brancovan, décapité en 1714 à Constantinople, avait épousé Jordaki (Georges) Crezulesco.

(4) Jean Bibesco est un des signataires du mémoire adressé le 6 septembre 1720, par les boyards de l'Oltenie, à l'Autriche, maîtresse de cette partie de la Valachie, pour lui demander d'en confier le gouvernement à Georges Cantacuzène. Il le signe comme boyard du district de Gorj. Ce mémoire est annexé au rapport sur l'Oltenie, du 12 septembre 1720. (Hurmuzaki, vol. VI, p. 317.)

Georges-D. Bibesco fit la majeure partie de ses études à Paris, où il avait été envoyé en 1817. Il en était revenu en 1824 docteur en droit de la Faculté de Paris, possédant à fond les auteurs français, grecs et latins, et parlant la langue d'Homère avec une rare élégance. Il lui était réservé de faire entendre la langue roumaine en orateur de premier ordre.

Le général Kisseleff n'avait pas tardé à distinguer Georges-D. Bibesco et à mettre ses connaissances et son activité à contribution, en le nommant secrétaire d'État au département de la justice, puis chef de la secrétairerie d'État, poste de la plus haute importance, parce que les affaires des autres départements y aboutissaient, et que là étaient traitées les questions, toujours très délicates, avec les consuls étrangers.

Mais laissons le Prince raconter lui-même, dans une lettre à son fils Nicolas, écrite quelques années après son abdication, son entrée dans la carrière et « *sa marche ascendante* ».

Lettre du Prince Bibesco à son fils le Prince Nicolas (1).

« Vienne, le 15 novembre 1851.

« Le commencement de ma carrière politique, qui fut si rapide,

---

(1) Le Prince Nicolas Bibesco, deuxième fils de S. A. S. le Prince régnant, a été certainement un des hommes les plus remarquables que la Roumanie ait produits.

Élevé en France au lycée Henri IV, bachelier ès lettres et bachelier ès sciences mathématiques, entré à l'École polytechnique, puis à l'École d'état-major, d'où il est sorti le premier *ex-æquo* avec Ch. Corbin, licencié en droit, Nicolas Bibesco a abordé avec la même facilité et le même bonheur les lettres et les sciences.

Devenu, au sortir des écoles, officier d'ordonnance du maréchal Randon, le jeune lieutenant d'état-major conquit, dans la campagne de Kabylie, le grade de capitaine et la croix de chevalier de la Légion d'honneur. Quelques années plus tard, la croix d'officier venait rendre hommage à un très beau travail sur la Kabylie.

Le Prince Nicolas était fixé dans son pays, quand la tourmente de 1870 le fit courir à la défense de son pays d'adoption, la France.

Choisi comme aide de camp du commandant en chef de la Défense nationale, le général Trochu, il eut à déployer dans ses fonctions, à côté des qualités mili-

est dû, mon cher Nicolas, à cette divinité antique, *Fatum, Fortuna,* que tu maltraites beaucoup trop dans ta composition de concours pour l'École polytechnique, et qui joue, quoi que tu en dises, un grand rôle dans les affaires d'ici-bas.

« Je venais de rédiger un projet de loi sur les municipalités ; c'était une institution que le général Kisseleff voulait acclimater dans notre pays. La commission chargée de ce travail ne s'y entendait pas beaucoup, et moi, son modeste secrétaire, je n'étais guère plus fort ; mais j'avais la ressource de mes livres, j'en usai largement, et avec le peu que je savais, avec le beaucoup que je

---

taires dont il avait fait preuve en Afrique, un tact, une sollicitude pour les intérêts les plus divers, et une bonté qui étaient, chez lui, de nature.

Que de jours sombres, que de dangers pour les défenseurs héroïques de la grande ville, jusqu'à l'heure qui sonna le glas de la capitulation !

Son devoir accompli, le Prince Nicolas rentra dans son pays, où il se consacra aux études économiques. Il rêva de créer en Roumanie des industries nouvelles ; il embrassa un horizon trop vaste ; il y perdit une partie de sa fortune et sa santé.

Cependant cette vie de travail, de labeur incessant, a aussi sa page politique importante, trop courte, hélas !

Élu député par les électeurs de Gorj en 1886, puis, en 1888, par ceux de Jalomitza, le Prince Nicolas Bibesco se révéla, dès le premier jour, grand orateur, rappelant, par l'éclat de sa parole, le grand talent du prince régnant son père. Son discours, dans lequel le Prince combattait les fortifications, restera comme un modèle de discussion serrée, de patriotisme et de lutte courtoise. Un avenir, prochain peut-être, dira si le député de Jalomitza a été clairvoyant.

Et que penser de sa dernière réapparition à la Chambre ? Quelques semaines auparavant, le Prince Nicolas Bibesco était frappé à son banc de député par un mal terrible qui devait faire son œuvre à bref délai ; il dut quitter la salle. Pendant de longs jours le mal le tint terrassé et sa fin parut imminente. Grâce pourtant aux soins dont il fut entouré et à la force de sa constitution, il y eut comme un temps d'arrêt dans les progrès que la maladie n'avait cessé de faire. C'est à ce moment que les débats sur la question des fortifications furent repris à la Chambre.

Ne consultant que son ardent patriotisme, que son devoir de mandataire de la nation, ne tenant aucun compte de son état de faiblesse ni des conseils de sa famille et de ses amis, et pareil à ce grand ministre anglais lord Chatam qui, presque expirant, se fit transporter à la Chambre des communes pour y parler dans une grande question nationale, et rendit l'âme quelques jours après, le Prince Nicolas Bibesco se fit transporter, lui aussi, au sein du Parlement roumain pour parler une fois encore et obéir à sa conscience et à son patriotisme.

Cet effort lui porta le dernier coup. Quelques jours plus tard, Nicolas Bibesco expirait.

Il était mort sur la brèche, en soldat.

pillai, je parvins à faire quelque chose qui avait assez bonne apparence, et un seul défaut : celui d'être impraticable. La commission, enchantée de se voir débarrassée d'une corvée, me combla d'éloges et me chargea de soumettre mon œuvre au président plénipotentiaire. Ce choix me fit peur et dissipa bien vite les fumées que la louange avait pu produire, un instant, dans ma jeune tête. Je n'ignorais pas que le président était non seulement un homme d'une haute intelligence, mais encore un homme pratique. Je voulus me rendre bon compte de ce que j'allais lui présenter, et, à force de comparer le but aux moyens, les moyens avec les habitudes et l'état moral de ceux qui devaient les pratiquer, je ne tardai pas à m'apercevoir que j'avais fait à peu près comme un tailleur qui couperait l'habit d'un enfant sur le patron d'un géant. Je remis donc mon ouvrage sur le métier et j'obtins quelque chose qui allait mieux à l'état du pays. Mais ma commission ne voulut plus entendre parler de délibérations nouvelles ; il me fallut présenter l'ancien projet.

« Le général m'accueillit avec beaucoup de bienveillance. Durant la lecture, il me fit plusieurs observations, que je compris d'autant mieux qu'elles s'accordaient parfaitement avec celles que je me faisais depuis plusieurs jours, et j'opérai sur-le-champ, quelques changements de rédaction qui parurent le satisfaire.

« Cependant, quand j'eus fini de tout lire, il me demanda si je croyais que ce projet atteindrait son but. « Je crains, lui répondis-je, que la complication des formes n'en embarrasse l'exécution. — Je suis tout à fait de votre avis. Mais n'est-ce pas vous qui l'avez rédigé? — Oui, monsieur le président; mais je ne me suis aperçu des inconvénients qu'il offrait, que plus tard, et alors qu'il avait déjà été adopté par la commission. J'en ai, depuis, rédigé un autre que je crois préférable. » Il voulut le voir, et il l'approuva. Je sus ensuite que, dès que je fus sorti, il était passé chez un de ses amis, qui logeait sous le même toit, pour lui dire qu'il avait fait une découverte précieuse et qu'il en était tout joyeux.

« A quelques mois de là, je fus envoyé dans la *petite Roumanie* (1), pour présider à l'introduction du nouvel ordre de choses arrêté par le règlement organique. La tâche était assez difficile. Il ne s'agissait de rien moins que d'initier le public à la nouvelle législation et de lui faire apprécier, par des publications succinctes mises à la portée de toutes les intelligences, les avantages qu'elle offrait sur l'ancienne et les résultats salutaires qu'on devait en attendre. Il fallait, en outre, rédiger le manuel de chaque employé, depuis le premier jusqu'au dernier. J'eus le bonheur de réussir au delà de mes espérances, et on adopta comme règle pour la *grande Roumanie* (2) ce qui avait été fait dans la petite. Au retour de cette mission, je fus nommé sous-secrétaire d'État au département de la justice : c'était, de tous les ministères, celui où il fallait des connaissances spéciales et où il y avait aussi le plus à organiser et à surveiller.

« Deux ans après, je fus nommé chef de la secrétairerie d'État, où aboutissaient toutes les affaires des autres départements, et qui, — parmi ses nombreuses attributions, — comprenait les relations avec les consuls étrangers, qui ne sont pas toujours les plus faciles ni les plus agréables.

« Ainsi je montai, montai toujours sur les ailes rapides de la fortune jusqu'à ce que je me trouvai un jour porté au sommet, d'où elle devait me précipiter quelques années plus tard.

> « O diva, gratum quæ regis Antium
> « Præsens, vel imo tollere de gradu
> « Mortale corpus, vel superbos
> « Vertere funeribus triumphos. »

. . . .

Ce dont le Prince ne parle pas dans cette lettre, pleine de charme dans sa concision, c'est de la rédaction de certain article

---

(1) L'Oltenie, formée des cinq districts compris entre l'Autriche et l'Olto (Aluta).
(2) Partie de la Valachie comprise entre l'Olto et le Milcov, frontière moldave.

du règlement organique qu'il fut assez heureux pour faire modifier. Cette modification, relative à l'article 2 du troisième chapitre, est capitale.

Le paragraphe 1ᵉʳ de ce chapitre était ainsi conçu (1) : « CEUX QUI S'INTRODUIRONT *sur le territoire valaque sans faire quarantaine seront envoyés aux salines (ou travaux forcés) à perpétuité.* » — Or, à Constantinople, on avait substitué à cette rédacdaction la suivante : « LES INDIGÈNES QUI S'INTRODUIRONT *sur le territoire valaque sans faire quarantaine, seront envoyés aux salines à perpétuité, et* LES AUTRES JUGÉS PAR LEUR AUTORITÉ COMPÉTENTE (1). »

Le sous-secrétaire d'État au ministère de la justice, alors Georges Bibesco, rappela dans son travail sur le règlement, adressé au général Kisseleff, « *que tout crime commis sur le territoire valaque n'avait jamais été jugé que par la loi et les juges du pays, quelque fût d'ailleurs le caractère ou la nationalité du coupable; que les dispositions prises à Constantinople seraient, si on les admettait, une atteinte grave portée à un droit que le pays avait constamment exercé* ».

Le texte primitif fut rétabli.

Voilà comment se manifestaient le sentiment de la dignité nationale et de l'amour de la patrie chez le jeune sous-secrétaire d'État.

Quelque temps après la nomination d'Alexandre Ghyka à la Principauté, Bibesco, qui était devenu chef de la secrétairerie d'État, donna sa démission, rentra dans la vie privée et ne reparut dans les affaires qu'en 1841, comme député. Ses vastes connaissances, les services déjà rendus, sa profonde intégrité et sa brillante parole, assurèrent bientôt au nouveau député un grand ascendant sur les membres de l'assemblée; si bien que,

---

(1) Questions relatives à la refonte du règlement organique, adressées par G.-D. Bibesco, sous-secrétaire d'État au département de la justice, à S. Exc. le général comte de Kisseleff. (Voir aux documents politiques, vol. II.)

lorsqu'il fut question, pour la Valachie, de donner un successeur au prince Ghyka, Bibesco se trouva tout désigné aux suffrages de ses concitoyens.

Voici, à propos de l'élection du Prince, le tableau que l'auteur de *Quelques mots sur la Valachie* fait de cette solennité :

« C'était la première fois, depuis deux siècles, que la Valachie
« était appelée à exercer ce droit souverain. Elle le fit avec tant
« de convenance et avec un sentiment si profond de la haute
« mission qui venait de lui être confiée, qu'on eût dit qu'elle
« n'avait jamais cessé de l'exercer.

« Le 1er janvier 1843 (1), les cloches sonnant à toute volée
« d'un bout à l'autre de la Principauté, — et durant la jour-
« née entière, à intervalles égaux, — annoncèrent qu'un acte
« extraordinaire, solennel comme aucun autre jusqu'alors, allait
« s'accomplir. Le peuple encombrait les églises, qui restèrent
« ouvertes tout le jour et une partie de la nuit. A huit heures
« du matin, électeurs et candidats s'étaient rendus à l'archevêché,
« dont les portes s'étaient refermées sur eux. Au milieu de l'office
« divin, célébré par l'archevêque, dans l'église métropolitaine,
« chaque électeur fut appelé à jurer sur le Saint-Sacrement qu'il
« n'écouterait, en donnant son vote, que la loi de sa conscience
« et l'intérêt du pays. »

Quand on fut dans la salle des élections, et au moment de procéder au scrutin secret pour chacun des candidats, — qui étaient encore, « malgré la retraite de plusieurs », au nombre de 21, — l'archevêque rappela à l'assemblée qu'elle était dans la maison

---

(1) Conformément aux dispositions prévues par le règlement organique pour la composition de l'assemblée qui aurait à élire le Prince, celle qui fut convoquée le 1er janvier 1843 se composa : du métropolitain, président de droit, des trois évêques diocésains, de cinquante boyards de première classe, puis, par ordre d'ancienneté de rang, de soixante-dix électeurs tirés au sort parmi la petite noblesse, qui représentait aussi la petite propriété (anciennement la haute noblesse et le haut clergé seuls jouissaient du droit d'élire le Prince), de soixante-six électeurs délégués par les districts et par les corporations de marchands et industriels : total, 190 membres.

et en présence du Seigneur, envers qui elle venait de « s'engager à choisir le plus digne ».

« *Vous allez prononcer* », ajouta-t-il, « *si ce jour sera un jour de vie ou un jour de mort pour votre patrie. N'oubliez pas, en allant déposer votre vote, que vos femmes, vos enfants, tous vos concitoyens vous attendent, au sortir de cette enceinte, pour vous bénir ou vous maudire, selon le choix que vous aurez fait. N'oubliez pas que par delà les limites de notre pays l'étranger nous regarde, pour nous placer plus haut dans son estime ou n'avoir pour nous que du dédain.* »

L'assemblée répondit noblement à cet appel. Elle siégea, calme, digne, pendant les vingt-quatre heures que dura l'élection. A quatre heures du matin le scrutin fut terminé. La presque unanimité des suffrages s'était réunie sur Georges-D. Bibesco : il fut proclamé Prince du pays aux acclamations enthousiastes de l'assemblée, auxquelles répondirent celles de la capitale et, bientôt après, celles de la Valachie tout entière.

« *Dilexisti justitiam, odisti iniquitatem, propterea unxit te Deus tuus oleo lætitiæ præ consortibus tuis* (Ps. XLIV).

Telles furent les paroles, empruntées au psalmiste, qui servirent de texte à l'allocution adressée au nouvel élu par l'archevêque d'Argés.

« La joie avait été générale, sincère, grande comme l'espérance qui l'avait produite. Le Prince Bibesco prit l'engagement de tout faire pour la justifier.

« *Par le calme et l'ordre que vous avez montrés* », dit-il aux électeurs, « *vous avez relevé la patrie dans l'estime des étrangers; en prouvant qu'elle n'est pas indigne des droits qui lui ont été accordés, vous avez rempli votre devoir : il me reste à faire le mien, et vous pouvez compter que je n'y manquerai pas* (1). »

---

(1) *Quelques mots sur la Valachie* (Dentu).

ÉLECTION DU PRINCE BIBESCO.

L'élection du Prince Bibesco s'est faite dans les conditions suivantes : Tous les grands boyards de Valachie, — ils étaient au nombre de 37, — pouvant se porter candidats au trône, et 16 d'entre eux ayant retiré leur candidature, 21 restèrent en présence. Ils furent répartis en quatre séries : les trois premières comptant chacune cinq noms de prétendants, la quatrième six noms. Les 190 membres de l'assemblée présents votèrent pour chaque candidat séparément, en mettant une boule blanche dans l'urne du boyard qu'ils voulaient élire, et une boule noire dans chacune des autres urnes. On avait disposé autant d'urnes que de candidats. Chaque membre avait reçu, pour voter dans les trois premières séries, une boule blanche et quatre noires par série, — nombre correspondant à celui des candidats de chacune de ces séries, — une boule blanche et cinq noires pour la quatrième série, ce nombre six correspondant également à celui des prétendants de cette série.

Georges-Demetre Bibesco réunit une majorité considérable, — 131 voix, — et il fut proclamé Prince souverain.

SCRUTIN DE LA PREMIÈRE SECTION
POUR CINQ CANDIDATS AU TRONE.

Boules blanches.	Boules noires.	
84	95	Le ban Georges Filipesco.
29	150	Le vornic Théodore Vacaresco.
61	116	Le vornic Alexandre Filipesco.
8	171	Le vornic Constantin Golesco.
19	160	Le vornic Alexandre-Charles Ghyka.

(Suivent les signatures du métropolitain Néophyte, et celles de deux secrétaires et trois assesseurs.)

SCRUTIN DE LA DEUXIÈME SECTION

POUR CINQ CANDIDATS AU TRONE.

Boules blanches. Boules noires.

10	169	Le logothète Michel Racovitza.
36	143	Le logothète Étienne Baleano.
91	88	Le logothète Barbo Stirbei.
21	158	Le logothète Jean Vacaresco.
12	167	Le logothète Dimitri Hrisoscoleo.

(Suivent les mêmes signatures.)

SCRUTIN DE LA TROISIÈME SECTION

POUR CINQ CANDIDATS AU TRONE.

Boules blanches. Boules noires.

75	100	Le logothète Emmanuel Baleano.
41	138	Le logothète Constantin Cantacuzène.
35	140	Le logothète Constantin Dimitri Ghyka.
27	152	Le logothète Constantin Cornesco.
20	155	Le logothète Constantin Baleano.

(Suivent les mêmes signatures.)

SCRUTIN DE LA QUATRIÈME SECTION

POUR SIX CANDIDATS AU TRONE.

Boules blanches. Boules noires.

31	148	Le logothète Grégoire Gradisteano.
24	155	Le logothète Emmanuel Floresco.
131	49	Le logothète Georges Bibesco.
8	171	Le logothète Constantin Floresco.
49	130	Le logothète Jean Filipesco.
60	118	Le vistiar (trésorier) Alexandre Ghyka.

(Suivent les mêmes signatures.)

20 décembre 1842.
1er janvier 1843.

(Bull. off. n° 2.)

PROCÈS-VERBAL DE L'ÉLECTION DU PRINCE DE VALACHIE.

En vertu du haut firman impérial publié le 20 du mois d'octobre de cette année 1842, l'assemblée générale extraordinaire qui devait élire le Prince, composée de cent quatre-vingts électeurs, — en dehors des dix qui, pour de justes motifs, n'ont pu prendre part aux travaux, — s'est réunie aujourd'hui dimanche, 20 décembre 1842, conformément à l'article 24 du règlement organique, dans la sainte métropole. Là, après avoir assisté au service divin, avoir prêté le serment prévu par l'article 26 du règlement et accompli toutes les autres prescriptions ordonnées par cet article, l'assemblée tout entière, le très saint Métropolitain en tête, entra dans la salle des délibérations. Seize candidats ayant retiré leur candidature au trône, il ne resta en présence que vingt et un prétendants. On décida alors que ces vingt et un candidats seraient répartis en quatre sections, et qu'on procéderait à quatre scrutins, afin de pouvoir terminer toute l'opération en une seule séance, conformément aux articles 41 et 42 du règlement. L'assemblée, prenant pour guide l'article 32 du règlement, procéda dans le meilleur ordre et avec le plus grand calme aux opérations du scrutin pour les 1re, 2e, 3e et 4e sections. Dans cette dernière, l'un des candidats, le logothète Georges Bibesco, ayant obtenu le plus grand nombre de voix, cent trente et une, a été élu Prince.

Ensuite, sur la proposition de M. le caïmacan, — conformément aux dispositions de l'article 42 du règlement, — deux actes, l'un destiné à la Sublime Porte, l'autre à la Cour protectrice, ayant été revêtus des signatures de tous les membres de l'assemblée, et une copie ayant été envoyée au gouvernement provisoire, — suivant les prescriptions des articles 41 et 43 du règlement, — l'assemblée a été dissoute.

(Suit la signature du président de l'assemblée générale extraordinaire.)

L'ASSEMBLÉE GÉNÉRALE EXTRAORDINAIRE
A SA MAJESTÉ LE SULTAN.

L'assemblée porte à la connaissance du Sultan l'élection de Georges-Demetre Bibesco à la Principauté de Valachie, et en sollicite la confirmation.

Bucarest, 20 décembre 1842/1er janvier 1843.
(*Bull. off. n° 2.*)

Très puissant Empereur,

La destitution de l'ex-Prince Alexandre Ghyka du gouvernement de cette Principauté, par le haut firman de la Sublime Porte Ottomane, ayant donné l'occasion de mettre en application le premier chapitre du règlement organique, l'assemblée générale extraordinaire s'est constituée, conformément aux principes contenus dans ce chapitre, et elle a procédé avec le plus grand ordre à l'élection du nouveau Prince. Le logothète Georges-Demetre Bibesco, ayant réuni le plus de voix, a été proclamé.

L'assemblée annonce ce résultat à la Sublime Porte, conformément à l'article 42 du règlement organique, et elle en sollicite la confirmation, en le portant, comme c'est son devoir, à la connaissance de Votre Majesté.

Signé : Le président de l'assemblée générale extraordinaire.
(Suivent les autres signatures.)

CHAPITRE VI

L'HISTOIRE D'APRÈS LES ANONYMES.

Nous croyons devoir signaler, dès maintenant, à l'attention du lecteur, les noms de MM. Elias Regnault, Ubicini, Billecoq, consul général de France à Bucarest, et Tocilesco, professeur d'histoire et membre de l'Académie roumaine.

Ces messieurs ont tous écrit sur le règne du Prince Bibesco; tous ils ont fait assaut d'ingéniosité, d'imprévu, d'audace dans l'art de dénaturer les faits. Seulement, MM. E. Regnault et Ubicini ont écrit leur histoire en copiant des brochures anonymes, car la *Dernière occupation des Principautés par les Russes*, de G. CHAINOI, auteur inconnu, nom d'emprunt, et « la *Principauté de Valachie sous l'Hospodar Bibesco* », brochure imprimée à Bruxelles, signée : « B. A., ANCIEN AGENT DIPLOMATIQUE DANS LE LEVANT », qui ont été le *vade mecum* de ces messieurs, ne sont que des écrits anonymes.

Or, si l'homme qui calomnie, qui insulte et ne signe pas de son nom, passe à juste titre, auprès des honnêtes gens, pour un être méprisable, n'est-on pas en droit de dire que ceux qui puisent leurs renseignements dans le cloaque où se complaît l'anonyme déshonorent leur plume?

Nous n'ignorons pas, à vrai dire, que MM. E. Regnault et Ubicini prétendent que ce « pseudonyme de G. Chainoi cache le nom de M. Jon Ghyka, gouverneur de Samos » (1), ni qu'il est admis que la brochure aux initiales B. A., *ancien agent diplomatique*

---

(1) *Histoire des Principautés danubiennes*, par Elias REGNAULT, p. 243. (Paulin et Le Chevalier, éditeurs, 1855.)
Valachie et Moldavie, par UBICINI, p. 177. (Firmin Didot.)

dans le Levant, et l'*Album moldo-valaque* (voir M. E. Regnault, p. 280), sont les écrits de M. *Billecoq (Adolphe), ancien consul général à Bucarest.* Mais, d'autre preuve, aucune.

En conséquence, nous préférons ne pas accepter ces affirmations intéressées et ne pas admettre que MM. Jon Ghyka et A. Billecoq, — quelque ressentiment qu'ils aient pu concevoir contre le successeur du prince Ghyka, dont ils étaient, l'un le parent, l'autre l'ami; quelque intérêt politique ou privé qu'ils aient pris pour guide de leurs actions ou de leurs correspondances, — soient descendus dans les bas-fonds de l'anonymat pour insulter l'élu de 1843.

Cela dit, nous pourrions passer outre aux factums de MM. Elias Regnault et Ubicini et nous contenter de prouver, — pièces en main, — que si l'on était réduit à écrire l'histoire du règne du Prince Bibesco d'après la correspondance de M. Billecoq ou la brochure du savant historien M. Tocileso, il faudrait renoncer à faire de l'histoire. Mais nous nous sommes rappelé que MM. Elias Regnault et Ubicini bénéficiaient depuis plus de quarante-cinq ans de l'apathie des honnêtes gens qui font de la politique, mais n'écrivent pas; que depuis quarante-cinq ans, à défaut de livres d'histoire vrais, on consultait les leurs, et nous avons pensé que les citer serait plus profitable pour tout le monde.

Chaque fois donc que, dans le courant de notre travail, nous en trouverons l'occasion, nous placerons leur texte au-dessous même du document copié dans le *Moniteur* du temps ou emprunté aux archives de l'État. De cette façon, on pourra comparer et juger; et quand on aura lu la correspondance du Prince Bibesco, qu'on aura étudié les actes de son règne sur pièces authentiques; quand on aura saisi le but dans lequel a été ourdi ce vaste complot à deux têtes, le silence et la calomnie : le silence à faire sur tel grand acte du règne, — comme, par exemple, l'émancipation des esclaves, — la calomnie à déverser sur tous les autres, nous aurons rempli notre tâche.

A propos de l'élection (1) *du Prince Bibesco.*

M. ELIAS REGNAULT. — « L'opposition, désespérant de réussir avec un candidat national, reporta ses voix sur Bibesco, dont elle ne soupçonnait pas les intrigues avec Daschkoff (2). »

M. Elias Regnault n'a pris, par extraordinaire, à la brochure anonyme (signée Chainoi) que l'argument des intrigues russes; il passe sous silence les détails de l'élection du 2 janvier.

M. UBICINI. — Coreligionnaire politique de MM. E. Regnault, Jon Ghyka, Bratiano, Rosetti, avec lesquels il a été très lié, M. Ubicini a joué un rôle actif dans la révolution de 1848.

« D'après l'art. 32 du règlement, on était tenu de voter séparément pour chacun d'eux. » — **Ainsi fut-il fait.** — « Au lieu de cela, les caïmacans, prétextant une trop grande perte de temps, partagèrent les trente candidats », — **il n'y en a eu que vingt et un,** — « en six parties », — **il n'y en a eu que quatre,** — « et remirent à chaque électeur cinq boules, dont une blanche », — **sauf dans la quatrième série, qui était de six candidats.** — « Ensuite ils eurent soin que les candidats sérieux, ceux que l'on avait intérêt à écarter, fussent placés par deux et par trois dans une même série », — **aucune série n'a compté moins de cinq candidats, nombre qui explique celui des boules,** — « tandis que MM. Bibesco et Stirbei furent placés chacun dans une série différente et en compagnie de candidats dont les chances étaient à peu près nulles (3), etc., etc. » — **Si nulles que le vistiar A. Ghyka obtint soixante voix.**

(1) Voir le tableau, p. 41 et 42.
(2) M. Daschkoff était consul général de Russie en Valachie.
Histoire des Principautés, par M. Elias REGNAULT, p. 234. (Ed. Paulin et Le Chevalier, 1855, Paris.)
(3) UBICINI, *Valachie et Moldavie,* p. 159. (Firmin Didot, édit., Paris.)
Il n'est pas sans intérêt de constater le scrupule avec lequel M. Ubicini reproduit la brochure anonyme : *Dernière occupation des Principautés danubiennes par la Russie,* p. 55 et 56.

« L'article 32 porte, y est-il écrit, qu'on doit voter pour chaque candidat sépa-
« rément; on prétexta le perte de trop de temps et l'on partagea les trente can-

M. Billecoq (Adolphe), consul général de France à Bucarest. — « Le parti national a le désavantage de la subdivision à l'égard de quatre ou cinq candidats », écrit M. Billecoq (1), « lorsque le parti tchokoi, — représentant le Valaque ignorant, corrompu, vénal, — se concentre sur le boyard Alexandre Philippesco, connu en Valachie sous le nom de Vulpe. Les candidats du parti national sont MM. Emm. Balleano, J. Philippesco, E. Balatchano, Stirbei et Bibesco. Ces deux derniers étant connus pour être Russes, et LE DERNIER MÊME ASSEZ ANTIFRANÇAIS, les voix se reporteront sur les trois premiers; plusieurs voix russes seront acquises alors au parti tchokoi, et le doute existera encore, de telle façon, qu'une heure avant le dépouillement du scrutin, personne ici, — et le consul de Russie moins que qui que ce soit, — ne peut pas plus dire qui sera le Prince, qu'il ne serait possible de dire le numéro sortant d'une loterie... Avec le scrutin secret, nul ne peut prévoir l'issue de l'élection (2). »

Ces affirmations démentent, sur le point de la coopération de la Russie, les assertions de MM. Elias Regnault, Ubicini et autres. Il n'y a pas lieu de s'en étonner; cette communication de M. le consul est de 1842, tandis que les écrits de ses amis sont postérieurs à la révolution de 1848. L'entente n'a donc pas été possible entre eux; puis M. l'agent français se doutait si peu

« didats en six séries, et on remit à chaque électeur cinq boules, dont une
« blanche. En classant les autres candidats sérieux par deux et par trois dans
« une même série, ils ne pouvaient pas manquer de se partager les cent quatre-
« vingt-dix boules blanches de la série et se paralyser les uns les autres; tandis
« qu'en plaçant les deux frères Bibesco, comme on l'a fait, chacun dans une série
« différente, et en compagnie de candidats sans parti, sans aucune chance, on
« leur assurait une majorité qui ne pouvait leur manquer. Bibesco, le plus
« jeune des deux frères, sortit de l'urne électorale avec une énorme majorité,
« que la crainte de voir élire son frère Stirbei, — Stirbei portait ce nom par
« adoption, — lui avait assurée. « Votons tous pour Bibesco, c'est le seul moyen
« d'échapper à Stirbei », s'est écrié Villara, l'un des électeurs. »

(1) M. Billecoq à M. Guizot, 25 décembre 1842. (Archives du Ministère des affaires étrangères, Paris.)

(2) M. Billecoq à M. Guizot, 25 décembre 1842. (Archives du Ministère des affaires étrangères, Paris.)

que celui qui allait « *être élevé sur le pavois* » serait Georges-D. Bibesco, le chef de l'opposition qui avait renversé le Prince Alexandre Ghyka, qu'il n'eut aucune peine à déclarer que Bibesco était un candidat national. Mieux encore, dans le désarroi où le mit cette élection, il laissa échapper cet hommage à l'adresse du Prince : « M. G. Bibesco, assure-t-on, aurait voulu, dans le dernier moment, reporter toutes ses voix sur son frère aîné M. Stirbei; mais il a compris, assure-t-on encore, qu'un moment d'hésitation aurait pu tout perdre en faveur de l'un des deux candidats Ghyka et Philippesco faisant partie de la quatrième série, et les frères d'un commun accord ont dû accepter la chance telle qu'elle se présentait pour l'un d'eux. On s'accorde à rendre une haute justice aux sentiments d'honneur et de loyauté parfaits qui, dans une conjoncture aussi délicate, ont dirigé la conduite de MM. Bibesco (1). »

Après ce sacrifice fait sur l'autel de la vérité, il ne faut plus s'attendre à l'ombre d'une concession de la part de M. Billecoq. Armé de pied en cap, dès le lendemain de l'élection du 1ᵉʳ janvier, pour combattre à tout jamais l'élu de la nation, bien qu'il « n'ait jamais entretenu avec lui la moindre relation (2) », mais dont il connaît « l'inimitié contre le prince Ghyka (3) » et qui, par le fait d'avoir renversé ce Prince, a ravi à M. le consul sa situation de premier conseiller du trône, de Mentor du Prince déchu, M. l'agent français ouvre, sans perdre un instant, les hostilités et accuse le Prince, auprès de son gouvernement, « d'avoir fait contre le Roi et le gouvernement français des sorties qui ont mis deux fois le consul général dans le cas de dire au prince Ghyka, qu'il serait bon de recommander à M. Bibesco plus de prudence dans ses propos (4) ».

(1) M. A. Billecoq à M. Guizot, lettre du 5 janvier 1843. (Archives du Ministère des affaires étrangères.)
(2) *Ibid.*
(3) *Ibid.*
(4) M. Billecoq à M. Guizot, lettre du 25 décembre 1842, n° 89. (Archives du Ministère des affaires étrangères.)

« Puis M. Bibesco est d'une naissance plus qu'ordinaire, les grands boyards lui reprochaient de descendre d'un gardien de chevaux (1) ».

Bibesco étant devenu Prince, M. l'agent profite de ce qu'il se trouve dans le même salon que Son Altesse, à laquelle il n'a pas encore été présenté, pour lui témoigner son mécontentement et lui donner une preuve de son savoir-vivre... « J'ai eu l'occasion de me rencontrer avec lui dans le salon de son frère M. Stirbei ; j'ai prié l'envoyé de la Porte Ottomane, S. Exc. Savfet-Effendi, de vouloir bien me faire faire la connaissance du nouveau Prince. » Ce *faire faire la connaissance* n'est-il pas tout un poème ? Le Prince se venge de l'éducation de M. Billecoq, en comblant de bons procédés le représentant de la France, qui ne comprend pas, et qui ajoute dans une lettre postérieure : « Si les actes et le langage du nouvel Hospodar le méritent, je serai le premier à implorer, plus tard, pour lui, l'indulgence et les sympathies du gouvernement que j'ai l'honneur de représenter (2). »

Et c'est à M. Guizot que M. l'agent a l'imprudence de tenir ce langage.

Cette phrase encore, — à propos d'une conversation que M. Billecoq a eue avec Savfet-Effendi, — achève de peindre M. le consul : «... Tel est du moins, Monsieur le Ministre, le fond
« des conversations de Savfet-Effendi avec moi ; et elles ont tou-
« jours paru lui inspirer une si vive reconnaissance pour les lu-
« mières qu'il pouvait puiser dans des renseignements offerts, de
« ma part, avec netteté, conscience et loyauté, qu'à plusieurs
« reprises il m'a répété avec effusion qu'il se ferait un devoir de
« citer au Sultan le consulat général de France à Bucarest, comme
« l'une des sources où il avait le plus appris ce qui est néces-

---

(1) Voir les origines de la famille, p. 33, et aux Pièces justificatives.
(2) M. Billecoq à M. Guizot, lettre du 19 janvier 1843, n° 93. (Archives du Ministère des affaires étrangères. Paris.)

« saire au divan, dans la marche de sa politique à l'égard des
« Principautés du Danube (1). »

Disons en passant, pour mieux faire saisir l'encens que M. Billecoq brûle aux pieds du consul général, qu'il vient, dans une lettre précédente, de demander la croix d'officier et qu'il ambitionne celle du Nicham.

La correspondance de son subordonné dut singulièrement impatienter M. Guizot pour que, dans sa réponse aux lettres du 25 décembre et du 5 janvier, le ministre n'ait pas résisté à lui infliger la leçon que renferme cette phrase : « ... Je crains qu'en prenant à la « lettre ce qu'il a pu dire à ce sujet (le consul de Rus-
« sie), vous n'ayez écouté *une disposition trop prononcée à vous per-*
« *suader ce qui convient à la nuance de vos propres idées ou de vos*
« *sentiments personnels* (2). » Il est permis de croire qu'à cette date M. Guizot s'était déjà rendu compte du caractère de M. Billecoq.

VAILLANT. — « Le premier, Stirbei, obtint 90 voix; le se-
« cond, Bibesco, 40; G. Philippesco, 60. Aucun de ces candi-
« dats n'ayant la majorité absolue, et l'assemblée redoutant, par
« ce premier tour de scrutin, l'élection de Stirbei, Al. Villara se
« lève, presse Bibesco sur son cœur et s'écrie : « Voilà notre
« Prince ! »

Nous ne citons Vaillant que pour faire voir les erreurs dans lesquelles l'anonyme ou le faux Chaînoi fait tomber ceux-là mêmes qui n'avaient pas de parti pris contre Bibesco. Vaillant appartient, croyons-nous, à cette catégorie.

L'appréciation suivante sur le Prince semblerait l'indiquer :
« Le second, Bibesco, a plus de savoir-vivre et son intelligence
« lui a rendu la science facile... Habile par nature, il n'a même
« pas l'air de se douter qu'il sait... Celui-là a l'air dégagé du
« gentilhomme... Il est aimé. »

(1) M. Billecoq à M. Guizot, lettre du 31 janvier 1843. (Archives du Ministère des affaires étrangères, Paris.)
(2) M. Guizot à M. Billecoq, lettre du 16 janvier 1843. (Archives du Ministère des affaires étrangères, Paris.)

Ce n'est pas davantage M. le consul ni ses amis qui auraient signalé, comme « premier acte du prince Bibesco, la grâce et la « réhabilitation de Telejesco, de Marinu, de Demetre Philip- « pesco, de Sortir, de Balcesco, les victimes du gouvernement « précédent » (1).

M. Tocilesco, membre de l'Académie roumaine et professeur d'histoire :

« La cour de Russie *parvint à faire élire* Georges Bibesco, « un partisan ardent des Russes. » (Tocilesco, *Histoire roumaine*, p. 113.)

Le précis de M. l'académicien Tocilesco est, — comme nous aurons souvent à le prouver dans notre travail, — d'une science historique plus que sommaire en ce qui concerne ce règne; mais, par contre, l'auteur y affiche une audace, inspirée sans doute par le milieu dans lequel il vivait, au temps où il l'a écrit. C'est sous le gouvernement de M. Jean Bratiano qu'il l'a fait adopter par le ministère de l'instruction publique, dont il était directeur, pour la jeunesse roumaine des écoles des deux sexes!

M. Tocilesco a été du parti de MM. Rosetti-Bratiano aussi longtemps que ces messieurs ont été au pouvoir. Récemment, il a eu la curiosité de voir si, sous le gouvernement conservateur, le Sénat aurait pour lui quelques douceurs. Il s'est rallié; il siège; sa brochure continue à enseigner aux écoliers et aux écolières *l'histoire... suivant M. Tocilesco.*

En résumé : commencer la démolition du règne de Bibesco en accumulant autour de son élection toutes les inventions de nature à la faire considérer comme le résultat d'intrigues extérieures et intérieures; puis accuser le Prince d' « *être arrivé d'un bond de l'étable sur les marches du trône* (2) », telle a été la première étape de MM. Élias Regnault, Ubicini et Billecoq.

---

(1) Vaillant, *la Roumanie*, tome II, p. 429 et 430.
(2) Lettre du prince à M. de Cambyse. (Voir *Correspondance générale*.)

Or, à défaut du portrait que Vaillant fait du prince Bibesco, cette simple phrase du successeur de M. Billecoq, M. de Nion, — homme d'une indépendance politique absolue, d'une extrême réserve, et qui était arrivé à Bucarest, prévenu contre le Prince, — suffirait pour expliquer l'élan du pays : « ... Le Prince, écrit-il, a « une incontestable supériorité sur tout ce qui l'entoure (1). »

A la seconde accusation, le Prince a répondu lui-même dans une lettre à un de ses amis :

« Imbéciles, qui ne sentent pas ce qu'un pareil bond, s'il était « vrai, dénoterait de force et de grandeur (2). »

---

(1) M. de Nion à M. Guizot. Lettre du 18 novembre 1846. (Archives du Ministère des affaires étrangères, Paris.)

(2) Lettre du Prince à M. de C... (M. de Cambyse), Paris, 14 octobre 1875. (Voir *Correspondance générale*.)

DEUXIÈME PARTIE

Correspondance diplomatique et Documents concernant le règne de Bibesco, du 1ᵉʳ janvier 1843 au 11 juin 1848.

La correspondance du Prince Bibesco avec les différents cabinets de l'Europe offrant plusieurs questions d'un caractère spécialement important, — telles la question des « *Couvents dédiés* ou *Biens conventuels* », celles du Commerce et de l'Instruction publique, — nous ferons précéder chacune d'elles d'un mémoire ou d'un court exposé, suivant que le sujet sera plus ou moins complexe.

En ce qui concerne la correspondance générale diplomatique, nous la publierons dans un ordre chronologique.

QUESTION DES SAINTS LIEUX

LES COUVENTS DÉDIÉS OU BIENS CONVENTUELS

EN ROUMANIE

QUESTION DES SAINTS LIEUX

LES COUVENTS DÉDIÉS OU BIENS CONVENTUELS.

MÉMOIRE

La Roumanie, fille de Trajan victorieux et de la Dacie soumise, — rempart de l'Occident contre les invasions barbares, dont les flots s'étendirent pendant près de neuf siècles sur la Dacie, la Pannonie et le nord-est du continent, renversé parfois, jamais submergé, — la Roumanie ne sortit de ces assauts répétés que pour se trouver en face d'un nouveau danger, celui-là plus menaçant : l'Islamisme.

Dans la lutte de nos ancêtres contre le fanatisme des Turcs, l'amour de la patrie et de la religion engendrèrent tous les dévouements, tous les sacrifices.

Les princes indigènes et les boyards, vrais chevaliers de cet âge de fer, toujours le sabre au poing, toujours prêts au combat, animés du souffle puissant de la piété et de la raison de défense nationale, fondèrent dans le pays une grande quantité de couvents et les dotèrent.

La majeure partie est postérieure aux premières Capitulations (1)

(1) Art. 1ᵉʳ. — Par notre grande clémence, nous consentons que la Principauté nouvellement soumise par notre force invincible se gouverne d'après ses propres lois, et que le Prince de Valachie ait le droit de faire la guerre et la paix, comme le droit de vie et de mort sur ses sujets.
Art. 2. — Tous les chrétiens qui, ayant embrassé la religion de Mohammed, passeront ensuite des contrées soumises à notre puissance, en Valachie, et y

signées par Mircea (1), à la suite de ses luttes acharnées contre les Turcs.

Être en permanence le sanctuaire de la foi et le refuge des défenseurs de la patrie, servir de citadelles en temps de guerre, donner du pain au pauvre, un abri au voyageur, un asile au faible, ouvrir des écoles, avoir des hôpitaux, participer à l'acquittement des dettes du Trésor, entretenir des armées pour la défense du territoire, tel fut le but chrétien de ces fondations, dont les fondateurs fixèrent les devoirs dans des actes spéciaux dits chrysobulles (2).

Plus tard, après la chute de Constantinople, en 1453, lorsque le patriarcat de cette ville fut réduit, ainsi que les monastères des Saints Lieux, à une profonde misère, le monde orthodoxe s'émut de la situation du Chef spirituel de son Église, et il répondit par des élans de généreuse piété à la voix des patriarches parcourant les villes et faisant appel à l'amour des fidèles.

Plus tard encore, au seizième siècle, les Princes et les boyards, cédant toujours à leurs penchants naturels vers la piété et les actes de bienfaisance, voulant être agréables à Dieu, conserver à la religion ses autels et son culte, et assurer leur salut éternel

---

deviendraient de nouveau chrétiens, ne pourront être nullement réclamés et attaqués.

Art. 3. — Tous ceux des Valaques qui iraient dans quelque partie de nos possessions seront exempts du haratche, et de toute autre contribution.

Art. 4. — Leurs princes chrétiens seront élus par le métropolitain et les boyards.

Art. 5. — Mais à cause de cette haute clémence, parce que nous avons inscrit ce Prince dans la liste de nos autres sujets, il sera aussi, lui, tenu de payer par an, à notre trésor impérial, trois mille piastres rouges du pays ou cinq cents piastres d'argent de notre monnaie. — (Hatti-humajun du sultan Bayezid Ier Ilderim, donné à Nicopolis en 795, mois de Rebiul-Ewel; an 1392 de Jésus-Christ.) (Archives impériales, Constantinople. Traduction.)

(1) Mircea l'Ancien était « grand voïvode et Prince autocrate de tout le pays de Hongro-Valachie et des pays au delà des Carpathes, et aussi des pays tartares; et herzog de l'Amlasch et Fagarasch et Prince du Banat de Severin, et autocrate sur les deux rives de tout le Danube jusqu'à la grande mer, et de la ville de Drastra (Silistrie) ».

(2) Documents princiers auxquels étaient apposés le sceau en or du Prince, et les sceaux des grands boyards appelés en témoignage de l'acte rendu.

par une perpétuité de bienfaits publics, fondèrent des monastères, leur affectèrent de riches dotations, et considérant l'Église, — toute-puissante alors, — comme la meilleure sauvegarde pour leurs institutions, contre les éventualités redoutables de l'avenir (1), dédièrent celles-ci aux Saints Lieux, c'est-à-dire aux monastères du mont Athos, du mont Sinaï, de la Roumélie, aux patriarcats d'Alexandrie, d'Antioche et de Jérusalem. Ils prirent les mêmes précautions pour leurs biens privés qu'ils attachèrent nominativement à leurs fondations, dans le but de les mettre à l'abri de la convoitise des puissants, en s'en réservant toutefois la gestion et la jouissance.

Ces fondations, placées *sous le patronage* des monastères relevant des Saints Lieux, reçurent la dénomination de « Couvents dédiés » ou « Biens conventuels ».

Nos ancêtres en faisant ces dédicaces aux Saints Lieux eurent soin de les intéresser au maintien, au développement, à la prospérité de leurs pieuses institutions, en leur assurant, — par des clauses spéciales, — des dons en argent ou en nature que leurs exécuteurs testamentaires ou curateurs des Biens conventuels étaient tenus de respecter. Ces dons étaient peu considérables; ils ne représentèrent jamais qu'une aide. Cependant, à la fin du seizième siècle et au commencement du dix-septième, lorsque des Grecs, aidés par l'influence de la Turquie, parvinrent au trône, ils profitèrent de leur situation pour enrichir les Saints Lieux, en violant les actes de fondation et les défenses faites par Mathieu Bassaraba, en 1641.

En 1640, le prince Mathieu Bassaraba prescrit au monastère de Nucetu, — dédié au monastère Dousca de Roumélie, — « d'envoyer annuellement à ce dernier vingt mille bons (1/3 de para) et un tavoul, et de respecter toujours ce legs » (2).

(1) Si le passé devait répondre de l'avenir, on avait sujet de craindre que le pays roumain ne fût troublé par les guerres civiles et les invasions.
(2) Chrysobulle du Prince J.-Mathieu Bassaraba, 17 mai 1640. (Archives de l'État.) G. Bengesco, *Memorandum*.

En 1686, le prince Scherban Cantacuzène, en fondant le monastère valaque de Cotrocheni, le dédie « *splendidement orné au mont Athos; non pas à un ou deux, mais à tous les vingt monastères dudit saint mont* », ordonne le Prince dans sa chrysobulle (1), « afin que tous aient le droit de l'inspecter et de prier le Seigneur pour notre vie, pour notre salut et celui des nôtres »; et il ajoute ces mots à propos des dons qu'il fait : « *Dans les années d'abondance, on enverra au saint mont seulement le superflu qui restera, après avoir préalablement pourvu aux dépenses annuelles du monastère; dans les mauvaises années, le secours sera proportionné aux revenus.* »

Quand, en 1731, un groupe de boyards dédie au mont Sinaï le monastère de Margineni, fondé par leurs aïeux, ils stipulent que, « chaque année, après avoir payé l'impôt dû au Trésor du pays, on devra diviser le reste du revenu du monastère en trois parts, dont deux resteront au monastère de Sinaï pour ses dépenses, réparations, et pour des prières pour le repos de l'âme de tous les fondateurs défunts (2) ».

Et ces mêmes dispositions, ces mêmes restrictions se retrouvent dans presque tous les actes de fondation des monastères ou couvents dédiés, ainsi que le rappelle dans sa chrysobulle de 1799 le Prince grec Morouzi, qui les explique et leur donne une nouvelle consécration (3).

Il résulte donc, nettement, de l'esprit comme de la lettre des actes des fondateurs, que l'entretien du monastère dédié, les

---

(1) Chrysobulle du prince Scherban Cantacuzène, 1686.

(2) G. BENGESCO, *Memorandum sur les églises, les monastères, les biens conventuels et spécialement sur les monastères dédiés de la principauté de Valachie*. Bucarest. Imp. Rosetti, 1858.

(3) « On prendra des revenus, est-il dit dans cet acte, ce qui est nécessaire à l'entretien du monastère d'ici, et on enverra *le reste* au monastère auquel celui du pays est dédié. Dans les années abondantes, ou dans les années de disette, le secours envoyé au monastère des Saints Lieux sera proportionné au revenu de l'année, *comme l'ont décidé les fondateurs eux-mêmes,* et non pas une somme fixée pour toutes les années comme dans un bail. » Chrysobulle du Prince Morouzi, 1799 (février.) (Archives. — G. Bengesco.)

aumônes à l'intérieur, l'aide à donner au trésor (1) du pays, devaient être la première préoccupation de l'administration, et que le Saint Lieu n'avait droit qu'à « *ce qui resterait des revenus, — qu'au superflu* ».

Un objet digne de remarque, voire même d'admiration, c'est le souci toujours en éveil des fondateurs pour les intérêts de leurs institutions. A côté du sentiment de charité, on trouve toujours la prévoyance et l'esprit de conservation. Le fondateur indique-t-il le don à faire? il le limite (2); dédie-t-il monastères, terres, vignes, villages, paysans valaques, bohémiens, bétail, ruches à miel, dîmes du sel (3), etc.? il prescrit toutes les mesures propres à assurer une bonne administration; et, point essentiel à relever, il interdit toute aliénation (4) des biens constituant sa fondation, sous peine de malédiction, comme s'il redoutait qu'un jour des tentatives coupables ne fussent faites pour s'emparer du patrimoine des ancêtres, conservés par eux au prix de leur sang.

Ces craintes de l'avenir, — elles éveillent toujours la prévoyance du sage, — devaient un jour, en effet, se réaliser. Les intrigues des hégoumènes (5) grecs, supérieurs des monastères dédiés, — leurs déprédations, et les prétentions des Saints

---

(1) Ainsi le monastère Mihai Voda réservait à l'État 500 francs sur un revenu de 1,000 francs; sur un revenu de 3,500 francs, celui de Margineni lui envoyait 2,000 francs; Cotroceni, 3,200 francs sur un revenu de 3,400 francs. Comana n'envoyait aux Saints Lieux que le surplus du revenu, d'autres que le tiers du surplus.

(2) Consulter le grand diplôme qui constitue pour ainsi dire la charte monacale de Valachie, confirmée par l'assemblée générale et le Prince Constantin Mavrocordato, et qui contient textuellement tous les actes antérieurs, depuis 1596 jusqu'en 1657, par lesquels les assemblées et les Princes du pays, les synodes et les patriarches de Constantinople ont successivement réglé et confirmé les droits et l'organisation des couvents du pays. (*Étude* de l'archimandrite Agathon OTMENEDEC. Bucarest, 1863.)

(3) Chrysobulle relative au monastère dédié de Margineni. (Voir G. Bengesco. Bucarest, 1858.)

(4) S'il y a eu des exceptions à cette règle, elles ont été faites en violation de la loi du pays.

(5) Hégoumène : *Hegoumenos,* qui conduit, qui administre.

Lieux allaient bientôt justifier les mesures de conservation inscrites dans les actes de dédicace (1).

A l'origine de la fondation des couvents dédiés, les hégoumènes étaient choisis, comme ceux des établissements non dédiés, par les moines roumains et parmi les membres de leur communauté (2). Insensiblement les moines grecs finirent par les y remplacer, et les Saints Lieux, qui à l'origine n'eurent que le droit d'inspection, obtinrent celui de désigner les supérieurs des couvents dédiés.

Sans pouvoir rien préciser sur cette question, on peut admettre que celui qui, à la fin du quinzième siècle, leur a ouvert les portes des établissements religieux de la Valachie, fut le patriarche de Constantinople, Niphon, homme d'une capacité éprouvée, et que Radu V (Rodolphe) le Grand appela dans la Principauté pour occuper le siège métropolitain, réprimer les désordres qui s'étaient introduits dans l'Église roumaine, et relever le sentiment religieux du pays. — Le premier pas dans cette voie une fois fait, les Saints Lieux s'arrangèrent de manière qu'on n'en sortît pas. Il est vrai que les chrysobulles prescrivaient d'exiger de ces hégoumènes « qu'ils fussent des hommes justes, de bonne réputation, sages, modérés, capables, et doués de toutes les qualités qu'on requiert d'hommes qui ont embrassé la carrière monacale (3) », et il ne faut pas oublier que, pour entrer en fonction, il leur fallait l'approbation du métropolitain et la sanction

---

(1) Une preuve que les fondateurs n'entendaient à aucun prix aliéner leurs biens de famille, c'est qu'ils avaient soin d'ordonner que les membres de la famille qui tomberaient dans la misère fussent secourus sur les fonds de l'Administration.
Cette obligation est encore respectée de nos jours.

(2) « Par le 88° canon du concile local de Carthagène il est clairement statué qu'un moine ne peut être hégoumène dans un couvent où il est étranger; et les 17° et 21° canons du VII° concile œcuménique défendent aux moines de passer, comme supérieurs, ou même comme simples religieux, d'un monastère à l'autre. » (*Étude sur les droits et obligations des monastères roumains dédiés aux Saints Lieux d'Orient*, par l'archimandrite Agathon OTMENEDEC. Bucarest, 1863.)

(3) Chrysobulle de Scherban Cantacuzène Bassaraba, 1686.

du Prince, qui, seul, pouvait les révoquer s'ils venaient à manquer à leur mandat. Quant aux devoirs de l'hégoumène, ils étaient nettement définis par les actes de fondation : ce supérieur était tenu de veiller à ce que le monastère ne manquât de rien; il ne devait permettre, sous aucun prétexte, l'aliénation ou la ruine de ses biens; et il devait s'opposer à tout emprunt sans l'assentiment de l'État (1).

Cette dernière prescription nous amène à insister sur ce fait, que le Prince et l'État étendaient leur suprématie sur ces fondations, à la fois religieuses et patriotiques; qu'ils n'avaient jamais cessé de l'exercer sur tous les monastères du pays, dédiés ou non; qu'ils en étaient les tuteurs naturels (2).

Cependant, avec le temps, « des hégoumènes, des métropolitains et des Princes étrangers pour nous », écrit le Prince Mathieu Bassaraba, « n'eurent pas de honte d'avilir, d'altérer, de détruire, pendant leur règne, nos vieux usages..., d'étendre une main sacrilège sur les saints monastères princiers, d'oser enfreindre les lois ecclésiastiques et les décrets des anciens Princes fondateurs. Ils ont bravé leurs anathèmes..., ils ont commencé à vendre et à exploiter les saints monastères du pays, ainsi que les pieuses fondations princières, et à les soumettre à d'autres monastères de la Grèce et des Saints Lieux, **en faisant des chrysobulles de dédicace à l'insu du concile,** afin d'en tirer un tribut perpétuel. »

La chrysobulle qui renferme ces accusations est datée de 1639; elle a été lue en assemblée générale du clergé, de la noblesse et du peuple.

De minutieuses recherches avaient révélé à Mathieu Bassa-

(1) Voir la chrysobulle du Prince grec Morouzi, 1799; la chrysobulle patriarcale et synodique de 1800, 9 janvier. (Archives de l'État.)
(2) Voir la chrysobulle de l'année 1719 du Prince Nicolas-Alexandre Mavrocordato. Ce Prince, en dédiant le monastère de Vacaresci au Saint-Sépulcre, nomma trois boyards : les ministres de la justice, de la guerre, des finances, épitropes et exécuteurs testamentaires, — sous la surveillance du chef de l'État, — de toutes les dispositions et aumônes stipulées dans son acte, à cette condition seulement que ce monastère continuât d'être dédié au Saint-Sépulcre.

raba les ruses et les fausses dédicaces grâce auxquelles des Princes, des évêques, de hauts dignitaires, sous l'influence des moines grecs, étaient parvenus, — au mépris des actes de fondation (1), — à dédier *dix-neuf* monastères princiers (2) à des monastères de la Grèce et des Saints Lieux. Heureusement, leurs procédés n'étaient pas sans appel, et les pièces émanant d'eux avaient aussi leurs revers. Par exemple, lorsqu'ils produisaient, — comme acte constitutif de la donation du monastère Butouil au monastère grec Saint-Étienne de Metior, — une chrysobulle de Vladislas, fils de Mircea le Vieux, et qu'ils faisaient remonter ce document à l'année 1410, ils commettaient deux fautes graves contre l'exactitude des faits, attendu que Mircea régnait encore en 1410 et qu'aucun de ses fils n'avait jamais signé Vladislas (3). De même de la prétendue dédicace du monastère roumain de Mislea faite au couvent de Paterissa de Roumélie : ce monastère ne fut dédié qu'en 1618, par Gabriel Movila, et pourtant une chrysobulle produite par les moines grecs faisait remonter sa dédicace à son prédécesseur, le Prince Radu Mihnea (4).

Armé de ces preuves, le Prince Mathieu Bassaraba affranchit ces établissements religieux ; renvoya les hégoumènes grecs, les remplaça par des moines roumains ; défendit qu'à l'avenir un monastère fût dédié à un autre (1641), et prononça l'anathème, demeuré célèbre (5), contre quiconque violerait l'acte du concile.

---

(1) « Pour de l'argent et sans l'autorisation de personne ». (Chrysobulle de J.-Mathieu Bassaraba.)

(2) Ces dix-neuf monastères sont ceux de : Tismana, Cozia, Arges, Bistritza, Govora, Dealoul, Glavatchocoul, Zuagovou, Cotmana, Vallea, Rincaciovoul, Mislea, Bolintinoul, Campulung, Caldarouschani, Brancoveni, Sadova, Motru, Potopul, Vucetul, Tanganulu.

(3) Voir *Les monastères dédiés et les moines grecs,* par BREZOIANU. Bucarest, 1861, p. 15; et l'*Histoire des Roumains dans la Dacie Trajane,* par XENOPOL, t. III, p. 457.

(4) Voir BREZOIANU et XENOPOL, document reproduit par M. Hajdeu dans ses *Archives de Roumanie,* t. I, p. 106.

(5) Voir la chrysobulle du Prince Mathieu Bassaraba, qui annule les fausses dédicaces des couvents valaques aux Saints Lieux, 1639. (Archives de l'État.) G. Bengesco, Pièces justificatives.

Vaines malédictions : le Prince Grégoire Ghyka II vint détruire l'œuvre du grand Prince roumain ; le désordre, l'incurie, le vol continuèrent à régner dans les monastères roumains et à se développer jusqu'à la fin du régime des Fanariotes (1). Sous le règne de ces Princes, imposés par la Porte dès 1711 à la Moldavie et en 1716 à la Valachie, et dont le système de gouvernement dura pendant plus d'un siècle, jusqu'en 1821, les hégoumènes grecs et les Grecs venus du Fanar à la suite de leurs Princes eurent leurs coudées franches, et ils en abusèrent, assurés qu'ils étaient de l'impunité.

Hâtons-nous de dire, cependant, que même sous le régime fanariote les monastères acquittèrent leurs charges, souvent très lourdes, envers le fisc. On n'a pas lieu de s'en étonner, quand on lit dans les bulles patriarcales des saints Pères, adressées aux exarques et hégoumènes des Principautés, les recommandations les plus expresses d'avoir à « se conformer exactement à la volonté des fondateurs et d'en référer en toute occasion aux autorités locales » (2). D'ailleurs, parmi les Princes fanariotes, on en compte qui ont aussi bâti, restauré, doté des couvents et leur ont assuré toutes les conditions d'existence. Tel le Prince Nicolas Mavrocordato, qui restaura, en 1719, le monastère de Vacaresti (3) et le dédia au Saint-Sépulcre.

Seulement, Nicolas Mavrocrodato mettait en pratique avec un cynisme étrange le proverbe : « Le but justifie les moyens », lorsque ce but était de défendre les intérêts grecs. Le célèbre procès intervenu entre Marie Cantacuzène, la veuve du vistiar (4) Ilie Cantacuzène, et l'hégoumène du monastère de Hangu, — fondation que Mavrocordato voulait dédier au Patriarche d'Alexandrie,

---

(1) Fanariotes, Grecs du Fanar-Fanar (ou Phanar), l'un des bourgs de Constantinople habité principalement par des Grecs.
(2) Voir le *Mémoire avec pièces justificatives présenté à la Commission internationale pour les couvents dédiés,* par M. C. NEGRI.
(3) Voir l'acte de fondation du monastère de Vacaresti. (Archives.)
(4) *Vistiar,* ministre des finances.

pour augmenter l'avoir de ce prélat, — en est la preuve la plus caractéristique.

Un beau matin, le Prince, qui ambitionnait d'augmenter les revenus du monastère de Hangu, jette les yeux sur deux terres appartenant à Marie Cantacuzène, et il encourage l'hégoumène de ce monastère à les revendiquer. Ce dernier s'empresse d'intenter un procès à la propriétaire légitime desdites terres; l'affaire est portée devant le Divan, où siège le patriarche même en faveur duquel on poursuit la spoliation de la veuve, et, comme il était aisé de le prévoir, celle-ci est dépouillée de son bien.

A quelque temps de là, Michel Racovita ayant succédé à Nicolas Mavrocordato, la victime de ce Prince en profite pour faire à l'hégoumène de Hangu un procès en restitution des terres dont elle avait été frustrée. Cette fois, comme la première, elle comparaît devant les mêmes juges; mais les boyards, pour lesquels son bon droit n'a jamais fait question, déclarent au Prince Racovita qu'ils n'ont rendu la sentence contre Marie Cantacuzène que contraints et forcés par les menaces de son prédécesseur; et comme, heureusement pour cette femme persécutée, l'ancien droit roumain ne connaissait pas l'institution de la chose jugée, ses juges en profitent pour racheter leur acte de faiblesse en la remettant en possession des biens (1) qui lui ont été pris.

Pourtant, quelques Princes fanariotes ont pris sérieusement à cœur les intérêts roumains. A leur nombre restreint il est juste d'ajouter, à propos de la grave question qui nous occupe, le nom du métropolitain Mathieu Pogoniani. Cet ecclésiastique grec adressa, vers la fin du dix-septième siècle (2), à ses compatriotes

---

(1) Voir les détails de ce curieux procès dans l'ouvrage de A. XENOPOL, *l'Histoire des Roumains dans la Dacie Trajane*, t. VI, p. 14-18.

(2) « Mais vous autres boyards grecs, tous tant que vous êtes à la Cour et qui faites le commerce dans ce pays, gardez-vous bien de commettre des injustices; n'importunez pas les Roumains par votre insatiable avidité, ne dépouillez pas le pauvre, car Dieu est au ciel, et son œil est ouvert sur vous; ne convoitez pas les

les boyards, — fixés comme lui en Valachie et en Moldavie, — des conseils d'une haute sagesse, et d'autant plus précieux à enregistrer qu'ils donnent la mesure « des injustices et de la tyrannie que les Grecs exerçaient contre les Roumains » (1).

Mais, conseils de Pogoniani, malédictions de Mathieu Bassaraba ou répression des Princes grecs Hangerli et Morouzi, contre les hégoumènes, autant en emporta le vent ; et il fallut, pour que la Valachie et la Moldavie sortissent des griffes qui les tenaillaient, que la révolution grecque, portant à son comble l'irritation de la Sublime Porte, décidât cette puissance à renvoyer les supérieurs étrangers des monastères roumains.

La date de 1821 marque, pour les Principautés danubiennes, le début d'une phase de près de sept années, au cours de laquelle le Prince Grégoire Ghyka VIII chassa les hégoumènes grecs et ordonna que deux années des revenus des monastères servissent à payer les dettes sous lesquelles le pays succombait. Les Saints Lieux *ne reçurent*, pendant ces années, *à titre de subside*, que l'*excédent des revenus*, et ils ne firent entendre aucune plainte.

Cette phase ne dura malheureusement que jusqu'en décembre 1827. A cette époque, en effet, la Turquie réintégra les administrations grecques, — qu'elle avait bannies des couvents rou-

---

épargnes du Roumain, car Dieu le Saint a des yeux en grand nombre : l'injustice ne saurait se soustraire à sa punition. Vous exercez votre tyrannie sur les Roumains, et votre avidité insatiable rend les Grecs tellement odieux à cette nation, qu'elle ne peut les voir, même en peinture ; vous traitez les Roumains comme des chiens. S'ils n'avaient aucun droit ils ne se récrieraient pas ; mais puisqu'ils se plaignent tant, c'est qu'ils ont raison. Cessez donc, quittez vos injustices pour échapper aux punitions éternelles que Dieu vous réserve... »
Mathieu POGONIANI, *Chronique en vers,* imprimée à Venise en 1785.
Voir l'*Étude* de l'archimandrite Agathon OTMENEDEC.)

(1) L'administration des hégoumènes, qui détournaient les revenus des monastères de leur destination, qui s'entendaient avec les fermiers pour que le prix du fermage fût inférieur au prix réel, parce qu'ils partageaient la différence, est d'autant plus préjudiciable au pays, que l'article 22 du firman de 1217 (1802) disait textuellement ceci : « A la mort des religieux attachés à des monastères, on ne touchera pas aux biens qu'ils laisseront, mais ces biens reviendront aux monastères auxquels les décédés étaient attachés. »

mains, — dans leurs anciennes charges, et décida qu'à l'avenir ces pieuses fondations cesseraient de contribuer à éteindre la dette de l'État. Ce résultat était dû à l'influence de la **Russie** qui, cédant aux sollicitations des Grecs et espérant se concilier les rajas turcs, intervint en faveur de la rentrée des hégoumènes dans les monastères roumains.

Il y a tout lieu de penser que le Cabinet de Saint-Pétersbourg connaissait très imparfaitement, — à cette époque, — la question, car des documents ultérieurs prouvent qu'elle a plus d'une fois regretté son intervention.

Les boyards se soumirent, mais en protestant (1) contre une pareille mesure.

Forts de cette rentrée en grâce auprès du Sultan, les **Saints Lieux** crurent pouvoir tout oser.

(1) *Protestation des boyards*
à S. A. le Prince Grégoire Ghyka, 27 décembre 1827.

..... En nous soumettant à cet ordre, disent-ils, nous ne pouvons pas oublier notre saint devoir, qui est de rappeler à Votre Altesse les privilèges dont nous jouissons et qui émanent des patriarches et des fondateurs. Sachant que Votre Altesse pense de même par ce fait qu'il est Prince indigène et notre compatriote en même temps que tuteur de droit d'une foule de monastères, nous ne craignons pas de soumettre à ses profondes méditations nos très humbles mais très justes observations. Nous affirmons et nous pouvons prouver que la nomination des hégoumènes, laissée au choix du patriarche de Constantinople, n'a jamais été une coutume. Mais du moment que le très puissant Empereur a trouvé bon de donner cet ordre, nous, sujets fidèles et loyaux de Sa Majesté, nous nous y soumettons. Mais nous demandons humblement et avec instance que, de par l'autorité princière et paternelle de Votre Altesse, ou par son intervention, son insistance même auprès du très puissant Empereur, aujourd'hui que les exarques doivent choisir des hégoumènes grecs pour ces monastères, ceux-ci soient, avant tout, obligés de les administrer conformément à la lettre des actes de fondation de chaque monastère et aux prescriptions des testaments authentiques, qui ont force de loi. On doit les rechercher soit dans les monastères d'ici, qui doivent en avoir gardé copie dans leurs registres, soit dans les monastères transdanubiens, qui doivent en avoir conservé les originaux. C'est dans ces actes par lesquels nos pères et ancêtres ont fondé des monastères et dédié leurs terres et autres biens, pour assurer la perpétuité des legs et des établissements institués par eux, en ajoutant les plus terribles malédictions contre les violateurs de leur volonté, que l'on peut voir quelle est la marche à suivre. On doit encore obliger lesdits hégoumènes à payer toutes les dettes des monastères, faire les réparations nécessaires à chacun d'eux, et pour que cette mesure, — incontestablement juste et utile aux

En dépit des chrysobulles et des précautions prises par les fondateurs et les Princes du pays contre toute aliénation de couvents dédiés, en dépit des obligations imposées, de *tout temps* et à tous les couvents, *dédiés ou non,* de se soumettre aux lois du pays, de subir la surveillance et le contrôle du gouvernement; en dépit des chartes princières qui avaient déterminé les rapports entre le gouvernement et les Saints Lieux; en dépit du temps qui avait consacré ces rapports, et bien qu'aucun fait, aucun acte n'eût affranchi de leurs liens les couvents dédiés, l'administration des Saints Lieux finit par élever sur les biens conventuels et sur les revenus attachés à ces fondations, des prétentions qui ne tendaient à rien moins qu'à faire de ses représentants, les hégoumènes, les maîtres et seigneurs d'un pays conquis. Pour

monastères, — soit observée, nous pensons que le seul moyen c'est d'établir sur les actes des hégoumènes la surveillance de la sainte métropole, qui est le chef de l'Église, des grands logothètes et des familles de fondateurs (*). Tel était l'usage au temps jadis avant que les hégoumènes n'eussent réduit les monastères à l'état de ruine dans lequel on les voit, par toutes sortes de moyens inavouables, dans le but de profits illicites, personnels, et pour percevoir des sommes non dues. Notre insistance sur ce point est d'autant plus formelle, que le texte même du très illustre firman impérial ordonne que la possession et l'administration desdits monastères retournent au régime primitif. Nous supplions humblement Votre Altesse, ainsi que cela est notre devoir, de bien accueillir nos avis et de prendre les mesures que sa haute sagesse lui inspirera pour qu'ils soient suivis à la lettre.

> GRÉGOIRE, métropolitain de la Hongro-Valachie; NÉOFIT, évêque de Rimnic; Constantin CRETULESCU; Constantin BALEANO; Grégoire FILIPESCO; Charles GRADISTEANO; DEMETRE BIBESCO (**); Alexandre FILIPESCO; Demetre RALET; Charles MIHALESCU; Emmanuel BALEANO; Alexandre NENCIULESCU (vornic); Philippe LINCHE; Grégoire ARGESONO; Grégoire BRANCOVANO (***); Barbu VACARESCU; Grégoire BALEANO; Michel MANU; Georges GOLESCO; Jean STIRBEI (vornic); Constantin COMPINEANU; NESTOR (grand logothète); Jean VACARESCO (grand logothète); Demetre HRISOSCOLEU; Alexandre VILARA (ex-grand hetman); Jean COCORESCU.

(*) Cette idée de confier la surveillance des legs de famille aux familles elles-mêmes était le palladium des droits des familles et du pays : on ne la retrouve plus dans les actes postérieurs.
(**) Père du futur Prince de Valachie Georges-D. Bibesco.
(***) Le futur beau-père du Prince Bibesco.

eux, les privilèges qu'ils devaient à la piété des fondateurs devenaient un prétexte à la création d'un État dans l'État.

Encore fallait-il essayer de justifier cette attitude nouvelle. Les Saints Pères ne furent pas en peine de donner une base à leurs prétentions. « Les biens peuvent », dirent-ils, « appartenir aux monastères indigènes dédiés, mais ceux-ci, par le fait même de la dédicace, sont des propriétés des monastères de l'étranger. » Autrement dit, d'après les Saints Pères, et pour ce cas spécial, *dédier* était l'équivalent de *donner,* et en raison du sens ingénieux prêté au mot *dédicace,* ils se déclarèrent propriétaires des monastères dédiés et de leurs biens.

C'était la première fois que les Saints Lieux se plaçaient sur ce terrain, et cela était assurément bien osé ; mais on était au lendemain du traité d'Andrinople, et les sympathies sur lesquelles ils croyaient pouvoir compter en Russie leur donnaient tous les courages.

En réalité, le point de vue qu'il plaisait à la communauté grecque d'Orient d'adopter n'était pas soutenable. De même qu'en dédiant une église à un saint on la place sous son patronage, de même nos ancêtres, en dédiant leurs fondations pieuses aux monastères de Jérusalem, du mont Athos, de Sinaï et de Roumélie, les avaient placés sous leur suprématie toute spirituelle (1).

Pour se faire une idée du sens exact de la dédicace dans l'ordre religieux aux seizième, dix-septième et dix-huitième siècles, on pourrait l'assimiler à ce qu'est, dans l'ordre politique, la suzeraineté. A l'égal de cette dernière, la dédicace impliquait le devoir de protection de la part du plus fort, comme le devoir de secours en argent, — parfois en hommes, — de la part du plus

---

(1) Les métoches ou succursales des grands monastères indépendants des pays roumains sont, par rapport à leurs métropoles, ce que doivent être les monastères dédiés relativement à celles des Saints Lieux. (Voir *Étude Otmenedec,* p. 15.)

faible. Il n'avait jamais pu être question du droit de propriété dans un pays dont les coutumes traditionnelles et les stipulations des donateurs refusaient aux étrangers, surtout aux Grecs, le droit de possession (1).

Toujours est-il que la théorie était posée hardiment, le mot d'ordre donné, les intrigues habilement ourdies. Mais, de son côté, le pays menacé était décidé à se défendre : — ce fut la lutte.

Les hégoumènes refusèrent obéissance à la loi; ils refusèrent l'impôt, ils laissèrent tomber en ruine les couvents, et, en gens avisés, ils ne craignirent pas de faire disparaître une grande partie des chrysobulles, témoins vivants, irrécusables, de la volonté des testateurs et des droits du pays. C'est ainsi que disparut la fameuse chrysobulle de la belle église des Trois-Saints à Jassy (2), par laquelle Bazile le Loup fonda (1643) une école qu'il dota avec les terres de Rachiteni, Tomazani et Jugani.

Lorsque, en 1830, le règlement organique pour les Principautés fut élaboré sous les auspices du général Kisseleff, les couvents dédiés furent l'objet de dispositions (3) équitables. Mais, les Saints Pères ne voulurent pas reconnaître cette législation, en si parfaite concordance avec l'esprit qui avait animé les fondateurs des biens conventuels, avec la lettre des chrysobulles et, en même temps, si favorable aux Saints Lieux.

Alors, le général Kisseleff, estimant (4) qu'il fallait tenter à tout prix un arrangement à l'amiable avec la communauté

---

(1) Consulter, en ce qui touche la question du droit de naturalisation et les propriétés pour les étrangers, et les mesures prises contre leurs prétentions et leurs empiétements, les chrysobulles de Michel le Brave, 18 août 1599; de Léon Étienne, 23 juillet 1738; de Radu Léon, 9 décembre 1668; celles d'Étienne Racovita, d'Alexandre Ghyka, 1767; de Michel Soutzo, 1784; et l'acte synodique du clergé de Moldavie, du 1ᵉʳ janvier 1752, confirmé par firman impérial de 1782, Archimandrite OTMENEDEC, *Étude*, etc.
(2) Tous les biens des couvents seront affermés par licitations publiques.
(3) Voir instructions données au général Kisseleff.
(4) Les couvents seront partagés en quatre classes, d'après le montant de leurs

grecque, adressa aux patriarches de Constantinople, d'Alexandrie, d'Antioche et de la Montagne-Sainte, l'invitation de se faire représenter à Bucarest par des légats munis de leurs pleins pouvoirs. Cette invitation fut acceptée. Dès que les légats furent réunis, les négociations commencèrent. Le gouvernement provisoire avait nommé une commission officieuse composée du secrétaire d'État Barbo Stirbei et du général Mavros, à l'effet d'étudier la question. Cette commission se garda bien, dans le travail qu'elle fit, de reconnaître le bien fondé des réclamations des Saints Lieux; elle se préoccupa surtout de trouver un *modus vivendi* (1), et de ne pas laisser entamer les droits de l'État. C'est devant cette préoccupation qu'elle se résigna, contrairement aux actes de fondation, à limiter la part affectée aux dépenses en faveur des établissements de bienfaisance, en attribuant *tout le surplus* aux Saints Lieux, et en laissant aux Grecs le soin de restaurer les monastères. Mais les Grecs tenaient à violer les droits de souveraineté de l'État; ils ne consentirent donc pas à laisser affermer les terres par enchères publiques, conformément aux dispositions du règlement organique; et, pour mieux afficher leurs prétentions au droit de propriété, ils demandèrent que la somme à consacrer aux actes de bienfaisance fût laissée à leur discrétion! En présence de pareilles prétentions l'accord ne pouvait pas se faire, et il ne se fit pas, malgré le désir

revenus, afin de contribuer, proportionnellement à leur richesse, aux dépenses indispensables de l'État...

c) Chaque couvent disposera d'un fonds de réserve en vue des besoins imprévus et des améliorations locales, telles que constructions, réparations, etc., etc.

d) Sur le surplus du revenu, on prélèvera une part en faveur des établissements de bienfaisance et d'utilité publique.

e) En ce qui concerne les couvents dédiés, la moitié de l'excédent des revenus devra être envoyée à titre de subside aux Lieux Saints.

(Voir le règlement organique pour la Valachie.)

(1) La Commission proposa : 1° de fixer (*) le terme auquel les hégoumènes seraient tenus d'achever les réparations des monastères ; 2° de réserver une partie des revenus pour rétribuer les hégoumènes, les prêtres et les employés, les monastères pauvres étant administrés par les monastères riches; 3° de décider qu'au

(*) Boléac, *Question des monastères dédiés*, p. 49.

ardent que Kisseleff avait de terminer cette question au mieux des intérêts roumains, et malgré les instructions ci-annexées (1) qu'il avait reçues du cabinet de Saint-Pétersbourg.

Pendant trois années la question des monastères resta dans le *statu quo*, et les hégoumènes en profitèrent pour user et abuser de l'autorité usurpée.

En 1833, cependant, Kisseleff se décide à la remettre à l'étude; il nomme une commission *officielle* qui, réunie à la commission ordinaire des affaires ecclésiastiques et au conseil administratif (conseil des ministres), est chargée d'exposer la situation et de s'assurer si, après avoir rempli toutes leurs obligations, les monastères ne trouveraient pas un excédent de revenus suffisant pour subvenir aux besoins des Saints Lieux.

lieu des sommes que les monastères payaient à l'État, chaque monastère s'entendît avec l'autorité pour instituer un établissement de bienfaisance dans son propre local, ou, si l'on aimait mieux, pour payer chaque année à la caisse de la métropole une somme correspondant à celle que cet établissement coûterait; 4° d'admettre qu'une fois les revenus augmentés par suite d'une bonne administration, le surplus fût envoyé aux Saints Lieux; 5° qu'il fût interdit aux hégoumènes, conformément à l'acte du 14 août 1819, de faire aucun emprunt sans l'autorisation du gouvernement et des Saints Lieux; 6° de faire tous les affermages le même jour, pour un même terme, avec l'approbation du Métropolitain et du logothète des affaires ecclésiastiques.

(1) Instructions données à Kisseleff :
En veillant avec soin à ce que le clergé conserve toutes ses attributions, et en évitant de froisser en rien les us et coutumes du pays, le Gouvernement russe s'est vu néanmoins obligé de recourir en Valachie à quelques mesures de rigueur pour contraindre les propriétés ecclésiastiques à contribuer aux dettes envers l'État, car il ne saurait y avoir complète immunité à leur égard, même le jour où les deux provinces rentreront sous l'administration des Hospodars.

Et même si une telle coutume, plus ou moins fondée, existait dans le pays, il nous paraîtrait encore nécessaire de la modifier et d'employer une partie des revenus des monastères à l'entretien des séminaires, des écoles publiques, des hôpitaux et d'autres fondations d'utilité publique.

Cette part pourrait être fixée à un quart du revenu net, estimé d'après un compte exact.

L'aliénation des biens du clergé doit également être soumise à quelques restrictions pour ne pas dépendre de sa seule volonté. Le consentement de l'Assemblée générale et la sanction de l'Hospodar nous paraissent indispensables pour donner à une telle vente le caractère légal.

Il doit en être de même pour les propriétés ecclésiastiques qui relèvent du Saint Tombeau, du mont Athos, du mont Sinaï, etc... Le gouvernement russe, en les restituant aux exarques, aux délégués du patriarche de Jérusalem et à ceux

Ce conseil (1) dont fait partie Georges-D. Bibesco, alors secrétaire d'État, prend connaissance du rapport de Stirbei et de Mavros, l'approuve à l'unanimité et prépare son travail. Au jour fixé pour la réunion des délégués des Saints Lieux, il place sous les yeux des Pères les actes de fondation des monastères Vacaresci, Raduvoda, Mârgineni, le décret du Prince Caradgea (1815), la lettre du patriarche Polycarpe (1816), et d'autres pièces encore prouvant que les Saints Pères n'ont droit *qu'au surplus des revenus,* et il donne pour conclusion (2) à son rapport remarquable un argument nouveau et d'une logique implacable.

« *Les Saints Lieux* », dit le rapport, « *ne sauraient prétendre au bénéfice découlant des lois qui régissent la propriété territoriale*

des monastères, a réglé l'administration de ces biens d'après la décision du Divan de Moldavie (février 1828).

Il faut néanmoins prendre quelques dispositions complémentaires pour empêcher les administrateurs de les surcharger de dettes aux dépens des Saints Lieux, et pour conserver ces fondations pieuses dans leur état primitif. Sous ce rapport les abus ont été très grands, et il est vraiment préjudiciable aux intérêts du pays que les biens ecclésiastiques dépendent d'une autorité étrangère : en conséquence, il est réellement à désirer que cette question puisse être réglée d'une manière satisfaisante pour les deux parties, sous les auspices favorables de la Russie, après le rétablissement de nos relations amicales avec la Porte Ottomane (*).

(1) Le Journal du 22 juin 1833, p. 57, est signé des ministres : Georges-A. et N. Filipesco, A.-Sc. Ghyka, Étienne Balaceano, M. Cornescu, Man. Baleanu, Al. Vinciulescu, Philippe Lenche, Const. Cantacuzène et Georges-D. Bibesco. Dans les commissions ecclésiastiques figuraient A. Filipesco, A.-Sc. Ghyka, M. Cornescu, N. Filipesco, C. Cantacuzène, qui avaient été élus par l'Assemblée.

(2) Adresse des boyards à Kisseleff, en 1833 :

« Le Conseil, perdant toute espérance de pouvoir s'entendre avec les délégués, qui tantôt déclarent avoir pleins pouvoirs, tantôt prétextent l'insuffisance de leur mandat, et dont tous les efforts ne tendent qu'à affranchir les biens des monastères de l'utile surveillance de l'État, et des obligations auxquelles de tout temps ils ont été astreints, et de les laisser dans le désordre d'auparavant, le Conseil, *à l'unanimité,* a approuvé l'avis de MM. le conseiller Mavros et du vornic Stirbei, et il a estimé qu'il est de toute justice que les Saints Lieux, persistant à rester étrangers au système d'amélioration où sont entrées toutes les branches de l'administration, doivent aussi rester également étrangers aux droits qui découlent de ce système. C'est pourquoi le Conseil a décidé : que les lois et

(*) BOLÉAC, p. 55. Boléac affirme avoir trouvé ces instructions dans un exemplaire du règlement organique ayant appartenu à Vilara et que ce dernier, chargé d'aller à Saint-Pétersbourg pour soumettre au Czar le règlement organique, en avait sans doute rapporté.

depuis le règlement organique, attendu que, n'ayant pris aucune part aux sacrifices qui ont produit ces bénéfices, ils ne sauraient y avoir aucun droit. En conséquence, le conseil décide que ces bénéfices seront affectés aux établissements de bienfaisance. »

Cette idée, qui sert de point d'appui final au conseil pour repousser les prétentions des délégués des monastères grecs, et qui est énoncée, pour la première fois, dans un acte officiel, pourrait être attribuée, pensons-nous, à celui qui a, très vraisemblablement, rédigé le mémoire, qui, dix ans plus tard, en défendant les droits de son pays contre les Saints Lieux, écrira au comte de Nesselrode, le 20 mai 1843, « *que le bon droit est du côté des Roumains, que les Saints Pères cherchent à déshériter de la cinquième partie de leurs terres les plus belles et les plus fertiles* »; à celui qui, dans sa lettre du 20 septembre de la même année, combattra le mémoire de Saint-Pétersbourg, favorable aux Saints Lieux, et dont le Mémorandum du 24 décembre 1844, adressé à la cour de Saint-Pétersbourg, déclarera « *les prétentions des Saints Pères inadmissibles en droit comme en fait* ».

Celui-là est le futur élu de la nation, c'est Georges-D. Bibesco (1).

coutumes anciennes continueront à être appliquées aux biens des monastères dédiés aux Saints Lieux (*), et que les bénéfices qui résultent de la nouvelle organisation, — bénéfices sur lesquels les Saints Lieux ne peuvent avoir aucune prétention, n'ayant pris aucune part aux sacrifices qui les auront produits — seront affectés aux établissements de bienfaisance.

« Pour assurer l'exécution de cette mesure, les affermages des terres de ces monastères se feront par voie de licitation publique, par-devant le très saint Père le métropolitain, M. le grand logothète des affaires ecclésiastiques et l'hégoumène de chaque monastère; la différence entre le prix donné par les enchères et celui obtenu par les contrats de fermage faits pour ces terres avant la mise en application du règlement organique correspondra aux bénéfices résultant des dispositions du règlement.

« La réglementation indiquée plus haut ne peut en rien modifier les obligations auxquelles étaient soumises les transactions jusqu'à ce jour, obligations qui continuent à être remplies comme par le passé. »

(1) Nous avons du Prince G.-D. Bibesco, à l'occasion du travail du conseil

(*) C'est-à-dire que toutes les obligations seront remplies avec la somme de six cent cinq mille livres, et que tout le surplus entrera dans les caisses de l'État.

En proposant l'exclusion des Saints Lieux de la participation aux bénéfices obtenus par les monastères à dater du règlement organique, — cette idée se retrouve dans d'autres actes du Prince, — le secrétaire d'État Bibesco s'était inspiré de ce fait que le règlement, en supprimant les Poslusnici et les Skoutelnici, — institution créée au profit des boyards, — et en faisant rentrer ces hommes dans la classe générale des contribuables, avait établi que l'État accorderait aux boyards, — pour les indemniser, — deux lei par mois pour chaque Skoutelnici affranchi; que les moines grecs, ne se trouvant pas dans ces conditions, n'ayant eu aucun sacrifice à faire, n'avaient aucun titre à faire valoir, et il était naturel qu'ils ne fussent pas admis à participer à l'augmentation des revenus. Tout équitable que fût la décision du conseil, les délégués ne s'y soumirent pas, et ils se retranchèrent derrière l'insuffisance de leurs pouvoirs pour ne pas paraître à la dernière réunion. Mais Kisseleff craignit sans doute que le *non possumus* du conseil ne fût trop radical et qu'il ne présentât un danger futur pour les Roumains. Aussi, l'année suivante, 1834, pria-t-il la commission ordinaire ecclésiastique de répondre à la question déjà soumise au conseil de 1833, à savoir, « si, toutes les obligations des monastères remplies, les revenus de ces établissements religieux ne présenteraient pas un excédent suffisant pour subvenir aux besoins des Saints Lieux ». La réponse de cette commission, — rapport du 22 février 1833 à Kisseleff, suivi d'un tableau (1), — indiqua un revenu de 3,412,494 lei, proposa d'affecter 12,500 lei à l'entretien des monastères grecs, de réserver 2,500 lei pour les Saints Lieux et de verser le reste dans les caisses de l'État. Le rapport rappela « que les monastères grecs n'avaient pas droit à l'augmentation des revenus posté-

---

nommé en 1833, deux mémoires différant peu l'un de l'autre et dont l'un, écrit en lettres anciennes, est entièrement de sa main.

(1) Composition de la Commission : le métropolitain Grégoire, les évêques Néophyte Hilarion, Chesarie, Joannisliau, A. et N. Philipesco, M. Cornesco, Barbo Stirbei, C. Cantacuzène.

rieurs au règlement, d'autant plus que les Grecs violaient ce règlement ».

Les excellentes mesures que les commissions de 1833 et 1834 avaient proposées, et que l'Assemblée avait d'ailleurs votées, allaient être mises en vigueur, lorsque la Russie intervint de nouveau et fit acccorder aux Saints Lieux un sursis de dix années, du 12 novembre 1833 au 12 novembre 1843, — temps pendant lequel ils étaient libérés de tout impôt,— dans le but, était-il dit, de leur donner le temps de réparer les églises et les monastères tombés en ruine. Bien que ce sursis ne dût profiter qu'aux moines grecs, il ne paraissait pas téméraire d'espérer que, dans cet intervalle de dix années, la question des couvents dédiés s'acheminerait vers une solution définitive et pratique. Il n'en fut rien. Quand le Prince Bibesco prit en main les rênes du gouvernement, il trouva la communauté grecque, qui touchait au dernier terme de l'exemption des dix années, plus intraitable que jamais et, malheureusement, la Russie toujours aussi sympathique à ses intérêts (1).

Aussi le Prince, qui avait été saisi de ce grave procès dès son origine; qui, avant son avènement, en avait compulsé, étudié toutes les pièces « pendant treize ans », défendit-il pied à pied, et avec autorité, les droits de son pays. Il rappela au Cabinet de Saint-Pétersbourg « les institutions de la Valachie, ses antécédents, ses privilèges »; il montra que « le gouvernement local devait demeurer le tuteur de tous les monastères, dédiés ou non, et exercer la discipline ecclésiastique à l'égard des hégoumènes comme la surveillance sur les biens conventuels » (2); il demanda au gouvernement impérial « de ne pas admettre les résolutions rédigées à Constantinople sous l'influence des doléances outrées du clergé grec, résolutions qui, si elles étaient exécutées, amèneraient infailliblement mille conflits et complications inextrica-

(1) Lettre du Prince Bibesco au comte de Nesselrode, 20 septembre 1843.
(2) *Ibid*.

bles » ; il le pria enfin « de ne pas permettre la création d'un État dans l'État » (1).

Ce fut là la grande préoccupation du Prince : empêcher la création d'un État dans l'État et défendre jusqu'aux extrêmes limites l'argent destiné aux établissements de bienfaisance.

Sa haute compétence dans cette question et sa fermeté de langage (2) décidèrent le Cabinet russe « à examiner plus mûrement » (3) les droits en faveur desquels Son Altesse combattait, et finalement elles firent suspendre la solution qui menaçait le territoire valaque « d'une aliénation de près d'un cinquième de ses terres les plus belles et les plus fertiles » (4). Mais elles n'empêchèrent pas le mal de subsister; et, malgré les réprimandes sévères que le Cabinet de Saint-Pétersbourg,— mieux instruit que par le passé des actes de la communauté grecque, — fit adresser en 1852, par son ambassadeur à Constantinople, « *à qui de droit* » (5), le clergé de cette communauté refusa de se soumettre, et la lutte continua jusqu'en 1864.

Ce fut en vain que le Divan valaque de 1851, en présence de

(1) Mémorandum du Prince Bibesco adressé au Cabinet de Saint-Pétersbourg. (Bucarest, 24 décembre 1844.)
(2) Mémorandum du Prince en date des mois d'avril et août 1844.
(3) Lettre du comte de Nesselrode à Daschkoff, consul général de Russie à Bucarest, 18 mai 1845. (Voir Correspondance diplomatique.)
(4) Lettre du Prince Bibesco au comte de Nesselrode, Bucarest, 20 mai 1843. (Voir Correspondance diplomatique.)
(5) « Si, depuis plusieurs années », disent les instructions de Saint Pétersbourg, « nous insistons auprès du clergé grec afin de l'amener à abandonner à la Principauté le quart des revenus des couvents, notre but est moins d'accroître les revenus de ce pays que de mettre un terme aux persécutions, qui sont devenues un véritable scandale. Aussi avons-nous toujours préféré à une sentence d'un caractère obligatoire une transaction à l'amiable entre le clergé et le Prince. Vous ferez entendre aux Saints Pères qu'ils aient à placer leurs intérêts temporels dans la Principauté sous la sauvegarde d'un accord qui obligerait toujours le Prince. Les obligations des Saints Lieux résultent enfin des chartes et actes de donation dont les conditions ont été négligées et violées, du tout au tout, par les personnes qui ont administré les biens. Vous ferez observer enfin à qui de droit *que c'est un devoir pour les patriarches de mettre un terme aux abus et à la dissipation dont les hégoumènes se rendent coupables et qui attirent sur l'administration ecclésiastique une réprobation qui ne manque pas toujours de fondement.* » (Mémoire sur la question des biens conventuels, 7-19 juillet 1855.)

la dette publique de 19,063,749 piastres, soit environ 6 millions 400,000 francs, — résultat des événements de 1848, dont le gouvernement avait cependant reçu du Prince Bibesco une situation financière sans précédent (1), — affecta à l'amortissement de cette dette 2 décimes additionnels et un quart des revenus annuels de tous les couvents dédiés ou non ; ce fut en vain aussi que, dans son patriotisme éclairé, le Prince Stirbei resta sourd, — comme le Prince Bibesco l'avait été, — aux protestations du clergé grec ; qu'il fit affermer les terres par licitation, doubla, — grâce à cette mesure, — les revenus des couvents, leur facilita le payement du quart revenant à l'État, tout en augmentant le bénéfice des hégoumènes et des Saints Lieux. Ces derniers, non contents de ce bénéfice inattendu, — qui se chiffrait, en supposant l'État payé, par une somme représentant le tiers en sus de l'ancien revenu, — gardèrent tout le produit des terres ; si bien que le résultat des enchères publiques ne profita qu'aux Pères des Saints Lieux, et que, des décisions prises par le Divan, une seule fut exécutée : le prélèvement des 2 décimes, qui servit en partie à payer à la Russie l'indemnité qu'elle réclama comme dédommagement des frais occasionnés par son occupation du pays, de 1848 à 1849.

En 1855, nouveau rapport adressé, le 7/19 juin, par le Divan général au Prince, qui est prié de vouloir bien prendre les mesures nécessaires pour faire rentrer au Trésor le quart des revenus que les couvents auraient dû y verser annuellement depuis 1851 ; nouvelles tentatives de Son Altesse, nouveaux refus des Saints Pères. Et la crise de continuer.

Lors des conférences tenues à Paris pour la réorganisation des Principautés danubiennes, une commission internationale fut chargée, en 1857, d'examiner le conflit existant entre le gouvernement des Principautés et le clergé grec. Cette commission fit

(1) L'État n'avait pas de dette, et les caisses communales étaient pourvues d'argent.

une étude approfondie de la question, et elle exposa, dans un rapport, les résultats de son travail. Or, MM. les commissaires de l'Angleterre, de la France et de l'Autriche, — l'unanimité des membres de la commission moins deux, — reconnurent le droit *ab antiquo* des pays roumains sur les couvents élevés sur la terre roumaine, et *ils maintinrent, malgré les allégations des commissaires de la Russie et de la Turquie, l'exactitude des faits qu'ils avaient avancés et l'opinion qu'ils avaient émise* (1).

Une pareille déclaration, émanant de toutes les Puissances désintéressées dans la question, constituait pour les Principautés un acte d'une valeur inappréciable.

A vrai dire, elle n'eut pas pour résultat de faire trancher le différend, et la conférence elle-même, dans la séance du 30 juillet 1858, ne l'osa pas davantage. Elle se contenta d'inviter (2) les parties à s'entendre entre elles au moyen d'un compromis, décidant que, si elles n'arrivaient pas à un résultat, on aurait recours à des arbitres et, au besoin, à un surarbitre.

Mais aucune de ces décisions, — prises par la conférence dans une question d'ordre essentiellement intérieur, question de propriété, qui échappait, par conséquent, en vertu même de la constitution fondamentale de la Roumanie, à la compétence des représentants des grandes puissances, — ne devait recevoir d'exécution !

Les Princes de Valachie et de Moldavie, B. Stirbei et Gr. Ghyka, dont les sept années de règne étaient révolues (1856), furent remplacés par les caïmacans Al. Ghyka, le Prince destitué

---

(1) Voir le rapport général de la Commission internationale envoyée dans les Principautés en 1857.

(2) « La conférence décide que, pour donner une solution équitable au différend qui existe à ce sujet entre les Gouvernements des Principautés et le clergé grec, les parties intéressées seront invitées à s'entendre entre elles au moyen d'un compromis. Dans le cas où les arbitres ne parviendraient pas à s'entendre, ils choisiraient un surarbitre ; s'ils se trouvaient dans l'impossibilité de s'entendre sur le choix de ce surarbitre, la Sublime Porte se concerterait avec les Puissances garantes pour le désigner. » (Protocole XIII, séance du 30 juillet de la conférence de Paris, 1858.)

en 1842, et N. Vogorides, que la Porte nomma ; et, le 27 septembre 1857, eut lieu, à Bucarest et à Jassy, l'ouverture des Divans *ad hoc* chargés de faire connaître aux grandes Puissances les souhaits exprimés par les Principautés.

Le colonel Couza, proclamé le 24 janvier 1859 Prince de Moldavie, puis le 5 janvier Prince de Valachie, reçoit l'investiture à Constantinople, en 1861. Il accomplit l'union des Principautés le 24 janvier 1862 ; nomme, le 14 mars de la même année, une commission chargée d'examiner la question des monastères ; ordonne le séquestre de tous les revenus des monastères dédiés et leur versement au Trésor. Le 13/25 novembre 1862, il répond à Ali-Pacha, qui lui a écrit *qu'il serait vraiment surprenant que le gouvernement de Son Altesse s'avisât de trancher, de son propre chef, une question qui a été l'objet des délibérations des conférences de Paris...*, par une circulaire fixant un délai de huit jours aux hégoumènes pour cesser d'officier en langue grecque dans les églises des monastères dédiés (30 mars 1863), et il traduit devant la justice criminelle, pour rébellion, les épitropes des monastères du Saint-Sépulcre, sans s'arrêter ni aux réclamations des Saints Lieux, ni aux menaces de la Porte (8 avril 1863).

Enfin, le 17 décembre 1863, un décret ordonne la sécularisation de tous les biens des monastères de Roumanie et affecte aux Saints Lieux, « auxquels étaient dédiés quelques-uns des monastères du pays », la *somme de 82 millions de piastres, soit environ 27 millions de francs, une fois payés, à titre d'aide, et sous certaines conditions* (1).

(1) *Décret du 15 décembre 1863 au sujet de la sécularisation des biens des couvents.*

Art. Ier. Tous les biens des monastères de Roumanie sont et demeurent biens de l'État.

Art. II. Les revenus de ces biens sont inscrits au budget de l'État parmi les revenus ordinaires.

Art. III. Une somme est affectée aux Saints Lieux auxquels étaient dédiés

Vingt ans auparavant, le Prince Bibesco indiquait au comte de Nesselrode, comme le meilleur moyen de mettre un terme au différend avec les Saints Lieux, celui qui consisterait « à affecter aux communautés religieuses une somme de quelques millions, — donnée une fois pour toutes, — en échange de leurs prétentions sur les couvents dédiés (1) ». Le souhait du Prince venait d'être réalisé.

Quand le Prince Couza se rendit à Constantinple pour faire reconnaître le statut fondamental du pays, — proclamé le 2 mai 1864, — le Sultan approuva la solution que le Prince avait donnée à la question des biens conventuels.

Les événements avaient devancé la diplomatie; la représentation nationale et le Prince de Roumanie avaient passé outre au protocole XIII des conférences de Paris.

Quant aux vingt-sept millions, ils furent refusés par les Saints Lieux, dont les prétentions s'accommodaient mal d'une pareille offre. Ce fut une faute irréparable, car, en 1867, les Chambres roumaines déclarèrent le procès des biens conventuels définitivement clos; et des millions votés, pas un sou n'entra dans la

---

quelques-uns des monastères du pays, mais seulement à titre d'aide, conformément au but de leurs fondations, aux intentions de leurs fondateurs.

Art. IV. Cette somme sera, au maximum, de quatre-vingt-deux millions de piastres au cours de Constantinople, une fois payée; et dans cette somme seront compris les trente et un millions que les Saints Lieux doivent au pays roumain d'après les stipulations antérieures.

Art. V. Les communautés religieuses des Saints Lieux devront rendre compte annuellement de l'emploi des revenus dudit capital.

Art. VI. En aucun cas, sous aucun prétexte, les communautés religieuses ne pourront toucher à la plus petite part du capital, ni employer les revenus en dehors de leur destination spéciale, c'est-à-dire l'entretien des églises orthodoxes d'Orient et des établissements de bienfaisance qui s'y rattachent.

Art. VII. Le Gouvernement reprendra aux hégoumènes grecs les ornements, les cartes, les vases sacrés dont la piété de nos ancêtres dota ces établissements, en même temps que les documents qui ont été confiés aux hégoumènes, et cela conformément aux inventaires qui se trouvent dans les registres de l'État.

(1) Lettre de S. A. S. le Prince Bibesco à S. Exc. le comte de Nesselrode, 2ᵉ partie.

bourse de ceux qui n'auraient eu qu'à tendre la main pour les recueillir.

La communauté grecque a dû méditer bien souvent, depuis son refus imprudent, ce sage conseil du bon La Fontaine :

« Un tiens vaut, ce dit-on, mieux que deux tu l'auras. »

(Voir, pour la question des Saints Lieux, l'adresse du Prince Bibesco à l'Assemblée de 1847, et la réponse de l'Assemblée à Son Altesse.)

S. A. S. le Prince Bibesco à S. Exc. le comte de Nesselrode, chancelier de l'Empire de Russie.

Le Prince Bibesco sollicite pour son pays la haute protection de la Russie, dans le différend qui existe entre le Gouvernement valaque et les Saints Lieux. Il rappelle au chancelier le mémorandum (1) qu'il lui a adressé sur cette question, et réclame en faveur du bon droit de son pays, que les monastères des Saints Lieux tendent *à dépouiller, à leur profit, de la cinquième partie des terres les plus belles et les plus fertiles*. En faisant ressortir les liens qui rattachent la Principauté à l'Empire de Russie, le Prince termine par ces mots : *Il pourrait arriver qu'on y regrettât un jour la trop grande indulgence qu'on aurait montrée envers les Saints Lieux*.

Bucarest, 20 mai 1843.

MONSIEUR LE COMTE,

En recevant la lettre que Votre Excellence me fit l'honneur de m'écrire en date du 6 février, mon premier mouvement fut d'y répondre ; mais je me sentis arrêté par la crainte de l'importuner, lui ayant déjà adressé, vers la fin de la même époque, deux lettres de suite. Il m'eût été d'ailleurs impossible de rien ajouter à l'expression des sentiments énoncés dans ces dernières, non pas, Monsieur le Comte, que les assurances que vous voulez bien me donner de la haute sollicitude de Sa Majesté et de la bienveillance de Votre Excellence, n'aient remué au fond de mon cœur tout ce qu'il y a de dévouement et de reconnaissance, mais parce que les termes m'en auraient manqué.

J'ai été fort heureux aussi, Monsieur le Comte, de voir que Votre Excellence était pénétrée des difficultés de ma position.

(1) Le mémorandum, qui est également du 20 mai 1843, fait suite à la lettre.

Elles sont, en effet, des plus grandes, d'autant plus qu'à la suite des derniers événements et par la déconsidération dans laquelle il était tombé, notre gouvernement a perdu ce prestige qui, autrefois, faisait toute sa force.

Parviendrai-je à surmonter ces difficultés? Je n'ose que l'espérer, Monsieur le Comte; mais ce que je puis promettre, sans craindre de jamais faillir à mon engagement, c'est franchise, loyauté, amour du bien et désintéressement à toute épreuve.

Pour ce qui est de la capacité et de l'activité nécessaires, on ne saurait donner au delà de ce que l'on a, et tous mes moyens seront mis au service de mon pays, sans qu'aucun sacrifice puisse me coûter.

J'apprécie parfaitement, Monsieur le Comte, la position politique de mon pays, et j'en considère le gouvernement confié à mes mains, comme un dépôt cher et sacré que je serai toujours prêt à restituer au premier jour où il me sera demandé; aussi toute mon ambition se borne-t-elle à pouvoir le remettre en meilleur état que je ne l'ai reçu.

Veuillez croire, Monsieur le Comte, que cette manière de voir et de penser ne prend nullement sa source dans un sentiment servile.

J'aime mon pays autant que vous aimez votre puissante et glorieuse patrie, et s'il ne dépendait que de moi de lui faire de hautes destinées je verserais pour y parvenir jusqu'à la dernière goutte de mon sang. Mais je sens que je n'y puis rien et que sa destinée ne sera que ce que la générosité de la Cour de Russie voudra bien la faire.

Cette profession de foi pourra vous faire juger, Monsieur le Comte, des principes qui régleront ma conduite, en même temps qu'elle vous donnera le secret de ce dévouement sans bornes que j'ai voué à la Cour Impériale dès mes premiers pas dans le monde

Permettez-moi maintenant, Monsieur le Comte, de vous parler d'une affaire qui est du plus haut intérêt pour mon pays. Votre Excellence connaît sans doute le différend qui existe entre le

Gouvernement valaque et les Saints Lieux, relativement aux monastères relevant de ces derniers. Cependant, comme il est possible que Votre Excellence en ait perdu le fil, j'ai cru devoir lui adresser, ci-joint, l'exposé succinct et rapide des différentes phases qu'a subies cette affaire, qui traîne depuis tant d'années au détriment de toutes les parties intéressées.

Il serait à souhaiter qu'elle finît un moment plus tôt, et, à cet effet, je viens réclamer, Monsieur le Comte, la haute protection du ministère impérial, afin qu'elle soit remise sur le tapis et terminée, — s'il est possible, — par l'intervention de la mission, pendant le voyage que je suis obligé de faire à Constantinople. Si Votre Excellence voulait bien jeter un coup d'œil sur mon petit mémorandum (1), elle ne tarderait pas à se convaincre de notre bon droit et de l'importance de cette question, dans laquelle *il s'agit, pour la Valachie, de la cinquième partie de ses terres les plus belles et les plus fertiles dont les communautés grecques cherchent à la déshériter à leur profit.*

Ces dernières espèrent dans la protection dont elles sont l'objet de la part de la Cour Impériale, et c'est dans cette généreuse protection que la Valachie fonde aussi tout son espoir.

On ne sait pas, Monsieur le Comte, ce que ces communautés pourront devenir un jour; mais, quant aux liens qui attachent cette Principauté à l'Empire de Russie, il est plus que certain que le temps ne fera que les resserrer, et il pourrait arriver qu'on *y regrettât un jour la trop grande indulgence qu'on aurait montrée, en cette circonstance, envers les Saints Lieux.*

M. Daschkoff vient de me communiquer que le ministère impérial ne formait aucune opposition à la nomination de M. Stirbei au poste du département de l'extérieur et je m'empresse, Monsieur le Comte, d'en témoigner à Votre Excellence ma reconnaissance.

(1) Le mémorandum fait suite à cette lettre.

Excusez, en général, Monsieur le Comte, la franchise de mon langage. A cet égard, j'ai besoin même, pour l'avenir, de toute votre indulgence, car c'est un défaut de nature dont je n'ai jamais pu me corriger.

Agréez, etc.

Mémorandum (1) *de S. A. S. le Prince G. Bibesco à S. Exc. le comte de Nesselrode.*

L'ÉTAT DES MONASTÈRES AVANT LE RÈGLEMENT ORGANIQUE.

L'augmentation des revenus qui s'est produite à la suite du règlement est due aux sacrifices de l'État. Les Grecs n'y ont aucun droit. — Le Prince reprend ici l'argument du rapport de la commission de 1833. — Il constate l'entêtement des Grecs; il propose le partage du revenu en quatre quarts, dont un seul sera envoyé aux Saints Lieux. Ce quart dépasse la totalité des revenus tels qu'ils existaient avant le règlement organique.

Le mémorandum reproduit en termes plus modérés l'argument énergique de l'Assemblée de 1833 (2), dont il rappelle l'acte. Il mentionne également celui de 1834 (3).

Le Prince indique l'importance de la question, se réclame de l'opinion publique et demande une prompte solution.

Bucarest, 20 mai 1843.

Les monastères roumains qui sont dédiés aux Saints Lieux étaient, avant la promulgation du règlement organique, soumis à toutes les dispositions que le Gouvernement du pays trouvait bon de prendre relativement à leur administration et à l'emploi de leurs revenus. Ils contribuaient aux besoins du pays pour les

---

(1) Ce mémoire est annoncé par le Prince au comte Nesselrode, dans sa lettre du 20 mai 1843. Boléac, qui en a eu connaissance, lui donne, à tort, pour date celle du 28 mai. Le texte original porte la date du 20 mai 1843.

(2-3) Voir p. 40 et 41 de notre *Mémoire sur les Saints Lieux*.

sommes dont on les imposait, selon les nécessités, et *ce n'était que le surplus, lorsqu'il y en avait,* qui était envoyé aux Saints Lieux, *à titre d'aide.* Quant aux droits de ces Saints Lieux sur ces monastères, cela fut toujours considéré comme un simple droit de surveillance, — droit concédé aux Saints Lieux par les fondateurs, à titre d'hommage respectueux ; — ce droit, ils ne l'ont jamais exercé que dans les limites prescrites par les lois et le Gouvernement du pays.

Tel a été l'état des choses en ce qui regarde l'administration des monastères dédiés aux couvents grecs, depuis leur fondation jusqu'à la promulgation du règlement organique. C'était là l'ordre des choses légal, c'était le résultat naturel des modifications introduites dans les conditions d'existence créées à ces monastères par leurs fondateurs. Les revenus qu'on leur avait attribués suffisaient à peine à leur entretien, et les Saints Lieux n'avaient reçu des fondateurs que le stérile honneur de se voir dédié ces monastères. Si ces revenus se sont augmentés avec le temps, jusqu'à dépasser le niveau des besoins qu'ils étaient destinés à couvrir, — ils ont même présenté un bénéfice considérable pour les Saints Lieux, — le mérite en doit revenir au Gouvernement et aux lois. Le Gouvernement, en effet, accorda divers avantages à ces monastères. Différentes lois vinrent aussi, à diverses époques, ajouter aux obligations des paysans envers les propriétaires fonciers en allégeant celles qu'ils avaient envers l'État. Il est donc exact de dire que l'augmentation des revenus des monastères dédiés, et par suite des monastères grecs, n'est nullement due, en ce qui concerne la valeur de l'avoir des monastères, à des circonstances accidentelles, mais qu'il est le résultat des sacrifices imposés à la masse de la population et des droits accordés par le Gouvernement, qui conservait, à l'avenir, le droit d'exécution. Malgré cela, en 1833, à la suite de l'augmentation considérable des revenus territoriaux, — amenée par les dispositions du règlement, — lorsque l'administration provisoire tenta d'établir quelque ordre dans l'administration des monastères et de soumettre l'emploi des revenus à des règles mieux conçues et plus en harmonie avec le nouvel ordre des choses, comme aussi avec les intentions des pieux fondateurs, les Saints Lieux s'y refusèrent, réclamant, pour la première fois, le droit de propriété, et la faculté, — qu'ils prétendaient en déduire, — d'administrer l'avoir des monastères et d'en employer les revenus au mieux de leurs intérêts. Ils consentirent en même temps, comme par un pur effet de générosité, à secourir les établissements de bienfaisance en leur accordant chaque année une somme minime qu'ils prétendaient fixer une fois pour toutes.

Le but de notre administration est de régler l'emploi de l'avoir des monastères en en faisant quatre parts égales, dont l'une serait destinée aux dépenses nouvelles de l'entretien de ces monastères indigènes; la seconde formerait le fonds de réserve des mêmes monastères, destiné à les réparer et à subvenir à toute dépense extraordinaire; la troisième serait mise à la disposition des Saints Lieux; la quatrième serait déposée dans les caisses de l'État, pour être affectée aux établissements d'utilité publique. Il est à noter qu'un de ces quarts équivaut à la somme entière représentant ces revenus avant l'époque du règlement. Néanmoins, les Saints Lieux, qui recevaient jusqu'alors avec reconnaissance cette légère aumône, émirent tout à coup la prétention de se faire connaître comme maîtres absolus de l'avoir des monastères, qui forme la sixième partie du territoire entier de la Valachie, et de réduire purement à l'état de tributaire le sixième de cette population roumaine qui peinait et suait pour augmenter la richesse des Saints Pères, tandis qu'elle manquait elle-même de tout ce qui pouvait contribuer à son bien-être.

Il est hors de doute que les Saints Lieux n'ont pas eu présent à l'esprit que ces richesses, — qu'ils réclamaient alors, et ne cessent de réclamer comme leur propriété, — ne sont point leur bien, mais celui des monastères qui ont été fondés sur la terre roumaine ; que ces monastères ne leur sont que dédiés, comme l'on dédie une image à un saint, et que *cette augmentation dans les revenus,* qui a excité à un si haut degré l'avidité des moines grecs, *était due à une fusion d'intérêts et de sacrifices à laquelle avaient contribué toutes les classes de la société roumaine et dont les monastères grecs ne pouvaient réclamer leur part.*

Partant de ce principe, et désespérant d'arriver à triompher de l'entêtement des délégués envoyés par les Saints Lieux, le conseil d'administration extraordinaire, auquel S. Exc. le Président plénipotentiaire avait adjoint une commission (1) pour s'entendre avec ces délégués, prirent à l'unanimité la décision suivante :

« Considérant que les délégués des Saints Lieux repoussent toute mesure propre à faire entrer l'administration des monastères dans la voie de progrès où étaient déjà entrées toutes les autres branches de l'administration ; considérant que leur intention paraît être de maintenir et de défendre contre toute surveillance de la part du Gouvernement le désordre qui régnait dans le passé, — dans ce passé auquel ils n'ont jamais cessé d'en appeler pendant tout le temps qu'ont duré les conférences, — le Gouvernement continuera, à l'avenir, à prendre des mesures régulatrices des droits et des obligations des Saints Lieux. En conséquence, on devra rechercher quels étaient les revenus des monastères indigènes avant le règlement, pour déterminer la somme revenant aux Saints Lieux. Quant à la somme résultant de l'augmentation des revenus depuis le règlement, elle devra être affectée en totalité aux établissements de bienfaisance. »

Cette décision, prise par la commission, fut renouvelée un an après, dans un second rapport, et signée par tout le haut clergé et par la commission ecclésiastique ; elle était basée sur des raisons irréfutables ; et si on avait énergiquement poursuivi leur exécution, il est certain que les Saints Lieux auraient cédé. Malheu-

---

(1) Commission de 1833. Voir p. 38 du *Mémoire sur la question des Saints Lieux*.

reusement, l'administration provisoire ayant pris fin peu de temps après, et celle qui lui succéda, trouvant de son intérêt de maintenir le désordre et le pillage de l'ancien régime, la question ne fit que se compliquer, et les prétentions des Saints Lieux, qui profitaient des fautes de notre Gouvernement, ne connurent plus de bornes.

Cette affaire est devenue de la première importance pour la Valachie. Elle en attend le résultat, le succès final que lui donne son bon droit, avec l'impatience et le souci que lui donne forcément une question d'un si haut intérêt, car il ne faut point perdre de vue que *si les Saints Lieux réussissaient à faire prévaloir leurs prétentions, la Valachie se trouverait expropriée du sixième de son territoire, de ses terres les plus belles et les plus fertiles.* Le Cabinet Impérial nous comblerait, s'il voulait bien recommander à son ambassade de Constantinople de faire en sorte que cette question soit mise sur le tapis et même terminée, — si cela est possible, — pendant le voyage du Prince Bibesco dans cette ville.

Les *bases établies par l'administration provisoire sont les seules qui nous paraissent conformes à la justice et aux intentions des fondateurs.* Si l'ambassade impériale (1) insiste sur ce point, elle contraindra les communautés grecques à rentrer dans la voie de la raison et de la justice.

Mémoire du Gouvernement de Saint-Pétersbourg touchant la question des couvents dédiés (biens conventuels) des Principautés roumaines (2).

Dans ce mémoire, dont nous donnons le texte ci-après, on voit la Cour Impériale de Russie poursuivre un but de conciliation. Assurément elle

(1) A Constantinople.
(2) Le recueil de Hurmusaki donne de ce document deux traductions qu'il considère comme absolument différentes l'une de l'autre. Après les avoir com-

pose le principe juste et conforme à la morale de la mise aux enchères publiques des propriétés conventuelles; mais elle réserve le contrôle de ces enchères à un Exarque des Saints Lieux et au consulat de Russie, à l'exclusion du Gouvernement roumain; mais, en proposant d'affecter un quart des revenus annuels à l'entretien des édifices sacrés, elle s'exprime ainsi : *Le quart des revenus annuels de* LEURS *propriétés dans les principautés*, ce qui pouvait faire supposer que les biens dédiés étaient la propriété des Saints Lieux; mais, préoccupée *de donner une preuve de sa pieuse sollicitude* en faveur des intérêts des Saints Lieux et de l'église orthodoxe d'Orient, elle propose qu'on subvienne avec l'argent roumain aux dépenses *des écoles, des hôpitaux et des établissements de la nation grecque, de Constantinople, de Syrie et des autres parties de l'Empire ottoman;* mais elle admet *la nomination dans chacune des Principautés d'un Exarque choisi parmi les archevêques grecs, et qui aurait la haute surveillance des couvents et de leur personnel, aussi bien que la nomination d'économes;* — c'est-à-dire, comme le fait remarquer le Prince Bibesco au Cabinet de Saint-Pétersbourg (1), *la création d'un État dans l'État;* — mais elle appuie l'idée d'exonérer pendant dix ans les Saints Lieux de tout impôt, en raison des travaux et réparations à exécuter dans les couvents grecs; *de tout empiétement ou illégalité,* alors qu'en réalité les couvents roumains auraient eu besoin de la protection la plus effective de la Cour Impériale contre les exactions des hégoumènes et les prétentions des Saints Lieux.

1er août 1843.

La Cour Impériale prenant en mûre considération les réclamations que faisaient valoir les délégués des communautés grecques dans leurs pourparlers avec la mission de Constantinople, au mois d'octobre 1841, relativement à la gestion des biens conventuels situés en Moldavie et en Valachie, désire, d'un côté, accélérer la solution de cette question, et, de l'autre, maintenir dans leur intégrité les immunités attachées aux biens relevant des sièges et autres communautés ecclésiastiques d'Orient, sans permettre, soit à un particulier, soit à une autorité quelconque, d'en distraire la moindre partie, mais, en même temps,

parées, après avoir constaté qu'elles diffèrent peu quant au fond, nous avons choisi celle dont la forme nous a paru la plus soignée.

(1) Mémorandum adressée par le Prince Bibesco au cabinet de Saint-Pétersbourg, le 24 décembre 1844.

sans reconnaître aux délégués des Saints Lieux le pouvoir d'en disposer comme de leurs propriétés particulières.

Dans ce but, la Cour Impériale offre itérativement son appui aux Saints Lieux pour la solution complète de cette question, mais à condition que les communautés religieuses adopteront, au préalable, les principes suivants :

1° La mise aux enchères publiques des propriétés conventuelles. Cette condition est de rigueur; mais pour qu'il soit accordé aux Saints Lieux plus de facilité sous ce rapport, il sera fixé un terme de neuf ans, à commencer depuis le 12 novembre de l'année courante jusqu'au 12 du même mois de l'année 1852, afin que la mise aux enchères des biens de chaque couvent soit réglée de manière que l'expiration de chaque bail ait lieu vers la même époque, c'est-à-dire en 1852, terme fixé pour l'échéance de tous les contrats existant aujourd'hui et dont le renouvellement est permis dans l'intervalle qui s'écoulera jusqu'en 1852, mais non pas au delà. A dater de cette année, l'affermage par enchères publiques sera renouvelé tous les neuf ans; mais pour mieux assurer aux communautés religieuses les bénéfices résultant de ces enchères, autant que pour prévenir tout motif de contestation, il sera expressément statué que les enchères auront lieu sous le double contrôle et l'autorisation tant de l'Exarque des Saints Lieux, dont il est question ci-après, que du consulat de Russie;

2° Le même terme de neuf ans est fixé pour terminer entièrement toutes les réparations ou reconstructions des édifices conventuels, en proportion des revenus de chacun et conformément à la dignité du culte. La Cour Impériale, sans fixer une somme d'argent, croit juste et convenable que les communautés religieuses consacrent à cet objet essentiel le quart des revenus annuels de leurs (1) propriétés dans les Principautés. L'excédent

---

(1) Ce possessif n'était pas de nature à diminuer les prétentions des Saints Lieux.

des fonds affectés à cet objet, après que les réparations nécessaires auront été terminées, sera conservé dans une caisse spéciale pour servir aux dépenses du même genre qui pourraient être exagérées à l'avenir;

3° Il faudra en même temps fixer proportionnellement une subvention pour les établissements d'éducation et d'utilité publique des Principautés; et comme les Saints Lieux n'admettent pas à cet égard une somme variable tous les ans, la Cour Impériale consent à se désister de sa première proposition, d'affecter à cet objet le quart des revenus des couvents. Mais, en même temps, elle exige que cette subvention annuelle soit portée à deux millions de piastres valaques, jusqu'à l'année 1852, époque à laquelle ce chiffre sera définitivement réglé.

A côté de ces principes fondamentaux et irrévocables, la Cour Impériale propose les mesures spéciales suivantes, comme une preuve de sa pieuse sollicitude en faveur des intérêts des Saints Lieux et de l'Église orthodoxe d'Orient :

a) Vingt-cinq mille piastres valaques, à prélever sur la subvention susmentionnée, seront destinées aux écoles, aux hôpitaux et autres établissements de la nation grecque de Constantinople, en Syrie et dans d'autres parties de l'Empire ottoman.

b) Les Patriarches s'entendront avec les communautés pour qu'il soit destiné dans chacune des Principautés un Exarque choisi parmi les archevêques grecs.

c) Cet Exarque aura, outre la haute surveillance des couvents et de leur personnel, le soin d'intervenir auprès des Hospodars pour le redressement et le maintien des droits et immunités des couvents, et le consulat de Russie, d'accord avec l'Exarque, accordera dans ce but son appui toutes les fois qu'il sera réclamé. Si cependant dans les affaires judiciaires les représentations de l'Exarque étaient fondées et méritaient une sérieuse attention, le consulat s'entendra avec les autorités hospodariales pour que la décision demeure suspendue, en attendant des dispositions supérieures.

d) Outre les hégoumènes qui seront nommés par l'autorité ecclésiastique des communautés, et ne sont révocables que par elle, il y aura dans chaque couvent des économes (gérants ou administrateurs) établis en vertu de contrats spéciaux et dont le devoir et la tâche seront l'amélioration des propriétés, les soins à accorder aux procès.

e) Les contrats passés entre ces économes et les communautés devront être confirmés par l'autorité locale et approuvés par l'Exarque et le Consulat, afin qu'il ne s'y glisse rien qui puisse contrevenir aux règles qui seront établies pour l'administration des biens conventuels.

f) Les Exarques feront partie de la commission mixte à laquelle seront soumis, tant à Bucarest qu'à Jassy, les documents des monastères pour examiner et déterminer les charges et obligations qui en résultent.

g) L'Exarque, le Métropolitain, la Logothétie ecclésiastique et le Consulat s'entendront :

1° Pour procéder à une enquête propre à constater les réparations et constructions nécessaires des couvents et de leurs succursales, dans un terme donné ;

2° Pour déterminer le personnel de chaque couvent.

h) A l'approche de l'époque fixée pour l'achèvement de ces réparations et constructions, une nouvelle enquête aura lieu.

Après ces dispositions, les couvents seront soumis à de régulières inspections, tous les deux ou trois ans, par l'autorité ecclésiastique et l'autorité temporelle du pays.

Finalement un règlement spécial sera statué d'un commun accord par l'Exarque, la Logothétie des affaires ecclésiastiques et le Consulat de Russie, pour procéder à toutes les autres mesures qui seront jugées nécessaires sur les lieux mêmes, pour régulariser définitivement cette question.

Quant à l'époque depuis laquelle devra commencer l'exemption de dix ans accordée aux couvents, la Cour Impériale pense qu'il serait de toute justice de la compter depuis le 1er mai 1831. Si, cependant, les Patriarches et les délégués des Saints Lieux admettaient sans aucune objection toutes les bases ci-dessus énoncées, la mission de Russie pourrait, dans ce cas, espérer d'obtenir le consentement de la Cour Impériale à ce que cette subvention ne commence que depuis le 12 novembre 1833, selon le vœu exprimé par les Saints Lieux.

Ces propositions doivent être considérées comme la dernière tentative d'un arrangement, et la Cour Impériale attendra qu'elles soient adoptées, jusqu'au mois de novembre prochain. Dans le cas contraire, elle continuera à défendre les couvents grecs de tout empiétement ou illégalité, mais elle se verra avec regret dans l'impossibilité d'empêcher les Hospodars de leur appliquer les dispositions des règlements organiques confirmés par les deux cours. Dans une pareille hypothèse l'affaire ne saurait plus être traitée à Constantinople, mais sera transférée sur les lieux pour y être définitivement réglée, ce qui serait assurément pour les Saints Lieux moins avantageux que la libre adoption des principes susénoncés.

S. A. S. le Prince Bibesco, à S. Exc. le comte de Nesselrode, ministre des Affaires étrangères de Russie.

Le Prince revient sur la question des biens conventuels ; il fait connaître au comte Nesselrode les observations du Métropolitain, et déclare les partager. Son Altesse estime qu'il est indispensable que le Gouvernement local, — conformément aux institutions du pays, à ses antécédents, à ses privilèges, — demeure le tuteur de tous les monastères, dédiés ou non, et exerce la discipline ecclésiastique à l'égard des hégoumènes, comme la surveillance sur les biens conventuels. Il combat le mémoire de Saint-Pétersbourg du 1er août 1843, en ce qui touche la proposition de faire nommer dans les Principautés des Exarques chargés de maintenir la discipline ecclésiastique et des régisseurs pour gérer les biens conventuels, et fait ressortir *l'illégalité et le danger d'un pareil acte.*

Cette lettre est suivie d'un mémoire (1) que le Prince adresse de Constantinople au cabinet de Saint-Pétersbourg.

Constantinople, 20 septembre 1843.

MONSIEUR LE COMTE,

Que la longueur de ma dernière lettre ne vous indispose pas contre celle-ci (2) ; je tâcherai d'être aussi court que possible.

Une lettre que je viens de recevoir du Métropolitain me fait un devoir d'ajouter quelques mots, encore, à tout ce que j'ai dit à Votre Excellence, dans ma dernière communication sur les monastères. Son Éminence, ayant pris connaissance des bases arrêtées relativement à cette affaire, me fait, entre autres observations, les suivantes :

Ces bases portent, comme dispositions, qu'indépendamment des hégoumènes envoyés, jusqu'à ce jour, dans les Principautés par les Saints Lieux, il y sera envoyé aussi des Exarques pour maintenir, parmi ces hégoumènes, la discipline ecclésiastique, et des régisseurs pour gérer les biens conventuels. Son Éminence observe que, d'après les institutions du pays et d'après tous les antécédents, le gouvernement local a toujours été le véritable tuteur de tous les monastères, dédiés ou non dédiés, exerçant la discipline ecclésiastique à l'égard des hégoumènes grecs, comme à l'égard des autres, par le canal du Métropolitain, et la surveillance sur les biens conventuels, par l'intermédiaire des logothètes de *Tzara de Sousse et de Josse* (3), dont les fonctions sont aujourd'hui dévolues au logothète des affaires ecclésiastiques.

(1) Voir le mémoire, p. 101.
(2) On trouve également cette lettre dans l'ouvrage de BOLÉAC : *Les monastères roumains.*
(3) On écrit en roumain : *Tara de Sus si de Jos* : pays d'en haut et d'en bas : du Nord et du Midi.

Son Éminence ajoute que, quoi qu'en disent les Saints Lieux, cette surveillance, indépendamment qu'elle est la seule légale, a été fort salutaire; car, si on avait laissé faire les communautés grecques, les monastères relevant d'elles, loin d'avoir aujourd'hui les biens qu'ils possèdent, auraient même cessé depuis longtemps d'exister.

Admettre dans l'avenir un autre état de choses relativement à ce droit de police et de surveillance, ce serait non seulement enlever au Gouvernement et au chef de l'Église valaque des droits consacrés par le temps et par les institutions du pays, mais encore admettre un État dans l'État, et ériger, à côté des pouvoirs constitués, un nouveau pouvoir d'autant plus dangereux que son esprit inquiet, avide et tracassier amènerait, chaque jour, des embarras et des conflits sans nombre.

Je vous prie, Monsieur le Comte, de vous rappeler que c'est le Métropolitain qui parle. Quant à moi, je ne puis que partager l'opinion de Son Éminence, car indépendamment de la question de droit, je ne vois pas le bien qui pourra résulter de ce grand nombre de délégués, dont les pouvoirs se croiseraient et se heurteraient à chaque instant. Je crois, au contraire, que la nomination de ces Exarques et de ces régisseurs ne pourra être qu'une nouvelle source de plus grands abus.

J'ose espérer, Monsieur le Comte, qu'on ne m'en voudra pas d'être revenu si souvent sur cette question; car ayant toujours regardé la sollicitude du Cabinet Impérial pour nous comme éminemment paternelle, je croirais manquer à mes sentiments de dévouement et de reconnaissance, si je n'agissais pas en toute occasion comme le fils le plus dévoué agirait envers le meilleur des pères en lui soumettant, dans le besoin, mes plaintes, avec la conviction qu'elles seront toujours accueillies avec indulgence, quand même elles ne seraient pas toujours approuvées.

Mémoire de S. A. S. le Prince régnant Bibesco, sur les monastères des Principautés de Valachie et de Moldavie dédiés aux Saints Lieux.

Le Prince expose les prétentions que les communautés grecques ont affichées, à la suite de leur acceptation des affermages par voie de licitation. Ces prétentions tendent à soustraire les communautés à toute surveillance, à tout contrôle, à toute juridiction des Gouvernements moldovalaques, ainsi que des autorités ecclésiastiques des Métropolitains des deux Principautés, créant ainsi un État dans l'État. Puis, il démontre que rien ne justifie ces prétentions, que les Saints Lieux ne sauraient invoquer un seul précédent en leur faveur, et demande : 1° que les monastères soient classés par catégories, d'après leurs revenus, et qu'une somme nécessaire à leurs besoins soit déterminée ; 2° qu'on crée un fonds de réserve destiné aux réparations, à l'entretien des bâtiments et à l'amélioration progressive de l'état intérieur des monastères ; 3° que du surplus des revenus une part soit réservée pour les établissements de bienfaisance ; 4° que les sommes à allouer à chaque monastère soient proportionnées à ses revenus ; 5° il demande encore, — après avoir refusé d'admettre le terme de neuf années pour la régularisation des affermages, — que ce terme soit de trois ans, conformément à la loi ; 6° que la commission de surveillance pour les affermages soit composée du Consul général de Russie, en présence du logothète des cultes, et de quatre délégués pour représenter le Saint-Sépulcre, le mont Athos, le mont Sinaï, les communautés de Roumélie ; 7° que la subvention pour les établissements de bienfaisance reste, jusqu'à la régularisation des affermages, à l'appréciation du Czar.

« Le Prince pense qu'il est dégradant pour les communautés religieuses et pour notre sainte religion, que les monastères consacrés par la piété et la bienfaisance soient un objet de courtage scandaleux (1). »

Constantinople, 20 septembre 1843.

Les communautés religieuses grecques font, relativement aux monastères moldo-valaques, les propositions suivantes :

I. Elles acceptent que :

---

(1) C. Boléac cite dans son ouvrage ce mémoire, comme étant le premier mémoire du Prince (p. 203). C. Boléac se trompe ; ce mémoire envoyé de Constantinople est le deuxième sur la question des couvents dédiés.

Les biens des monastères soit affermés par voie de licitation; mais en même temps elles désirent que la surveillance et le contrôle de ces licitations soient exercés exclusivement par les consulats, sans aucune intervention des autorités du pays (1).

II. Elles s'engagent à exécuter la réparation des monastères grecs dans le plus court délai possible, en tout cas, dans le délai de neuf ans, c'est-à-dire de ne pas dépasser l'année 1852. Toutefois, elles *n'acceptent pas davantage sur ce point le concours ou l'intervention des autorités civiles ou ecclésiastiques des Principautés.*

III. Elles s'obligent à donner, chaque année, aux maisons de bienfaisance et d'utilité publique, la contribution d'un million de lei turcs, à condition seulement qu'en échange de cette somme payée régulièrement, les monastères ne soient plus assujettis à *exécuter ni les legs des fondateurs, ni les services imposés par l'administration du pays, et que les Princes affranchissent de l'autorité locale tous les monastères grecs que celle-ci s'est arbitrairement appropriés.*

Il résulte donc des propositions susdites, que les Saints Lieux visent à se soustraire à toute surveillance, à tout contrôle, à toute juridiction des gouvernements moldo-valaques, ainsi que des autorités ecclésiastiques des métropolitains des deux Principautés; créant ainsi un État dans l'État. Pour toute compensation, ils s'obligent à payer aux institutions de bienfaisance des deux Principautés la somme annuelle et fixe de vingt mille ducats (un million de lei turcs), d'un revenu qui pour la Valachie seule dépasse, cela est constaté, la somme de cent cinquante mille ducats par an, et qui vraisemblablement triplera et quadruplera avec le temps.

Ainsi, cette question qui, en principe, était une simple

---

(1) Il était habile de la part des communautés de mêler la Russie aux affaires intérieures des Principautés; le Prince Bibesco détournera le coup et fera une proposition qui rendra celle des grecs inoffensive.

question d'arrangements et d'améliorations à introduire dans l'administration des biens des monastères, pour mettre fin, disait-on, aux abus que les hégoumènes grecs commettaient, devient aujourd'hui, par les prétentions des Saints Lieux, la question la plus vitale qu'on ait encore débattue au sujet des Principautés, et celles-ci se voient menacées dans leurs lois politiques, dans les libertés de leur Église, et même dans l'intégrité de leur territoire, dont les délégués des Saints Lieux voudraient s'emparer comme d'une terre conquise, sans avoir à dépendre d'aucune autorité, sans reconnaître aucune loi, sauf celle de leur intérêt, et rien que pour s'approprier le revenu du travail de la cinquième partie de la population, et le faire passer tout entier à l'étranger.

Voilà donc les prétentions des Saints Lieux réduites à leur plus simple expression, et débarrassées de tout ce qui peut être un obstacle à la solution qu'ils proposent.

Mais ces prétentions sont-elles fondées sur les actes des fondateurs? Non, car aucun d'eux, en fondant ces institutions pieuses sur le territoire moldo-valaque, et en leur donnant des fortunes qu'ils ont jugées suffisantes à leur entretien, ne pouvait même penser qu'un jour les Saints Lieux, auxquels ces institutions étaient dédiées, — dans l'intention qu'ils exerçassent un contrôle salutaire, — chercheraient à les dépouiller de leur avoir, et les réclameraient comme leur propriété.

Ces fondateurs, élevés d'après l'esprit du temps, dans la plus profonde vénération pour les immunités et les lois du pays, en vertu desquelles l'autorité politique et ecclésiastique se confondaient dans l'autorité supérieure dont tout relevait, n'ont jamais supposé qu'un jour viendrait où les envoyés des Saints Lieux prétendraient se soustraire à cette loi générale et s'ériger en autant d'autorités indépendantes.

Les prétentions des Saints Lieux seraient-elles fondées sur des précédents?

Moins encore, car, dès la première fondation de cette nature dans les Principautés, jusqu'à nos jours, les droits des Saints Lieux se sont bornés :

1° A envoyer des hégoumènes (1) qui, pour entrer dans l'exercice de leurs fonctions, devaient être reconnus par les Métropolitains et confirmés par le gouvernement local;

2° A recevoir une partie des revenus, qui, le plus souvent, se réduisait à des sommes minimes, car ils ne pouvaient toucher ces *quantum* qu'après qu'on avait subvenu à toutes les dépenses relatives à l'entretien de ces établissements et aux aides extraordinaires réclamées par les besoins du pays.

Cet état de choses, malgré la peine que les Saints Lieux se donnent pour prouver le contraire, n'était point un état abusif; c'était, au contraire, l'état légal, consacré dès le commencement pour les monastères dédiés et non dédiés. Et c'est sous ce même régime qu'a eu lieu la fondation et la dédicace de ces monastères. Les Saints Lieux n'en ont jamais connu d'autre dont ils puissent se prévaloir.

Quant aux moines qui viennent dans les Principautés, dès qu'ils ont foulé le sol moldo-valaque, ils ne dépendent plus que du Métropolitain roumain.

C'est là l'usage qu'on a suivi, invariablement, depuis les temps les plus anciens, et qu'on ne pourrait changer sans amener des conflits d'autorité, — conflits qui détruiront le peu de discipline restée dans ce pays, — et sans porter une grave atteinte aux prérogatives accordées, de tout temps, au siège archiépiscopal des deux Principautés.

Les Saints Lieux, enfin, se baseraient-ils sur quelque clause exceptionnelle des traités? — Mais, grâce à la généreuse sollicitude de la Cour protectrice, la Haute Porte a reconnu et consacré les anciens droits et les immunités des Principautés.

---

(1) Pas au début, comme nous l'avons vu.

Rien ne pourrait mieux prouver le manque de bonne foi ou l'ignorance des Saints Lieux au sujet de cette question, que leurs propositions tendant à faire croire que les monastères leur ont été enlevés de vive force par les autorités locales; tandis que des actes, dont l'authenticité ne saurait être niée, prouvent le contraire. Nous n'en citerons qu'un, celui de l'année 1641, fait sous le règne du Prince Mathieu Bassaraba, par le patriarche de Constantinople Parthénius, par celui de Jérusalem et par tout le Saint Synode : cet acte dit que, reconnaissant l'abus des communautés grecques, qui s'étaient injustement arrogé le droit d'envoyer des hégoumènes aux différents monastères valaques qui ne leur étaient pas même dédiés, lesdits patriarches et le Saint Synode ordonnaient de faire cesser un tel abus. Toutefois, et bien que cette décision portât une malédiction contre ceux qui la violeraient, les communautés grecques n'en tinrent aucun compte, et la plupart des monastères cités dans cet acte figurent aujourd'hui parmi les monastères dédiés.

Les Saints Lieux, méconnaissant le caractère de cette auguste bienveillance, dont seuls ils ont été jusqu'à ce moment l'objet, se bercent de l'espoir qu'en criant sans cesse à l'injustice et à la tyrannie, ils finiront par obtenir ce qu'ils demandent, ou, du moins, qu'ils arriveront par là à prolonger indéfiniment l'état de choses actuel.

Enfin, contraints de nous adresser à la justice et à la sagesse du Gouvernement Impérial pour qu'il se prononce sur les prétentions des Saints Lieux, nous avons cru de notre devoir de lui faire connaître, dans ce court compte rendu, quelques arguments qui nous ont paru plus propres à éclairer sa conscience.

Qu'il nous soit permis d'exposer ici quelques-unes des bases qui pourraient, à notre avis, faciliter la solution de cette question, et répondraient en même temps au désir du Cabinet Impérial, désir qui est aussi notre vœu le plus ardent.

Dans ce but, nous avons pensé qu'avant tout il fallait commencer par simplifier la question, en la séparant de toute question de principe, pour la ramener à son état primitif, c'est-à-dire :

Faire la répartition des revenus; déterminer l'administration de ces établissements pieux d'une manière plus conforme à leur destination et aux désirs des fondateurs, éliminer toute proposition qui tendrait à introduire un ordre de choses contraire aux droits et aux institutions du pays. — Pour y arriver, voici les propositions que nous prenons la liberté de proposer :

1° Diviser tous les monastères dédiés en trois ou quatre catégories, d'après leur revenu; déterminer leurs dépenses, et fixer pour chacun d'eux la somme annuelle nécessaire pour faire face à ces dépenses.

2° Fixer pour chaque monastère, sur son revenu, un fonds de réserve destiné à la réparation de ses bâtiments, fixer en même temps l'époque à laquelle ces réparations devront être achevées. Après l'accomplissement de cette première tâche, le fonds de réserve servira à l'entretien des bâtiments et à l'amélioration progressive de l'état intérieur du monastère; car, il ne faut pas l'oublier un seul moment, le but principal n'est point de bâtir, mais de faire que ces établissements répondent à leur première destination, c'est-à-dire qu'ils servent d'asile aux pauvres et aux infirmes, qu'ils viennent en aide à l'éducation religieuse des habitants, et qu'ils accomplissent d'autres actes de cette nature, propres à attirer les bénédictions sur les noms des fondateurs jusqu'à la postérité la plus éloignée, et à élever la religion aux yeux du public.

3° En ce qui concerne les établissements de bienfaisance, on prélèvera en leur faveur une partie du surplus des revenus annuels qui ont remplacé les sommes que les monastères payaient dans l'ancien état des choses, et cela en échange des avantages incalculables dont les Saints Lieux ont profité par suite des dispositions du règlement organique.

4° Les sommes à allouer pour l'application des susdites obligations devront naturellement suivre les fluctuations que subiront les revenus territoriaux ; et on les proportionnera à la somme qu'il y aura lieu de fixer définitivement et qui dépendra aussi de l'augmentation ou de la diminution de ces revenus. Admettre, en effet, le principe des Saints Lieux serait condamner les Principautés et les monastères fondés sur son sol à ne pas profiter d'une situation prospère qui pourrait naître des efforts et des sacrifices auxquels les Saints Lieux n'auraient, comme dans le passé, pris aucune part.

5° Quant au terme de neuf ans que les Saints Lieux demandent encore pour régler l'affermage des biens des monastères par licitation publique, il ne servirait qu'à augmenter encore les abus, en les prolongeant et en les légitimant, en quelque sorte, par une concession aussi longue. S'il ne s'agit en réalité que de ramener tous les termes à une même époque, trois ans seront plus que suffisants ; et la raison en est que les biens des monastères n'ont jamais été et ne peuvent être affermés — c'est la loi — que pour ce nombre d'années. De ce côté, donc, le but serait atteint si, comme nous l'avons dit, le terme des affermages n'était que de trois ans.

6° Selon les bases mentionnées, les licitations, devant commencer, par exemple, en 1847, pour l'affermage des biens de tous les monastères dédiés aux Saints Lieux, seront renouvelées tous les six ou neuf ans, **sous la surveillance du consul général, en présence du logothète des cultes** et de quatre délégués élus par les Saints Lieux parmi les hégoumènes en fonction ; ils représenteraient le Saint-Sépulcre, le mont Athos, le mont Sinaï et les communautés de Roumélie.

7° Quant à la subvention qui doit être payée aux établissements de bienfaisance et d'éducation publique en Valachie, pour le temps à courir depuis le 12 novembre 1843 jusqu'à l'époque déterminée pour le commencement des licitations, étant donné que les revenus montent aujourd'hui à plus de cent cinquante mille ducats par an, nous nous en rapportons, pour trancher cette question, à la justice du ministère impérial.

Nous terminons en exprimant le désir que les communautés grecques, revenant à des idées plus en rapport avec leur sainte mission, finissent par accepter ces propositions si éminemment justes. Elles devraient sentir combien il est dégradant pour elles-mêmes et pour notre sainte religion que les monastères consacrés lors de leur fondation par la piété et la bienfaisance, soient un objet de courtage scandaleux, et soient déserts à ce point que l'on a peine à trouver un desservant pour dire la messe!

*Extrait d'une lettre de M. Billecoq à M. Guizot,
du 26 septembre 1843.*

Le mémoire du Gouvernement de Saint-Pétersbourg au sujet des biens conventuels ou couvents dédiés cause dans le monde diplomatique une émotion à laquelle n'échappe pas M. le Consul général de France.

26 septembre 1843.

Le Cabinet de Saint-Pétersbourg vient de statuer d'une manière aussi tranchée qu'inattendue sur le démêlé élevé depuis de longues années entre les hégoumènes (ou prêtres administrateurs des revenus des couvents valaques et moldaves affectés au mont Athos) et les gouvernements des deux Hospodars.

L'acte en question, qui fait figurer, en cette circonstance, l'autocrate russe plutôt comme Pontife que comme Empereur, est destiné à produire par tout le pays protégé par la Russie une sensation immense. Je joins ici une note qui renferme à peu de chose près, m'assure-t-on, le texte des instructions envoyées à ce sujet à M. de Titoff, et qui, provenant d'une source qu'il m'est permis de regarder comme authentique, mettra Votre Excellence à même d'apprécier la portée de la décision qui est au moment d'intervenir. J'aurai soin, en temps et lieu, de revenir sur cette importante affaire.

(Archives du Ministère des affaires étrangères, Paris.)

Pièce jointe à la dépêche politique n° 113, de M. Billecoq à M. Guizot, en date du 26 septembre 1843.

M. Billecoq expose à M. Guizot les principales dispositions du mémoire de Saint-Pétersbourg en date du 1ᵉʳ mai 1843, au sujet des couvents dédiés.

26 septembre 1843.

Les propriétés des couvents qui relèvent des Saints Lieux seront désormais affermées par la voie des enchères; toutefois, par considération pour les charges et contrats déjà passés, ce n'est qu'en l'année 1852 et en présence des fondés de pouvoir des Saints Lieux et du consulat général russe, que pourra avoir lieu, à cette époque, l'adjudication de ces mêmes propriétés; cette adjudication sera renouvelée tous les neuf ans.

Jusqu'à l'époque susmentionnée, l'entretien et la réparation des monastères auront lieu d'une manière qui soit à la fois en rapport avec la dignité de la Sainte Église et avec les revenus des couvents. Le Gouvernement Impérial ne croit pas nécessaire de fixer à l'avance la somme utile à ces dépenses; mais, selon lui, employer la quatrième partie des revenus des couvents ne serait rien d'exagéré.

Une autre partie des revenus de ces monastères devra être employée au profit des établissements de bienfaisance et d'enseignement dans les Principautés. Toutefois, les Saints Lieux désirant que le chiffre de cette allocation ne dépende pas toujours du chiffre du revenu lui-même, la somme de 2 millions de piastres de Valachie sera annuellement consacrée à ce but jusqu'en l'année 1852, époque à laquelle cette somme devra être définitivement fixée.

Outre les dispositions précédentes, concernant le bien général des couvents, la Cour Impériale, dans sa sollicitude pour l'Église orientale, croit devoir ajouter les dispositions suivantes :

250,000 piastres seront défalquées de la somme de 2 millions en faveur des écoles, hôpitaux et autres institutions de bienfaisance de la nation grecque à Constantinople, en Syrie et dans les autres parties de l'Empire ottoman.

Un Exarque (mandataire des Saints Lieux), élu parmi les prélats grecs, sera appelé à résider dans chacune des deux Principautés ; il y soignera les intérêts, jusqu'à présent si peu respectés, des monastères du mont Athos. Les Exarques auront toujours soin de requérir, au besoin, l'appui du consulat général russe, qui ne leur sera jamais refusé ; mais si, dans des affaires litigieuses, les réclamations des Exarques concernaient des intérêts sérieux et importants, le consulat général s'entendrait avec le Gouvernement Princier, afin qu'aucune décision n'intervienne jusqu'à l'arrivée d'ordres supérieurs.

Outre l'hégoumène, on nommera désormais, pour chaque couvent, un économe.

Les contrats passés avec les économes seront soumis à la surveillance de l'Exarque et du consulat général russe.

Les Exarques seront, de droit, membres de la commission mixte formée pour l'examen des privilèges et des obligations des monastères.

L'Exarque, le métropolitain, le logothète des affaires ecclésiastiques et le consulat général de Russie examineront, de concert, les réparations nécessaires et seront chargés du personnel de chaque couvent.

L'Exarque est chargé de la surveillance des prêtres placés dans les couvents, et, au besoin, c'est à Constantinople qu'il en référera à leur sujet.

Dans l'intérêt de la surveillance de l'état matériel des monastères, l'Exarque est tenu de les visiter de temps à autre ; ce que, d'ailleurs, le gouvernement peut faire aussi de son côté, s'il le juge utile.

C'est dans sa sollicitude pour assurer les droits des Saints Lieux, sur les différents monastères qui relèvent d'eux dans les Principautés, et pour terminer tous les embarras qui naissent de l'administration de ces propriétés, que le Gouvernement Impérial propose les différents arrangements dont il vient d'être fait mention ; il ne cache pas que leur acceptation est la condition nécessaire à son intercession dans cette affaire, et si, jusqu'au mois de novembre, cette acceptation n'a point été signifiée, la Cour Impériale retirera ses propositions, et la solution des questions pendantes n'aura plus lieu à Constantinople, mais bien dans les localités mêmes, d'après les lois en vigueur, qui seront loin d'amener des résolutions plus avantageuses.

(Archives du Ministère des affaires étrangères, Paris.)

M. Guizot à M. Billecoq.

Le ministre Français voit dans la sollicitude extraordinaire du Gouvernement russe un travail persévérant pour se concilier, en les protégeant, les populations grecques de la Turquie. Il demande à quel titre la puissance protectrice intervient dans cette question ?

23 octobre 1843.

MONSIEUR,

J'ai reçu les dépêches que vous m'avez fait l'honneur de m'écrire jusqu'au n° 113 et jusqu'à la date du 26 septembre.

Ce que vous me mandez relativement à l'acte d'intervention si tranché du Cabinet russe dans l'affaire de l'administration des revenus des couvents valaques et moldaves qui relèvent du mont Athos, a fixé particulièrement mon attention. Ce genre d'ingérance est, si je ne me trompe, un fait nouveau dans l'histoire du protectorat russe sur les Principautés et ne pourrait tendre qu'à faire pénétrer la Russie plus avant dans les choses de leur régime intérieur. C'est, en effet, ce qui ressort clairement du contenu de la note que vous m'avez envoyée et une pensée plus générale encore, mais tout aussi caractéristique, s'y révèle également dans la disposition d'après laquelle, sur l'allocation de 2 millions de piastres qui devraient être affectées annuellement au profit des établissements de bienfaisance et d'enseignement dans les Principautés, 250,000 piastres seraient prélevées en faveur des écoles, hôpitaux et autres institutions de bienfaisance de la nation grecque à Constantinople, en Syrie et dans les autres parties de l'Empire ottoman. Cette clause est un nouvel et remarquable indice de ce travail actif et persévérant que la politique russe poursuit, à l'égard des populations grecques de la Turquie, pour se les concilier, en les protégeant, et en leur faisant sentir son influence par des bienfaits. Telles sont en gros les réflexions qui surgissent à la lecture du document dont il s'agit et que vous n'aurez sûrement pas manqué de faire vous-même. Mais à quel titre la puissance protectrice (1) intervient-elle dans cette question de l'administration des couvents en Valachie et en Moldavie? Voilà, Monsieur, ce que vous ne me dites pas. Cette intervention a-t-elle été imposée d'office, ou a-t-elle été demandée, comme

---

(1) Les Principautés, désespérant d'obtenir gain de cause de la Cour suzeraine contre ses sujets grecs, tournèrent leurs regards vers la Cour protectrice et la prièrent d'intervenir auprès de la Sublime Porte en faveur du bon droit des Roumains. Malheureusement, si la Sublime Porte était partiale pour les Saints Lieux, la Russie, de son côté, leur avait fait des promesses, de telle sorte que les Gouvernements des Principautés danubiennes se trouvèrent dans une situation des plus critiques.

L'intervention de la Russie était demandée, parce qu'elle était considérée comme une garantie ; mais n'eût-elle pas été demandée, qu'elle se fût imposée.

semblerait l'indiquer un passage de la même note? Quels sont les incidents qui l'ont amenée, et en quoi consiste, positivement, le démêlé survenu entre les gouvernements des deux Principautés et les administrateurs des revenus des couvents? Veuillez m'adresser sur cette affaire, au point de vue politique et économique, un rapport aussi complet et aussi explicatif que possible.

(Archives du Ministère des affaires étrangères, Paris.)

Dépêche de S. Exc. M. le vice-chancelier comte de Nesselrode à M. Daschkoff, consul général de Russie, à Bucarest.

Le comte de Nesselrode, en écrivant à M. Daschkoff sur la question des couvents dédiés, déclare que le désir du Gouvernement Impérial est de conserver, — comme par le passé, — son caractère de réserve aux communications qu'il est dans le cas d'adresser, sur cette matière, aux deux Hospodars. Il attire leur attention sur les points principaux qui formeraient la base de l'arrangement à intervenir avec les Saints Lieux, et il invite M. Daschkoff à prendre l'opinion des Hospodars.

Saint-Pétersbourg, 28 décembre 1843.

Le Prince Bibesco n'ignore pas les motifs qui nous ont engagés à nous abstenir jusqu'à présent de discuter avec lui l'affaire des biens conventuels qui relèvent des Saints Lieux. Dans une question d'une nature aussi délicate, il nous a paru essentiel de nous assurer, d'abord, des dispositions du clergé orthodoxe à Constantinople et de lui laisser le temps de se prononcer vis-à-vis de nous, dans des termes plus explicites, sur les vœux qu'il avait à former pour régler l'administration des biens dont il s'agit. Cette marche étant conforme aux égards que nous devions au haut clergé, elle nous était dictée par les devoirs de protection que nous impose l'Église d'Orient et nous permettait, d'ailleurs, de calculer les chances de succès d'une négociation à ouvrir avec les Hospodars de Moldavie et de Valachie, pour amener enfin un arrangement juste et équitable entre les deux parties. Dans cette vue, nous nous sommes attachés à circonscrire nos explications avec les Saints Lieux dans des limites toutes confidentielles, et, aujourd'hui, nous entendons conserver ce même caractère de réserve aux communications que nous sommes dans le cas d'adresser sur cette matière aux deux Hospodars.

Durant le séjour du Prince Bibesco à Constantinople, M. de Titoff lui a donné connaissance des propositions dont nous avions cru pouvoir nous rendre l'organe auprès des représentants des Saints Lieux. L'Hospodar de Valachie a été informé également que nous leur avions fixé un terme pour répondre à nos propositions. Nous venons d'être mis en possession de ces réponses, de manière que le moment nous semble arrivé de nous expliquer avec les Hospodars à leur tour et de recueillir leur opinion sur les offres des Saints Lieux. Si de cet échange d'idées il pouvait résulter un rapprochement entre les parties intéressées, nous nous en féliciterions vivement. Quoi qu'il en soit, nous attendons que les Hospodars aient énoncé leur avis pour juger de quelle manière les concessions réciproques pourront conduire à une entente à l'aimable.

Afin de simplifier la question, autant que possible, nous la dégagerons de toutes les considérations secondaires et de détail, et nous nous bornerons à appeler l'attention des Hospodars sur les trois principaux points suivants, qui formeraient la base de l'arrangement à intervenir.

Les Saints Lieux consentent :

1° *A l'affermage des biens conventuels aux enchères publiques,* mais désirent que nos consulats aient à surveiller ces enchères, sans qu'aucune des autorités du pays ait à y intervenir.

2°. Ils s'engagent à *achever les réparations des monastères grecs le plus tôt possible,* et, en tout état de cause, dans l'espace de neuf ans, c'est-à-dire jusqu'en 1852, mais déclinent aussi, sous ce rapport, le concours ou l'ingérence des autorités civiles ou ecclésiastiques des Principautés.

3° Ils offrent *de verser annuellement dans les caisses des établissements de bienfaisance et d'utilité publique une contribution d'un million de piastres de Turquie*, à condition toutefois que, moyennant le payement régulier de cette somme, les monastères grecs ne seront plus tenus à acquitter les aumônes des fondateurs pour les servitudes imposées par l'administration du pays, et que les Hospodars se décideront à affranchir d'entre les mains des autorités locales ceux des monastères grecs qu'elles doivent s'être appropriés arbitrairement.

Pour plus de clarté, nous accompagnerons ces trois points de quelques observations :

1° Afin d'accorder une certaine latitude aux Saints Lieux, nous avions proposé de fixer un terme de neuf ans, à compter du 12 novembre 1843, pour régulariser l'affermage de chaque monastère en particulier, de sorte à ramener et à faire coïncider toutes les échéances d'une même époque qui serait le 12 novembre de l'année 1852, terme de l'échéance générale de tous les contrats existants et qui pourraient être renouvelés dans cet intervalle, mais ne sauraient, dans aucun cas, être prolongés au delà de l'année 1852. A commencer de cette époque, les enchères publiques ne se renouvelleraient que tous les neuf ans.

2° Nous avions proposé le même terme de neuf ans pour l'achèvement complet des réparations et reconstructions des couvents, conformément à leurs ressources et à la dignité du culte. Sans préciser un chiffre quelconque, nous aurions trouvé juste que les Saints Lieux promissent de consacrer à cet objet un quart du revenu annuel qu'ils perçoivent des Principautés. Les fonds qui pourraient se trouver disponibles, après que toutes les réparations nécessaires auraient été effectuées, eussent formé une caisse de réserve pour l'éventualité de nouvelles réparations à venir.

3° Pour ce qui concerne la subvention à payer aux établissements de bienfaisance et d'éducation publique dans les Principautés, nous avions cru devoir prendre en considération le vœu des Saints Lieux qui avaient demandé, au moins pour les neuf premières années, la fixation d'un chiffre invariable, au lieu de la proposition primitive d'affecter un quart du revenu à cet objet. Mais nous avions pensé que le chiffre de la subvention aurait pu être porté à un taux plus élevé. Néanmoins, il nous semble que les deux Hospodars feraient bien d'accepter le payement annuel d'un million, à commencer du 12 novembre 1843, comme un arrangement *provisoire* susceptible d'obtenir plus tard une modification à l'avantage des Principautés.

Nous passerons sous silence différentes questions de détail que nous avons été appelé à traiter préalablement avec les fondés de pouvoir des Saints Lieux. Comme elles se rattachent aux trois points principaux que nous avons énumérés ci-dessus, il s'agira avant tout de constater l'opinion des Hospodars sur les bases que nous présentons aujourd'hui à leur examen. Nous éprouverions un sentiment de satisfaction réelle, si les deux Princes pouvaient envisager ces bases comme de nature à ouvrir la voie à une entente. Je vous invite donc, Monsieur, à entrer en discussion à ce sujet avec eux en leur donnant confidentiellement connaissance de la présente dépêche.

Veuillez les engager à nous faire part de leur opinion sur les offres des Saints Lieux et accompagner cette opinion, en nous la communiquant, de tous les développements nécessaires pour nous mettre à même de former un jugement exact sur les positions respectives. Nous suspendons toute démarche ultérieure dans cette affaire, jusqu'à la réception des réponses des deux Hospodars, qui verront, nous aimons à le croire, dans cette manière de procéder, une nouvelle preuve de notre sincère désir de concilier, autant qu'il dépendra de nous, les intérêts et les droits des deux parties.

Finalement, nous devons faire observer que, le 12 novembre 1843, étant le dernier terme de l'exemption des dix années durant lesquelles les Saints Lieux ont été libérés de tout impôt, c'est à cette date que se rapportent tous nos calculs (1).

S. Exc. le général comte de Kisseleff à S. A. S. le Prince Bibesco.

Le comte assure le Prince que M. de Titoff, ancien consul général en Valachie, et actuellement représentant de la Russie à Constantinople, ne laissera pas léser les intérêts du pays roumain dans la question des biens ecclésiastiques, « qui lui a été particulièrement recommandée », et dont il connaît l'importance pour la Roumanie.

Saint-Pétersbourg, 14 avril 1844.

Mon Prince,

J'ai eu l'honneur et le plaisir de recevoir vos deux lettres en date du 7 décembre et du 14 janvier (2).

La solution des affaires ecclésiastiques, ou plutôt des affaires très matérielles des couvents grecs, n'est pas chose facile. J'ai vu toutes les pièces, et je me suis convaincu qu'il faut marcher prudemment dans cette négociation et ne point sacrifier le droit, en tant qu'il peut exister, pour un avantage pécuniaire, — mais sans base légale, — de quelque quotité qu'il puisse être. Au

---

(1) A cette date du 28 décembre 1843, le Cabinet de Saint-Pétersbourg devait savoir à quoi s'en tenir sur l'opinion du Prince de Valachie, car il avait déjà reçu et sa lettre et son mémoire, datés de Constantinople le 30 septembre. Le comte de Nesselrode ne pouvait mettre en doute les sentiments d'indignation que faisaient naître les prétentions des Saints Lieux, que la Russie soutenait, sentiments qui éclatent violemment dans la dernière phrase du mémoire expédié de Constantinople par le Prince Bibesco.

(2) Les deux lettres en question, qui ont évidemment trait à la défense des droits de la Valachie dans la question des couvents dédiés, manquent à notre recueil de documents.

surplus, cette affaire a été très particulièrement recommandée à M. de Titoff qui a été consul en Valachie et qui connaît mieux que tout autre son importance pour le pays. Aussi ai-je la certitude qu'il agira prudemment et qu'il ne voudra pas léser les intérêts du pays (1). . . . .

. . . .

Mémoire de S. A. S. le Prince Georges Bibesco.

Le Prince constate que, de tout temps, les monastères dédiés ont pris leur part des charges de l'État, et qu'ils n'envoyaient aux Saints Lieux *que le surplus des revenus,* après avoir pourvu à leurs dépenses nécessaires d'entretien, et à celles des établissements de bienfaisance. Par suite des dispositions du règlement, ces revenus ont quintuplé. Cette augmentation provenant de sacrifices auxquels les Grecs sont restés étrangers, ils ne sauraient, en droit, y avoir la moindre prétention.

Cependant, par dernière mesure de conciliation, le Prince, profondément écœuré, à bout de concessions, propose le partage des revenus en quatre parts dont une serait affectée aux établissements de bienfaisance, et les trois autres seraient mises à la disposition des Saints Lieux, quitte à la Russie d'en régler l'emploi (2).

Avril 1844.

Les monastères dédiés aux Saints Lieux n'ont pas seulement contribué, de tout temps, à l'entretien des établissements de bienfaisance, mais ils ont encore pris leur part des charges de l'État, chaque fois que le pays, placé dans des circonstances difficiles, a réclamé leur concours; et cela ne les a nullement

(1) La seconde partie de la lettre se rapporte à la politique générale du pays; nous la reproduisons dans son entier plus loin, avec les pièces relatives à la question de politique générale.

(2) Ce mémoire, que nous reproduisons d'après Boléac, serait, à son avis, contemporain des instructions données par le Prince à Aristarchi. Nous pensons, au contraire, que ce mémoire est celui du mois d'avril 1844 dont le Prince parle dans son mémoire du 24 décembre 1844, adressé au Cabinet de Saint-Pétersbourg.

empêchés de donner leur aide aux communautés dont ils dépendaient, quand elles en ont eu besoin.

Si l'on considérait les actes de fondation et de donation des monastères, comme par exemple ceux des monastères de Vacaresti, de Radu-Voda, de Margineni, etc., les différents décrets princiers, la lettre du Patriarche Polycarpe, de 1816, ainsi que la formule des actes de nomination des hégoumènes, on n'enverrait aux Saints Lieux que le surplus des revenus, après avoir acquitté *d'abord*, dans le pays, toutes les dépenses nécessaires à l'entretien des monastères, ainsi que celles relatives aux obligations imposées en faveur des différents établissements de bienfaisance, et l'on verrait que les fondateurs n'ont dédié ces monastères aux Saints Lieux, que dans le seul espoir que leurs pieuses intentions seraient mieux remplies sous la surveillance et par les soins des Saints Lieux.

Si l'on considère, en outre, les bénéfices immenses résultant, pour ces monastères, des dispositions du règlement organique, on arrive à se convaincre aisément que leurs revenus ont pour le moins quintuplé par suite des nouvelles institutions. En effet, comme dédommagement du sacrifice qu'ils firent de leurs skoutelnici et de leurs poslusnici et de toutes les prérogatives (1) qui ont été, jusqu'à présent, l'apanage de la noblesse, la loi organique a stipulé en leur faveur des avantages considérables qui découlent du droit de propriété.

Le Gouvernement, afin de pouvoir contraindre les paysans à s'acquitter de leurs nouvelles dettes envers la propriété, dut leur venir en aide, non seulement en réduisant de beaucoup leur contribution personnelle, mais encore en sacrifiant bon nombre des revenus publics, comme ceux produits par la taxe sur le vin, sur les moutons, sur les tabacs, sur la dîme et autres. Ces concessions, faites au détriment du fisc et dans le seul but de donner à

---

(1) Redevance due à différents titres, sous le régime personnel d'autrefois, par les gens du peuple à la noblesse.

la noblesse une compensation pour les sacrifices qu'elle s'est imposés, n'en profitent pas moins aux monastères dédiés aux Saints Lieux, qui bénéficient du travail de soixante mille familles roumaines adonnées exclusivement à la culture des terres de ces monastères. Ces monastères n'avaient aucun droit à ces bénéfices; on les leur a pourtant accordés, rien que pour qu'il n'y eût pas deux législations différentes pour la propriété foncière.

De cet exposé il résulte que les monastères dédiés ont toujours contribué à l'entretien des établissements de bienfaisance, ont participé aux charges de l'État, sans qu'il s'élevât aucune contestation, et que, depuis, il n'est survenu aucun fait de nature à les dispenser de remplir ces obligations.

Toutefois, depuis 1828, les moines grecs refusent toute aide; ils n'ont même plus souci de l'entretien des monastères du pays, dont la plupart se trouvent dans un tel état de délabrement que c'est pitié de les voir. Il serait juste, en définitive, que les susdits monastères, s'ils ne veulent tenir aucun compte des dispositions du règlement organique, ne pussent invoquer que les lois qui régissaient les biens-fonds avant le règlement, et que le surplus des bénéfices, résultant pour les propriétés des églises, par suite des nouvelles institutions, fasse retour à la caisse publique.

En même temps, par esprit de conciliation, et rien que dans le désir de donner une solution à cette question, dont on est menacé de ne voir jamais la fin, — de quelque façon qu'on s'y prenne, — on propose un moyen très simple, tout à l'avantage des Saints Lieux.

Les contrats devant expirer au mois d'avril de cette année, on devra affermer les terres de nouveau, mais par voie d'adjudication, afin qu'il y ait concurrence et publicité, on suivra les formes légales prescrites pour la matière. Un quart des revenus sera affecté aux établissements de bienfaisance de la Principauté, les *trois autres quarts* seront mis à la disposition des Saints

Lieux. Libre au Ministère impérial d'en régler l'emploi dans sa haute sagesse, de telle façon qu'il le jugera convenable.

Le total des revenus, de l'aveu même des hégoumènes, s'élève à trois millions de piastres, et les Saints Lieux ne reçoivent guère qu'un tiers de cette somme. La différence est détournée de sa destination par toutes sortes de *moyens*. On peut être certain que la licitation publique fera monter ces revenus à cinq millions de piastres, desquels, en déduisant le quart, soit 1,250,000, il restera 3,750,000 piastres, dont profiteront les Saints Lieux, sans que des sommes considérables soient absorbées au profit personnel et immoral d'une foule d'individus, ainsi que cela a eu lieu jusqu'à présent.

Copie d'une dépêche de S. Exc. M. le comte de Nesselrode, chancelier de l'Empire, à M. de Daschkoff, consul général de Russie à Bucarest. N° 1372.

La résistance du Prince a porté ses fruits; ses mémoires ont été *mûrement examinés*.

Le comte espère qu'une transaction équitable interviendra entre les Saints Lieux et les Gouvernements des deux Principautés.

Saint-Pétersbourg, 18 mai 1845.

Le Ministère impérial s'était fait un devoir de communiquer à M. Titoff votre dépêche n° 20, de l'année dernière, au sujet des *biens conventuels* qui relèvent des Saints Lieux. Notre ministre, après *avoir mûrement examiné* les mémoires qui vous avaient été remis par les deux Hospodars, ainsi que les réflexions que ces pièces vous ont suggérées, a émis ses propres conclusions sur les termes d'accommodement qui semblent offrir les meilleurs éléments d'une transaction équitable et mutuellement avantageuse entre l'autorité ecclésiastique des Saints Lieux et les Gouvernements des deux Principautés.

Nous n'avons pu qu'applaudir à l'esprit d'impartialité dont le travail de M. Titoff porte le cachet, et nous nous féliciterions sincèrement si l'adhésion spontanée des deux parties, aux conditions qu'il propose, venait finalement mettre un terme *au litige scandaleux* qui dure depuis si longtemps.

Toutefois, à l'époque où M. Titoff nous a fait part de ses conclusions, les circonstances se prêtaient peu à la poursuite de l'affaire pendante. La prévision de la vacance du siège patriarcal de Jérusalem, qu'on attendait d'un moment à l'autre, avait donné l'éveil à l'esprit de parti et d'intrigue parmi le clergé grec. Il me suffira de dire que les machinations ourdies à Constantinople menaçaient d'un danger réel l'indépendance et les privilèges du Saint-Sépulcre. Ces dangers ont heureusement pu être conjurés à temps, par l'intervention active de la Légation impériale. Aujourd'hui que l'incertitude qui planait sur le sort de l'Église de Jérusalem a été écartée par l'élection du Patriarche Cyrille (1), qui a déjà reçu de la Porte. . . . .
. . . .

(La fin de la dépêche manque à notre recueil.)

Mémorandum (1) *adressé par S. A. S. le Prince Bibesco au Cabinet de Saint-Pétersbourg sur la question des biens conventuels ou monastères dédiés.*

Le Prince explique que le Gouvernement valaque a demandé à connaître préalablement les conditions de fermage concernant les monastères

(1) Ce Patriarche fut un des défenseurs les plus remuants des prétentions des Saints Lieux.

relevant des communautés grecques, et qui seraient faites par les délégués de ces communautés. *Son but* est de rendre ces conditions uniformes pour tous les monastères dédiés ou non, et *de mettre fin aux exactions sans vergogne des fermiers* (exarques ou prieurs) *à l'égard des monastères et des paysans* habitant sur les terres qui en dépendent et *qui ne sont pas leurs esclaves.* Son Altesse compare l'attitude hautaine et les prétentions insoutenables des Saints Pères avec l'obéissance absolue qu'autrefois ils avaient pour la loi valaque, et pour la seule juridiction ecclésiastique existant dans les Principautés, celle du Métropolitain, contre laquelle jamais ils n'appelaient. *Le Prince déclare les prétentions des Saints Pères inadmissibles en droit comme en pratique.* Il prie le Gouvernement Impérial de *ne pas permettre l'aliénation* d'une grande partie du territoire valaque, *ni la création d'un État dans l'État.* Il affirme que la cause des Principautés est éminemment juste, ainsi qu'il a eu l'occasion de s'en convaincre depuis treize ans qu'elle a été mise sur le tapis, qu'il en a été saisi et qu'il l'a étudiée dans ses moindres détails. Le désir du Prince serait qu'on parvînt à « *faire renoncer les Saints Lieux à toutes leurs prétentions, moyennant quelques millions qui leur seraient payés une fois pour toutes* ».

Bucarest, 24 décembre 1844 (1).

Le Gouvernement valaque n'a fait, en ce qui concerne les monastères relevant des communautés grecques, que demander que les conditions des contrats de fermage qui seraient passés par les délégués de ces communautés lui fussent préalablement communiquées. Son but est de rendre ces conditions uniformes pour tous les monastères dédiés ou non dédiés, d'empêcher qu'elles ne soient trop oppressives pour le paysan, et d'éliminer surtout ces clauses vagues introduites sous le prétexte d'arrangements de gré à gré, qui donnaient, jusqu'à ce jour, aux fermiers le moyen de se livrer à toutes sortes d'avanies et d'exactions, et aux paysans de justes motifs de plaintes continuelles.

Le Gouvernement a demandé aussi que les Saints Lieux envoyassent, — ainsi que par le passé, et comme ils sont en devoir de le faire, — des prieurs permanents, choisis parmi des

(1) Boléac, qui publie ce mémoire, lui donne comme date le 21 décembre 1844 ; la date vraie est 24 décembre 1844.

ecclésiastiques vénérables et chargés en réalité d'entretenir les monastères d'une manière convenable, mais nullement des fermiers avides qui se présentent aujourd'hui sous le nom simulé tantôt d'Exarques, tantôt de prieurs, pour dépouiller, — sans pudeur et sans scrupules, — les monastères ainsi que les paysans habitant sur les terres qui en dépendent, en faisant place, tous les deux ou trois ans, à de nouveaux fermiers non moins avides que les premiers. Souvent même il arrive que ceux-ci se font représenter par quelque sujet anglais ou de quelque autre nation, qui vient opposer à toute mesure salutaire du Gouvernement la protection étrangère derrière laquelle il se retranche.

Le Gouvernement n'a fait par ces mesures que remplir un devoir, en voulant offrir au paysan quelque garantie contre l'esprit de concussion, et remédier en même temps, autant qu'il dépend de lui, au scandale incessant produit par les actes fort peu édifiants de tous ces émissaires des Saints Lieux; mais il n'a rien préjugé, car il ne s'est nullement immiscé ni dans la perception des revenus, ni dans leur emploi, ni dans la gestion des couvents.

Nous ne sommes d'ailleurs nullement étonnés du langage des Saints Pères; c'est une tactique usée d'imiter ces honnêtes industriels qui crient les premiers au voleur, alors qu'ils ont à se reprocher quelques torts vis-à-vis du prochain. Non contents d'emporter depuis quinze ans tous les revenus de tous ces établissements pieux qui n'en ont aujourd'hui que le nom, les Saints Pères voudraient encore s'élever au-dessus de toute loi et de toute autorité.

Ils protestent contre les deux lois promulguées en Moldavie sur les forêts et sur l'affranchissement des Bohémiens, lois dont les nations les plus civilisées et les moins chrétiennes même se feraient honneur.

Ils accusent le gouvernement valaque d'arbitraire, parce que celui-ci a voulu empêcher que les villageois ne restassent plus exposés à toutes les avanies des fermiers, ainsi qu'ils l'ont été jusqu'ici. Les Saints Pères croiraient-ils, par hasard, que les paysans valaques sont leurs esclaves comme les Bohémiens, sur l'affranchissement desquels ils prennent à partie le Prince et l'Assemblée de Moldavie? Ils pourraient en être cruellement désabusés, si ces mêmes paysans venaient à quitter les terres conventuelles pour s'établir sur d'autres propriétés.

Les Saints Pères prétendent qu'il est évident que les monastères qui relèvent des Saints Lieux ne sauraient être rangés dans la catégorie des monastères indigènes. Mais d'où tirent-ils cette évidence? Que l'on consulte tous les antécédents, en remontant aux époques les plus reculées; que l'on examine tous les codes : on verra partout que les monastères dédiés et non dédiés ont toujours été classés dans la même catégorie, sans différence aucune, sauf quelques légers secours que les premiers envoyaient, de temps à autre aux Saints Lieux.

Du reste, ce qui se passe à l'égard de ces monastères est une anomalie qui ne s'est pas vue, même aux époques les plus malheureuses des Principautés. Alors, les Saints Pères savaient très bien que la loi valaque obligeait également tout ce qui se trouvait sur le sol valaque, et lui obéissaient sans réserve. Ils savaient aussi que, d'après les institutions du pays, le Gouvernement local était de tout temps le premier et le principal tuteur de tout établissement public et de bienfaisance, religieux ou non; aussi, loin de vouloir se soustraire à son action, ils s'y soumettaient, fort contents si on leur allouait une part minime sur des revenus qu'ils connaissaient parfaitement ne pas leur appartenir.

Ils n'ignoraient pas non plus que, dans les Principautés, il n'y a qu'une seule juridiction ecclésiastique entièrement indépendante de la leur, — celle des métropolitains, — et ils y recommandaient leurs délégués sans jamais en appeler.

Aujourd'hui, ils ne veulent plus reconnaître ni lois, ni gouvernement, ni hiérarchie ecclésiastique; ils bravent tout, et à chaque mesure que le Gouvernement local cherche à prendre soit dans l'intérêt des monastères, soit dans celui des paysans qui habitent sur leurs terres, ils se révoltent.

L'inconvénient de cet état de choses ne se fait que trop fortement sentir, et il ne peut que s'aggraver de jour en jour; mais comment y remédier? Le Gouvernement Impérial ne voudra pas, dans sa haute justice, prononcer l'aliénation d'une grande partie du territoire valaque, ni ériger un État dans l'État, en faisant céder aux prétentions des Saints Pères les privilèges que sa magnanimité a garantis aux Principautés. D'autre part, *ces prétentions sont si grandes, si exclusives, si inadmissibles en droit comme en pratique*, qu'il serait impossible de pouvoir jamais satisfaire ceux qui les élèvent, quelque condescendance et quelques ménagements qu'on veuille avoir pour eux.

On s'en réfère donc aux bases indiquées dans le mémoire adressé au Cabinet Impérial, sur sa demande, au mois d'avril dernier, et si les Saints Pères venaient encore à les rejeter, ce serait, peut-être, le cas de leur dire que, n'ayant pas voulu reconnaître tout ce qu'il y avait de bienveillant pour eux dans cette haute intercession du Cabinet Impérial, ils n'auraient qu'à démêler leurs affaires avec le Gouvernement local. Par ce seul moyen, on pourra arriver au résultat que l'on se propose inutilement depuis tant d'années.

Qu'il me soit permis de répéter ici que la question des monastères est devenue une question de vie pour les Principautés, et qu'une partie de leur avenir y est attachée. *J'ajouterai aussi que, dans mon âme et conscience, je considère la cause des Principautés comme éminemment juste, et que j'ai la ferme conviction que le Cabinet Impérial partagerait, sans réserve, cette opinion, si le temps pouvait jamais lui permettre de compulser les pièces du procès et d'approfondir toutes les parties de la question, ainsi que les circonstances m'ont permis de le faire, depuis treize ans qu'elle a été mise sur le tapis et que je m'en suis trouvé saisi dès le principe.*

Je ne cacherai pas un vœu secret de mon cœur, dans l'accomplissement duquel je vois un avantage immense pour mon pays et un moyen d'épargner, même au Gouvernement Impérial, des embarras dans l'avenir : ce serait de *parvenir à faire renoncer un jour les Saints Lieux à toute prétention moyennant une somme de quelques millions qui leur serait payée une fois pour toutes.* Mais, pour y parvenir, il faudrait qu'ils perdissent toute illusion sur la possibilité d'arriver à leurs fins.

Ce mémoire fait, mieux que tout autre, ressortir l'exaspération que causent au Prince les intrigues et l'attitude des Saints Lieux.

S. A. S. le Prince Bibesco à S. Exc. le comte de Nesselrode.

Le Prince affirme que si la question venait à être résolue conformément aux bases rédigées à Constantinople, sous l'influence des doléances outrées du clergé grec, il en résulterait infailliblement mille conflits et complications inextricables. Il met toute sa confiance dans la sollicitude du Cabinet Impérial en faveur des intérêts des Principautés, cède sur la question d'argent, mais sauvegarde la souveraineté de l'État.

Confidentielle. Bucarest, 13-25 juillet 1845.

Monsieur le Comte,

J'ai reçu communication de la dépêche adressée à M. Daschkoff relativement à ceux de nos monastères qui relèvent des Saints Lieux.

J'apprécie au plus haut degré le sentiment de délicatesse qui engage Votre Excellence à faire un dernier appel aux parties intéressées, à l'effet de leur faire vider leur différend à l'amiable. C'est une nouvelle preuve, je le reconnais, de cet esprit de haute justice et de bienveillance qui a toujours animé le Cabinet Impérial à notre égard. Je m'estimerais, par conséquent, heureux s'il pouvait dépendre de moi, ainsi que je le désire de toute mon âme, de remplir les vœux exprimés dans la dépêche de Votre Excellence, en parvenant à un arrangement. Malheureusement, il se présente de si grandes difficultés que, pour mon compte, je dois l'avouer, je désespère de pouvoir arriver, dans l'état actuel des choses, à un résultat satisfaisant. Et d'abord, à qui confier une mission aussi délicate? Envoyer des fondés de pouvoir? Ce serait réveiller l'attention de la Porte et exciter la jalousie de nos agents à Constantinople, qui, dès lors, feraient leur possible pour rendre toute tentative inutile, avec tout l'avantage que leur donne la connaissance du terrain. En charger ces derniers? Ils n'y chercheront que le moyen d'en tirer un plus grand profit personnel. C'est une nécessité inévitable de leurs mœurs et de leur position; mon intention n'est pas de leur en faire un blâme. Vient ensuite la difficulté bien autrement considérable, celle des bases sur lesquelles il faudra traiter. Si la question se trouvait encore dans ses limites primitives, question toute pécuniaire et n'ayant trait qu'à la répartition et à l'emploi des revenus, il y aurait peut-être eu moyen de s'entendre. Mais aujourd'hui, où nous nous trouvons si loin des points de départ, et que, par suite de nouvelles prétentions que nul n'aurait pu prévoir dans le principe, cette question est parvenue à toucher aux intérêts les plus vitaux, puisqu'elle ne tend à rien moins qu'à fonder en quelque sorte un gouvernement ecclésiastique indépendant du gouvernement civil, comment croire à la possibilité d'arriver par la simple force du raisonnement à faire revenir les Saints Pères à des sentiments plus équitables? Et comment empêcher aussi que les traits de la malveillance et le mécontentement de mes administrés ne viennent, quoi que je fasse, m'atteindre dans le présent et dans l'avenir, si je consentais à aborder la question sur le terrain sur lequel elle se trouve placée?

Je me suis fait une loi, Monsieur le Comte, dès le moment où j'ai pris les rênes du gouvernement, de ne jamais cacher au Cabinet Impérial le fond de ma pensée. Je ne puis donc m'empêcher de déclarer en cette occasion à Votre Excellence que jamais question ne fut de nature à produire parmi nous une impression plus généralement pénible, si elle venait à être résolue conformément aux bases qui m'ont été communiquées par M. Daschkoff. Ces bases, rédigées à Constantinople sous l'influence des doléances outrées du clergé grec, touchent en effet aux droits des familles qui eurent pour chefs les fondateurs de ces pieux établissements, aux prérogatives du clergé valaque, aux attributions du Gouvernement, aux rapports des villageois avec les différentes autorités locales, et elles blesseraient toutes les classes en altérant les dispositions des fondateurs, en élevant à côté du clergé indigène un clergé étranger, indépendant et tracassier, en instituant de nouveaux pouvoirs, en scindant le sol et les paysans valaques en deux parties, l'une relevant du Gouvernement légitime, l'autre de la nouvelle autorité cléricale qui cherche à s'élever à ses côtés, état de choses qui amènerait infailliblement mille conflits et mille complications inextricables.

Le Gouvernement russe, en accordant sa salutaire protection aux deux Principautés et en les comblant de ses bienfaits, a eu, jusqu'à ce jour, pour principe invariable d'éviter, avec un soin scrupuleux, tout ce qui aurait pu faire naître des inquiétudes sur le maintien de quelques-uns de leurs privilèges, soin qu'elles surent apprécier avec la plus vive reconnaissance.

L'amour que j'ai pour mon pays, et qui n'est pas séparé des sentiments de gratitude et de dévouement que je porte à la Cour Impériale de Russie, fait que l'objet constant de mes efforts est de raffermir, autant qu'il dépend de moi, le lien qui l'y attache.

(La fin de cette lettre, que nous ne possédons pas en français, nous la retraduisons en cette langue, d'après la traduction roumaine de Boléac.)

Voilà, Monsieur le Comte, le seul motif qui m'a déterminé à

revenir sur cette question, si longuement débattue, et à vous en exposer, aujourd'hui encore, le véritable état; toutefois, dans mon vif désir d'épargner, en tout ce qui dépend de moi, des difficultés au Cabinet Impérial et de me conformer à ses volontés, je ne fais nullement opposition à ce que, — par suite d'une nouvelle condescendance du Cabinet Impérial envers le clergé grec, — on accepte ce terme de 1852 que demande ce clergé, avant de procéder à l'affermage par licitation publique, comme aussi à ce qu'il ne paye, dans cet intervalle de temps, — qui commence en 1842, — que la modeste somme qu'il a proposée. Mais ce point ne saurait avoir qu'un caractère tout à fait provisoire (1) et ne pouvant en rien faire préjuger de l'avenir. Ce sont là les seuls points sur lesquels, comme chef du gouvernement de mon pays, il m'est permis de transiger. Pour tout autre, je ne puis faire autrement que me soumettre avec respect aux ordres supérieurs qu'il plaira au Cabinet Impérial de me donner. J'imagine, cependant, que ces deux concessions, qui représentent un avantage considérable pour le clergé grec, suffiront à le contenter et que, dans cet intervalle de sept années, le temps et les circonstances amèneront quelques facilités que l'on ne saurait prévoir aujourd'hui.

Je ne doute pas, Monsieur le Comte, que Votre Excellence n'apprécie les sentiments qui m'ont engagé à vous adresser cette lettre, et je vous prie d'agréer, etc...

(Boléac, p. 151.)

(1) Forcé dans ses derniers retranchements, Son Altesse cède encore sur la question d'argent, mais pour sauvegarder plus sûrement la souveraineté de l'État.

S. Exc. le Général comte Kisseleff à S. A. S. le Prince Bibesco.

Le comte a remis le mémorandum du Prince ; il lui donne l'assurance qu'en toute occasion il ne trouvera, à Saint-Pétersbourg, pour son pays comme pour lui-même, que de cordiales dispositions.

Saint-Pétersbourg, 25 novembre 1845.

Mon Prince,

C'est pendant une tournée d'inspection que vos deux lettres de Constantinople me sont parvenues, et ce n'est qu'à mon retour ici qu'il m'a été possible de les lire au comte Nesselrode et de lui en donner même un extrait en forme de note pour ses bureaux.

L'affaire des monastères m'a toujours paru très difficile à résoudre selon le *droit*, d'une part, et la *prescription,* d'une autre. Je n'entrerai pas, en ce moment, dans l'examen de la question ; mais je puis vous affirmer que les intérêts des Principautés ne seront pas perdus de vue par le ministère, et qu'il fera ce qu'il sera possible de faire, sans pourtant léser les droits acquis par les Saints Lieux.

Quant à moi, ma tâche est remplie par la communication officieuse de votre opinion à l'égard de la Valachie ; il faudra attendre et voir ce qui en résultera plus tard. D'après ce qui a déjà été fait à votre égard, vous pouvez être bien persuadé que la bonne volonté ne nous manquera pas ici, et qu'en toute occasion vous n'y trouverez, pour vous et pour le pays, que de bonnes et cordiales dispositions.

J'ai communiqué d'office au Vice-Chancelier les réponses du Ministre de la guerre, et je joins ici une note traduite sur le fond de cette communication qui vous est déjà probablement connue, et à laquelle je n'ai rien à ajouter, si ce n'est que vous pouvez en faire ce qui vous conviendra le mieux, sans la croire obligatoire en tout ou en partie.

Ce que vous me dites, mon Prince, de votre séjour à Constantinople et de nos amis les Turcs prouve que, sous ce rapport du moins, ils sont conservateurs, et que les réformes de Mahmoud n'ont rien changé à leurs vieilles habitudes. Au surplus, la chose étant faite, je désire que la Valachie n'ait de longtemps à subir, dans la personne de son Prince, la même épreuve.

Je vous écris avec peine, car je souffre des reins, et, à ce titre, veuillez excuser la difficulté que vous aurez peut-être de déchiffrer mon écriture.

Là-dessus, je vous souhaite, comme toujours, une bonne santé pour supporter les fatigues et parfois les contrariétés de votre haute et belle position. Conservez-moi votre amitié et comptez, je vous prie, sur l'inaltérabilité des sentiments de votre tout dévoué.

---

*Instructions de S. A. S. le Prince Bibesco
à Aristarchi-Bey* (1).

Le Prince explique que, à l'occasion de nouveaux fermages à faire, son premier soin a été de chercher à remédier aux abus écrasants que les fermiers exerçaient sur les paysans; qu'il a dû renvoyer des hégoumènes qui avaient refusé, — sur le ton le plus injurieux, — de se soumettre aux dispositions prises dans ce but. Son Altesse attend la décision de la Cour de Saint-Pétersbourg; elle ne peut pas admettre que les Saints

(1) Aristarchi reçut, pendant le règne du Prince Bibesco, avec la fonction de kapoukiaia de la Principauté de Valachie, celle de logothète des églises grecques; c'est-à-dire qu'il était chargé de traiter les questions ecclésiastiques avec l'ambassade de Russie à Constantinople. — Voir BOLÉAC, p. 121.

Lieux aient la prétention de former un corps à part, indépendant de l'administration du pays.

On prie le Prince de « maintenir le *statu quo* ». Le Prince se demande ce qu'on entend par là. A ce sujet il passe en revue l'état de la question à différentes époques ; et, en considérant la situation exceptionnelle faite dans les derniers temps aux Saints Lieux, il souhaite qu'ils arrivent cependant à comprendre que, — dans cette question, même examinée à Saint-Pétersbourg, — leurs délégués ne peuvent pas se soustraire à la soumission qu'ils doivent au gouvernement du pays. Son Altesse espère que la Cour impériale ne restera pas sourde aux plaintes des nombreuses familles — plus de *soixante mille familles* — *qui peinent pour que le fruit de leur travail enrichisse l'étranger.*

1845.

L'épitropie a été établie sous le règne du Prince Ghyka, de son consentement, avec son adhésion ; les Saints Pères, en effet, ont pu fort bien faire semblant d'ignorer que rien ne pouvait et n'avait jamais pu être fait, — au sujet des monastères, — sans l'ordre et l'approbation du gouvernement du pays. C'est pourtant un fait dûment constaté. Ainsi donc, cette épitropie, acceptée par mon prédécesseur pour des motifs qu'il m'est pénible d'expliquer ici, s'était dissoute d'elle-même bien avant mon avènement. Composée, en principe, de plusieurs membres, elle vit bientôt la discorde régner dans son sein ; et, chacun tirant à soi la couverture, il ne resta plus, en définitive, qu'un simple diacre du mont Athos qui se donna les titres d'épitrope et de supérieur, et recevait de son chef l'ordre de prendre les dispositions qui lui conviendraient le mieux, témoignant la plus complète indifférence pour le Gouvernement et la plus grande incurie pour les intérêts des monastères dont il se disait chargé. Son seul souci était de ramasser le plus d'argent possible en laissant tout tomber en ruine. Pendant deux années, je fis semblant de ne rien voir et je me serais peut-être tu plus longtemps, si je n'avais été mis en demeure d'agir, à la suite d'un acte d'insubordination et de révolte sans exemple, qui aurait eu les plus funestes conséquences, si je l'avais toléré.

L'époque de faire de nouveaux affermages étant arrivée, mon premier soin a été de chercher à remédier aux abus écrasants que les fermiers exerçaient sur les paysans, en vertu de quelques points insuffisamment expliqués par le règlement organique sur les droits et les devoirs réciproques du propriétaire et du corvéable. On avait présenté à notre confirmation un projet contenant certaines conditions de fermage, — projet basé sur le règlement lui-même, — expliquant les cas non prévus ou exposés trop peu clairement dans la loi générale, et qui contenait aussi quelques adoucissements en faveur du paysan. Nous avons adopté ce projet, pour qu'il servît de base aux contrats de fermage qui seront à passer par tous les monastères, sans distinction, et par tous les autres établissements publics. L'homme du mont Athos et les deux autres prêtres, que j'ai dû envoyer chez eux (1), conformément à la demande du Métropolitain, avaient repoussé ces conditions sur le ton le plus injurieux. Le Gouvernement se vit donc obligé, pour faire respecter son autorité, d'employer une rigueur tout à fait contraire à son caractère et à ses dispositions. Les Saints Pères se plaignaient que nous avions voulu les assimiler aux monastères indigènes. Quant à ce qui regarde l'obéissance aux ordres légitimes du Gouvernement et à son droit d'inspection et de surveillance sur tous les monastères, cette assimilation se trouve ordonnée par les lois du pays, par les privilèges, par les chrysobulles des Princes, par tous les antécédents, par l'ordre naturel des choses, et on ne saurait la mettre en doute ni la contester. Quant à l'uniformité demandée pour les contrats de fermage, les Saints Pères devraient nous être reconnaissants, car, en vertu de cette assimilation, le Gouvernement leur accorde la même protection et les convie, —

---

(1) On verra dans l'ordre adressé par le Prince, le 23 janvier 1845, au département des affaires ecclésiastiques, qu'il déclare nulle et non avenue l'existence de cette tutelle illégale et sans précédents.
La pièce relative à cet ordre fait partie du tome II.

comme c'est justice, nous le reconnaissons, — à jouir des mêmes avantages accordés par le règlement aux monastères, dont une partie des revenus est donnée au profit des établissements de bienfaisance.

On demande au Prince Bibesco d'observer le *statu quo* jusqu'à la décision du Cabinet Impérial. Le Prince n'a voulu rien préjuger. Il attend et attendra la solution de la question, confiant dans la haute justice de la Cour Impériale. Il ne s'est mêlé, — l'observation en a été faite, — ni dans la perception, ni dans l'emploi des revenus, pas même dans l'administration des hégoumènes. Il en avait pourtant le droit, et même le devoir. Ce que, dans ces circonstances, nous attendons de la Cour de Saint-Pétersbourg, c'est de savoir si les monastères des Saints Lieux se soumettront aux règles qui sont adoptées pour les monastères indigènes, en échange des avantages que leur offre le règlement organique, et quelle est la somme qu'ils donneront pour les établissements de bienfaisance du pays. Voilà tout, à mon avis du moins; telle est la question, et telle elle a été formulée dès le principe. Et personne n'a pensé que ces monastères émettront la prétention de former un corps à part, indépendant de l'administration du pays. Si ce malheur devait arriver, ce serait le plus grand de tous, et la légation se préparerait les plus grandes difficultés si, sur cette question, elle ne dissipait pas quelque peu les illusions dont malheureusement se bercent trop les Saints Pères.

On me dit de maintenir le *statu quo* et de ne pas me faire soupçonner de vouloir soumettre les monastères étrangers à une dépendance absolue, dont ils se trouvent, par le fait, complètement affranchis.

Je ne sais quel peut être ce *statu quo*.

Le considère-t-on comme déterminé par un état de choses basé sur les lois, sur des coutumes, des antécédents qui n'auraient pas encore subi de modifications légales? Mais alors leur dépendance est absolue en droit comme en fait. La seule plainte que les Saints Lieux auraient pu élever, eût été au sujet du surplus du revenu, si l'on en avait interdit l'envoi; et il me semble que sous ce rapport ils n'ont jamais eu la moindre raison de se plaindre; la bonne raison est qu'ils ont tout pris. Peut-on laisser de côté la question légale et voir ce qui s'est passé à différentes époques? Remonterons-nous à l'époque de Moruzi, d'Ypsilanti ou de Caragea? Non; car, alors, le Prince prenait telles dispositions qu'il trouvait bonnes, et ces dispositions formaient le code écrit des monastères. Choisirons-nous pour base les actes de Grégoire Ghyka? Mais, durant son règne, les Saints Lieux n'ont reçu nulle aide d'aucune sorte. Et leurs hégoumènes étaient même chassés en vertu d'un firman; ils ne furent réintégrés que six mois avant que la guerre éclatât (1). Sous l'administration provisoire, malgré tous les ménagements qu'on eut pour les Saints Lieux, personne pourtant n'abandonna les vieilles traditions, en ce qui avait trait à l'autorité du gouvernement du pays et à l'exercice de cette autorité. Sous le Prince Alexandre Ghyka, ces monastères furent l'objet des plus scandaleuses spéculations, et les hégoumènes furent entièrement à la discrétion des gouvernants qui n'admettaient que ceux qui entraient complètement dans leurs vues intéressées.

Le Prince Bibesco avait droit d'espérer que les Saints Pères sauraient apprécier, mieux qu'ils ne l'ont fait, combien sa conduite était désintéressée et conforme à la dignité de l'Église.

Il est à désirer, je le répète, que les Saints Lieux finissent par comprendre que dans cette question, — même examinée à Saint-Pétersbourg, — ils ne sauraient se soustraire nullement à la soumission que leurs délégués doivent avoir envers le gouvernement. Fasse Dieu qu'ils puissent de même comprendre que ces grands revenus, qui ont excité à ce point leur avidité, sont le

(1) Malgré la protestation énergique des boyards. (Voir notre *Mémoire sur la question des Saints Lieux*, p. 59 et suiv.)

produit du travail de soixante mille familles roumaines qui ont, elles aussi, leurs droits établis par les fondateurs de ces monastères, droits qui sont de beaucoup plus incontestables que ceux même des Saints Lieux. Or, ces droits consisteraient, pour chaque famille, à ne payer, pour toute redevance, que trente paras par an, comme payaient les corvéables au moment où les terres qu'ils habitent ont été données à ces monastères, afin que ces paysans fussent, selon la parole des fondateurs, à l'abri du pillage, et pour que ces contributions offertes aux églises, pour leurs cierges et leur huile, fussent profitables au salut de leur âme. Nous sommes pleinement convaincus que la Cour Impériale ne restera pas sourde aux plaintes de ces nombreuses familles qui peinent pour que le fruit de leur travail enrichisse l'étranger (1).

(1) BOLÉAC, p. 127, ne peut s'empêcher de s'écrier : « Bénissons cette inspiration du Prince Bibesco et prenons acte des dernières lignes de ce mémoire. »

LES COUVENTS DÉDIÉS

L'HISTOIRE D'APRÈS BOLÉAC ET BILLECOQ.

Nous avons cité plusieurs fois le nom de César Boléac, dont le travail intitulé : « *Les monastères roumains* », publié en 1862, est incontestablement très intéressant, malgré ses violences de langage, ses erreurs, ses fluctuations de jugements et même ses injustices. — Nous aurait-il aidé seulement à compléter nos documents par ceux qu'il a découverts, — telles les instructions à à Aristarchi, le mémorandum qu'il suppose être de la même année, — que nous lui serions encore reconnaissants pour cette aubaine.

D'ailleurs, les appréciations de César Boléac ne pouvaient être ni exactes ni complètes, parce qu'il lui a manqué de nombreux éléments d'étude, de comparaison et cette liberté de jugement qui donne l'impartialité.

« *Le Prince Bibesco a attaqué* », dit Boléac, « *dès le lendemain de son élection, l'autorité de l'administration grecque qui, sous le Prince Ghyka, était devenue un État dans l'État; mais, comment, étant le premier Prince élu par la nation,... rendu indépendant par sa fortune personnelle et par la nature de son élévation au pouvoir, ayant l'instruction et le talent qu'on lui reconnaissait, et alors qu'il pouvait se faire écouter de l'Europe sur une question aussi juste, aussi vitale pour sa patrie, comment n'a-t-il pas pu faire plus qu'il n'a fait?* »

L'indépendance de fortune, pas plus que le talent, ne pouvait donner au Prince de Valachie, à l'époque dont nous parlons, l'indépendance politique ; quant à l'Europe, elle n'aurait eu garde de se créer l'embarras de cette question; Boléac le sait bien. Ce qu'il ne sait pas, c'est que le mémoire du 20 mai 1843, dans lequel figure la proposition du partage des revenus en quatre parts, dont une seule devait revenir aux Saints Lieux, est du Prince Bibesco; il ignore également l'existence du mémoire de Saint-Pétersbourg, qui est loin de répondre aux vœux énoncés par le gouvernement roumain. Aussi ne voit-il pas comment la lutte s'engage, et, naturellement, il la suit, il la juge mal.

Quand, dans sa lettre du 20 septembre, le Prince combat le mémoire de Saint-Pétersbourg et « *prie la Cour protectrice de ne pas admettre les prétentions des Saints Lieux, ce qui serait créer un État dans l'État* », Boléac dit que « *le Prince s'humilie ; qu'il oublie qu'il est l'élu de la nation, qu'il trahit..... ». Rencontre-t-il des phrases hardies, fières, qui marquent la majeure partie des mémoires ou lettres du Prince, Boléac prétend « *qu'il n'y a là que l'apparence d'un bouillant patriotisme* ».

L'auteur des *Monastères roumains* n'a pas approfondi la question ; s'il eût pu suivre pas à pas cette bataille sur la question des couvents dédiés, il aurait vu comment le Prince, forcé de renoncer au partage des revenus en quatre parties (1) par suite de l'intervention de la Russie, et du mémoire de Saint-Pétersbourg (2), change de terrain, combat la nomination des « Exarques et des régisseurs (3) grecs », insiste sur les affermages par licitations publiques, et détourne le coup porté par les communautés grecques qui réclament la présence aux enchères du consul russe, à l'exclusion des autorités roumaines, au moyen d'une contre-proposition ayant pour but de faire nommer une

---

(1) Voir Mémorandum du 20 mai 1843, p. 66.
(2) Voir p. 76.
(3) Voir Mémoire de Constantinople, p. 84.

commission des enchères composée du consul de Russie, de quatre délégués, et du *ministre des cultes de la Principauté*. Cet acte ne tend pas, comme le dit Boléac, « *à donner sous une forme légale la cinquième partie du pays aux Russes* », — tout proteste contre cette accusation puérile, — mais bien à assurer à ces affermages une surveillance, une garantie. En effet, la présence du ministre roumain dans la commission sauvegardait les droits de l'État.

S'il avait étudié les choses de plus près, Boléac aurait constaté que, réduit de nouveau à battre en retraite devant le « *scandaleux courtage* (1) » des Saints Lieux, le Prince concentre sa résistance autour de deux positions capitales : celle qui livrerait la « *situation du paysan* », celle avec laquelle périrait la « *souveraineté de l'État* », et il aurait compris toute la portée de ce passage de la lettre du Prince à Nesselrode, où éclate sa douleur d'avoir été contraint à tant de concessions, et où s'affirme sa résolution de ne pas aller au delà; « ce sont là les seuls points sur lesquels, comme chef du Gouvernement de mon pays, il m'est permis de transiger (2) ».

Onze ans plus tard, le Boléac de 1873, — qui dépouillera tout parti pris, abdiquera ses erreurs, et se découvrira devant la tombe du Prince Bibesco pour proclamer « *les grands actes de ce Prince qui a mis son patriotisme au-dessus de tout* », — aurait ainsi résumé la question des Saints Lieux sous le règne de Bibesco (3).

« Les Saints Lieux ont prétendu à la bourse et à la vie des Principautés : — La bourse? Soit, a répondu le Prince, puisque je ne puis pas vous empêcher de la prendre; mais je défends ma vie, *c'est la souveraineté de l'État.* » Et, la part du feu faite, il resta intraitable sur cette question de souveraineté.

---

(1) Mémoire du 20 septembre 1843.
(2) Lettre du Prince Bibesco au comte de Nesselrode 13-25 juillet 1845.
(3) Voir la *Trompette des Carpathes*, BOLÉAC, 1873.

Voilà quelle fut la tactique du Prince, quel fut le secret de ses concessions successives autant que douloureuses, dont Boléac, en 1873, ne s'était pas encore rendu compte.

Cependant, cette exclamation que lui arrache la lecture des instructions à Aristarchi : « *Bénissons ce moment d'inspiration de Bibesco et prenons acte des dernières lignes de ce mémoire* (1) », est comme le prélude à cette transformation qui, de 1862 à 1873, va s'accomplir dans le pamphlétaire pour faire de lui un historien.

M. BILLECOQ « *écoute* », — malgré l'avertissement de M. Guizot, — dans sa lettre à M. le consul général, datée de Paris, le 16 janvier 1843, « *une disposition trop prononcée, peut-être, à se persuader ce qui convient à la nuance de ses propres idées, ou de ses sentiments personnels* » (2).

« Le Prince », écrit M. l'agent, « recueille le fruit bien amer d'imprudents engagements pris (?), comme de bien légères promesses, pour ne pas les caractériser plus gravement. L'esprit du clergé grec et l'opinion publique dans les Principautés viendront, il faut l'espérer, à son aide ; mais, encore une fois, sa situation est grave, et personne ne l'apprécie aujourd'hui mieux que lui-même. »

Des sous-entendus, des insinuations, et c'est tout, sur une des plus importantes questions du règne du Prince.

M. TOCILESCO passe cette question sous silence.

(1) *Les monastères roumains,* par César BOLÉAC, p. 127, 1862.
(2) Lettre de M. Guizot à M. Billecoq. Paris, 28 novembre 1843.

LES COUVENTS DÉDIÉS

D'APRÈS LES ÉCRITS ANONYMES

M. ÉLIAS REGNAULT (d'après la brochure anonyme : *Dernière occupation*, etc.) :

« Mais, à Constantinople, l'ambassade russe en décida autrement ; les deux Cours protectrices ordonnèrent que, pendant dix ans, les moines grecs ne payeraient aucune contribution à l'État dont ils détenaient les biens.

« A l'expiration de ce terme, c'est-à-dire en 1843, la Russie, profitant du moment où l'on allait avoir besoin d'elle pour une nouvelle décision, voulut se ménager des avantages personnels dans une discussion dont elle se fit arbitre. Elle proposa donc de transformer les cultivateurs habitant les terres des couvents, et les moines grecs eux-mêmes, en sujets russes dépendant des consulats de Bucarest et de Jassy. C'était faire relever de la juridiction consulaire russe le cinquième du territoire des Principautés.

« Les moines, justement effrayés de cet offre de naturalisation (?), repoussèrent ce dangereux honneur. Dès lors le Czar, retirant sa main protectrice, les livra aux hostilités des Roumains, *bien assuré qu'ils seraient obligés de revenir à lui.*

« Bibesco, en effet, profita de l'isolement des moines grecs pour les soumettre à des contributions de toute nature. Non seulement il frappa les monastères d'emprunts forcés, mais encore il les contraignit de lui faire des dons considérables chaque fois qu'il s'agissait de la reconnaissance de leurs abbés, de la confirmation de leurs fermages et de la signature des sentences judiciaires.....

« Les exigences devenant de jour en jour plus oppressives, les *moines, en 1847,* furent obligés, ainsi que cela se prévoyait, de recourir de nouveau à la protection moscovite (1). »

M. UBICINI (d'après la brochure anonyme : *Dernière occupation,* etc.) :

« Mais à Constantinople la mission de la Russie en décida autrement, etc... (comme dans le livre de M. Élias Regnault). A l'expiration de ce terme, c'est-à-dire en 1844, la Russie..... émit des propositions qui ne tendaient à rien moins qu'à transformer les moines et les cultivateurs établis sur leurs domaines en sujets immédiats du Czar orthodoxe. Arrivée à ce point, la protection se *heurta contre les Roumains,* et contre les moines eux-mêmes, qui rejetèrent l'arrangement proposé. Quatre ans plus tard (1847), *les exactions de Bibesco,* encouragées sous main par le Cabinet de Saint-Pétersbourg, contraignirent les hégoumènes à implorer de nouveau l'assistance de la Russie..... (2) »

Un coup d'œil sur la brochure (3) anonyme où MM. Élias Regnault et Ubicini ont puisé leurs inspirations suffira à démon-

---

(1) *Histoire des Principautés danubiennes,* p. 327 et 328.
(2) (*Valachie-Moldavie,* p. 78.)
(3) *Dernière occupation,* etc. (brochure anonyme portant le nom d'emprunt *Chaïnoi*), p. 94 et 95. — « Mais à Constantinople la mission de Russie en décida autrement, et les deux Cours, sans consulter les pays et leurs droits, décidèrent que les moines grecs continueraient pendant dix ans à disposer des revenus des couvents sans payer aucune contribution. A l'expiration de ce terme, c'est-à-dire en 1843, la Russie émit des propositions qui devaient avoir pour résultat, comme le synode proposé par le Prince Menschikoff, de transformer les cultivateurs habitant les terres des couvents, les moines grecs compris, en sujets dépendant des consulats russes de Bucarest et de Jassy. Alors comme en 1853, au sujet des immunités du patriarcat, les moines grecs se trouvèrent embar-

trer que le récit de ces messieurs ne leur a pas coûté grands frais d'imagination. Ils n'ont eu que la peine de copier. Les actes du Prince, la lutte soutenue par lui au nom des droits du pays, n'existent pas ; ses actes de répression contre les hégoumènes se transforment en spéculations inavouables ; le Prince est un tyran, et les hégoumènes des martyrs ! Voilà de l'histoire !

rassés de la protection et refusèrent l'arrangement proposé. Aussi la Russie, pour les pousser et les obliger plus tard à recourir à elle, excita contre eux la vénalité du Prince Bibesco et de sa famille, dont les exigences devinrent tous les jours plus fortes, et réussit à forcer les moines, en 1847, à recourir de nouveau à la protection de la mission russe. »

QUESTION COMMERCIALE

LES DOUANES ROUMAINES

QUESTION COMMERCIALE

LES DOUANES ROUMAINES

EXPOSÉ

Le traité d'Andrinople (1829), en rendant aux Principautés danubiennes, avec leurs anciens privilèges, la liberté de commerce, avait créé à celles-ci une place *distincte* parmi les provinces de l'Empire turc.

Depuis cette époque, leurs douanes avaient perçu les droits de 3 pour 100 pour toute marchandise, pour tout produit du sol valaque acheté dans le pays, comme aussi pour toute marchandise étrangère importée. Du moment que les marchandises ou les produits avaient acquitté leurs droits, ils pouvaient sortir de Valachie et traverser *librement* le territoire turc. Ils n'étaient frappés d'un nouveau droit de 3 pour 100 que s'ils y séjournaient pour y être de nouveau vendus.

Cette législation très claire, très simple, était conforme, en ce qui concernait les Principautés danubiennes, à l'article 19 du traité de commerce signé, en 1783, entre la Porte et la Russie. Cependant, la Turquie vint à conclure avec la France et l'Angleterre de nouveaux traités de commerce qui servirent de base à ceux qu'elle contracta successivement avec les autres puissances (1844). — Ces traités reconnaissaient aux douanes ottomanes le droit de prélever sur tout produit du sol ou de l'industrie de la Turquie, — produit acheté pour l'exportation et arrivant à un port d'embarquement désigné, — les droits de 9 pour 100 de leur valeur, *en remplacement des anciens droits de commerce intérieur, supprimés par la convention nouvelle,* plus le droit d'embarquement (de sortie) de 3 pour 100. L'ensemble de ces taxes montait donc à 12 pour 100.

En ce qui concernait les produits étrangers, ceux-ci étaient soumis, à leur entrée sur le territoire de l'Empire ottoman, à un droit de 3 pour 100 — calculé sur la valeur des articles — augmenté d'un droit d'embarquement (de sortie) de 2 pour 100. Une fois ces taxes acquittées, la marchandise pouvait, — sans être soumise à un nouveau droit, — être revendue sur n'importe quel point de l'Empire ottoman.

Or, ces traités, en dehors desquels on avait tenu la Valachie et la Moldavie, portaient la plus sérieuse atteinte aux anciennes stipulations qui les concernaient; ils étaient en contradiction formelle avec le règlement organique sanctionné, pourtant, par la Porte et la Russie, et dans lequel *les revenus des douanes roumaines figuraient dans toute leur intégrité;* ils laissaient les Principautés sous le régime aggravé de l'ancien droit du 3 pour 100.

En effet, des dispositions relatées dans le « firman paru vers la fin de la lune (mois) Temagiul de l'an 1256 », et qui notifiait les nouveaux traités, il résultait, d'une part, que les produits roumains vendus seraient, — *comme ceux d'une province turque quelconque,* — transportés dans un des trois ports choisis comme lieux d'embarquement, — Constantinople, Smyrne, Salonique, — et y payeraient, *en arrivant,* un droit de 9 pour 100, plus un droit de 3 pour 100 après leur embarquement; que ces produits, en arrivant à Constantinople, devraient être accompagnés d'un certificat délivré par la douane du lieu d'origine, et que le droit établi serait perçu par les douaniers de la capitale; — que, d'autre part, les produits ayant payé, à l'une des trois échelles, les droits de 3 pour 100, pourraient être importés en Valachie et y être vendus en acquittant un droit additionnel de 2 pour 100, *à moins toutefois que ce droit n'eût été déjà acquitté à l'échelle d'où la marchandise aurait été expédiée.*

En d'autres termes, non seulement la douane valaque se trouvait frustrée du droit de 3 pour 100 que toute marchandise importée en Valachie ou exportée par cette province payait, conformément au traité de 1783, mais son droit additionnel de 2 pour 100, que la Porte lui reconnaissait, devenait illusoire, du moment qu'elle le faisait dépendre de cette condition que la marchandise rentrant de Turquie en Roumanie n'eût pas acquitté les 2 pour 100 à l'une des échelles turques désignées.

De pareilles mesures équivalaient à la suppression des anciens droits et privilèges douaniers de la Valachie et de la Moldavie; elles réduisaient leurs douanes à l'état de simples bureaux chargés de délivrer des certificats d'origine; elles exposaient fatalement ces pays à des contradictions qui ne pouvaient manquer de surgir entre leurs institutions et les droits réclamés par les étrangers; elles constituaient une menace perpétuelle de conflits entre les autorités roumaines et les agents consulaires étrangers; elles préparaient une brèche certaine aux revenus des Provinces danubiennes et un arrêt dans le développement de leur prospérité.

Le Prince Bibesco intéressa la Russie à la juste cause de la Valachie; il rappela que *la Principauté occupait, dans le droit public de l'Europe, une place distincte des autres provinces de l'Empire ottoman,* et qu'elle avait toujours joui d'une administration financière indépendante; qu'elle avait le droit de réclamer qu'il fût fait, comme par le passé, une distinction entre elle et les autres provinces turques (1); et il plaida si bien en faveur du respect dû aux privilèges reconnus à son pays, dans cette question

---

(1) Observations du Prince Bibesco, relatives à la question commerciale, soumises au Cabinet de Saint-Pétersbourg. — Voir p. 151.

vitale, qu'il finit par obtenir de la Sublime Porte un firman aux termes duquel : 1° les marchandises importées en Valachie étaient frappées d'un droit de 5 pour 100 ; 2° les produits roumains, — le sel excepté, qui était affranchi des droits de douane, — payeraient une taxe de 5 pour 100 ; 3° les marchandises traversant la Turquie à destination des marchés européens seraient exemptes de toute taxe.

En résumé, ce droit de 5 pour 100 reconnu à tout le commerce d'importation et d'exportation de la Valachie, le Prince Bibesco l'obtint non seulement de la Porte, qui assimila la Principauté aux États les plus favorisés, mais encore de la Russie et de l'Autriche même, auprès de laquelle il rencontra de très sérieuses résistances.

« Le modeste pavillon valaque se trouva protégé dans les mers de l'Empire ottoman à l'égal des autres pavillons (1). »

(1) Voir le discours d'ouverture prononcé par le Prince de Valachie devant l'Assemblée de 1846, tome II.

AU CABINET DE SAINT-PÉTERSBOURG

Observations du Prince Bibesco sur les préjudices que les nouveaux traités de commerce occasionnent à la Valachie.

L'article 19 du traité de commerce de l'année 1783, entre l'Empire de Russie et la Sublime Porte, établit les droits de douane à prélever dans toute l'étendue de l'Empire ottoman, ainsi qu'il suit :

« Pour les marchandises que les marchands russes importent des États de Russie ou de ceux des autres Puissances dans les provinces de Valachie et de Moldavie et autres pays de la Sublime Porte, il ne sera payé que la douane de 3 pour 100, et une seule fois, dans l'endroit où les susdits marchands vendront lesdites marchandises, comme pareillement pour les marchandises qu'ils exporteront, conformément au présent traité, des susdites deux provinces et autres pays de la Sublime Porte dans les États de Russie ou dans ceux des autres Puissances, ils ne payeront aussi la douane de 3 pour 100 qu'une seule fois, dans l'endroit où ils auront acheté lesdites marchandises. »

Ce mode, qui était en général suivi par toutes les nations, était le seul qui convînt, comme conciliant les droits de l'Empire ottoman avec les immunités dont ces deux provinces ont constamment joui de temps immémorial, car de cette manière l'acheteur des produits valaques, quel qu'il fût, payait en Valachie, où il achetait sa marchandise, le droit de 3 pour 100 et avait la faculté de traverser l'Empire ottoman, sans en excepter Constantinople, et d'exporter hors de l'Empire sans payer aucun autre droit, excepté lorsqu'il voulait vendre les produits valaques dans les autres parties de l'Empire ottoman ; alors seulement il payait un droit de 3 pour 100 à titre d'importation. Ce même mode était observé pour toutes les marchandises achetées dans les autres provinces turques, qui ne payaient aucun droit de douane en Valachie lorsqu'elles traversaient cette province par transit, mais qui payaient le droit de 3 pour 100 lorsqu'elles étaient déballées et vendues dans l'intérieur de la province. Pareillement, comme la marchandise importée de l'étranger ne payait le droit de douane que là où elle était vendue, cette marchandise pouvait être introduite par tel port que l'on voulait, et même par la capitale, sans payer de droit ni là ni dans aucun autre lieu, si elle était destinée pour la Valachie ; mais elle acquittait le droit là où elle était vendue.

De cette manière, on prévenait toute complication, et par conséquent toute discussion entre les différents bureaux de douane, de même que toute perte envers la vestiarie de Valachie, qui percevait régulièrement son droit de douane, tant pour les produits qui étaient achetés dans le pays et exportés que pour ceux qui étaient importés de l'étranger et vendus dans l'intérieur.

Mais les nouveaux traités de commerce, conclus avec le plus grand nombre des Puissances européennes, établissent la perception des droits de douane ainsi qu'il suit :

Article 4 du traité avec la France, calqué sur celui conclu avec l'Angleterre, et dont toutes les autres nations ont adopté les bases :

« Tout produit du sol et de l'industrie de la Turquie achet pour l'exportation sera transporté, libre de toute espèce de charge et de droit, en un lieu convenable pour l'embarquement, par les négociants français ou leurs ayants cause ; arrivé là, il payera à son entrée un droit fixé à 9 pour 100 de sa valeur, en remplacement des anciens droits de commerce intérieur supprimés par la présente convention ; à sa sortie, il payera le droit de 3 pour 100 anciennement établi, et qui demeure subsistant. »

Article 5 du même traité :

« Tout article, produit du sol ou de l'industrie de la France et de ses dépendances, et toute marchandise, de quelque espèce qu'elle soit, embarquée sur des bâtiments français et étant la propriété de sujets français, ou apportée par terre ou par mer d'autres pays par des sujets français, seront admis comme antérieurement dans toutes les parties de l'Empire ottoman sans aucune exception, moyennant un droit de 3 pour 100 calculé sur la valeur des articles.

« En remplacement de tous les droits de commerce intérieur qui se perçoivent aujourd'hui sur lesdites marchandises, le négociant français qui les importera, soit qu'il les vende au lieu d'arrivée, soit qu'il les expédie dans l'intérieur pour les y vendre, payera un droit additionnel de 2 pour 100. Si ensuite les marchandises sont revendues à l'intérieur ou à l'extérieur, il ne sera exigé aucun droit ni du vendeur, ni de l'acheteur, ni de celui qui, les ayant achetées, désirera les expédier au dehors. »

Dans le firman par lequel ces traités sont notifiés au gouvernement valaque, on détermine comme lieux convenables d'embarquement les échelles de Constantinople, Salonique et Smyrne.

Il résulte de ces différentes dispositions que les produits valaques, arrivés dans l'un de ces trois ports pour être exportés à l'étranger, payeront à leur arrivée un droit de 9 pour 100, et lorsqu'ils seront embarqués pour être exportés, un second droit de 3 pour 100 ; ainsi, en vertu de l'article 4 cité plus haut, le produit valaque acheté dans le pays n'aura aucun droit à payer, ce qui est plus clairement expliqué dans le firman émané vers la fin de la lune Temagiul de l'an 1256, par lequel les nouveaux traités ont été notifiés. Il y est dit qu'à l'arrivée dans la capitale d'un produit acheté dans une province ottomane, quelle qu'elle soit, on sera tenu d'exhiber un certificat de la douane du lieu, constatant le lieu du départ pour la capitale, et alors la douane de Constantinople percevra du propriétaire de la marchandise le droit établi.

D'un autre côté, une marchandise étrangère qui aurait, à son arrivée dans l'une des trois échelles désignées, payé le droit de 3 pour 100, pourra être apportée en Valachie et y être vendue en payant seulement le droit additionnel de 2 pour 100, si toutefois ce droit n'a pas été payé à l'échelle d'où elle aura été expédiée; car on ne détermine pas d'une manière précise l'endroit où l'acquittement de ce droit additionnel devra être payé.

De cette manière, la douane de Valachie perd le droit qu'elle a perçu de temps immémorial jusqu'à ce jour, et de plus, réduite à l'état d'un bureau subalterne, la Valachie est tenue de supporter la charge de l'entretien des employés, uniquement pour délivrer les certificats d'origine prescrits par le firman susmentionné.

La première base et le principal but de ces nouvelles stipulations est d'offrir à la Porte un dédommagement pour l'abolition des charges qui, sous différentes dénominations, grevaient le commerce tant d'importation que d'exportation. Or, pour ce qui concerne l'abandon que la Sublime Porte a fait, tant par l'article 5 du traité d'Andrinople que par l'acte séparé de ce traité, des privilèges qui grevaient quelques produits valaques en sa faveur, un ample dédommagement lui a été offert par l'augmentation qui a été faite à la redevance qu'elle paye annuellement, et qui, de la somme de 418,000 piastres, a été portée à celle de deux millions. En vertu de quoi les produits valaques ont été affranchis de toute autre taxe, ainsi que la Porte l'a reconnu elle-même dans les dispositions des firmans qu'elle a émis en conséquence des stipulations du dernier traité, et qui portent expressément que les produits valaques importés pour être vendus en Turquie ne seront soumis qu'au droit de 3 pour 100, et qu'en transit ils seraient exempts de tout droit : prétendre aujourd'hui offrir un second dédommagement à la Porte, indépendamment de l'augmentation de la redevance annuelle, ce serait établir un double effet pour une seule cause.

La *Valachie*, en vertu de ses anciens privilèges, et plus particulièrement des traités qui l'ont placée spécialement sous la protection de l'empire de Russie, *occupe dans le droit public de l'Europe une place distincte des autres provinces de l'Empire ottoman;* elle a constamment joui d'une administration financière indépendante; et, la redevance une fois payée, elle a de tout temps prélevé, pour son propre compte, les droits de douane stipulés par les traités de commerce entre la Sublime Porte et les autres puissances; la priver aujourd'hui de la perception de ces droits serait non seulement contraire aux stipulations des traités entre la Russie et la Porte, mais, de plus, occasionnerait une réduction considérable dans les revenus arrêtés par le règlement organique qui a reçu la sanction des deux Cours, dans lequel le revenu des douanes figure dans toute son intégrité. Ce serait en outre lui susciter des embarras, car elle n'a aucun moyen de couvrir le déficit qu'occasionnerait cette réduction, surtout au moment où les finances ne sont pas encore entièrement libérées des dettes qu'on a dû contracter à cause de la baisse temporaire qu'avait éprouvée la ferme des salines. *La Valachie ne saurait être, en ceci, confondue avec les autres provinces, et elle est en droit de réclamer une distinction, en vertu des firmans de la Porte, et plus spécialement des stipulations du traité d'Andrinople entre les deux Cours.*

Cette distinction, du reste, pourrait facilement être obtenue au moyen des réserves que la Porte s'est faites dans les nouveaux traités de commerce, et être conçue en ces termes dans l'article 5 de son traité avec la France, ci-dessus cité, où l'on dit :

« Il est bien entendu que le Gouvernement de S. M. l'Empereur des Français ne prétend pas, soit par cet article, soit par aucun autre du précédent traité, stipuler au delà du sens des termes employés, ni priver, en aucune manière, le Gouvernement de la Sublime Porte de l'exercice de ses droits d'administration intérieure, en tant, toutefois, que ces droits ne porteront aucune atteinte manifeste aux stipulations des anciens traités et aux privilèges accordés par la présente convention. »

Pour ce qui est des puissances européennes, la distinction serait toute en leur faveur, car elles n'ont consenti à une augmentation de taxe qu'en faveur de l'abolition d'autres charges qui n'existaient point en Valachie; aussi les stipulations qu'elles ont souscrites leur seront ici gratuitement onéreuses, puisqu'elles ne recevraient aucune compensation. L'Autriche l'a bien senti, puisqu'elle a demandé une exception à l'égard des deux Principautés; car pour toutes les marchandises qu'elle importerait en Valachie ou qu'elle en exporterait en traversant les autres provinces de l'Empire ottoman, elle a accepté les nouvelles stipulations en faveur de l'abolition des autres droits qui étaient anciennement perçus dans ces provinces, et elle a demandé de s'en tenir aux anciens traités pour le commerce direct qu'elle fait avec les deux Principautés, de manière que celles-ci perdraient, d'un côté, une grande partie de leurs droits, ainsi qu'il a été démontré plus haut, et, de l'autre, ne profiteraient pas même de l'augmentation nouvellement consentie. Telles sont les raisons que la Valachie serait en droit de faire valoir en faveur d'un des droits les plus anciens dont elle ait joui, droit basé sur les firmans réitérés de la Sublime Porte et garanti par toutes les stipulations qui l'ont placée sous la protection de l'empire de Russie, depuis le traité de Kaïnardji jusqu'à celui d'Andrinople. Ne pourrait-on pas, du moins, réclamer pour la Valachie qu'il lui fût assigné, aux termes mêmes des nouveaux traités, quelque échelle convenable, telle que Braïla, où elle pût continuer à exercer un droit aussi ancien que son existence?

S. A. S. le Prince Bibesco à S. M. le Sultan (1).

Le Prince fait connaître au Sultan l'atteinte portée aux droits sacrés sur lesquels repose le commerce de la Valachie et sollicite de la justice de Sa Hautesse qu'elle veuille bien faire respecter ces droits garantis au peuple valaque par ses illustres ancêtres.

Bucarest, 1843.

SIRE,

La Valachie, depuis tant de siècles qu'elle vit à l'ombre du trône auguste de Votre Hautesse, a joui du privilège d'importer ses produits dans tous les États de l'Empire ottoman sans payer aucun droit de douane, ces produits étant des objets de première nécessité, dont l'importation fait naître le bon marché et l'abondance. Aussi cette Principauté est-elle surnommée le grenier de la Sublime Porte.

Sa Hautesse feu Sultan Mahmoud d'éternelle mémoire voulut, dans sa généreuse sollicitude pour ses peuples, donner plus d'extension encore à ces droits en accordant aux Valaques un pavillon sous leurs couleurs nationales et en y attachant à toute éternité le privilège de ne payer dans les ports et échelles de l'Empire ottoman qu'un droit de 3 pour 100, en laissant toutefois le sel et les céréales, — ainsi que par le passé, — exempts de tous impôts.

Ce sont ces droits, Sire, monuments de la grandeur et de la générosité de ceux qui les ont octroyés, dont on menace de frustrer aujourd'hui le fidèle peuple valaque, en l'assimilant à

(1) Nous avons deux copies de cette lettre au Sultan; les différences entre elles sont trop peu sensibles pour que nous ayons cru devoir les donner toutes deux.

des nations avec lesquelles il ne peut avoir aucun point de comparaison.

Ainsi, le bonheur que j'ai ressenti en approchant du trône de Votre Hautesse n'aura duré, Sire, que la lueur d'un éclair, pour faire place à la douleur profonde de voir ma patrie sur le point d'être privée, dès les premiers jours de mon règne, de ses plus anciens privilèges, consacrés par tant de siècles et par tant de hauts firmans.

En retournant dans le pays confié à mes soins, au bien-être duquel j'ai mission de veiller, je n'aurai à annoncer à ses habitants que la perte de leurs droits précieux et la ruine de leur faible commerce, tandis que j'espérais n'avoir à leur parler que de la munificence de notre Suzerain, de sa bonté et de sa justice.

Sire, vous ne souffrirez pas qu'un tel malheur vienne frapper la Valachie, vous daignerez permettre au peuple valaque de jouir comme par le passé des privilèges garantis par vos illustres ancêtres !

Excusez, Sire, cet acte de hardiesse qui ne m'est dicté que par un sentiment profond de devoir et de dévouement absolu.

Je suis, Sire, de Votre Hautesse, le très humble, très soumis et très fidèle,

Signé : PRINCE DE VALACHIE.

S. A. S. le Prince Bibesco
à S. A. le grand vizir Richid Pacha.

Le Prince réclame contre le projet de stipulations concernant le commerce de l'Autriche avec les Principautés, en vertu duquel les douanes roumaines seraient frustrées des droits additionnels stipulés pour tout le reste de l'Empire ottoman. Son Altesse recommande cette question grave **pour son pays**, à la sollicitude du grand vizir.

QUESTION COMMERCIALE. 159

Bucarest, 1843.

Monseigneur,

Je viens de recevoir communication du projet de stipulations concernant le commerce de l'Autriche avec les Principautés, en vertu desquelles les douanes de ces dernières seraient frustrées des droits additionnels stipulés pour tout le reste de l'Empire ottoman.

Les traités de la Porte ont toujours réglé les transactions commerciales des Principautés. Admettre aujourd'hui à leur préjudice des exceptions onéreuses serait non seulement chose contraire à toute justice, mais encore une mesure plus intempestive que jamais, à une époque où la politique éclairée de la Sublime Porte et de son premier ministre tend à s'attacher les différents peuples réunis sous la puissance ottomane, en ménageant et en défendant leurs intérêts. Or, les nôtres, Monseigneur, seraient entièrement sacrifiés, si les propositions faites à notre détriment pouvaient être acceptées. L'affaire est beaucoup plus sérieuse et plus considérable qu'on ne la présente, peut-être, à la Sublime Porte. Je me crois donc en droit de la recommander à votre sollicitude, avec toute l'insistance qu'exige son importance, et avec cette confiance que l'équité et les hautes lumières de Votre Altesse sont faites pour inspirer.

Firman impérial paru, à la fin du Ramazan annuel, en faveur des douanes de la Valachie, à la suite des réclamations adressées à la Sublime Porte par S. A. S. le Prince régnant de Valachie, Georges-Demetre Bibesco.

Vous avez exposé, — par le rapport que vous avez adressé à Notre Sublime Porte, — que, bien que les commerçants de notre province de Roumanie, — en foi du firman accordé en 1250 et 1251, — aient acquis le privilège de payer une douane de 3 pour 100 pour toutes les marchandises de provenance roumaine qu'ils transportent par terre ou par mer dans notre capitale, ainsi que dans tous les autres ports de notre Empire, pour être vendues une fois rechargées sur des vaisseaux roumains sous le pavillon que nous avons accordé aux Principautés roumaines, — cependant les douaniers impériaux les obligent à acquitter un droit de douane égal à celui que les derniers traités ont fixé pour la plupart des puissances amies, droit qui est perçu dans toute l'étendue de notre Empire, et au sujet duquel vous avez demandé qu'il soit fait la rectification nécessaire.

Mais bien que, en raison de notre bon vouloir, nous considérions comme nécessaire de faciliter le commerce des sujets et des négociants de ladite Principauté et de lui donner toute latitude, nous regardons aussi comme un devoir de ne pas porter atteinte aux revenus de l'Empire; en conséquence, conformément à la décision prise pour les taxes de douane en général, concernant tous les sujets de l'Empire, et selon les traités de commerce conclus avec la plupart des puissances amies, du moment que les employés de la douane perçoivent, et à juste titre, une taxe de 5 pour 100 sur toutes les marchandises importées dans le pays, il est équitable de prélever aussi la même taxe de 5 pour 100 sur toutes les marchandises importées dans les Principautés.

Ainsi donc, il est arrêté qu'à la taxe spéciale de 3 pour 100 fixée pour la Roumanie, on ajoutera à l'avenir encore 2 pour 100 sur les produits roumains qui seront achetés et transportés par terre ou par mer dans notre capitale.

De cette manière, pour les marchandises transportées dans les docks de Constantinople et aux environs, ainsi que dans les autres ports de notre Empire, il sera perçu, en dehors de la taxe de douane due aux Principautés selon les privilèges accordés au pays roumain, encore 5 pour 100 aux lieux de débarquement, ainsi que soixante paras pour l'ancrage aux rives du Bosphore et aux environs de Constantinople; rien de plus ne sera demandé par les employés de la douane, sous aucun prétexte.

Prenant en considération le rapport que vous nous avez adressé, dans lequel vous nous exposez qu'anciennement il n'était perçu aucun droit de douane sur le sel et les produits roumains et qu'il conviendrait, dès lors, de ne pas créer une pareille taxe;

Mais considérant que, selon les ordres récemment donnés, la douane doit prélever une taxe sur tous les produits que les sujets et commerçants de notre Empire achètent et transportent dans nos ports;

Après avoir pris l'avis et le vote unanime de notre conseil;

Il a été décidé de demander une taxe de 5 pour 100 au vendeur de produits roumains, à l'exception des sels de ce pays, qui, comme le passé, seront affranchis de droits de douane.

Le firman mentionné plus haut respectant les privilèges accordés aux commerçants roumains, il ne sera demandé aucune taxe pour toutes les marchandises qui traverseront notre Empire à destination des marchés européens.

Toutes les marchandises, — en dehors des produits roumains, — que les commerçants roumains achèteront dans l'Empire pour être transportées dans les autres pays, et *vice versa*, — seront sujettes aux droits de douane, conformément au traité, c'est-à-dire que les commerçants sujets de l'Empire payeront la douane, quelle que soit la provenance des produits, d'après le tarif du pays originaire.

De même, les marchandises que les commerçants roumains achèteront dans nos ports soit pour être vendues dans l'intérieur de l'Empire, soit pour être transportées ailleurs, seront soumises aux mêmes taxes que celles payées par les commerçants étrangers.

Donc, conformément à la décision prise du consentement

unanime de nos conseils, des ordres ont été donnés, selon votre haute décision et volonté, pour que les règlements de douane soient rédigés d'accord avec les principes établis, et comme cette résolution a été communiquée, par des ordres écrits, à qui de droit, tant dans la capitale que dans les lieux sis sur les côtes de l'Asie et de l'Europe, ce firman impérial vous est envoyé à l'effet de vous donner connaissance des règlements stipulés et de vous permettre de les mettre en application, conformément aux détails donnés plus haut (1).

*M. Timony, consul général d'Autriche,
à S. A. S. le Prince Bibesco.*

Dès son arrivée au pouvoir, le Prince Bibesco avait saisi le Cabinet de Vienne des intérêts commerciaux de la Valachie, et avait appelé son attention bienveillante sur cette question, qui touche aux intérêts les plus vitaux du pays.

M. Timony assure le Prince des dispositions bienveillantes de son Gouvernement *en tant que les besoins de la Valachie seront compatibles avec les droits de l'Autriche;* et il porte à la connaissance de Son Altesse Sérénissime qu'il *a demandé la révocation du firman,* comme portant préjudice aux droits de cet Empire.

Confidentielle.

Bucarest, 14/28 décembre 1843.

Mon Prince,

Le firman publié le mois de novembre passé dans le *Bulletin officiel*, et qui accorde des privilèges au commerce de la Valachie, autorise les douanes valaques à percevoir sur toutes les marchan-

(1) Ce firman se trouve dans le *Courrier roumain,* n° 81, 1ᵉʳ novembre 1843.

dises *importées,* sans exception, un droit de 5 pour 100, et oblige le vendeur à payer un droit de 5 pour 100 pour toutes les marchandises qui seront achetées dans l'intérieur pour être transportées aux échelles de l'Empire, afin d'être *exportées,* sans toutefois expliquer clairement si les négociants autrichiens auront à payer, — lors de la véritable exportation, — encore pour leur part, — le droit de 3 pour 100 fondé dans les traités.

La première partie de ces mesures est une lésion directe de nos droits émanant des traités ; la seconde les tournerait.

La haute Cour impériale et royale a par conséquent chargé S. Exc. le comte de Sturmer de protester auprès de la Sublime Porte contre ces mesures et d'exiger la révocation du firman en question, en tant qu'il concerne le commerce de l'Autriche.

Ensuite des ordres de ma haute Cour, j'ai l'honneur de communiquer cette démarche au Gouvernement valaque, et je proteste contre l'application du contenu dudit firman au commerce des sujets impériaux et royaux en Valachie.

Mais, si les droits fondés sur les traités et la dignité de l'empire d'Autriche ont placé mon haut Gouvernement dans la pénible nécessité d'exiger la révocation du firman, j'ai été autorisé en même temps à donner à Votre Altesse l'assurance que l'Autriche sera toujours disposée à prendre en considération bienveillante les besoins de la Valachie et les souhaits de Votre Altesse en tant qu'il sont compatibles avec nos droits.

Je prie Votre Altesse d'agréer les expressions du profond respect avec lequel j'ai l'honneur d'être, de Votre Altesse, le très humble et très obéissant serviteur.

Signé : Timony.

S. Exc. le comte de Stürmer, représentant de l'Autriche auprès de la Sublime Porte, à S. A. S. le Prince de Valachie.

S. Exc. le comte de Stürmer fait connaître au Prince Bibesco les démarches qu'il a faites, lui aussi, auprès de la Sublime Porte, touchant la question des douanes, et dans le même sens que M. Timony.

Constantinople, 21 mai 1844.

MON PRINCE,

C'est avec bien de la reconnaissance que j'ai reçu la lettre (1) que Votre Altesse m'a fait l'honneur de m'adresser en date du 15 février, et dans laquelle Elle a bien voulu entrer dans quelques détails sur le firman relatif aux douanes valaques, qui avait donné lieu ici à des négociations de ma part avec la Sublime Porte. Je n'ai vu dans cette lettre, mon Prince, qu'une nouvelle preuve de la haute sagesse, ainsi que des sentiments de loyauté et de justice qui vous distinguent. Quant à vos explications si franches sur l'objet susmentionné, je me crois en devoir d'y répondre avec la même sincérité.

C'est par ordre exprès de la Cour Impériale que j'ai fait auprès de la Porte les démarches dont le résultat a été la lettre vizirielle dernièrement émanée au sujet du maintien du *statu quo* à l'égard du commerce autrichien. Quant à moi j'avais, d'après les assurances du ministère ottoman qui m'avaient été confirmées par Votre Altesse, représenté les arrangements qui eurent lieu entre Elle et la Porte comme ne regardant aucunement les sujets autrichiens; mais il paraît que la rédaction un peu obscure du firman

(1) Les réclamations de l'Autriche sont contraires aux intérêts du commerce de la Valachie. Le Prince se garde de témoigner aux démarches de MM. Timony et Stürmer des sentiments hostiles; il espère arriver à ses fins par la patience, la persuasion, et en intéressant à sa cause la Russie.

a fait naître auprès du Gouvernement Impérial des doutes que celui-ci tenait à éclaircir, en constatant d'une manière claire et précise que rien ne serait changé, par ce firman, à la position qu'assurent, à notre commerce en Valachie, nos capitulations avec la Porte, ainsi que les arrangements pris avec Elle à la suite du traité anglais. Vous savez sans doute déjà, mon Prince, combien le Gouvernement Impérial a apprécié l'empressement que vous avez mis à le rassurer complètement à cet égard.

Mme de Stürmer est on ne peut plus sensible à votre aimable souvenir, mon Prince. Je n'ai pas besoin de vous dire que nous regrettons encore que les moments qu'il nous a été donné de passer ici avec vous aient été si courts, et que nous ne cessons de former des vœux ardents pour votre bonheur.

Veuillez agréer, mon Prince, l'hommage de ma haute considération et de mes sentiments bien affectueux.

Signé : STURMER.

S. A. S. le Prince Bibesco, à S. Exc. M. de Titow, représentant de la Russie auprès de la Sublime Porte.

La question des douanes n'a pas encore reçu de solution. Le Prince en profite pour s'adresser, cette fois, à la Russie, et faire au Cabinet de Saint-Pétersbourg un tableau des injustices dont les douanes roumaines sont victimes. Il demande l'appui de la Russie ; il la prie d'empêcher que tous les produits étrangers continuent à être taxés d'un simple droit de 3 pour 100, quand ceux de la Valachie sont frappés de droits exorbitants, et de ne pas permettre que, dans les traités de commerce qui vont être signés entre la Porte et les différents Gouvernements, on insère pour les Principautés des clauses exceptionnelles de nature à ruiner leur commerce.

Son Altesse souhaiterait que la Valachie, conformément aux dispositions du traité d'Andrinople, *ne soit pas confondue avec les autres pro-*

vinces ottomanes. Il voudrait, pour les Principautés, la *faculté de régler elles-mêmes, librement,* leurs relations commerciales.

Confidentielle.
Bucarest, 11/23 janvier 1845.

MONSIEUR L'ENVOYÉ,

Permettez-moi de vous parler d'une affaire qui a trait à notre commerce et, par conséquent, aux intérêts les plus vitaux des Principautés, au nom et en faveur desquelles je réclame encore aujourd'hui votre appui. Vous n'ignorez pas que, malgré l'administration indépendante dont nous avons joui de tout temps, et qui a été reconnue, comme telle, dans tous les traités avec la Cour protectrice, on s'est néanmoins toujours obstiné à nous appliquer forcément les différents traités de commerce et autres stipulations avec la Turquie, en nous assimilant, en tout et pour tout, avec ses autres provinces entièrement soumises à la loi musulmane. De là, ces conflits et ces contradictions entre les institutions du pays et les droits exceptionnels dont se réclament les étrangers, droits qui, vu leur peu de compatibilité avec ceux stipulés en faveur des Principautés, sont une source d'abus ruineux et de continuels désordres. Votre Excellence a été à même d'en juger elle-même pendant son séjour ici. Je me bornerai donc à ne citer qu'une seule circonstance, celle qui motive la présente note.

Vous savez, Monsieur l'Envoyé, que nos douanes ont toujours été entièrement indépendantes de celles de la Porte, qui, du reste, n'a aucun intérêt à s'y vouloir immiscer, vu que tous les droits en sont perçus au profit de notre trésor. Cependant, je ne sais par quelle fatalité nous avons dû toujours subir le système douanier adopté par la Porte, à différentes époques, et en supporter toutes les conséquences, quelque écrasant que ce système fût pour nous. Ainsi, tant que le 3 pour 100 fut la base de tout droit d'importation dans l'Empire turc, nous fûmes obligés de nous y soumettre et de recevoir chez nous les produits dont les étrangers nous inondent, moyennant ce droit dérisoire, tandis que les nôtres sont frappés partout des droits les plus exorbitants. Il est vrai que le peu de sécurité qu'offrait notre pays, il y a quelques années à peine, et le peu de développement que les circonstances avaient permis de donner à notre commerce, faisaient que le mal était peu senti; mais depuis que le traité d'Andrinople est venu briser les entraves qui enchaînaient notre commerce, et créer de nouveaux besoins en ouvrant un nouvel avenir au pays, ce mal est devenu extrêmement sensible.

Cependant, ne voilà-t-il pas que, pendant que nous avions tout lieu d'espérer qu'à la suite de ce traité nous cesserions enfin d'être confondus avec les autres provinces ottomanes, et que nous pourrions, — au moins en ce qui concerne nos douanes, — nous réclamer de bases plus en rapport avec nos privilèges reconnus, nous nous voyons plus maltraités que par le passé.

En effet, tandis que la Porte stipule pour ses douanes le droit de 12 pour 100, elle n'excepte de ces stipulations les Principautés que pour les laisser toujours soumises à l'ancien droit de 3 pour 100. En partant de ce principe, il n'y aurait pas de raison pour que la Porte, qui, ainsi que nous l'avons déjà fait remarquer, n'a aucun intérêt au produit de nos douanes, n'en prononçât un jour l'entière suppression.

Voilà, Monsieur l'Envoyé, sur quoi je désirais attirer l'attention de Votre Excellence, maintenant qu'il paraît que les traités de commerce des différents Gouvernements avec la Porte vont être revisés. S'il n'est pas possible d'obtenir la faculté de régler nous-mêmes nos relations commerciales, ce qui serait la conséquence toute naturelle de la position politique qui nous est reconnue et assurée par les traités, du moins qu'il ne soit pas toléré qu'on insère, pour les Principautés, des clauses exceptionnelles, dans le but de mieux ruiner leur commerce.

S. Exc. le comte de Nesselrode, à S. A. S. le Prince Bibesco.

Une seconde lettre du prince Bibesco, en date du 17/29 février (1), ayant été plus pressante encore que celle du 23 janvier 1845, sur la question des rapports commerciaux de la Russie avec la Valachie, le comte de Nesselrode répond à Son Altesse que *l'Empereur appuie, à Constantinople, les efforts du Prince* de Valachie, pour obtenir, en faveur de la Principauté roumaine, *l'augmentation des droits de douane qui va être consacrée par la convention commerciale avec la Porte.*

Saint-Pétersbourg, 30 mars 1845.

Mon Prince,

Je me suis fait un devoir de rendre compte à l'Empereur des vœux que Votre Altesse a bien voulu m'exprimer dans sa lettre du 17/29 février au sujet des rapports commerciaux de la Russie avec la Valachie.

Ainsi qu'il résulte de cette lettre, l'administration de cette Principauté désirerait que l'augmentation des droits de douane, qui va être consacrée par la convention commerciale que nous négocions aujourd'hui à Constantinople, fût également étendue aux provinces du Danube. L'Empereur ayant à cœur tout ce qui peut contribuer au développement de la prospérité de ces Provinces, placées par les traités sous son égide protectrice, n'a pas hésité à donner son consentement aux dispositions que Votre Altesse envisage comme les plus propres à atteindre ce but.

Il m'est bien agréable, mon Prince, d'avoir à vous annoncer un résultat si conforme à vos vœux; j'invite en même temps M. Daschkoff à fournir à Votre Altesse de plus amples explications sur l'affaire qu'Elle a traitée dans sa lettre précitée.

(1) Cette lettre, à laquelle le comte de Nesselrode répond, manque à notre recueil.

Veuillez agréer, mon Prince, l'assurance de ma haute considération.

Signé : NESSELRODE.

M. Philippsborn, chargé d'affaires du Gouvernement valaque, à S. A. S. le Prince Bibesco.

M. Philippsborn a reçu du prince Bibesco des instructions au sujet de la question douanière ; le Prince poursuit sa campagne auprès du Cabinet autrichien, et une lettre destinée au Prince de Metternich traite de cette question. M. Philippsborn espère mener à bonne fin avec S. A. le Prince de Metternich la négociation qui lui a été confiée.

La seconde partie de la lettre a trait à différentes recommandations faites par le Prince, telles que : le choix d'un architecte ; la commande de drapeaux et d'étendards ; leur prix.

Vienne, 6 mars 1846.

MONSEIGNEUR,

Les instants de M. le Prince de Metternich étant des plus précieux, je n'ai pas osé en abuser ; le Prince m'a su gré de cette discrétion et a bien voulu me faire savoir qu'il comptait me voir un de ces jours, et qu'il apprendra avec plaisir tout ce que j'aurai à lui dire sur l'objet recommandé à mes soins. En attendant, je lui ai fait remettre la lettre (1) dont Votre Altesse m'avait chargé. Dès que j'aurai vu M. le Prince de Metternich, je m'empresserai de faire mon humble rapport ; je crois pouvoir affirmer, dès à présent, que ses dispositions sont parfaites, qu'elles ne laissent rien à désirer, qu'elles sont telles pour qu'il y ait de l'espoir, l'espoir fondé de voir amener à bonne fin la négociation que Votre Altesse a daigné me confier.

(1) La copie de la lettre du Prince Bibesco au Prince de Metternich n'est pas dans notre recueil.

La lettre pour le Prince Milosch lui a été exactement remise.

Je suis allé derechef aux renseignements, et j'ai acquis la certitude que M. Helft réunit toutes les qualités requises pour s'acquitter parfaitement, et à la grande satisfaction de Votre Altesse, des obligations qu'il est prêt à contracter. Il jouit ici d'une réputation qui le rend recommandable, et sous le rapport de ses connaissances, et sous celui de ses sentiments; c'est un architecte fort habile, plein d'intelligence, qui a fait ses preuves, et s'il se décide à quitter Vienne, à prendre l'engagement que je lui ai proposé, c'est plutôt dans l'intention de se faire remarquer davantage que de chercher fortune. M. Helft est fort à son aise; je suis revenu à la charge; je lui ai exprimé de nouveau le désir qu'il allât prêter ses services au Gouvernement de Votre Altesse; il s'y est montré fort disposé; mais, tout en abandonnant l'idée de conduire des travaux particuliers, s'il s'en présentait indépendamment de ceux du Gouvernement, il n'a point voulu céder sur celle préalablement exprimée, savoir : un congé de deux mois dans l'année; que ce congé s'effectue entre novembre et février, ainsi que vous le désirez, Monseigneur, ou à toute autre époque de l'année, c'est en quoi M. Helft se rapporte entièrement aux décisions de Votre Altesse. L'essentiel est qu'il lui soit permis d'aller visiter, de temps à autre, les pays le plus en progrès dans les sciences de l'architecture et des constructions. Il dépendra donc de Votre Altesse de voir partir M. Helft le plus tôt possible pour Bucarest, en m'autorisant de passer un contrat avec lui, basé sur les conditions que j'ai eu l'honneur de lui faire connaître dans le temps.

J'ai visité plusieurs ateliers pour confectionnement des drapeaux et étendards; je me suis arrêté à celui de M. Alkens, fournisseur principal de l'armée autrichienne; il m'a montré différents modèles; j'ai hésité d'en faire un choix, ne sachant pas à quelle classe me fixer; vu la différence des prix, j'ai craint d'exposer ma responsabilité, et j'ai préféré inviter M. Alkens à dresser des devis que j'ai l'honneur de soumettre ci-près à Votre Altesse et dont il résulte qu'il y a trois classes : la première, de 547 à 697 florins par drapeau, et 643 florins par étendard; la seconde, 426 florins par drapeau et 498 florins par étendard; ces classes sont montées en or et brodées des deux côtés. La troisième classe est de beaucoup inférieure en prix, ainsi que le devis le prouve, mais elle l'est également en élégance et en solidité aux deux premières et n'est que peinte. Effrayé de la hauteur de ces prix et croyant que la fourniture de trois étendards et de six drapeaux serait assez considérable pour pouvoir espérer quelque rabais, j'y ai insisté, et M. Alkens a fini par faire la proposition de fournir indistinctement au taux de 550 florins soit étendards soit drapeaux de première classe; seconde classe, 450 florins; troisième classe, 350 florins, en s'engageant de livrer le tout dans le terme de six semaines, à compter du jour de la commande. Pour meilleur enseignement, j'ai ajouté ci-près la déclaration donnée par écrit par M. Alkens. J'attends donc les ordres de Votre Altesse.

Je suis avec le plus profond respect, Monseigneur, de Votre Altesse le très humble et très obéissant serviteur.

Signé : PHILIPPSBORN.

M. Philippsborn, à S. A. S. le Prince Bibesco.

M. Philippsborn, mis en rapport par S. A. le Prince de Metternich avec M. Humlauer, conseiller aulique, — chargé spécialement des questions intéressant le commerce et l'industrie, — rapporte au Prince Bibesco que ce dernier a été frappé des renseignements nouveaux que Son Altesse lui a fait parvenir sur la question des douanes roumaines. — Ces renseignements ont permis à M. le conseiller de se bien pénétrer de la nécessité, *pour les deux pays,* de faire cesser une situation qui donne lieu à une foule de réclamations. — Les dispositions du Cabinet de Vienne sont toutes sympathiques aux propositions du Prince de Valachie. — C'est un grand chemin parcouru depuis 1843. *Les procédés pleins de cordialité dont le Gouvernement russe use envers les Principautés, et que le Prince avait eu soin de relever dans sa lettre au Prince de Metternich,* ont produit, écrit M. Philippsborn, un effet favorable sur M. Humlauer.

31 mars 1846.

MONSEIGNEUR,

S. A. le Prince de Metternich a bien voulu me mettre en rapport avec M. de Humlauer, conseiller aulique et chargé spécialement de traiter les affaires qui sont du domaine du commerce et de l'industrie, toutes les fois qu'il y a litige entre le Gouvernement autrichien et ceux d'autres États, soit sur le mode d'application des échanges, soit sur leur manutention, par conséquent, sur l'esprit, l'exécution des traités de commerce passés avec l'Autriche. M. de Humlauer ayant, pour ainsi dire, la haute main sur la politique commerciale observée par le Cabinet Impérial au dehors, je ne pouvais être mieux adressé, et j'ai eu hâte de profiter de la permission que M. le chancelier m'avait donnée de communiquer avec lui. Esprit éclairé et parfaitement entendu sur tout ce qu'il y a d'abusif dans les traditions qui régissent, en quelque sorte encore, les rapports commerciaux que les Principautés sont tenues d'entretenir avec l'étranger, M. de Humlauer est allé presque au-devant de moi, et ne m'a nullement caché qu'il voyait avec regret les difficultés contre lesquelles le Gouvernement valaque avait à lutter, et qu'il ne demandait pas mieux que de pouvoir contribuer à l'en délivrer; qu'il s'en occuperait, qu'il ne doutait pas d'y réussir, mais que ce n'était pas l'affaire d'un moment, et qu'il fallait lui laisser du temps; que c'était tout ce qu'il me priait de lui accorder pour l'instant. J'ai dû m'y résigner, quoique j'eusse profondément à cœur de voir mettre un terme à cet état d'incertitude, qui pèse si péniblement sur le pays, et quoique j'aie désiré d'être autorisé d'annoncer à Votre Altesse que la question des douanes, ainsi que celle sur le droit de patente, viennent d'être réglées dans le sens d'une parfaite réciprocité, conformément aux principes de justice, aux idées reçues chez les nations civilisées. Il ne dépendait pas de M. Humlauer de me donner cette autorisation, de m'accorder ce plaisir, autrement il l'aurait fait, car il est dans le vrai, il comprend que la situation est des plus embarrassantes, et qu'il est temps d'en sortir ; il comprend que les intérêts de l'Autriche sont autant engagés dans ces questions que ceux des Principautés elles-mêmes.

C'est grâce à Votre Altesse qu'il a été mis à même de bien former son jugement, de se pénétrer de la nécessité qu'il y va des intérêts des deux pays de mettre un terme aux réclamations que j'ai été appelé à soutenir, à faire valoir à plusieurs reprises. C'est dans la lettre que vous, Monseigneur, aviez daigné me faire tenir, que M. de Humlauer a puisé des renseignements qui lui étaient encore inconnus, renseignements qui ont servi à l'engager à s'occuper sérieusement, très sérieusement même, de ce que les dispositions bienveillantes du Gouvernement autrichien, — dont j'ai eu l'honneur de parler tant de fois, — prennent consistance et ne se bornent plus à l'expression de simples vœux.

M. de Humlauer ayant désiré, pour meilleure information, avoir copie de la lettre, je me suis prêté à sa demande, et Votre Altesse l'approuvera, j'en suis sûr. Ce qui a surtout attiré l'attention de M. le conseiller aulique, ce sont les procédés pleins de cordialité dont le Gouvernement russe use envers les Principautés dans cette circonstance comme dans bien d'autres, et que Votre Altesse a eu soin de relever. M. de Humlauer en a ressenti une certaine satisfaction, et j'ai lieu de croire qu'il y appuiera pour se rendre raison des préjugés surannés, — assez vivaces et puissants, sinon absolus, — afin de retarder la solution des questions que, lui, pour sa part, tient à amener le plus tôt possible. — Il serait donc à désirer que je sois mis au courant de tout ce qui a trait aux dispositions du Gouvernement de Russie de venir en aide aux Principautés, pour qu'elles ne soient plus tenues dans un régime si menaçant et pour leur commerce et pour leur industrie. J'ose prier Votre Altesse de vouloir bien y avoir égard, et de me mettre à même de pouvoir en parler avec connaissance de cause : la tâche qui m'est imposée m'en deviendra beaucoup plus facile. Je dois ajouter que M. de Humlauer fera incessamment son rapport qui donnera la mesure à quel point on sera disposé à concourir à ouvrir aux Principautés des voies de prospérité (1).

Je suis avec un profond respect, Monseigneur, de **Votre Altesse** le très humble et très obéissant serviteur.

Signé : PHILIPPSBORN.

CORRESPONDANCE GÉNÉRALE

DIPLOMATIQUE

(1843—1846)

*S. Exc. le comte de Nesselroae, vice-chancelier de l'Empire Russe,
à M. Daschkoff, consul de Russie à Bucarest.*

Le comte invite M. Daschkoff à transmettre à l'assemblée générale les félicitations de la Cour protectrice pour le choix qu'elle a fait, — *et qui l'honore,* — de Georges Bibesco comme Prince de Valachie, ainsi que *pour l'ordre* qui a présidé à l'élection du Prince.

Pétersbourg, 12 janvier 1843.

Le courrier expédié par le gouvernement provisoire de Valachie pour porter à la connaissance de la Cour Impériale l'élection de M. Georges Bibesco au poste d'Hospodar, est arrivé ici le jour de l'an. Je me suis empressé de rendre compte à l'Empereur de la nouvelle dont il était porteur, et de soumettre à Sa Majesté l'adresse par laquelle l'Assemblée générale extraordinaire lui annonce le résultat des opérations électorales.

L'imposante majorité des suffrages qui s'est formée en faveur de M. Bibesco a entièrement répondu à nos espérances. Ce choix honore l'Assemblée dont il est émané, et s'il a été salué par les acclamations unanimes de la Valachie, il n'a pas manqué aussi de rencontrer l'approbation de la Cour protectrice, en lui offrant la garantie d'une administration sage et régulière, propre à assurer le bien-être futur de la Principauté.

Veuillez, Monsieur, faire parvenir l'expression de ces sentiments aux membres de la dernière Assemblée générale extraordinaire, par l'organe de son président. Vous lui direz que ce qui ajoute encore à notre satisfaction, c'est l'ordre et la convenance exemplaires qui ont présidé aux travaux de l'Assemblée électorale.

Nous ne saurions donner assez d'éloges aux mesures si sages qui, sur votre recommandation, ont été adoptées pour atteindre ce but. Le Métropolitain vient d'acquérir de nouveaux titres à l'amour et à la vénération de ses concitoyens par le noble zèle qu'il a déployé dans l'exercice des hautes fonctions qui lui étaient dévolues. Au milieu de la lutte des intérêts rivaux et de l'effervescence des passions, sa voix s'est élevée, solennelle et grave, pour éveiller dans la conscience des électeurs le sentiment d'un patriotisme sincère et des devoirs que leur imposait envers Dieu et envers leur pays la sainteté du mandat qu'ils avaient reçu.

Guidée par ce prélat, l'Assemblée électorale a su mettre à profit les prérogatives politiques dont la sollicitude de la Cour protectrice a assuré le bienfait à la Valachie, et au nombre desquelles la plus précieuse est le droit réservé à la Nation d'élire elle-même le chef appelé à présider à ses destinées.

Sous ce rapport, l'élection de M. Georges Bibesco ne nous laisse rien à désirer.

Nous invitons dès aujourd'hui M. Bouténieff à notifier à la Porte que le Gouvernement Impérial approuve entièrement, pour sa part, l'élection de ce boyard. Notre envoyé est chargé en même temps d'engager les ministres de la Porte à accélérer, autant que possible, la confirmation de ce choix par la Cour suzeraine.

En attendant, je vous prie d'offrir à M. Bibesco nos plus sincères félicitations sur son élection; exprimez-lui tous nos vœux, ainsi que les espérances d'un heureux avenir que nous attachons à son administration, espérances qu'il saura réaliser, nous n'en doutons pas, de manière à justifier la haute idée que l'Empereur a conçue de tout temps de ses principes, de son caractère et des talents qui le distinguent.

Si, à la réception de la présente, Savfet-Effendi se trouve encore à Bucarest, vous voudrez bien lui témoigner la vive satisfaction que nous a fait éprouver sa conduite sage et conciliante. Vous ajouterez que nous n'avons pas manqué de faire valoir auprès de la Porte la coopération loyale qu'il vous a prêtée dans la mise à exécution des déterminations concertées en commun entre les deux Puissances.

Il m'est bien agréable aussi d'avoir à vous annoncer, Monsieur, l'auguste suffrage dont l'Empereur a daigné honorer le zèle et les soins assidus que vous avez apportés à l'accomplissement de la tâche laborieuse qui vous a été confiée et dont vous avez su vous acquitter à l'entière satisfaction de Sa Majesté Impériale.

Recevez, Monsieur, l'assurance de ma considération distinguée.

Signé : NESSELRODE.

M. Billecoq, à S. Exc. M. Guizot.

2 janvier 1843.

MONSIEUR LE MINISTRE,

Monsieur Georges Bibesco, ancien grand Postelnick (ou ministre des affaires étrangères) de la Principauté de Valachie, a été élu, cette nuit, Hospodar, par cent trente et une voix. — Son frère, M. Stirbei, le candidat le plus favorisé après lui, en avait quatre-vingt-onze ; M. Georges Philipesco, quatre-vingt-quatre ; M. Emmanuel Baliano soixante-dix-neuf ; et enfin, M. Alexandre Philipesco (Vulpe), soixante-trois.

Tout s'est passé avec le plus grand ordre.

S. Exc. Savfet-Effendi a expédié aujourd'hui, à Constantinople, l'acte de l'élection signé par tous les membres de l'Assemblée générale extraordinaire.

La caïmacanie continuera à exercer l'administration de Principauté jusqu'au retour du courrier, qui apportera la con mation de la nomination du nouvel Hospodar.

Signé : BILLECOQ.

S. Exc. le comte de Nesselrode, à M. Daschkoff.

Le comte charge M. Daschkoff de remercier le Métropolitain Néophyte pour l'ordre qui a présidé à l'élection du Prince G. Bibesco.

Janvier 1843.

Nous savons gré à Mgr Néophyte d'avoir, par l'abnégation de soi-même qu'il a montrée, essentiellement contribué aux heureux résultats dont la Valachie a aujourd'hui à se féliciter. L'Empereur vous charge expressément de ne pas laisser ignorer au Métropolitain sa haute satisfaction pour la manière dont il s'est acquitté de ses devoirs, en maintenant un ordre aussi parfait dans l'Assemblée électorale. Surmontant l'état de souffrance dans lequel il n'a cessé de se trouver, il est revenu à Bucarest le jour où sa présence y était réclamée, et n'a pas reculé devant les fatigues que lui imposaient ses fonctions de président.

Sa Majesté Impériale a daigné, en conséquence, destiner à ce prélat, en témoignage de sa bienveillance, une image enrichie de diamants. En vous informant de ces hautes intentions, je vous invite à les porter à la connaissance de Mgr Néophyte. Aussitôt que la *Panagie* sera prête, elle vous sera acheminée pour être remise au Métropolitain avec une lettre de ma part.

Signé : Cte DE NESSELRODE.

S. Exc. le comte de Nesselrode, à S. A. S. le Prince Bibesco.

Le comte félicite le Prince de son *élection éclatante et si bien méritée;* il rappelle les devoirs de la Valachie à l'égard de la Porte, le respect, la fidélité, la soumission qu'elle lui doit; il expose la politique que la Russie compte suivre, et fait connaître à Son Altesse les vœux et les espérances qui se rattachent à son administration.

Le comte promet au Prince que le Gouvernement Impérial le soutiendra de toute son influence pour l'aider à rétablir l'ordre et à faire disparaître les abus qui existent dans toutes les branches de l'administration.

Saint-Pétersbourg, 26 janvier 1843.

Mon Prince,

J'ai eu l'honneur de recevoir la lettre que Votre Altesse a bien voulu m'adresser, en date du 28 décembre, à l'occasion de son élection au poste éminent que le suffrage de ses concitoyens l'appelle à occuper. Si quelque chose pouvait encore ajouter à la satisfaction que ce choix a fait éprouver à la Cour Impériale, ce sont les sentiments et les intentions salutaires que vous nous exprimez; ils répondent à l'idée que l'Empereur a de tout temps conçue de votre caractère noble et loyal, ainsi que de vos hautes lumières, et justifient la confiance et l'estime dont Sa Majesté daigne vous honorer.

En offrant à Votre Altesse mes sincères félicitations sur le succès éclatant et si bien mérité qu'Elle vient d'obtenir aux élections, je crois ne pouvoir mieux vous attester, mon Prince, la vive sollicitude que vous inspirez à l'Empereur, qu'en vous retraçant avec une entière franchise les vœux et les espérances d'avenir que rattache à votre administration une Puissance qui étend sur la Valachie une protection désintéressée, après s'être imposé tant de généreux sacrifices pour lui assurer le bienfait d'un gouvernement régulier basé sur des institutions si propres au développement de sa prospérité.

La politique de la Russie à l'égard de votre pays est toute dans les traités qu'elle a conclus avec la Porte. Aux termes de ces transactions à jamais mémorables, la Valachie continue à former une partie intégrante de l'Empire ottoman; comme province de cet Empire, elle doit respect, soumission et fidélité au Sultan, son Souverain légitime; si donc jamais la Valachie avait le malheur de méconnaître ses devoirs envers la Cour suzeraine, la Russie, loin de donner un encouragement à ces tentatives coupables, serait la première à les frapper d'une sévère réprobation.

Dans la confiance que nous inspirent votre caractère et vos principes, dans la persuasion où nous sommes que, tant que vous vous trouverez au timon des affaires, vous saurez imprimer une direction salutaire à l'esprit public, je me serais abstenu de faire mention d'une éventualité qui ne se serait même point présentée à notre pensée si nous n'avions vu, dans ces derniers temps, des artisans de troubles et une jeunesse, nourrie à l'étranger de doctrines dangereuses, travailler à répandre en Valachie des idées subversives qui sont de nature à égarer les esprits sur les rapports de ce pays avec la Porte et à exciter des tendances pernicieuses et incompatibles avec l'existence politique que les traités et le règlement organique assignent à cette Principauté. Tous ceux qui conservent en Valachie un patriotisme sincère doivent s'opposer avec énergie à ces machinations coupables dont leur pays serait la première victime; car la fidélité et l'obéissance envers le Sultan sont à la fois le gage et la condition de la jouissance paisible des institutions civiles et judiciaires accordées à la Principauté, ainsi que d'une existence exempte de troubles et de dangers.

Quant à la Cour protectrice, elle n'a aucun intérêt exclusif à elle, à faire prévaloir en Valachie. La Russie ne saurait avoir l'intention de régenter un pays auquel sa sollicitude généreuse a garanti une organisation intérieure indépendante. Son action tutélaire et purement conservatrice ne se propose d'autre but que celui de consolider la stabilité de l'ordre de choses établi en Valachie sur la base des traités conclus avec la Porte, de veiller à l'observation des principes et des droits qui en découlent, de prévenir enfin toute déviation à la marche légale tracée par le règlement organique. Ce devoir, la Russie a su et saura toujours le remplir loyalement et sans arrière-pensée ; nos intentions sont aussi claires et aussi positives que les clauses dont nous invoquons l'autorité. Soyez sûr, mon Prince, que nos vœux s'accorderont toujours avec les vôtres, comme avec ceux de la partie saine de la nation valaque, pour le maintien des prérogatives et des institutions dont elle a été dotée.

Il appartiendra à Votre Altesse de réaliser nos espérances. Nous aimons à croire qu'une nouvelle ère de prospérité va commencer pour vos compatriotes à dater du jour où vous entrerez dans l'exercice des hautes fonctions que leur confiance vous appelle à remplir. La tâche qui vous est réservée est laborieuse ; nous savons nous rendre compte des difficultés que les habitudes invétérées d'un peuple et des traditions pernicieuses, profondément enracinées, opposent souvent aux meilleures intentions ; mais Votre Altesse puisera dans son patriotisme la force et la persévérance nécessaires pour surmonter ces obstacles. Le suffrage et l'appui de la Russie ne vous manqueront pas dans la carrière que vous allez parcourir ; la Russie soutiendra de toute son influence les efforts que vous ferez pour rétablir dans les affaires l'ordre et la régularité, et faire disparaître les abus et les anomalies qui existent dans toutes les branches de l'administration.

Les vices radicaux du régime précédent ont malheureusement laissé de profondes traces dans le pays. Je ne m'arrêterai point à retracer en détail le tableau triste et alarmant de la situation à laquelle il se trouve réduit par l'incurie de votre prédécesseur ; plus que nous, vous êtes à même, mon Prince, d'étudier les maux de votre patrie, d'en rechercher les causes, de sonder les plaies de la Valachie pour y apporter un prompt et salutaire remède. L'œuvre que vous avez à accomplir demande du temps, de l'habileté et de la persévérance. Vous aurez à lutter contre l'opposition systématique d'une masse d'individus habitués à exploiter les abus au profit de leur cupidité, de leurs intérêts particuliers, et qui se verront exposés à la juste sévérité des lois. Mais l'influence que vous exercez, la fermeté de votre conduite, votre justice rigoureuse et la sagesse de votre langage ne tarderont pas à rallier autour de vous, avec amour et dévouement, tous ceux qui ont à cœur le bien-être de leur pays, et à éveiller le sentiment du devoir dans les fonctionnaires publics, que vous saurez choisir parmi les hommes les plus éclairés et les plus recommandables par leur moralité. L'exemple que vous saurez donner fera naître en eux une noble émulation et ranimera leur zèle, ainsi que le désir de seconder vos efforts dans l'intérêt général de leur patrie.

Tels sont, en peu de mots, mon Prince, les espérances et les vœux que la Cour Impériale aime à rattacher à votre administration. En travaillant à réprimer les abus, à épurer les tribunaux, à imprimer une direction salutaire à l'instruction publique, en rétablissant le règne des lois et de la justice, en perfectionnant et en consolidant l'organisation intérieure dans la sphère assignée à la Valachie par les traités et par le règlement organique, en développant les nombreux éléments de prospérité et de richesse dont la nature a doté ce pays, vous ne manquerez pas d'attirer sur vous les bénédictions de vos concitoyens et d'acquérir ainsi de nouveaux titres à la haute confiance du Sultan et à la bienveillance particulière de l'Empereur.

Je ne saurais terminer cette lettre sans prier Votre Altesse d'être persuadée que, pour ma part, je m'estimerai toujours heureux de contribuer, en tout ce qui dépendra de moi, à la réalisation des généreuses intentions de Sa Majesté Impériale à l'égard de votre patrie.

Veuillez agréer, à côté de cette assurance, celle de ma haute considération.

Signé : Cte DE NESSELRODE.

S. Exc. le général comte Kisseleff, à S. A. S. le Prince Bibesco.

Le général *félicite* Son Altesse de son élévation au trône, et *la Valachie du choix qu'elle a fait.* L'existence politique de cette Principauté doit se consolider par le développement des principes contenus dans le règlement organique.

Le général assure le Prince qu'il trouvera dans le Ministère impérial l'appui nécessaire pour ramener les choses à leur état normal d'ordre et de justice.

Saint-Pétersbourg, 28 janvier 1843.

Ayant répondu à la lettre que vous avez bien voulu m'écrire, — dans les formes voulues, — permettez-moi, mon Prince, de vous écrire quelques lignes, — toutes de cœur, — pour vous féliciter, et la Valachie encore davantage, du choix qu'elle vient de faire. C'est tout un avenir pour ce pays, que je voudrais voir toujours heureux et digne de l'existence politique qui lui a été faite par les traités, et qui ne saurait se consolider que par le développement et la stricte observation des principes posés par le règlement. Vous en êtes le représentant et le soutien ; aussi je puis vous certifier que vous trouverez dans le Ministère impérial l'appui qui vous sera nécessaire pour ramener les choses à leur état normal d'ordre et de justice. Travaillez, cher Prince, sans souci des envieux et des opposants. Les intentions droites et les principes qui vous ont toujours animé triompheront de tous les embarras qui viendront à l'encontre de vos efforts. Marchez avec fermeté sans vous laisser abattre par les difficultés, surtout en mettant au second rang de vos désirs la popularité qui, toujours séduisante pour les demi-caractères, ne doit pas entraîner ceux qui veulent le bien pour le bien même, et surtout ceux qui veulent le trouver dans le juste et l'honnête.

L'amnistie que vous avez accordée à quelques fous de l'autre époque sera d'un bon effet. Je vous félicite de cette salutaire pensée : — *indulgence* pour les égarés et *sévérité* pour les méchants. Voilà ce qu'il faudra populariser et ce qui vous donnera une puissance morale pour parvenir à tout ce qui sera utile et désirable pour le pays.

L'Empereur connaît votre façon de penser et s'est exprimé en termes infiniment flatteurs sur la manière dont vous l'avez exprimée en dernier lieu. Je vous félicite aussi de votre conduite sage et mesurée lors de l'élection, où toutes les passions étaient si fort en jeu, mais où mes bons Valaques se sont montrés si parfaitement dignes de l'avenir que leur a fait leur auguste Protecteur.

Je ne puis voir sans regrets que le destin vous aie placé en face de votre frère dans une lutte politique. Son caractère noble et généreux lui a déjà fait voir sans doute que, dans cette élection, il ne s'agissait pas d'individus, mais du pays, et qu'en ce sens le but de ses plus chers désirs a été atteint, — sinon dans son intérêt particulier, du moins dans celui de sa patrie, qu'il a si bien et si utilement servie. — Veuillez lui exprimer tous mes sentiments d'estime et d'une sincère et inaltérable amitié. Je n'ai pas répondu à toutes ses lettres, mais elles ont été vues et lues par qui de droit, et s'il veut m'écrire par la suite, qu'il le fasse avec l'assurance que je recevrai toujours de ses nouvelles avec autant de plaisir que d'amitié.

La lettre qui vous a été écrite par Nesselrode peut être montrée à vos compatriotes. L'estime que le ministre vous témoigne doit être connue de tous ; plus tard, vous en aurez la preuve.

Encore une fois, cher Prince, permettez-moi de féliciter la Valachie de son avenir, et recevez l'assurance des sentiments que je vous porte et que vous connaissez trop bien pour qu'il soit nécessaire d'en parler ici. Jouissez du bien que vous êtes appelé à faire, et si, dans des moments d'embarras, vous avez besoin de mes services, employez-moi avec confiance.

Tout à vous de cœur.

Signé : KISSELEFF (1).

---

*S. A. S. le Prince Bibesco de Valachie,
à S. A. S. le Prince Stourdza de Moldavie.*

Le Prince Bibesco écrit au Prince Stourdza qu'il n'a rien de plus à cœur que de voir s'établir entre la Valachie et la Moldavie les rapports de bon voisinage et d'harmonie que l'intérêt des deux pays réclame. Il informe Son Altesse de la nécessité où il se trouve d'ajourner l'entrevue concertée avec elle, par suite du retard apporté à son voyage à Constantinople.

Bucarest, 2 mars 1843.

PRINCE ET BIEN-AIMÉ FRÈRE,

J'ai éprouvé une bien vive satisfaction en recevant l'obligeante lettre que Votre Altesse Sérénissime a chargé M. le Vornik Beldimano de me remettre. L'estime que les hautes qualités de Votre Altesse m'ont toujours inspirée ne pouvait que rehausser le prix des sentiments qu'elle veut bien m'y exprimer.

Je n'ai rien de plus à cœur que de voir s'établir entre nous ces rapports de bon voisinage et d'harmonie que réclame l'intérêt bien entendu des deux pays, et qu'une maladresse inconcevable a pu seule altérer pendant un laps de temps si considérable. On

---

(1) On verra, au cours de cette publication, Kisseleff signer Kisseleff tout court, ou général Kisseleff, comte Kisseleff, ou encore général comte Kisseleff.

ne saurait certes l'attribuer ni à vos lumières ni à votre sagesse, dans lesquelles je puise la douce conviction que nos relations seront toujours des plus amicales.

J'éprouve, Prince, comme Votre Altesse, le besoin d'une entrevue; je la désire bien cordialement; mais les préoccupations inséparables d'un commencement d'administration, surtout lorsqu'il y a tant de choses à réparer, me forcent d'en différer pour quelque temps l'heureux moment; je ne saurais la fixer aujourd'hui avant d'avoir déterminé l'époque de mon voyage à Constantinople.

Le choix que Votre Altesse a bien voulu faire de M. Beldimano, en cette occasion, ne pouvait m'être plus agréable; je la prie d'en accepter mes bien sincères remerciements et de recevoir l'assurance réitérée du sincère attachement et de la haute considération avec laquelle j'ai l'honneur d'être,

De Votre Altesse Sérénissime, le très humble et très obéissant serviteur.

Signé : G. BIBESCO.

S. Exc. le comte de Nesselrode,
à S. Em. le Métropolitain Néophyte.

Le comte de Nesselrode félicite le Métropolitain d'avoir su, lors de l'élection du Prince Bibesco, prévenir les dangereux écarts auxquels l'esprit d'intrigue, les passions, les rivalités de partis exposaient les délibérations de l'Assemblée, et il l'informe que M. Daschkoff aura l'honneur de lui offrir, comme témoignage de la haute estime de l'Empereur, une image enrichie de diamants.

Saint-Pétersbourg, 31 mars 1843.

MONSEIGNEUR,

Appelé dernièrement à présider l'Assemblée générale extraordinaire de Valachie, convoquée pour l'élection du nouvel Hospadar, vous avez, à cette occasion solennelle, rendu à votre patrie d'importants services dont elle conservera à jamais le souvenir avec amour et reconnaissance. Par la sagesse des dispositions que vous avez adoptées, par votre fermeté et vos salutaires exhortations, vous avez su prévenir les dangereux écarts auxquels l'esprit d'intrigue, les passions et les rivalités de partis auraient pu si facilement entraîner cette Assemblée.

L'ordre parfait et la régularité qui ont caractérisé les opérations électorales, ainsi que l'heureux résultat qui les a couronnées, ont fourni à l'Empereur un double motif de satisfaction. D'une part, la nation valaque a prouvé, par le fait, qu'elle savait jouir de la précieuse prérogative qui lui est accordée d'élire elle-même le chef du gouvernement; de l'autre, les qualités éminentes, le caractère noble et loyal, les lumières et les talents du boyard auquel le suffrage de la nation a décerné l'Hospodorat, promettent à la Valachie une administration propre à assurer son bien-être et sa prospérité, qui inspirent une si vive sollicitude à l'Auguste Protecteur de cette Principauté.

Mais pour que le nouvel Hospodar puisse réaliser les espérances que la Valachie rattache à son administration, il aura besoin du concours unanime de tous ceux qui ont à cœur les vrais intérêts de leur pays. Plus que tout autre, Monseigneur, vous êtes à même, par les hautes fonctions dont vous êtes revêtu, de prêter un puissant appui à l'autorité princière, et, pénétré, comme vous l'êtes, des devoirs que vous imposent votre sainte vocation et les attributions politiques qui vous sont dévolues par le règlement organique, vous ne manquerez pas, l'Empereur en est convaincu, d'user de toute votre influence pour seconder le Prince Bibesco dans l'accomplissement de la tâche laborieuse qui lui est assignée, et qui réclame toute l'énergie de son caractère et une activité infatigable. Les services signalés que vous avez déjà rendus à votre patrie nous donnent la mesure de ceux qu'elle peut attendre encore de votre dévouement et du zèle éclairé qui vous anime pour les intérêts de l'Église et de l'État.

Désirant vous offrir un témoignage ostensible de sa haute estime et de sa bienveillance particulière, l'Empereur a daigné accorder à Votre Éminence une image ornée de diamants que M. Daschkoff aura l'honneur de lui remettre au nom de Sa Majesté Impériale.

Je me félicite d'avoir à vous annoncer, Monseigneur, cette faveur souveraine que vous avez si justement méritée, et je saisis avec empressement cette occasion de me recommander à vos saintes prières et de vous réitérer l'assurance de ma haute considération.

Signé : Comte DE NESSELRODE.

S. Exc. le général Duhamel, à S. A. S. le Prince Bibesco.

Le général félicite le Prince de son élection. Il y voit un **gage de** prospérité et de bonheur pour la Valachie.

Paris, 24 avril/6 mai 1843.

MON PRINCE,

La lettre que Votre Altesse a bien voulu m'adresser sous la date du 10/22 mars m'est exactement parvenue à Paris et m'a causé un bien vif plaisir.

Vous ne vous trompez pas, mon Prince, en supposant que je continue à m'intéresser au sort de votre patrie, et je vous assure que, depuis mon départ de Bucarest, et malgré les voyages continuels que j'ai faits depuis lors, j'ai suivi dans les feuilles publiques, non seulement avec intérêt, mais quelquefois même avec un sentiment mêlé d'anxiété, toutes les phases des divers événements dont la Valachie a été le théâtre.

D'après les sentiments d'estime et de haute considération que vous me connaissez pour la personne de Votre Altesse, je n'ai pas besoin de dire que je me suis sincèrement réjoui en apprenant votre élection; elle est, j'en ai la douce certitude, un gage de prospérité et de bonheur pour la Valachie, et elle prouve, selon moi, ce dont on avait douté jusqu'ici, que les Valaques ne sont point au-dessous des institutions que le général Kisseleff a données aux deux Principautés, et que si tout n'est pas toujours allé comme on avait été en droit de l'attendre, ce n'est pas aux institutions en elles-mêmes qu'il faut s'en prendre, mais bien à l'homme qui, dirait-on, n'avait en vue que de les vicier.

Il m'est bien agréable, mon Prince, d'apprendre que les Valaques ne m'ont pas complètement oublié, et puisque ma mission en Valachie a eu des résultats favorables au bien-être de votre pays, je ne regrette plus de l'avoir acceptée, quoique, comme vous savez, elle m'a dans le temps dérangé sous plus d'un rapport. Il est si rare dans la vie d'être en position de faire le bien, que l'on ne peut jamais assez apprécier les circonstances qui nous en fournissent l'occasion.

J'ai l'honneur d'être, avec la plus haute considération, mon Prince, de Votre Altesse le très humble et très obéissant serviteur.

Signé : Général A. DUHAMEL.

S. Exc. le général Kisseleff, à S. A. S. le Prince Bibesco.

1ᵉʳ mai 1843.

MON PRINCE,

J'ai reçu la lettre que vous m'avez fait l'honneur de m'écrire en date du 22 octobre, et, plus exact que je ne l'ai été jusqu'ici, je m'empresse d'y répondre, non pour vous offrir des consolations, mais pour vous dire que, tout en différant avec vous sur le système d'administration qui convient à la Valachie, je n'ai jamais partagé les accusations de vos adversaires sur vous et vos intentions personnelles ; je vous savais et vous sais trop homme d'honneur pour vous avoir cru capable d'avoir pu oublier vos devoirs envers votre pays, et si les hommes auxquels vous avez accordé votre confiance en ont méchamment abusé pour indisposer contre vous vos compatriotes et pour vous placer dans un jour défavorable, c'est sur eux qu'en doit retomber le blâme, tandis que vous, mon Prince, déplorez sans doute l'obstination que vous avez mise à les soutenir, en dépit de tous les avertissements qui vous ont été donnés.

Du reste, mon Prince, veuillez bien vous persuader que mes sentiments personnels pour vous n'ont changé en rien, et si je puis vous être utile en quelque chose, j'espère que vous disposerez de moi avec toute la confiance que doivent vous inspirer nos anciens rapports.

Agréez, je vous prie, mon Prince, l'expression réitérée de mes sentiments les plus distingués et de ma parfaite considération.

Signé : Comte KISSELEFF (1).

S. Exc. le général comte Kisseleff,
à S. A. S. le Prince Bibesco.

Le comte exprime au Prince sa gratitude envers l'Assemblée générale de Valachie, qui a voté à l'unanimité les fonds nécessaires pour l'érection

(1) Cette pièce se trouve jointe à la dépêche politique n° 102 de M. Billecoq à M. Guizot, 9 mai 1843.

d'un monument destiné à conserver la mémoire de son administration. Il s'excuse de ne pouvoir pas accepter, et il émet le vœu que les fonds votés puissent être affectés à une œuvre d'utilité publique.

Saint-Pétersbourg, 7 juin 1843.

Mon Prince,

Monsieur le vice-chancelier, comte de Nesselrode, vient de m'informer, par une communication officielle, que, sur la proposition de Votre Altesse, l'Assemblée générale ordinaire de la Valachie a voté à l'unanimité les fonds nécessaires pour l'érection d'un monument destiné à conserver la mémoire de mon administration. Profondément touché de ce nouveau témoignage de vos sentiments, mon Prince, et de ceux de l'Assemblée, je ne puis néanmoins que me référer aux observations que j'ai cru devoir faire sur ce sujet au Prince Ghyka dans ma lettre du 22 avril de l'année dernière. Aujourd'hui, comme alors, ma conscience me défend d'accepter un pareil hommage, quelque prix qu'il ait à mes yeux comme l'expression de l'attachement des Valaques et de leur désir de consacrer à tout jamais le souvenir d'une époque où la haute confiance de mon Souverain, l'auguste protecteur des Principautés, m'avait appelé à servir d'organe et d'instrument à ses vues magnanimes. J'ose en conséquence prier Votre Altesse de vouloir bien se constituer auprès de l'Assemblée l'interprète de ma gratitude et de ne pas lui laisser ignorer les motifs qui me portent à décliner l'honneur qui m'avait été réservé.

Quant à l'emploi des fonds votés, s'il m'était permis d'émettre un vœu à cet égard, ce serait celui qu'ils pussent servir à quelque objet d'utilité publique pour la ville de Bucarest, où j'ai eu le bonheur de recueillir tant de marques de l'affection des habitants. L'accomplissement m'inspirerait la plus sincère reconnaissance, car j'y verrais une nouvelle preuve de cette affection que je m'estime heureux d'avoir pu mériter.

Je ne saurais terminer sans remercier vivement Votre Altesse du souvenir qu'Elle me garde personnellement, et dont Elle vient de me donner un témoignage si flatteur à la fois et si éclatant.

Veuillez bien, en même temps, agréer l'assurance réitérée de la haute considération avec laquelle j'ai l'honneur d'être, mon Prince, de Votre Altesse le très humble et très obéissant serviteur.

Signé : Comte DE KISSELEFF.

---

*S. Exc. le général comte Kisseleff,
à S. A. S. le Prince Bibesco.*

Le comte traite plusieurs questions; il expose sa manière de voir sur le prétendu changement de destination de M. Daschkoff; sur l'envoi de jeunes Roumains dans les écoles militaires russes; sur la nomination faite par le Prince Bibesco, de son frère Stirbei au poste de l'intérieur; sur l'énergie et les sacrifices que les circonstances présentes réclament de Son Altesse; sur l'achat d'armes projeté par le Prince.

Revenant sur la question du monument que le pays veut lui élever, il dit qu'il serait heureux que les fonds votés fussent employés à la construction d'une chaussée, d'une fontaine, d'un pont.

Peterhoff, 14 juin 1843.

MON PRINCE,

J'ai reçu les deux lettres du 15 et du 17 mai que Votre Altesse m'a fait l'honneur de m'écrire.

Je me suis entendu avec le comte de Nesselrode sur la prétendue destination de M. Daschkoff, et je m'empresse de vous assurer qu'il n'y a rien qui puisse faire croire à son prochain départ de Bucarest. Il serait certainement injuste de le garder au poste qu'il occupe sans penser à l'avancement auquel ses services et son mérite lui donnent des droits réels; mais, d'une autre part, sa présence en Valachie étant reconnue nécessaire, le vice-chancelier ne pense pas lui donner une autre destination, d'autant plus qu'il n'y a pas même de vacances en vue qui pourraient lui convenir et lui offrir la possibilité d'être plus utile qu'il ne l'est en ce moment.

Pour ce qui concerne l'envoi de vos militaires et l'achat des armes en Russie, je me suis empressé de porter vos désirs à la connaissance de S. M. l'Empereur, et d'après ses ordres, je m'entendrai avec le ministre de la guerre pour faciliter de la manière la plus avantageuse l'accomplissement de vos désirs. Dès que j'aurai les renseignements qui me sont nécessaires, je me ferai un devoir de vous en écrire d'office.

Pour le moment, je crois devoir vous dire que, pour assurer d'une manière plus positive les règlements militaires de la milice, il serait effectivement nécessaire de placer « en qualité de pensionnaires » quelques jeunes gens dans nos corps de cadets qui font de bonnes études et sont bien préparés pour le service militaire. L'entretien de chacun de ces pensionnaires ne dépasse pas, « je pense », six cents roubles, en assignats par an, et en en envoyant par deux ou trois chaque année, vous aurez, au bout de quatre ou cinq ans, une sortie périodique annuelle de même nombre. — Si vous goûtez cette idée, veuillez m'en écrire, et je me ferai un plaisir de solliciter pour les gentilshommes valaques cette faveur exceptionnelle.

La nomination de votre frère Stirbei au poste de vornic de l'intérieur a été consentie. Je ne vous cache pas que c'est à moi que vous devez les conseils qui vous ont été offerts par le consul général; j'avais pensé et je pense encore que l'exemple est trop récent pour être suivi, que vos ennemis — car vous en avez — profiteront de cette circonstance pour jeter les hauts cris et vous donner des embarras dans le pays et hors du pays. — Vous concevez parfaitement, mon Prince, que je ne mets pas en parallèle Stirbei avec Michel Ghyka, mais j'y vois le frère de l'Hospodar, et, par conséquent, une partialité naturelle en faveur des actes du vornic qui, en Valachie, d'après le règlement organique, est la cheville ouvrière de l'administration. Dès que vous avez insisté sur cette nomination, j'étais d'avis de vous la concéder, car, avant tout, il faut vous donner les moyens de lutter avec les embarras que nécessairement vous trouverez sur votre chemin, surtout avec vos intentions droites et le désir d'asseoir votre Gouvernement sur les principes immuables de la légalité et de la justice. A l'heure qu'il est, je pense que notre bon Stirbei est en plein travail et qu'il gémit sur le cloaque que ses prédécesseurs lui ont laissé, mais qu'il prenne courage et qu'il fasse comme il a fait toujours, — loyalement et avec l'espoir d'un meilleur avenir pour son pays qui réclame vos peines, votre amour, et je dirai vos sacrifices. Ce dernier mot sera peu compris par la généralité; mais plus vous avancerez dans la haute région des affaires et plus vous sentirez combien, en gouvernant les hommes, ces sacrifices sont de tous les instants et combien il faut avoir de vertu et de constance pour poursuivre la tâche que l'on s'est faite sans lassitude et découragement.

Ce que je puis vous certifier, c'est que vous trouverez dans le Ministère impérial tout l'appui que vous pouvez désirer avoir. Les intrigues dont vous parlez et qui ne feront qu'augmenter ne peuvent et ne doivent pas vous donner de souci, quant à votre position vis-à-vis de la Cour protectrice. Vos talents, vos opinions et vos principes étant connus et appréciés, vous n'avez rien à redouter du dehors, et quant à l'intérieur, c'est avec une volonté ferme qu'on vient à bout des malveillants; il faut être fort avant tout, et puis la popularité viendra de soi-même; mais si le désir de l'acquérir vient avant tout, il faut d'avance renoncer à tous les bons résultats d'une administration juste et sage.

Après vous avoir parlé de vos affaires, permettez-moi de vous entretenir des miennes. — J'ai été profondément touché de la démarche qu'il vous a plu de faire près de l'Assemblée ordinaire à l'égard du monument qu'elle s'était proposé d'élever en commémoration du Gouvernement provisoire. J'avais répondu là-dessus au Prince Ghyka, et maintenant, je vous écris, mon Prince, officiellement que cette ovation ne convient pas aux vivants et que je vous supplie d'employer les sommes votées, non pour l'érection d'une statue, mais pour un objet d'utilité publique. Une fontaine, un pont, une chaussée ou toute autre chose utile serait un monument que j'accepterais avec reconnaissance, dans la persuasion que ces bons Valaques en profiteront et se rappelleront, par son utilité même, du principe dont j'ai fait la base de mon administration. Vous voyez que cette apparente modestie cache au fond une pensée orgueilleuse, — mais que j'aime à avouer, et que j'avoue avec orgueil. — L'estime et l'affection des hommes avec lesquels on a vécu; cette popularité que l'on doit, non aux concessions et à la faiblesse, mais à des actes utiles et loyaux, confirmés par l'épreuve du temps, est assurément la récompense la plus belle et la plus désirable pour l'homme qui s'est voué à la rude tâche de conduire à bien l'administration de toute une population. — Les Valaques me donnent ce témoignage. J'en suis fier et je l'accepte avec une sincère et profonde reconnaissance. Mais je le désire autre dans son application, et vous ne me refuserez pas la douce satisfaction que mon souvenir n'offusque personne et se résume par un objet d'utilité pour tous.

Je vais faire un voyage dans les provinces du Nord et je pense revenir à la fin du mois de septembre. Si vous avez à m'écrire sur les questions qui nous occupent, veuillez adresser vos lettres comme par le passé à Saint-Pétersbourg; elles me parviendront régulièrement.

Permettez-moi de ne point me servir dans cette correspondance, toute de cœur et d'intimité, de la formule ordinaire que je réserve pour les lettres officielles et qui me gâterait tout le plaisir que j'ai de causer avec vous. Que Dieu vous aide dans votre tâche, — elle est difficile, — mais elle sera d'autant plus glorieuse, lorsque le succès couronnera vos nobles efforts; je n'en doute pas en mon particulier, car il faut vouloir pour pouvoir; le passé le prouve et vous en donnerez une preuve de plus à l'histoire.

Signé : KISSELEFF (1).

Vous savez que je suis avare de recommandations, mais je ne puis m'empêcher de vous prier d'être bienveillant pour Gramont, que je vous confie. De plus, je demande votre protection, mon Prince, pour la veuve de mon vieil arnaout Dimitri qui, dit-on, se trouve dans la gêne.

Kretzoulesco m'avait demandé une lettre pour vous; je l'ai refusée en lui donnant une recommandation pour le consul; je l'ai fait, comme je le ferai par la suite, pour éviter des embarras mutuels, mais je suis, en cette occasion, charmé de pouvoir vous assurer, mon Prince, que Kretzoulesco, tout naïf qu'il paraît être, s'est fort bien conduit ici et que je le crois à même de vous être utile.

Tout en vous occupant de l'achat des armes, il serait bon, à mon avis, de réparer les anciennes, et, pour cela, je pense qu'en faisant venir un bon armurier de Hongrie et en établissant un atelier avec de jeunes Bohémiens pour ouvriers, vous prépareriez

---

(1) Cette lettre est charmante d'abandon, de simplicité, de modestie ; elle est riche en conseils. Les questions que le comte Kisseleff y traite, — l'éducation militaire à donner à quelques Roumains à Saint-Pétersbourg, l'achat de fusils à faire en Russie, — nous montre clairement la politique du Prince à l'égard de ses grandes voisines. Il fait en sorte de les ménager toutes : nous l'avons vu prendre ses architectes et ses ingénieurs en Autriche, y commander les drapeaux et les fanions des troupes roumaines; à la France, — il a déjà placé ses fils en pension à Paris, — il demandera ses professeurs pour le collège qu'il doit créer; de la Russie, — prête à donner accès dans ses corps de cadets à la jeunesse roumaine, — il attend une partie de l'armement des troupes.

Nous n'avons pas retrouvé la lettre du Prince à laquelle répond celle du comte Kisseleff.

une réserve d'armes qui vous fera ménager celles que vous pensez acquérir de Russie. Ces armes remises aux miliciens pour le service ordinaire, seront de nouveau hors de service en cinq ou six ans.

Vous ne m'en voudrez pas, mon Prince, du désordre de cette lettre; je l'écris avec plaisir, mais au milieu de beaucoup d'affaires que j'ai sur les bras et du fracas de Peterhof, où je passe la belle saison. Encore une fois adieu, et que le ciel vous protège et sanctionne vos œuvres!

S. A. S. le Prince Stourdza, à S. A. S. le Prince Bibesco.

Le Prince Michel Stourdza répond au Prince G. Bibesco qu'il se tient à sa disposition pour une entrevue à Galatz ou à Focsani, au jour qu'il arrêtera.

Juillet 1843.

PRINCE,

Au moment où j'ai reçu votre lettre obligeante, je faisais mes préparatifs de départ pour me rendre dans la haute Moldavie, où je comptais prendre quelques bains indispensables à ma santé.

Le plaisir que j'ai de vous voir, cher et bien-aimé frère, m'a cependant déterminé d'ajourner pour le moment ce projet, préférant aller à Galatz pour profiter des deux journées d'entretien que Votre Altesse veut bien consacrer à notre entrevue.

Comme je ne connais point d'intermédiaire entre cette ville et Braïla, qui puisse nous convenir, je crois ne pas abuser de votre obligeance en vous proposant la ville de Galatz pour lieu de rencontre. Mieux vaudrait encore, si cette combinaison vous convenait, de désigner à cette fin la ville de Focsani, d'autant plus que Votre Altesse ne se propose pas de s'embarquer à **Braïla** pour se rendre à Constantinople.

Si Elle veut bien agréer une de ces propositions, je la **prierais** de m'en informer le plus tôt possible pour que je puisse **fixer à** point nommé le jour où je pourrai me trouver à Galatz ou à **Foc-**sani en Moldavie, suivant les convenances de Votre Altesse.

Veuillez, Prince et frère bien-aimé, accepter l'assurance de l'attachement avec lequel j'ai l'honneur d'être, de Votre Altesse Sérénissime, le très humble et très obéissant serviteur.

Signé : M. STOURDZA.

S. A. R. le Prince Albert de Prusse,
à S. A. S. le Prince Bibesco (1).

S. A. R. le Prince Albert de Prusse remercie le Prince Bibesco de l'accueil qu'il a reçu pendant son séjour en Valachie, et il transmet à Son Altesse les remerciements du Roi Frédéric-Guillaume, son frère.

Berlin, 10 septembre 1843.

MON PRINCE,

J'ai tardé jusqu'à aujourd'hui pour renouveler à Votre Altesse mes sincères remerciements pour toutes les bienveillantes prévenances dont j'ai été l'objet pendant mon séjour en Valachie. Je

---

(1) Nous publions cette lettre et les quatre qui suivent, à cause des sympathies qui s'en dégagent en faveur du pays roumain et de celui qui le gouverne ; et aussi parce qu'elles témoignent du souci du Prince de ne négliger aucune occasion pour faire bien venir son pays des Puissances étrangères.

Si nous n'avons pas suivi, pour cette correspondance avec le Roi de Prusse et le Prince Albert, l'ordre chronologique, c'est que les cinq lettres dont elle se compose ne se rattachent à aucune question politique.

n'ai pas pu assez me louer, auprès du Roi mon frère, de votre aimable réception et de votre hospitalité. Sa Majesté m'a également chargé de ses remerciements pour vous.

Sa Majesté a donné l'ordre que les insignes de sa décoration de l'Aigle-Rouge de première classe soient remis à Votre Altesse, et je suis charmé d'être le premier à vous en faire mes félicitations.

Me trouvant au milieu des grandes manœuvres et des fêtes, vous voudrez bien excuser ces lignes tracées à la hâte.

Veuillez, à cette occasion, agréer l'assurance de ma plus haute considération.

Signé : ALBERT, Prince de Prusse.

---

*S. M. Frédéric-Guillaume, Roi de Prusse,
à S. A. S. le Prince Bibesco.*

Le Roi de Prusse témoigne sa reconnaissance au Prince Bibesco pour l'accueil fait, en Valachie, à son bien-aimé frère le Prince Albert.

Sans-Souci, 19 septembre 1843.

MONSIEUR LE PRINCE HOSPODAR,

Au retour de son voyage en Orient, mon bien-aimé frère, le Prince Albert, m'a rendu compte de l'accueil obligeant que vous lui avez fait pendant son séjour en Valachie, et des facilités qu'il y a trouvées pour visiter les divers établissements publics de cet intéressant pays. J'éprouve un véritable plaisir, Monsieur le Prince Hospodar, à vous en témoigner toute ma reconnaissance, et je saisis volontiers cette occasion pour vous offrir comme un gage de mon estime l'ordre de l'Aigle-Rouge de première classe, dont mon consul général, le conseiller intime de justice Neigebauer, est chargé de vous remettre les insignes.

Sur ce, je prie Dieu qu'il vous ait, Monsieur le Prince Hospodar, en sa sainte et digne garde.

Signé : FRÉDÉRIC-GUILLAUME.

S. A. R. le Prince Albert de Prusse,
à S. A. S. le Prince Bibesco.

S. A. R. le Prince Albert de Prusse revient sur les souvenirs de l'accueil qu'il a reçu de Son Altesse, pendant son séjour à Bucarest.

Nice, 20 octobre 1844.

MONSEIGNEUR,

C'est ici, à Nice, que l'aimable lettre de Votre Altesse m'est parvenue. Je suis donc, à mon plus grand regret, hors d'état d'être, — eu égard à votre dépêche adressée au Roi mon frère, — l'interprète de vos sentiments, le ministre baron de Bulow l'ayant retenue à Berlin pour la remettre lui-même à Sa Majesté.

Toutefois, je garderai toujours un souvenir agréable de vos bontés et de l'accueil charmant que vous avez bien voulu me faire pendant mon séjour à Bucarest.

Veuillez, Monseigneur, agréer l'assurance de mon amitié.

Signé : ALBERT, Prince de Prusse.

S. A. R. le Prince Albert de Prusse,
à S. A. S. le Prince Bibesco.

Le Prince Albert se montre profondément touché d'une attention que le Prince Bibesco a eue pour Son Altesse.

Berlin, 12 mars 1845.

MON PRINCE,

Je viens de recevoir le magnifique cadeau que Votre Altesse a eu l'extrême bonté de m'envoyer. En ouvrant la pompeuse boîte, je ne saurais vous exprimer, Monseigneur, la joie que j'ai ressentie en reconnaissant l'ingénieuse délicatesse que Votre Altesse a cachée sous son beau dehors. Je ne puis rien vous dire de plus, car les paroles me manquent pour bien faire comprendre à Votre Altesse combien je suis touché de cette incroyable et tendre attention. Je voudrais avoir bientôt une occasion pour vous prouver d'une autre manière que par des paroles seulement, ma reconnaissance si vraie, si bien sentie.

Veuillez, en attendant, agréer l'assurance de mon amitié; je n'oublierai de ma vie l'aimable surprise que vous m'avez causée.

Signé : ALBERT.

S. A. R. le Prince Albert de Prusse,
à S. A. S. le Prince Bibesco.

Le Prince Albert répond par une gracieuseté au souvenir que lui a fait parvenir la Princesse Bibesco.

Berlin, 30 septembre 1846.

MON PRINCE,

Votre aimable lettre du 22 août, accompagnée de la charmante surprise de Madame la Princesse votre épouse, m'a causé un extrême plaisir.

Il n'y a rien au monde qui fait tant de joie que la preuve de ne se voir pas oublié des personnes qui nous sont chères.

Je vous prie de mettre aux pieds de la Princesse la ci-jointe bagatelle que j'ai choisie pendant mon séjour à Dresde.

Mon plus vif désir, que j'espère réaliser tôt ou tard, est d'offrir, une fois, personnellement à vous et à Madame la Princesse, mes remerciements.

En attendant, je vous prie de vouloir bien présenter mes respects à Madame la Princesse, et agréer l'assurance de ma plus haute considération.

Signé : ALBERT, Prince de Prusse.

S. A. R. le Prince Albert de Prusse,
à S. A. S. le Prince Bibesco.

Son Altesse Royale envoie au Prince Bibesco, *comme marque de son amitié et du souvenir reconnaissant qu'elle* conserve pour les *bontés de Son Altesse,* quelques échantillons de l'équipement de l'armée prussienne et un mémoire à l'appui.

Berlin, 28 septembre 1846.

MON PRINCE,

C'est avec un bien grand plaisir que je saisis l'occasion du départ de M. de Richtoven comme consul général près de Votre Altesse, pour vous envoyer quelques échantillons de l'équipement de l'armée prussienne. Veuillez les accepter comme une légère marque de mon amitié et du souvenir reconnaissant que je porte aux bontés dont Votre Altesse m'a comblé durant le séjour intéressant et agréable que j'ai fait dans vos États.

L'intérêt que vous m'avez montré pour les institutions militaires de mon pays m'a fait joindre un mémoire sur l'organisation, la force et l'équipement de son armée. Ce mémoire, quoique bien loin d'être complet, sera peut-être en état de donner à Votre Altesse un aperçu général suffisant pour vous engager à me faire connaître tous les objets sur lesquels des renseignements plus détaillés pourraient vous être agréables.

Agréez, s'il vous plaît, l'assurance de mon amitié sincère.

Signé : ALBERT, Prince de Prusse.

S. A. S. le Prince Bibesco, à S. A. S. le Prince Stourdza.

Le Prince Bibesco appelle l'attention du Prince de Moldavie sur l'hétairie bulgare qui se complique de la propagande grecque *à laquelle viennent s'adosser toutes les ambitions et tous les mécontentements personnels*. Il prie Son Altesse de lui prêter son concours dans le but de mettre la main sur les chefs du complot, estimant, — qu'en pareille circonstance, — les deux Gouvernements *se doivent aide et assistance mutuelles*. — Le Prince félicite le Prince de Stourdza du résultat de son entretien avec M. Daschkoff (1).

Bucarest, 19 octobre 1843.

Je saisis avec empressement le retour de M. Beldimano pour réitérer à Votre Altesse l'assurance de mon attachement fraternel. Je vous épargnerai, Prince, tout détail sur les tribulations et le résultat de mon voyage. M. Beldimano les connaît assez pour en donner connaissance à Votre Altesse, en cas où elle désirerait les apprendre. J'appellerai, toutefois, de nouveau son attention sur l'hétairie bulgare qui se complique par la propagande

(1) Voir HURMUZAKI.

grecque, et à laquelle viennent s'adosser toutes les ambitions et tous les mécontentements personnels. Ibraïloff et Galatz sont deux de ses principaux foyers. Votre Altesse aura sans doute appris la découverte du complot qui se tramait dans la première de ces deux villes. Cependant, un grand nombre de complices se trouvent aussi à Galatz. On vient de nous dénoncer entre autres un Bulgare nommé Stanciu, que l'administration de cette dernière ville a refusé de remettre entre les mains de l'administrateur d'Ibraïloff. Je vous prierai donc, Prince, de vouloir bien faire donner des ordres qu'en pareille circonstance les deux administrations se donnent aide et assistance mutuelles, comme de mon côté je l'ai fait. La remise de ce Stanciu est indispensable pour être confronté avec ses accusateurs.

Je vous félicite, Prince, sur les bons résultats de votre entrevue avec M. Daschkoff. Je m'y attendais; c'est un homme si droit et si loyal. Je ne dois pas toutefois vous cacher, Prince, en frère et ami, qu'il y a encore contre vous bien des préventions et que vous avez des ennemis acharnés. Avec les talents et la prudence dont Votre Altesse est douée, elle parviendra sans doute à rendre toute machination inutile; mais il faut qu'elle soit sans cesse sur ses gardes pour ne pas se laisser entraîner un seul instant hors de la voie droite, car la moindre déviation donnerait un crédit et un ascendant immense à ses ennemis. Quant à moi, vous pouvez compter, Prince, en toute occasion où je pourrai vous être de quelque utilité, comme sur le meilleur des frères.

Permettez-moi, Prince, de vous réitérer ma prière relativement à mon beau-frère. Je n'aime pas être importun, mais il est tellement affecté d'avoir échoué tant de fois dans ses espérances, que je ne puis pas lui refuser ma médiation auprès de Votre Altesse. Je vous avouerai même que je ne crois pas qu'il y ait quelque inconvénient, si elle lui confiait le département de la justice pour l'essayer. S'il fait bien, Votre Altesse le gardera; sinon, elle le renverra; mais du moins il n'aura plus le droit de se plaindre. Peut-être même, par l'activité qu'il met dans ses poursuites, il pourra vous être utile. L'essentiel dans tous les cas est de le détacher du parti qui s'en sert avec quelque avantage pour augmenter le nombre des mécontents.

Recevez encore une fois, Prince, l'assurance de ma haute considération et de l'attachement fraternel avec lequel je suis, de Votre Altesse, le très humble serviteur et frère bien-aimé.

Signé : G. BIBESCO.

S. A. S. le Prince Bibesco, à S. A. S. le Prince Stourdza.

Le Prince Bibesco recommande au Prince M. Stourdza, d'une façon toute spéciale, M. Piccolo, membre correspondant de l'Université de Moldavie (1).

2 janvier 1844.

PRINCE ET CHER FRÈRE,

Je saisis avec empressement le départ de M. Daschkoff pour me rappeler au précieux souvenir de Votre Altesse et pour lui souhaiter toutes sortes de prospérités à l'occasion de la nouvelle année.

Permettez-moi, Prince, de vous recommander les intérêts d'un ami commun. Piccolo jette des cris de détresse, ayant appris qu'on allait le priver de la pension qu'il doit à la générosité de Votre Altesse, en qualité de membre correspondant de l'Université moldave. C'est un homme d'un haut mérite et d'une honnêteté rare, dont les services, et j'oserai même dire l'amitié, ne sont pas à dédaigner. Indépendamment de cette considération,

(1) Voir HURMUZAKI.

de hauts personnages s'intéressent à lui. Je n'ose pas me compter parmi ceux-ci, mais je ne vous cacherai pas, Prince, que je serais extrêmement fâché si Votre Altesse était privée d'un aussi fidèle serviteur, et l'Université moldave d'un aussi digne représentant.

Agréez, cher Prince, l'assurance de ma haute considération et de l'attachement sincère avec lequel j'ai l'honneur d'être, de Votre Altesse, le très humble serviteur et très dévoué frère.

Signé : G. BIBESCO.

M. Philippsborn, agent du Gouvernement valaque auprès du Gouvernement autrichien, à S. A. S. le Prince Bibesco.

A propos d'une ordonnance rendue par le Gouvernement sur l'emploi de la langue hongroise, que les Hongrois avaient espéré voir proclamer langue diplomatique.

Vienne, 20 novembre 1843.

MONSEIGNEUR,

Depuis longtemps, il y a contestation entre les États de Hongrie sur l'emploi de la langue hongroise, contestation qui s'est élevée de nouveau dans la Diète réunie depuis huit mois à Presbourg. Le Gouvernement, pour mettre un terme aux débats que cette question a soulevés, a jugé à propos de faire paraître une ordonnance par laquelle on donnerait le loisir aux députés non Magyars de s'exprimer et de défendre les intérêts de leurs commettants en langue latine ou hongroise, ainsi que l'usage consacré par le temps, le veut. — L'ordonnance a été communiquée dans une des dernières séances de la Diète, sa lecture y a produit une profonde impression. On espérait que la langue hongroise serait proclamée langue diplomatique pour le pays dans un temps qui aurait été déterminé à cette fin, on n'en doutait même pas, mais il n'en a pas été ainsi! Le Gouvernement ne pouvait guère agir autrement, il avait la double mission de prévenir un abus, de débarrasser la Diète d'une question qui la préoccupait exclusivement et sans utilité aucune pour le bien de la nation. Il faut voir où cela mènera, il se peut que la dissolution des Chambres en soit la suite, si les intentions du Gouvernement sont méconnues, intentions paternelles qui visent à protéger tous les intérêts, tous les droits acquis.

Je suis avec le plus profond respect, Monseigneur, de Votre Altesse le très humble et très obéissant serviteur.

Signé : PHILIPPSBORN.

M. Philippsborn, à S. A. S. le Prince Bibesco.

A propos de la démarche du Cabinet de Berlin faite à la suite des événements survenus en Grèce et qui ont compromis la situation du Roi Othon. — Changement de politique de ce cabinet en présence de l'attitude des Grandes Puissances.

Vienne, 21 novembre 1843.

MONSEIGNEUR,

La première démarche que le Cabinet de Berlin a faite pour se présenter sur le théâtre des négociations et faire valoir son influence n'a pas été heureuse, on en a été blessé à Paris, on s'en est étonné à Londres ; M. Guizot s'est demandé de quelle autorité le Cabinet prussien vient se mêler d'une affaire telle que celle de la Grèce, dont à Berlin on s'est abstenu, jusque-là, d'articuler seulement le nom, et de quel droit on se permet de déverser le blâme, non seulement sur les auteurs des désordres du 15 septembre, mais également sur les délégués des Puissances qui ne se lassèrent pas d'en amoindrir les effets, d'en détourner les dangers auxquels le Roi Othon et son auguste épouse ont été exposés. — En effet, le Cabinet de Berlin qui, comme j'ai eu l'honneur de le marquer dans ma dépêche du 30 octobre, a été vivement ému à la nouvelle des événements de la Grèce et avait conçu le ressentiment le plus amer contre les meneurs de ces troubles, y a donné cours. — Croyant qu'il y avait lieu d'attribuer, en quelque sorte, à la participation des agents étrangers, — ou du moins à leur indifférence pour les intrigues qui se jouaient sous leurs yeux, — l'audacieuse entreprise du 15 septembre, il exigea que ces agents fussent désapprouvés hautement. Il proposait de les faire rappeler et de suivre ainsi l'exemple donné par S. M. l'Empereur de Russie. Pour mieux appuyer cette demande, il s'est mis à critiquer la conduite des représentants étrangers à la Cour d'Athènes, à interpréter même leurs intentions d'une manière si peu flatteuse que M. Guizot s'est cru en devoir de prendre leur défense.

Il aurait été fort difficile pour ce ministre d'en agir autrement : ayant approuvé M. Piscatori d'avoir bien saisi la question, de s'être distingué par sa tenue calme et imposante, il fallait le soutenir, prendre même sous son égide les collègues de M. Piscatori, dont la conduite n'a différé en rien de celle de cet envoyé. Le Cabinet de Vienne, toujours prévoyant et conciliant, s'empressa d'en atténuer l'effet. Ses efforts ne sont pas restés infructueux. S. M. le Roi de Prusse a consenti à ce que M. Brassier de Saint-Simon continuât, comme par le passé, à le représenter à Athènes et s'est plu à reconnaître qu'il y allait de l'intérêt du Roi Othon de n'opérer aucun changement, pour le moment du moins, dans le personnel du corps diplomatique accrédité auprès de ce Prince, malgré qu'il eût préféré faire supprimer toute espèce de représentation de la part des Puissances en Grèce. Il aurait même appris avec satisfaction que le Roi Othon s'était décidé à renoncer au pouvoir; mais puisqu'il en a jugé autrement, S. M. le Roi de Prusse fait trêve à ses sentiments et veut bien secourir son auguste neveu par tous les moyens qui sont en son pouvoir, le maintenir et le dégager de la position pénible dans laquelle il vient d'être placé. Point de réaction, mais plus de concessions, c'est la devise qu'il lui conseille d'adopter en prenant l'engagement de la défendre partout et contre qui que ce soit.

Mais Sa Majesté Prussienne ne saurait disconvenir que pour bien servir la cause de son auguste parent, il faut essentiellement marcher d'un pas égal avec l'Autriche, et sa condescendance récente prouve qu'il s'est familiarisé avec cette idée.

Je suis avec le plus profond respect, Monseigneur, de Votre Altesse le très humble et très obéissant serviteur.

Signé : PHILIPPSBORN.

S. Exc. Rifaat, Ministre des affaires étrangères de Turquie, à S. A. S. le Prince Bibesco.

S. Exc. Rifaat pacha félicite le Prince Bibesco d'être parvenu à surmonter les difficultés de la situation. Il fait savoir à Son Altesse que la Porte a envoyé en Bulgarie et en Albanie des commissaires chargés de missions importantes.

Constantinople, 1er décembre 1843.

MON PRINCE,

C'est avec beaucoup de plaisir que j'ai reçu la lettre que vous avez bien voulu m'adresser sous la date du 13 novembre.

Quoique nos rapports ne datent pas de longtemps, ils ont cependant fait naître, entre nous, une amitié sincère ; aussi est-ce avec impatience que j'attendais d'apprendre la nouvelle de votre heureuse arrivée à Bucarest.

Je suis très sensible, mon Prince, aux marques de confiance et d'amitié que vous avez bien voulu me donner par cette lettre, et qui sont de nature à resserrer davantage les liens d'intimité qui nous unissent.

Le contenu de cette lettre est également de nature à me convaincre des efforts que vous avez consacrés au maintien de la tranquillité des pays que vous êtes appelés à administrer.

Le zèle que vous avez mis à faire échouer les menées coupables de certains fauteurs de troubles et à rétablir le bon ordre dans les pays confiés à votre sage administration n'a fait que nous confirmer davantage dans cette conviction.

Grâce à l'administration d'un Prince aussi habile et aussi éclairé que vous, le bon ordre et la tranquillité ne cesseront pas, nous en sommes sûrs, de régner dans les pays confiés à vos soins, et, sous ce rapport, nous n'avons rien à désirer.

Je me suis fait un devoir de porter le contenu de votre lettre à la connaissance de Sa Hautesse notre auguste Maître, qui a pu reconnaître par là les sentiments qui vous animent, et qui vous ont acquis de nouveaux titres à la bienveillance impériale.

Je conviens avec vous, mon Prince, que votre position n'est que difficile ; je sais que les esprits ont beaucoup changé ; mais ce qui nous rassure, c'est que votre habileté personnelle suffit pour surmonter toutes les difficultés et faire échouer les projets coupables des hommes turbulents, et l'administration régulière dont jouit la Principauté de Valachie nous permet d'espérer que de pareils projets resteront toujours sans effet.

Ces points sont importants, et ici on ne laisse pas de s'en occuper. La Sublime Porte vient d'expédier en Bulgarie et en Albanie des commissaires chargés de missions particulières.

Les dispositions des Grandes Puissances, dans l'affaire grecque, se trouvent favorables à la Sublime Porte, et surtout l'intention bienveillante de S. M. l'Empereur de Russie paraît être de nature à défendre les intérêts de l'Empire ottoman.

Dans cette question politique, la Sublime Porte se propose, d'un côté, de ne point se départir des principes adoptés par les Puissances, ses amies sincères, et de se mettre d'un autre côté, tout en attendant les résultats des circonstances, en mesure de précaution.

Pour ce qui me concerne en particulier, d'après la ligne de conduite loyale que je me suis tracée, je m'efforcerai de me rendre utile à mon pays autant que les dispositions du moment peuvent me permettre de le faire, et je tâcherai, par tous les moyens en mon pouvoir, de resserrer de plus en plus les liens d'amitié qui existent entre nous et le Cabinet Impérial de Russie, notre voisin et ami sincère, persuadé que je suis qu'elle ne peut que nous être avantageuse.

De pareilles communications sont dictées, mon Prince, par des sentiments d'amitié. J'aime à croire que vous aurez souvent à nous en transmettre de semblables, qui seront considérées comme ayant été inspirées par les sentiments de dévouement qui vous animent envers notre auguste Souverain.

Je profite de cette occasion pour vous réitérer, mon Prince, etc.

Signé : RIFAAT.

S. A. S. le Prince Bibesco, à S. A. S. le Prince Stouraza.

Le Prince Bibesco informe le Prince de Moldavie qu'un nouveau complot est tramé à Galatz par l'hétairie bulgaro-serbe, et que la propagande grecque cherche à en diriger les efforts dans l'intérêt de ses vues d'agrandissement.

Le Prince regrette que les autorités de Galatz ne lui aient pas livré, lors du dernier complot, le Bulgare Stanciu ; il insiste sur ce point, que les autorités moldovo-valaques devraient se pénétrer de l'idée qu'*il existe une solidarité entre les deux pays, entre leurs Gouvernements*, et qu'ils ont tous deux intérêt à se prêter dans ces circonstances un appui mutuel.

Bucarest, 9 janvier 1844.

PRINCE,

Je viens d'apprendre qu'un nouveau complot se tramait à Galatz. Que ce bruit soit fondé ou non, les antécédents et l'effervescence qui règne parmi les peuplades qui nous environnent me font un devoir de le porter à la connaissance de Votre Altesse. L'existence non douteuse d'une hétairie bulgaro-serbe, dont la propagande grecque cherche à diriger les efforts dans l'intérêt de ses vues d'agrandissement, ne nous permet plus de dédaigner le moindre bruit qui nous parviendrait sur ces sourdes menées, afin de pouvoir prendre à temps les mesures que la sûreté de nos provinces exigerait.

Je suis très fâché, Prince, que les autorités de Galatz aient refusé de nous livrer le Bulgare Stanciu, qui paraît être le lien entre les affiliés de cette ville et ceux d'Ibraïloff ; nous aurions pu en tirer des révélations importantes, car nul doute qu'il n'ait tramé dans le dernier complot. Cependant, les autorités moldo-valaques devraient se pénétrer de la solidarité qui existe entre les deux pays et entre les chefs de leurs Gouvernements pour se prêter, en pareille circonstance, un appui mutuel qu'on ne se refuse pas même entre Gouvernements liés par une telle communauté d'intérêts. C'est dans ce sens que sont conçues toutes nos instructions à ceux de nos employés qui sont sur la frontière moldave.

Veuillez, cher Prince, croire que nul ne s'intéresse plus que moi au repos et au bonheur de Votre Altesse, et qu'en toute occasion vous trouverez en moi un ami sincère et un frère dévoué.

C'est avec ces sentiments que j'ai l'honneur d'être,
De Votre Altesse,
Le très humble et très obéissant serviteur.

Signé : G. BIBESCO.

S. Exc. M. de Titoff, ambassadeur de Russie à Constantinople, à M. Daschkoff, consul général de Russie à Bucarest.

M. de Titoff demande à M. Daschkoff des éclaircissements à propos des sollicitations des Bulgares émigrés en Roumanie, et des explications sur les projets de « réémigration » attribués à quelques-unes des familles bulgares. M. de Titoff déplore les symtômes d'opposition qui recommencent à se manifester en Roumanie.

Péra, 6/18 janvier 1844.

MONSIEUR,

Rifaat-Pacha vient de m'informer qu'un certain nombre de familles bulgares domiciliées en Valachie, ayant fait parvenir ici des requêtes pour solliciter la permission de rentrer dans leurs foyers, la Porte ne trouve point d'empêchement d'accéder à leur demande, et qu'un employé du pacha de Vidin, nommé Foussoun-Bey, expédié dans ce but à Constantinople, est destiné en conséquence à se rendre en Valachie pour concourir aux mesures nécessaires et activer, s'il y a lieu, d'un commun accord avec les autorités locales, le transport de ces familles sur les terres qu'elles avaient habitées auparavant. Le Ministre des affaires étrangères m'a exprimé en même temps le désir d'obtenir du commissaire ottoman une lettre de recommandation pour vous, et de lui assurer l'appui de vos bons offices auprès du Gouvernement valaque.

Les antécédents de cette affaire me sont inconnus, et Rifaat-Pacha m'a confessé n'avoir échangé là-dessus, pour sa part, que des explications très vagues avec le Prince Bibesco lors du séjour de Son Altesse à Constantinople. J'ai donc cru convenable de suggérer que le voyage du commissaire turc en Valachie demeurât suspendu en attendant les éclaircissements de l'Hospodar, et jusqu'à ce que, éclairé à mon tour par les avis que je comptais réclamer auprès de vous, je puisse me prononcer sur ce projet avec pleine connaissance de cause. A la suite de ces pourparlers, Foussoun-Bey devant, sans cela, retourner sur le Danube, doit s'arrêter à Silistrie jusqu'à nouvel ordre, et Rifaat-Pacha profite de notre poste du jour afin de s'adresser directement à l'Hospodar et le consulter sur les moyens et les dispositions à prendre pour répondre, comme le voudrait la Porte, aux sollicitations des Bulgares émigrés en Valachie.

Je m'empresse, Monsieur, de vous signaler toutes ces circonstances, avec prière de vouloir bien me communiquer toutes les notions que vous possédez :

1° Sur les projets de réémigration attribués à quelques-unes des familles bulgares ;

2° Sur les explications que ces projets auraient déjà motivées entre vous et le Prince, et entre ce dernier et le pacha de Vidin ou quelques autres autorités turques ;

3° Enfin, sur votre façon d'envisager les conditions ou les difficultés pratiques de cette entreprise.

Je me flatte que votre réponse, coïncidant avec la réponse que le Divan attend du Prince Bibesco, aidera la Porte à apprécier la question sous toutes ses faces.

Je profite de cette occasion pour vous offrir mes vifs remerciements de la communication de vos rapports en cour, joints en copie à votre dépêche du 2 décembre sous le n° 20. J'en ai pris lecture avec un intérêt réel, et je n'ai pu m'empêcher de déplorer les symptômes d'opposition qui recommencent à se manifester en Valachie. Ils paraissent de nature à réclamer de la part de l'Hospodar beaucoup de persévérance et surtout de sang-froid.

Recevez, Monsieur, l'assurance de ma considération très distinguée.

Signé : Titoff.

S. A. S. le Prince Bibesco, à S. A. S. le Prince Stourdza.

Le Prince Bibesco attire de nouveau l'attention du Prince Stourdza sur les Bulgares de Galatz, qui s'agiteraient de nouveau, et dont un certain Kazaco, qui est sous la protection autrichienne, serait le chef. Le Prince pense que si on acquiert la conviction que ces étrangers cherchent à fomenter des troubles, le mieux serait de renvoyer le nommé Kazaco.

Bucarest, 30 mai 1844.

Mon Prince,

Je laisse toute étiquette de côté pour écrire à Votre Altesse quelques mots à la hâte. Je commencerai par attirer de nouveau son attention sur les Bulgares de Galatz qui, selon les nouvelles que je viens de recevoir d'Ibraïloff, ne seraient pas entièrement tranquilles. Il paraîtrait que leur chef serait nn nommé Kazaco, qui a déjà figuré dans une autre affaire de cette nature, et qui se trouve aujourd'hui sous la protection autrichienne. Je pense, cher Prince, que ce qu'il y aurait de mieux à faire, alors que nous acquerrons la conviction de l'esprit remuant de quelques-uns de ces étrangers, serait de le renvoyer (1)...

Signé : G. Bibesco.

(1) La fin de la lettre touche à des questions d'ordre privé. Voir Hurmuzaki (*Recueil*).

S. A. S. le Prince Bibesco, à S. A. S. le Prince Stourdza.

Le Prince Bibesco démontre au Prince Stourdza que l'intention des hétairistes de Braïla et de Galatz est de révolutionner les Principautés; il lui signale les précautions qui lui paraissent de nature à déjouer le complot, et prie Son Altesse de prendre, à Galatz, toutes les mesures de sécurité qui seront en son pouvoir. Le Prince espère pouvoir se rencontrer bientôt à Focsani avec le Prince Stourdza (1).

Bucarest, 22 août 1844.

PRINCE,

Des nouvelles que je ne saurais révoquer en doute m'apprennent qu'un nouveau complot se trame à Ibraïloff et à Galatz. Cette fois, l'étendard de la révolte sera, dit-on, levé simultanément dans les deux villes. Les conjurés comptent sur des renforts qu'ils attendent incessamment de plusieurs parties de la Grèce. Depuis quelques jours un assez grand nombre d'étrangers sont arrivés dans ces deux ports; d'autres se tiennent à proximité pour y arriver à point nommé. Parmi ces derniers on cite quelques-uns de ceux qui ont déjà figuré dans les affaires d'Ibraïloff, et dont les autorités n'ont pu se saisir alors. Le but que l'on poursuit avec persévérance est de révolutionner les deux Principautés, et puis arrivera que pourra. L'hétairie helléno-servo-bulgare voudrait marcher sur les traces de son aînée de 1821. Qu'une pareille hétairie existe, il n'y a pas de doute. Quant aux nouvelles que je viens de recevoir sur les tentatives qu'elle projette dans le présent, et en ce qui nous concerne, fussent-elles exagérées, elles nous imposent, je pense, le devoir, mon Prince et cher frère, d'être sur nos gardes, et de ne pas nous laisser prendre au dépourvu. Je sais que Votre Altesse, se fiant à sa

---

(1) Voir HURMUZAKI (*Recueil*).

longue expérience et à la justesse de son coup d'œil, se laisse moins ébranler que moi par de pareilles nouvelles. Mais veuillez en croire aussi quelquefois le frère cadet qui vous porte une affection fraternelle. Il est de toute nécessité que Votre Altesse, sans laisser paraître aucune crainte ni soupçon, tienne la police de Galatz en éveil, qu'elle y double sa force armée en retranchant sur les points les moins essentiels. Vous avez des canons qui pourraient nous être funestes, s'ils ne sont bien gardés et maniés par des gens qui sachent s'en servir. On me dit que l'administrateur de Galatz est lent et sans vigueur. C'est un malheur. Galatz a besoin d'un gouverneur actif et éveillé. Je ne vous dirai pas que Jacomson soit l'homme qui convienne à Ibraïloff, mais il a pour lui la routine militaire, qui supplée en partie à ce qui lui manque. Bref, pour ne pas ennuyer Votre Altesse davantage, je lui réitérerai ma prière de faire prendre à Galatz toutes les mesures de sûreté qui seront en son pouvoir. J'en ai fait autant à Ibraïloff. Mais l'essentiel est que le tout se passe avec promptitude, sans bruit et sans laisser apercevoir que nous redoutons quelque chose.

Il serait possible que vers la mi-octobre je me rendisse à Focsani. Si Votre Altesse pouvait se déplacer vers cette époque, je la prierais de vouloir bien me le faire savoir, car j'ai le plus vif désir de la revoir et de lui réitérer de vive voix les assurances de la haute considération et de l'attachement fraternel avec lesquels je suis, Prince et cher frère,

De Votre Altesse Sérénissime le très humble et très obéissant serviteur et frère.

Signé : G. BIBESCO.

S. A. S. le Prince Bibesco, à S. A. S. le Prince Stourdza.

Le Prince G. Bibesco félicite le Prince M. Stourdza, — par l'intermédiaire de M. le logothète Alexandre Vilara, — d'avoir su, **avec bonheur, écarter des difficultés qui semblaient devoir amener des complications graves.**

19 mars 1845.

Prince et cher frère,

La présente n'a pour but que de me rappeler au bon souvenir de Votre Altesse, et de la féliciter avec toute la satisfaction qu'il est tout naturel d'éprouver, quand on a l'attachement que je lui porte, pour le bonheur avec laquelle elle est parvenue à éloigner des difficultés qui semblaient devoir amener des complications **si graves.**

M. le logothète Vilara étant le porteur de ma lettre et le meilleur interprète des sentiments que je porte à Votre Altesse, je n'abuserai pas plus longtemps de ses précieux instants.

Vous aurez appris, cher Prince, le mariage de ma fille **cadette** avec le fils du logothète M. Floresco, mariage d'inclination mutuelle, pour lequel je demande vos bénédictions.

Veuillez, cher Prince, présenter mes hommages à Son Altesse la Princesse Stourdza, en agréant pour Votre Altesse l'assurance de ma considération la plus distinguée et de mon attachement le plus fraternel.

Signé : G. Bibesco.

S. Exc. le général comte Kisseleff, à S. A. S. le Prince Bibesco.

Le comte Kisseleff, après avoir assuré le Prince que M. de Titoff ne laissera pas léser les intérêts roumains dans la question ecclésiastique, lui affirme que les plaintes et les calomnies dirigées contre Son Altesse ne sauraient avoir auprès de lui aucune valeur. L'opposition qui s'est formée, au sein de l'Assemblée roumaine, l'afflige, parce qu'elle n'est pas sincère, qu'*elle n'est mue que par des intérêts sordides et honteux* et non par l'intérêt du pays, et qu'elle est alimentée par une secrète excitation révolutionnaire menaçante pour l'avenir de la Valachie.

Le comte fait connaître au Prince « les conseils qu'il a donnés aux ambitieux de tout genre qui se sont adressés à lui »; puis il explique, dans un langage plein d'humour et profondément politique, les moyens qu'il conviendrait d'employer, à son avis, pour gouverner les hommes. Il considère comme *très raisonnable le renvoi de la Chambre*.

Saint-Pétersbourg, 14 avril 1844.

Mon Prince,

La solution des affaires ecclésiastiques, ou plutôt des affaires très matérielles des couvents grecs, n'est pas chose facile. — J'ai vu toutes les pièces, et je me suis convaincu qu'il faut marcher prudemment dans cette négociation, et ne point sacrifier le *droit*, en tant qu'il peut exister, pour un avantage pécuniaire (mais sans base légale) de quelque quotité qu'il puisse être. Au surplus, cette affaire a été particulièrement recommandée à M. de Titoff, qui a été consul en Valachie, et qui connaît mieux que tout autre son importance pour le pays. Aussi ai-je la certitude qu'il agira prudemment et qu'il ne voudra pas léser les intérêts du pays.

Les solliciteurs dont vous me parlez et dont vous redoutez les plaintes calomnieuses ne doivent pas trop vous inquiéter : — les sujets russes sont protégés par le consul; et, quant à moi, pour eux aussi bien que pour les indigènes, je n'ai rien à y faire, et vous me connaissez assez pour être bien persuadé que mon intervention dans les affaires d'autrui s'acquiert plus que difficilement. Ainsi, une fois pour toutes, mon Prince, ne vous mettez pas en peine des mécontents russes ou valaques qui voudraient se prévaloir de mon nom pour obtenir plus que le droit n'accorde, et ne croyez pas, surtout, que des plaintes ou relations calomnieuses, comme vous le dites, puissent jamais avoir la moindre influence sur l'estime et l'amitié très sincères que je vous porte. Je dis tout cela, non à l'Hospodar de Valachie, mais à mon ancien collègue de service, qui sait mieux que beaucoup d'autres si jamais mon langage différait de ma pensée. Ainsi soit-il; — et passons à l'article des embarras que vous avez prévus et qui ne se sont que trop réalisés depuis l'expédition de votre dernière lettre.

J'ai reçu beaucoup de lettres, et j'ai lu beaucoup de pièces sur la marche des affaires dans les Principautés. L'opposition qui s'est formée au sein de l'Assemblée m'a sincèrement affligé. Elle est turbulente et pire que cela, — elle n'est pas sincère et n'est mue que par des intérêts privés sordides et honteux; — peut-être même qu'en cherchant davantage on trouverait une secrète excitation révolutionnaire qui compromettrait l'avenir du pays, et, sous ce rapport, la question individuelle à part, la chose serait plus sérieuse qu'on ne pourrait le croire de prime abord.

Pénétré de cette pensée, je n'ai pas cru devoir laisser sans réponse une lettre de Cantacuzène dont le caractère m'a toujours paru réfléchi et solide, et j'ai écrit à Gramont comme à mon ancien aide de camp avec lequel je n'ai pas à dissimuler ma façon de penser. Je vous envoie la copie de la première de ces réponses pour votre connaissance particulière. La seconde vous sera présentée par Gramont lui-même.

Après dix ans d'absence, ces communications, quelque sincères qu'elles puissent être, ne sauraient avoir une grande portée, — je le sais; — mais, malgré cela, j'ai cru devoir le faire pour avertir les ambitieux de tout genre, que leurs intentions sont connues et qu'ils ne trouveront pas ici l'appui qu'ils peuvent espérer. M. Daschkoff en dira autant, et les plus sensés trouveront probablement matière à réflexion.

Maintenant, et après avoir fait la part à qui de droit, — permettez-moi, cher et respectable Prince, de vous dire aussi que dans un pays comme le vôtre, où la démoralisation est endémique depuis deux siècles, — les intentions droites et utiles ne suffisent pas pour influencer une Assemblée délibérante. Il faut, avant tout, se faire un appui des hommes les plus honnêtes, et même des moins vicieux; — il faut, à toute force, se faire une majorité dans l'Assemblée pour l'avoir dans le public. Il faut se la créer, comme on gagne l'amour des enfants, — par des hochets de toutes sortes, — que vos hommes à barbe et sans barbe veulent avoir et qu'il faut leur donner, quelque répugnance que l'on ait de le faire. Le bien du pays et votre position à son égard le commandent. Un temps viendra où les hommes se formeront et où vos institutions s'éblabliront d'une manière plus solide. — Alors ces moyens d'influence seront hors de propos. Mais à présent cela est essentiel et réclame selon moi toute votre attention. — Si j'avais à vous donner un avis, je vous dirais qu'après avoir très raisonnablement renvoyé l'Assemblée, il faut, avant tout et pardessus tout, se préoccuper de l'administration existante, sans trop le faire de la partie législative. Lorsque l'Assemblée ne sera appelée que pour la vérification des dépenses où l'ordre et l'économie seront patents; lorsque justice sera faite à tous et à chacun; lorsque les intérêts matériels seront en visible progrès, etc., etc.; les plus remuants de l'Assemblée ne feront que des phrases sans portée contre une administration qui agit dans son droit et qui ne propose rien à leurs délibérations que des comptes rendus sur ce qui est de sa compétence directe.

En attendant, je me fais un véritable plaisir de vous dire que le Ministère impérial sait vous rendre justice pleine et entière,

— que vous serez soutenu comme vous devez l'être et qu'à mon sens, avec un peu de soin et de savoir-faire, cette bourrasque n'aura d'autre suite que la consolidation de votre autorité ; — j'aime à l'espérer et le désire vivement dans l'intérêt des Valaques et le vôtre.

Permettez-moi, mon Prince, de vous transmettre la lettre ci-jointe, que je crois devoir appuyer dans l'intérêt d'un homme qui nous a été utile lors de l'administration provisoire et qui, je crois, peut avoir des droits réels à l'indemnité qu'il réclame, au moins en partie. Dans tous les cas, vous ne lui refuserez pas votre protection si, comme je l'espère, il en est digne.

Veuillez agréer l'assurance de tous mes sentiments les plus sincères et les plus dévoués.

Signé : KISSELEFF.

Le comte Nesselrode vient de m'annoncer la réception d'un grand rapport du consul général ; je n'arrête pourtant pas l'expédition de ma lettre, sauf à vous écrire plus tard, s'il y a lieu (1).

M. Philippsborn, chargé d'affaires de Valachie,
à S. A. S. le Prince Bibesco.

M. Philippsborn écrit avec la *franchise* dont le Prince l'a invité, — dès le début de sa gestion, — à ne jamais se départir. Il prévient Son Altesse que la déclaration faite par Elle, lors de son avènement, *de marcher droit à la réforme, et sa généreuse persévérance dans cette voie, inquiètent*. On attribue, — en hauts lieux, — à cette ligne de conduite

---

(1) Il ressort de cette lettre, comme de toutes celles du comte de Kisseleff au Prince Bibesco, que le comte a conservé, pour celui qu'il se plaît à appeler « son ancien collègue », une affection profonde.

l'agitation qui règne dans la Principauté, et on incline à croire que le Prince « n'a pas suffisamment tenu compte des hommes et des circonstances » (1).

M. Philippsborn ne saurait cacher au Prince que certaines personnes conspirent pour changer la face des choses dans la Principauté; il n'hésite pas à *dénoncer M. Billecoq, consul de France, comme étant la cheville ouvrière des intrigues ourdies contre Son Altesse, et comme ayant pour complice son collègue de Jassy.*

Vienne, 8 avril 1844.

MONSEIGNEUR,

Dépourvu de moyens pour communiquer en sûreté, je suis contraint de confier à des voyageurs les rapports qui sont d'une nature délicate et susceptibles d'éveiller l'attention des autorités étrangères; la présente contenant des notions assez importantes et dont il faut se servir avec réserve, j'ai prié M. Balzano de s'en charger et de la remettre entre les mains de Votre Altesse.

Dès le début de ma gestion, Votre Altesse a bien voulu m'engager à Lui parler toujours avec franchise; j'userai de cette permission et ne cacherai rien pour mieux mériter sa haute confiance; j'en userai ayant la conviction d'être jugé avec indulgence, et pour satisfaire convenablement à mes devoirs. Souffrez donc, Monseigneur, que je vous fasse la remarque que la marche des affaires, dans la Principauté, donne lieu à des interprétations que la dfficulté de bien saisir la situation peut seule expliquer. Tout en rendant justice à vos qualités distinguées et à vos sentiments élevés, on fait passer par le creuset de la critique le désir que vous aviez annoncé à votre avènement de marcher droit à la réforme, de ne pas dévier de cette voie, quand même, et qu'en y tenant avec une rare persévérance, vous n'aviez pris conseil que de vos inspirations généreuses. C'est certes le témoi-

---

(1) A même de contrôler l'exactitude absolue du rapport de M. Philippsborn, le Prince Bibesco demanda au Cabinet de Paris le rappel de M. le consul et finit par l'obtenir. M. Billecoq fût remplacé par M. de Nion.

gnage le plus flatteur qu'on puisse rendre au chef d'un gouvernement; mais en faisant valoir ces considérations, pour expliquer en partie l'agitation qui règne dans la Principauté, — en donnant ainsi la mesure, combien peu sont éclairés ceux qui devraient vous seconder dans vos efforts, on incline à croire que vous vous êtes trop hâté, et que vous n'avez pas fait suffisamment la part ni aux hommes ni aux circonstances. Si l'irritation des esprits ne provenait que de cela, il faudrait, en effet, désespérer de l'avenir du pays confié à votre sollicitude; c'est cependant l'opinion des personnes qui sont très dévouées à Votre Altesse; je l'ai combattue toutes les fois que cela m'a été permis; j'aurais réussi à convaincre qu'il y a exagération, erreur, en m'appuyant sur des données qui ne laissent nul doute qu'il y a projet arrêté de changer l'ordre des choses dans les deux Principautés, à quelque prix que ce soit; mais il m'a été interdit d'user de ce moyen. Ma retenue ne s'étend cependant pas au point de laisser ignorer à Votre Altesse ce qui a pu me confirmer dans l'idée de croire qu'on vise à changer la face des choses, en ne s'inquiétant guère du choix des moyens pour arriver à cette fin; il me serait défendu de Lui en faire un secret, et tout en me reposant sur sa circonspection, je n'hésite pas de Lui faire connaître que je sais de bonne part que le Consul général de France, M. Billecoq, est la cheville ouvrière des intrigues qui se jouent sous les yeux du Gouvernement; que son collègue à Jassy lui prête la main, et que des personnes appartenant à l'opposition valaque-moldave, mais que je ne saurais désigner, sont initiées dans leurs vues. M. Billecoq, soit pour satisfaire à des haines, soit pour se rendre important, a pris à tâche de représenter sous les couleurs les plus sombres la position des Principautés; il ne se lasse pas d'en faire un tableau sinistre, et d'y représenter si souvent les chefs des deux Gouvernements comme auteurs des maux qui, selon lui, désolent ces pays, qu'on en est frappé à Paris, que le Cabinet français commence à s'occuper plus spécialement des

Provinces danubiennes qu'il ne l'avait fait jusqu'à présent, et que le désir de remédier, d'une manière ou de l'autre, à ces désolations publiques vient de prendre racine dans l'esprit de M. Guizot.

Voulant se convaincre de la nécessité de tirer deux pays placés sous l'égide de la Russie, de leur état de souffrances imaginées ou tant soit peu réelles, afin d'être à même, je le suppose du moins, de persuader à son tour avec l'accent de la conviction qu'il faut y aviser et intervenir au besoin pour consoler ces Provinces, et les tirer de leur condition précaire et malheureuse, il a prescrit à M. Billecoq de recueillir toutes les particularités qui se passent sur les lieux de son action et de lui en donner connaissance. L'agent consulaire de France, saisissant avec empressement cet ordre, s'est cru autorisé à se constituer non seulement en simple observateur, mais à influencer les opinions, à donner des renseignements plus nuisibles aux intérêts des Principautés, — en les prenant pour ligne de conduite, — que ne serait l'effet d'une oppression calculée contre laquelle il s'élève avec indignation. Chercher à mettre les Gouvernements au pied du mur, amener une crise qui jetterait leurs chefs dans le pénible dilemme ou de pécher par un sentiment d'ingratitude envers la Puissance protectrice, ou de se retirer simplement, faire du vide que la retraite causerait le point de départ pour donner aux autres nations le prétexte de s'immiscer dans les affaires des Principautés, soit en agissant sur la Porte, soit en s'érigeant en intermédiaire, et d'avoir recours au régime des protocoles pour changer la situation, mais travaillant dès ce moment à porter la Porte à placer à côté des consuls russes à Bucarest et à Jassy des caïmacans pour contre-balancer leur pouvoir, voilà ce que M. Billecoq a imaginé en commun avec plusieurs membres de l'opposition des deux pays. J'ignore s'il a trouvé convenable de fixer l'attention de son Gouvernement sur ces élaborations, mais il est à présumer que s'il hésite dans ce moment, il ne manquera pas de le faire aussitôt que ses scrupules seront assoupis, et qu'il pourra parler à son Cabinet du mouvement qui s'opère dans l'opinion publique des Principautés sans être censé y avoir le moins du monde contribué.

Votre Altesse est plus à même que moi d'apprécier si ces données sont exactes; Elle m'approuvera d'en avoir usé avec précaution; Elle me pardonnera si j'ose la supplier de ne pas en faire un objet de communication, de s'en servir pour sa propre information, pour compléter des renseignements que le Gouvernement doit nécessairement tenir, si j'ai été bien instruit, et dans le cas où Elle daignera m'accuser réception de la présente dépêche, de vouloir bien prendre en considération ma très humble prière et de n'y pas faire mention de ces communications.

Je suis avec le plus profond respect, Monseigneur, de Votre Altesse le très humble et très obéissant serviteur.

Signé : Philippsborn.

S. Exc. le comte Kisseleff, à M. Cantacuzène.

Le comte engage M. Cantacuzène et les boyards à prêter tout leur concours au Prince élu par la presque unanimité des suffrages, et dont le patriotisme et le désintéressement ne sauraient être mis en doute, au lieu de l'entraver dans la voie des réformes qu'il poursuit. Son Excellence rappelle que c'est à la haute et constante sollicitude de la Russie que la Valachie doit son existence, sa prospérité; il admet une opposition au sein de l'Assemblée; mais pour que cette opposition soit salutaire il faut qu'elle *dépouille toutes passions secondaires,* qu'elle *discute, éclaire, dirige,* et non qu'elle *déclame, tracasse et embrouille dans le but de renverser.* Le comte juge très défavorablement l'état des esprits en Valachie et parle de *l'intervention possible des deux Puissances protectrices,* si les boyards, gardiens du repos et de la prospérité du pays, ne travaillent pas à le préserver des troubles qui ne pourraient que les compromettre.

Saint-Pétersbourg, 14 avril 1844.

MONSIEUR,

La lettre que vous avez bien voulu m'écrire m'offre une occasion dont je profite volontiers pour m'expliquer avec vous sur ce qui se passe en Valachie.

La justice que les Valaques ont toujours rendue aux sentiments qui ont constamment dicté ma conduite envers eux, me donne l'assurance qu'aujourd'hui aussi, ils accueilleront avec confiance le langage d'un ami sincère et bienveillant.

C'est à la haute et constante sollicitude de la Russie que la Valachie est redevable du bienfait de son existence actuelle, des éléments d'ordre, de bien-être, de prospérité dont elle a été si généreusement dotée. Mais pour pouvoir jouir dans toute leur plénitude des avantages que le règlement organique a assurés au pays, il faut que chacun de vous se pénètre profondément des devoirs qui lui sont imposés. Si, d'une part, l'administration est obligée de conformer son action aux principes consacrés par le règlement et de marcher invariablement dans la voie qui lui est tracée, il faut aussi, d'autre part, que les boyards, animés du désir sincère de travailler au bien du pays, prêtent au Gouvernement un loyal concours et s'attachent à lui donner aide et assistance, au lieu de chercher à lui susciter des entraves et des embarras.

Je comprends parfaitement qu'au sein de l'Assemblée ordinaire appelée à examiner, à discuter les mesures de l'administration, il puisse se former une opposition qui est de l'essence même de toute assemblée délibérante. Mais pour que cette opposition soit salutaire, utile, protectrice des intérêts réels du pays, il faut nécessairement que, se dépouillant de toutes vues, de toutes passions secondaires, elle prenne à tâche d'éclairer, de diriger, et, s'il y a lieu, de modifier, mais toujours consciencieusement, la marche de l'administration; il faut qu'elle devienne une opposition qui examine et discute pour régulariser et conserver, et non une opposition qui déclame et tracasse pour embrouiller et renverser.

Tout en rendant justice aux sentiments individuels de plusieurs des notables Valaques, je ne puis m'empêcher de juger d'une manière très défavorable la situation actuelle des esprits en Valachie. Des vues de pouvoir et d'ambition déçues, des désirs de places et d'honneurs non satisfaits; une tendance manifeste à faire prévaloir des idées inadmissibles, et, à côté de cela, des rancunes, des animosités personnelles, des passions de divers genres, — tels sont les mobiles qui dirigent, dit-on, la conduite d'une opposition systématique, dont les effets tendent visiblement à embarrasser la marche de la nouvelle administration et à la contrarier en tout. — C'est là un mal que je déplore amèrement, mais il n'est pas le seul ni le pire. Au-dessous de cette opposition systématique que je viens de signaler, s'élève depuis quelque temps une opposition factieuse autour de laquelle viennent se grouper des individus à idées subversives et ennemis de tout ordre. On est ici parfaitement instruit des coupables menées de cette tourbe révolutionnaire (1), qui ne tendent à rien moins qu'à produire un entier bouleversement tant en Valachie qu'en Moldavie. Elles finiront par obliger les deux Puissances suzeraine et

(1) Le général qui, avec une mesure et une sagesse reconnues de tous les Roumains, a aidé les Principautés, confiées à son administration, à s'avancer dans la voie de la civilisation, et qui leur a conservé, — malgré son éloignement et en dépit du temps, — une affection profonde, ne vise pas, en parlant de « cette tourbe révolutionnaire », l'élément libéral honnête de l'opposition qui, au lendemain de la Révolution de 1848, pria le Prince Bibesco de rester à la tête du pays, de ne pas l'abandonner.

Le général désigne certainement une catégorie d'hommes à part; ceux-là qui rêvent sans doute déjà un bouleversement général à la faveur duquel ils pourraient s'emparer du pouvoir; que l'on verra, à la veille de la révolution, demander, dans leurs réunions, l'ouverture des prisons et l'assassinat du Prince; qui, dans leur journal, prêcheront la révolution par le sang; ceux-là, enfin, qui armeront et lanceront des assassins contre Bibesco. Voilà ceux que veut désigner Kisseleff.

protectrice à s'entendre pour mettre un frein à ce désordre et couper le mal dans sa racine, car il est de toute impossibilité qu'à la longue elles restent spectatrices tranquilles d'un ordre de choses aussi menaçant.

En attendant, c'est aux boyards bien pensants, c'est à vous, Messieurs, qui êtes les gardiens du repos et de la prospérité du pays, qu'il appartient de travailler de toutes vos forces à le préserver des troubles qui ne pourraient que les compromettre. Vous atteindrez le but, j'en ai la persuasion, en vous serrant autour du pouvoir, en l'éclairant, en le fortifiant, en secondant l'action légitime et régulière qu'il est appelé à exercer afin d'opérer le bien.

Aujourd'hui que vous avez un Hospodar élu par la presque unanimité de vos suffrages, dont le patriotisme, l'amour du bien public, le désintéressement ne sauraient être révoqués en doute, qui désire ardemment de marcher d'accord avec vous pour faire cesser les abus et pour introduire toutes les améliorations possibles, — vous manqueriez à vos premiers devoirs, vous méconnaîtriez vos plus chers intérêts, si vous ne lui accordiez une franche et loyale coopération.

De mon côté, je ne demande pas mieux que de vous aider dans cette tâche honorable; à cet effet, je consens volontiers à recevoir de votre part les éclaircissements que vous croirez devoir me faire parvenir sur la situation des affaires publiques, et si ces éclaircissements me paraissent de nature à pouvoir être transmis au Prince Bibesco, je le ferai avec empressement et avec toute la confiance que m'inspirent ses intentions à l'égard du pays qu'il gouverne et gouvernera toujours, j'en suis sûr, avec sagesse et loyauté.

Veuillez bien, Monsieur, agréer l'assurance de ma considération très distinguée.

Signé : Comte KISSELEFF.

P. S. — Ayant renoncé depuis mon départ de Bucarest à toute correspondance d'office avec mes anciens administrés, j'ai cru devoir me soumettre à l'exception que je fais aujourd'hui en faveur de mon ancien Aga, que j'aime à compter au nombre de mes amis et qui, j'en ai la certitude, comprendra mon langage et ne permettra plus qu'on place son nom sur une liste qui ne doit pas être la sienne.

S. Exc. le général comte Kisseleff, à S. A S. le Prince Bibesco.

Le comte envisage la situation intérieure du pays comme tendue, et s'adressant au Prince comme « *à un ami* », il lui indique les moyens qu'il estime être les plus sûrs pour arriver à surmonter les difficultés. Il recommande au Prince d'user surtout de « *l'influence que lui donne sa force morale, pour subjuguer les boyards remuants ou indociles ; de louvoyer, attendu que les moyens de coercition ne sont rien moins que positifs* ». — Soigner la milice, instituer une banque hypothécaire pour les propriétaires, protéger le petit commerce des indigènes, soulager les cultivateurs, s'appuyer sur les lois et sur les hommes les plus considérables du pays, voilà ce que conseille l'homme d'expérience, l'ami de la Roumanie.

Saint-Pétersbourg, 1er mai 1844.

Mon Prince,

Après ma dernière expédition, j'ai eu l'honneur et le plaisir de recevoir vos deux lettres du 27 mars. Je me suis fait un devoir d'en faire le sujet d'un entretien particulier avec le vice-chancelier, et d'après les communications que vous recevrez par l'entremise de M. Daschkoff, vous pourrez, mon Prince, vous convaincre des bonnes et sincères dispositions à votre égard du ministère impérial. Je n'entrerai pas dans le détail de ces communications qui vous donnent tout l'appui moral que vous pouvez désirer et qui, j'espère, avec un peu de dextérité, vous mèneront à bonne fin. L'essentiel serait de ramener les esprits, sans l'emploi des moyens violents. Dans un gouvernement électif, le pouvoir du chef est subordonné à plus d'une condition qui le rendent difficile et précaire. Lorsque la Commission réglementaire discuta les droits de l'Hospodar, on chercha à lui enlever la possibilité de revenir aux errements des Fanariotes, et l'on chercha à renforcer, en tant que cela paraissait possible, l'intervention de l'aristocratie dans les affaires du Gouvernement. Affaiblir le pouvoir du chef de l'État par l'institution du conseil et de l'Assemblée était le but que l'on a cherché à atteindre dans l'intérêt du pays. — Ce but fut atteint, et je le crois utile à l'égard d'un mauvais prince; mais, dans le cas contraire, il a ses inconvénients et ses difficultés. Néanmoins je n'hésite pas à dire que je préfère les inconvénients du règlement à ceux qui pourraient surgir d'un pouvoir absolu, confié à un indigène qui deviendrait chef par élection et à vie. — Toutefois, je pense qu'en Valachie le pouvoir doit être fait dans l'intérêt même des institutions qui lui ont été données; mais ce pouvoir doit être une exception pour le chef élu qui inspirerait par ses principes assez de confiance pour le lui confier. Personne plus que vous ne la mérite, mon Prince. Le comte de Nesselrode en a aussi la conviction, et vous serez appuyé dans les démarches que vous ferez; mais permettez-moi de vous dire, en ami, que ce pouvoir, — quelque étendu qu'il soit, — ne deviendra utile pour votre gouvernement qu'autant que vous le garderez en réserve pour en faire un bon emploi. On s'habitue à tout et même aux coups d'État. Il faut les éviter et ramener les esprits par la peur, d'une part, et par la douceur, de l'autre. En vous identifiant avec votre véritable position, en laissant à Ghyka la malheureuse pensée de la Souveraineté par la grâce de Dieu, et en vous déclarant le premier de votre pays, tout ira à souhait et votre rôle sera facile. N'oubliez pas que vous aurez continuellement des rivalités puissantes à combattre, que les actions les plus minimes, mais qui froissent les amours-propres, sont relevées avec aigreur et commentées de mille manières; que les faibles et les indifférents (qui sont la masse) prêtent l'oreille et finissent par grossir les rangs des mécontents; que ceux-là, à tort ou à raison, mais toujours avec adresse, exploitent à leur profit le droit de doléances, et qu'enfin, pour gouverner les hommes, il faut mettre à profit leurs passions et savoir s'en servir. Vos boyards sont remuants, souvent indociles; mais c'est par l'influence de votre force morale qu'il faut les subjuguer, et à l'exception de quelques démonstrations assez légères, c'est à elle seule qu'il faut avoir recours pour les maintenir dans l'obéissance. C'est mon avis, je ne le cache pas et je désire vivement dans votre intérêt que vous l'acceptiez, mon Prince, comme ligne de conduite pour réaliser les bonnes et patriotiques intentions que vous avez à l'égard de votre pays.

Je vous parle à cœur ouvert et selon l'invitation que vous m'avez faite. Mes opinions là-dessus sont le produit de vingt-cinq ans d'expérience dans le maniement des hommes, et si j'avais à conseiller un frère, je ne l'aurais pas fait autrement.

En obtenant de la Cour suzeraine, avec l'appui de la Cour protectrice, les pouvoirs accordés précédemment au Prince Ghyka, en les montrant de loin aux plus violents et en caressant les plus faciles, vous vous formerez une majorité dans l'Assemblée et dans le public, qui vous mettra à même de ne pas redouter sa réunion ordinaire. Vos moyens de coercition ne sont rien moins que positifs; il faut louvoyer, mais en même temps il faut se rendre aussi fort que possible. Soignez la milice et faites-lui sentir votre sollicitude de tous les moments; instituez, s'il est possible, une banque hypothécaire pour les propriétaires; protégez le petit commerce des indigènes; soulagez les cultivateurs, qui sont, dit-on, de nouveau obérés par les fermiers, d'une part, et les zaptschi, de l'autre; et en faisant tout cela, tranquillement, sans hâte, en vous appuyant sur les lois existantes, et toujours avec l'appui et les conseils des hommes les plus considérables du pays, vous parviendrez à de bons résultats et vous ferez taire l'intrigue qui, pour le moment, s'agite peut-être plus que vous ne le pensez.

Le Métropolitain recevra des conseils qui, certainement, le rendront plus malléable. Profitez-en pour le gagner à votre cause et faites comme César : acceptez pour vous tous ceux qui ne sont pas contre vous.

Signé : KISSELEFF.

S. Exc. le comte de Nesselrode, à S. A. S. le Prince Bibesco.

Le comte de Nesselrode approuve le Prince d'avoir prononcé la clôture de la Chambre, et il lui promet l'appui de la Russie dans ses efforts pour surmonter les embarras que l'*opposition* systématique crée à son administration, et dans les demandes qu'il aurait à adresser à la Porte pour régulariser des mesures dont l'adoption pourrait lui paraître urgentes.

Saint-Pétersbourg, 2 mai 1844.

MON PRINCE,

C'est avec un intérêt et une sollicitude sincères que j'ai pris connaissance du contenu de la lettre que Votre Altesse m'a fait l'honneur de m'adresser pour m'exposer les difficultés par lesquelles l'Assemblée générale des boyards a essayé d'entraver la marche régulière de son administration. Cet état de choses était trop grave pour que je ne me fusse pas fait un devoir d'en rendre immédiatement compte à l'Empereur, et de réclamer ses ordres pour vous mettre à même, mon Prince, de vaincre ces embarras et de maintenir votre action gouvernementale dans des voies utiles à votre patrie. Je n'ai pas besoin de vous dire que nous avons suivi avec une attention non interrompue les délibérations de l'Assemblée générale jusqu'au moment où vous en avez prononcé la clôture. Nous comprenons que, vu l'esprit d'opposition systématique, que cette Assemblée avait développé dans son sein d'une manière de plus en plus alarmante, la mesure de la dissolution était peut-être devenue le seul remède à apporter au mal, et nous ne saurions par conséquent y refuser notre approbation. Au point où les affaires sont arrivées aujourd'hui, Votre Altesse doit demeurer convaincue que l'appui de la Puissance protectrice ne lui manquera pas, et nous espérons que, Dieu aidant, Elle parviendra à surmonter les obstacles que l'opposition lui a créés. Pour nous, il s'agit de l'ordre et du repos d'une Province placée sur les confins de l'Empire; et cet ordre et ce repos ne pouvant y être assurés qu'en consolidant le chef du Gouvernement dans l'exercice de son autorité, vous pouvez d'avance être sûr, mon Prince, que la Cour Impériale vous soutiendra franchement aussi longtemps que vous travaillerez à fortifier votre action dans les limites du règlement organique. C'est vous indiquer en même temps la ligne qu'il ne nous serait pas permis de dépasser, si le concours de la Porte Ottomane venait à être réclamé de votre part pour régulariser les mesures ultérieures dont l'adoption pourrait vous sembler urgente dans l'intérêt de la Valachie. Je prie Votre Altesse de s'expliquer à cet égard, sans détour, vis-à-vis de M. Daschkoff, et de s'entendre avec lui sur les démarches à faire directement à Constantinople pour obtenir du Grand Seigneur les facultés que vous pourriez juger nécessaires. Notre consul général est chargé de se rendre l'intermédiaire de vos demandes auprès de M. de Titoff, et celui-ci, de son côté, les appuiera auprès de la Porte. En vous étayant ainsi, mon Prince, du suffrage des deux Cours suzeraine et protectrice, votre administration ne tardera pas à acquérir le degré désirable de consistance, et il vous sera dès lors possible d'aller avec sécurité à la rencontre de l'avenir. Nos vœux accompagneront les sages efforts de Votre Altesse, et, en mon particulier, je saisis cette occasion pour Lui renouveler l'assurance de ma haute considération.

Signé : Comte DE NESSELRODE.

S. Exc. le général comte Kisseleff, à S. A. S. le Prince Bibesco.

Le comte Kisseleff se félicite d'avoir ramené M. Cantacuzène à d'autres sentiments. Il espère que certains mécontents reviendront à la majorité. Le comte termine sa lettre par cette pensée, pleine de philosophie et de vérité : *Rien de bon et d'utile ne se fait sans de cruels mécomptes pour ceux qui se dévouent à l'interêt public bien entendu.*

Saint-Pétersbourg, 17 juillet 1844.

MON PRINCE,

Constantin Cantacuzène m'écrit une lettre qui m'a profondément touché. Il me dit qu'ayant lu ou appris ce que je pensais de son opposition, — et confiant dans mes conseils, — il renonçait à la position qu'il a cru devoir prendre par conviction et devoir. — Cette renonciation sur un simple avis de ma part m'a fait un vrai plaisir ; — car, après dix ans d'absence, un acte de cette nature a son mérite, et je le reconnais par une petite lettre de gratitude que je lui adresse, et que je vous prie, mon Prince, de lui faire remettre.

Je n'ai pas cru devoir laisser échapper cette occasion pour lui faire entendre quelques bons conseils sur l'appui que l'Assemblée doit vous donner et sur la persuasion où je suis que, pour sa part, il fera de son mieux ; — mais, en même temps, j'ai cru devoir lui transmettre ma réponse par votre entremise, afin qu'il sache que c'est à votre su et de votre consentement que je lui écris. J'espère qu'en détachant de l'opposition quelques individus par de bons procédés, et d'autres par la crainte d'une répression sévère, vous vous formerez une majorité dans l'Assemblée qu'il est essentiel d'avoir pour les affaires du pays en général et les vôtres en particulier. — Le vice-chancelier sera absent jusqu'à la fin de septembre, et je ne pense pas qu'avant son retour on prenne une résolution définitive sur l'objet de votre dernière lettre. Dans tous les cas, il ne faut pas oublier que si l'on peut consentir à certaines propositions légalement faites, il sera plus que difficile d'ordonner lorsqu'on ne se croit pas en droit de le faire. — Aussi, sans vous donner tout cela pour paroles d'Évangile, j'ai cru devoir vous faire connaître mes prévisions et appuyer, en tant que faire se peut, sur la nécessité d'épurer de tout esprit d'hostilité la prochaine Assemblée ordinaire.

Je me réjouis d'apprendre que vous êtes satisfait de la conduite de Mavros dont, pour ma part, je n'ai jamais eu sujet de me plaindre; — et comme je lui dois une réponse, je vous prierai, mon Prince, d'avoir la bonté de faire remettre le pli ci-joint à son adresse.

Nous sommes dans l'attente d'un triste événement : la grande-duchesse Alexandra est au plus mal; il n'y a que son état de grossesse qui la fait vivre encore. C'est un deuil général, car elle était aimée de tout le monde, et moi, en particulier, je la pleure comme une ravissante femme, digne de tous les genres d'hommages.

Adieu, mon Prince. Que le Ciel vous aide dans vos travaux, et n'oubliez pas surtout que rien de bon et d'utile ne se fait sans de cruels mécomptes pour ceux qui se dévouent à l'intérêt public bien entendu. Je vous le dis d'expérience, et tout ce que je demande à Dieu, c'est de le savoir et de ne pas être découragé.

Recevez l'assurance réitérée de mon sincère et invariable attachement.

Signé : KISSELEFF.

Le général Kisseleff, à S. A. S. le Prince Bibesco.

30 octobre 1844.

MON PRINCE,

J'ai attendu le retour du vice-chancelier pour répondre à votre lettre du 22 août, et je m'empresse de vous informer préalablement que cette affaire sera terminée convenablement. M. Daschkoff recevra là-dessus des instructions particulières qui aplaniront les difficultés signalées par le ministère. Je m'en réjouis pour vous et surtout pour le pays auquel vos soins, exempts de soucis, sont indispensables.

Pour le moment, je m'abstiens de vous écrire davantage, et je vous prie, mon Prince, d'agréer l'assurance bien sincère de tous mes sentiments.

Signé : KISSELEFF.

S. Exc. le comte Kisseleff, à S. Ém. le Métropolitain Néophyte.

Le général témoigne sa joie de voir enfin la Valachie gouvernée par « *un honnête homme, d'une intégrité à toute épreuve, doué d'un esprit juste et éclairé* ». Il compte sur Son Éminence pour donner l'exemple de la soumission et pour prêcher la concorde, l'obéissance et le dévouement au chef de l'autorité temporelle.

Saint-Pétersbourg, 13 novembre 1844.

Monseigneur,

La lettre que Votre Éminence m'a fait l'honneur de m'écrire, en date du 14 septembre dernier, est d'un caractère trop grave et touche de trop près aux intérêts les plus essentiels d'un pays dont les destinées ne me seront jamais indifférentes, pour que je ne croie remplir un devoir sacré, en y répondant avec une entière franchise. Je ne reviendrai plus ici, Monseigneur, sur les événements déplorables, dont le jugement impartial des Cours protectrice et la voix de la partie saine du public ont fait justice depuis longtemps; et je n'invoquerai aujourd'hui que la mission dont le Ciel a revêtu Votre Éminence, mission toute de paix et d'ordre.

Dieu a permis, enfin, que la Valachie fût gouvernée par un honnête homme, d'une intégrité à toute épreuve, doué d'un esprit juste et éclairé et d'un caractère assez ferme pour écarter tous les obstacles qu'il peut rencontrer sur son chemin, lorsqu'il s'agit du bien-être de sa patrie. Les Valaques ne sauraient donc assez reconnaître un aussi grand bienfait et en rendre grâces au Tout-Puissant, et Votre Éminence comme leur digne pasteur ne méconnaîtra point, sans doute, sa sainte obligation de leur donner le premier exemple de la soumission aux décrets impénétrables de la divine Providence, et leur prêcher la concorde, l'obéissance et le dévouement au chef de l'autorité temporelle, — élu par eux-mêmes, — et dont les Cours protectrices se sont empressées d'approuver et de sanctionner le choix. C'est donc en soutenant loyalement l'Hospodar, en encourageant les bons et en menaçant les méchants de la colère du Ciel, que vous aurez, Monseigneur, la conscience d'avoir rempli votre haute vocation, avec le zèle apostolique que vous imposent les devoirs de votre saint Ministère.

Je me flatte que Votre Éminence voudra bien ne voir, dans l'abandon avec lequel je Lui ai dit toute ma pensée, qu'une preuve de plus de l'estime particulière que je Lui porte, et de mon habitude de ne jamais déguiser ma manière de voir, surtout lorsqu'il s'agit de questions aussi graves et aussi intimement liées au bien-être présent et futur d'un pays auquel je ne cesserai de porter le plus vif et le plus constant intérêt.

J'ai l'honneur d'être, avec une haute considération et un dévouement sincère, de Votre Éminence, le très humble et obéissant serviteur.

Signé : Comte KISSELEFF.

Le consul général de France, à S. A. S. le Prince Bibesco.

M. Billecoq intercède en faveur de M. Vaillant, qui avait été renvoyé de Valachie.

Bucarest, 18/30 octobre 1845.

MONSEIGNEUR,

Je reçois par la poste d'aujourd'hui et je m'empresse de transmettre à Votre Altesse Sérénissime, pour la mettre aussi promptement que possible en état de statuer sur un incident inattendu, une lettre qui m'est écrite de Paris, en date du 10 octobre, par M. Vaillant.

M. Vaillant annonce qu'il en attendra la réponse à Giurgevo dans les premiers jours de novembre. — Il ne faut pas moins que ce concours de circonstances pour qu'à cinquante lieues de Bucarest je ne craigne pas de réclamer, au milieu des occupations les plus intéressantes, l'attention de Votre Altesse Sérénissime.

C'est effectivement à Elle seule qu'il appartient, à Elle seule qu'il appartiendra de décider, si, après cinq années d'exil, l'ancien directeur du collège interne de Saint-Sava, devenu aujourd'hui l'un des historiens de la Valachie, peut aspirer à une pensée de clémence, ou si, soumis de nouveau à une procédure criminelle dont le temps a dispersé bien rapidement tous les éléments qui pouvaient contribuer à sa gravité, il doit encore, proscrit ou détenu, continuer la triste existence qu'il paraît mener depuis le jour où il a quitté un pays que des études spéciales lui donnaient peut-être le droit de considérer comme une seconde patrie.

Votre Altesse Sérénissime, prenant en considération les dates dont M. Vaillant fait mention dans sa lettre, voudra peut-être bien m'honorer d'une prompte réponse.

Je suis avec respect, Monseigneur, de Votre Altesse Sérénissime, le très humble et très obéissant serviteur.

Signé : BILLECOQ.

LA POLITIQUE DE M. BILLECOQ

ET

SES CONSÉQUENCES

LA POLITIQUE DE M. BILLECOQ

L'attitude hostile de M. le consul général de France, à l'égard du Prince de Valachie, ne cesse pas de se trahir dans toutes les lettres qu'il adresse à son Gouvernement, jusqu'en mars 1846. A cette date, M. Billecoq est rappelé et remplacé par M. de Nion.

L'accusation portée contre lui, par M. Philippsborn (1), se trouve pleinement justifiée, non seulement par la correspondance de M. l'agent français, mais encore par le dernier acte qu'il accomplit sur le territoire valaque.

M. Billecoq rappelé à la demande du Prince et exaspéré par sa disgrâce, ne craint pas, pour se venger, d'accuser le Gouvernement valaque *d'avoir manqué, le jour de la Saint-Philippe, à des usages constamment observés, en matière de visites d'étiquette;* d'amener son pavillon; de créer à son successeur une position des plus délicates et de mettre le Gouvernement français, — qui a trop facilement ajouté foi à ses accusations, — dans une situation fausse.

Une lettre du Prince (2) à M. Guizot repousse et fait justice des accusations de M. Billecoq; et des instructions de M. de Bourqueney (3) à M. de Nion apprennent au nouveau consul que l'ambassadeur de France à Constantinople est *édifié sur la non-existence d'un prétendu usage constamment observé.*

Nous avons déjà fait ressortir les côtés par lesquels se recommandait à la méfiance du lecteur la correspondance de M. Billecoq (4). Notre second volume, consacré aux actes du règne du Prince Bibesco, continuera à mettre en évidence les audaces

---

(1) Lettre de M. Philippsborn au Prince Bibesco. (Voir à la *Correspondance générale diplomatique*, p. 56.
(2) Lettre du Prince Bibesco à M. Guizot, 6 mai 1846.
(3) Lettre de M. de Nion à M. Guizot, 3 juillet 1846.
(4) Voir ch. VI, p. 49 et suivantes.

consulaires de M. l'agent français, en opposant à ses rapports les actes et les pièces authentiques; mais pour qu'on se rende compte des raisons déterminantes du rappel de M. Billecoq et qu'on soit au courant des incidents qui suivent sa disgrâce, et dont nous trouvons le récit dans les lettres adressées à M. Guizot par le Prince, par M. de Nion et par M. le baron de Bourqueney, nous allons, dès maintenant, donner une idée de la manière dont usait M. Billecoq pour renseigner, sur toute question, son gouvernement.

Après les conseils donnés par M. Guizot (1) à son subordonné, dès le mois de janvier 1843, on aurait pu s'attendre à trouver chez ce dernier plus de modération, plus de mesure et de loyauté dans ses comptes rendus politiques.

Il n'en a rien été : les conseils du ministre sont restés lettre morte.

Nous voyons M. Billecoq se complaire à tracer du Prince le portrait d'un homme *irascible, violent, dur, grossier* même, à lui prêter surtout les défauts les plus opposés à sa nature, à son éducation, et à le désigner comme « le seul Valaque, élevé en pays étranger, qui se soit fait remarquer, au sein de l'Assemblée générale ordinaire de 1842, par *ses emportements révolutionnaires* » (2). M. le consul confond, à dessein, les idées libérales du chef de l'État avec ce qu'il appelle « *ses emportements révolutionnaires* ».

Son parti pris de présenter toute question sous un jour défavorable au Gouvernement valaque est toujours en éveil. Un léger retard étant survenu dans le voyage que le Prince a résolu de faire à Constantinople, M. Billecoq s'empresse de déclarer « qu'il n'est plus question que d'une manière très vague du voyage de

---

(1) Lettre de M. Guizot à M. Billecoq, 16 janvier 1843. (Archives du Ministère des affaires étrangères, Paris.)

(2) Lettre de M. Billecoq à M. Guizot, 25 février 1843. (Archives du Ministère des affaires étrangères, Paris.)

M. Bibesco à Constantinople. « Il est effectivement », affirme-t-il, « le serviteur trop dévoué de l'Empereur Nicolas, pour oser même parler d'un témoignage à venir, de respect envers le Sultan son suzerain, quand les affaires de service se compliquent autant qu'elles paraissaient le faire aujourd'hui (1) ».

A quelque temps de là, ce voyage s'effectuait, et M. Billecoq était forcé de le faire connaître à qui de droit. En éprouva-t-il quelque gêne? Non; car ayant à faire le récit de cette visite à Constantinople, il trouva l'occasion de parler de décorations et de faire une nouvelle sortie contre l'heureux consul de Russie.

Écoutons-le (2) :

« Le Prince Bibesco rapporte avec lui plusieurs décorations turques pour les personnes qui composaient sa suite; il rapporte même un Nycham-Iftihar, qu'on dit d'un très grand prix, pour M. Daschkoff : on l'évalue à dix mille francs. Il n'est pas sans intérêt de connaître l'origine de cette faveur, sollicitée pour le gérant du consulat de Russie par le Prince Bibesco. A la suite de l'élection de l'Hospodar, l'Empereur Nicolas ayant fait remettre au commissaire impérial turc, Savfet-Effendi, une tabatière comme témoignage de sa satisfaction, le Sultan, au lieu d'envoyer de son côté à M. Daschkoff la décoration du Nycham-Iftihar, ainsi qu'il est d'usage de le faire pour les diplomates européens, lui envoya une tabatière d'une valeur si ordinaire que celui-ci la montrait à ses intimes comme une expression fort douteuse de la munificence du Grand Seigneur. M. Daschkoff avait d'ailleurs grand soin, quand il s'expliquait sur ce sujet, autre part que dans sa famille, de dire que s'il n'avait pas reçu le Nycham, c'est que le Sultan n'était plus dans l'habitude de le conférer à qui que ce soit. Plusieurs nominations étant venues, dans l'intervalle, apporter un

---

(1) Lettre de M. Billecoq à M. Guizot, 19 avril 1843. (Archives du Ministère des affaires étrangères, Paris.)

(2) Lettre de M. Billecoq à M. Guizot, Bucarest, 28 octobre 1843. (Archives du Ministère des affaires étrangères, Paris.)

démenti à cette assertion du consul de Russie, il en avait ressenti une vive confusion et, pour l'en consoler, le Prince Bibesco a dû, pendant son séjour à Constantinople, au milieu de beaucoup d'autres faveurs acquises à prix d'argent, acheter celle-là pour M. Daschkoff. »

On chercherait en vain, si on ne devinait le but de cette lettre, l'intérêt diplomatique de pareils renseignements.

Quand M. l'agent est las d'exercer sa rancune contre le Prince, il tourne ses efforts contre M. Daschkoff, et quand il lui est possible d'associer dans un même sentiment d'hostilité le Prince régnant et le représentant russe, il se garde d'en manquer l'occasion.

Il importe, en effet, à M. Billecoq, pour expliquer la méfiance que le Prince conserve à son égard, de le représenter comme « n'aspirant qu'à plaire à la Russie, et n'agissant que d'après les inspirations de M. Daschkoff » :

« L'influence du consul russe », dit-il, « le domine déjà en toute occasion ; il est déjà débordé (1). »

« Une affaire peu importante, la plus simple du monde, a paru lui faire éprouver une telle gêne à l'aspect de la situation qu'elle pouvait lui donner, dès le début de son administration, vis-à-vis du consul russe, que j'ai dû, *par une sorte de commisération pour lui*, la remettre à une autre époque (2). » C'est au Prince qu'est réservée cette bienveillante *commisération*.

« L'Empereur Nicolas », — continue le correspondant de M. Guizot, — « qui ne peut cacher le contentement que lui font éprouver ici les succès du consul de Russie, fait pleuvoir sur lui ses faveurs.

« A peine nommé depuis six mois conseiller d'État et com-

---

(1) Lettre de M. Billecoq à M. Guizot, 7 mars 1843. (Archives du Ministère des affaires étrangères, Paris.)
(2) Lettre de M. Billecoq à M. Guizot, 22 mars 1843. (Archives du Ministère des affaires étrangères, Paris.)

mandeur de l'Ordre de Sainte-Anne, M. Daschkoff a, par le dernier courrier venu de Saint-Pétersbourg, reçu l'Ordre de Saint-Vladimir. »

Parler des récompenses accordées à M. Daschkoff, c'est un moyen détourné, pour celui qui écrit, de rappeler à M. Guizot que le consul de France est en instance pour la croix d'officier de la Légion d'honneur, et que, comme sœur Anne, il ne voit rien venir !

Il s'en venge en appelant le Prince Bibesco : *M. Bibesco*, détail qui a sa signification, sous la plume de M. Billecoq, et en cherchant à lui nuire de toutes les façons auprès du Gouvernement français.

Tout lui semble « aquilon », écrit-il, le 25 mars, dans son style imagé, en parlant du Prince ! Combien plus exact il serait de dire, de M. le consul français : Rien ne lui semble aquilon, quand il y a une insinuation malveillante à faire, ou une calomnie à mettre en circulation.

Témoin certaine manière d'apprécier cette demande, — adressée par le Prince à l'Assemblée générale ordinaire, — à savoir, de ne pas exiger le remboursement de quelques reliquats de comptes des années précédentes, se montant à 114,018 piastres, soit 34,550 francs, — attendu que, « si on peut taxer les débiteurs de négligence, » pense le Prince, « dans un temps où les soins manquent de la part de tous, on ne peut cependant pas les soupçonner d'avoir eu, en cela, aucun profit personnel ou aucun intérêt ».

Or, voici ce qu'on lit dans la correspondance consulaire du 27 mars :

« Parmi les comptes arriérés soumis à l'examen de la présente Assemblée générale, il s'en trouve que *M. Bibesco,* quand il était secrétaire de la Chambre de 1842, faisait figurer au nombre des principaux griefs accumulés par lui *dans la fameuse adresse* (1)

---

(1) M. Billecoq ne s'aperçoit pas qu'il montre sans cesse la plaie incurable que

de l'année dernière. Quel a été l'étonnement de l'Assemblée générale et du pays tout entier quand, sortant tout à coup de ces formes tranchantes et impérieuses qui ont marqué tous ses premiers actes, *il demande humblement par un office à l'Assemblée générale, dont il a ainsi enchaîné le vote, de se montrer indulgente et généreuse* (1) ! »

M. Billecoq ne saurait tromper personne ; la demande n'a rien d'*humble* ; elle est l'expression du bon sens qui, *seul, a enchaîné le vote de la Chambre*. Quant aux *vertus* qu'il prête à cette Chambre, elles font sourire quand on voit le consul l'accuser, à la page suivante, d'*opposition systématique*.

Un fait ressort nettement de la dépêche qui précède : c'est la rancune inassouvie de M. Billecoq, l'ami du prince Ghyka, contre l'auteur de l'adresse qui causa la chute de ce Prince. Cette adresse, il ne la lui pardonnera jamais ; c'est une croix qu'il porte avec non moins de résignation que « *les décorations, les prodigalités dont M. le consul de Russie est l'objet....* » ; « *les témoignages d'amitié, les faveurs* dont Son Altesse *comble* celui dans lequel le consul de France voit l'*auteur de tous les maux* ». Il le dit sans phrases, ce qui n'est pas un mince mérite chez M. Billecoq :

« Les coupables, ce ne sont pas les boyards qui veulent renverser le Prince Bibesco ; c'est le consul de Russie,... et pas d'autres (2). »

La question de l'inaliénabilité de la dot de la femme vient fournir un nouvel aliment à la malveillance de M. Billecoq : « Fort de l'idée », dit-il dans sa dépêche du 5 juin 1843, « qu'il est aussi grand législateur que grand orateur, l'Hospodar Bibesco a imaginé, sans consulter aucun de ses ministres ni aucun des membres de l'Assemblée générale, de *frapper de mort un des plus*

---

lui a faite la chute du Prince Ghyka. Quelle indépendance de caractère et par conséquent de politique le Cabinet de Paris pouvait-il attendre d'un pareil agent ?
(1) M. Billecoq à M. Guizot, 27 mars 1843.
(2) M. Billecoq à M. Guizot, 9 mars 1843.

grands principes du Code valaque, l'inaliénabilité de la dot de la femme. Renversé, dès le commencement de la discussion, par un amendement qui le détruisait DE FOND EN COMBLE, le projet de loi a été, par la volonté du Prince, représenté une seconde fois sous une autre forme, et, comme le premier, il a succombé à la majorité de 16 voix contre 15. Aucun de ses ministres n'ayant pris part à l'élaboration de ce projet de loi, c'est au nouvel Hospodar à supporter aujourd'hui cette défaite, et ses ministres vont jusqu'à dire que le Prince Ghyka, auquel on a souvent reproché des mesures arbitraires, n'en a jamais imaginé qui consistât, comme en cette dernière occurrence, à se constituer à la fois l'auteur, le rédacteur, et le seul défenseur d'une loi appelée à réunir sur elle toutes les irrégularités constitutionnelles et tous les désastres parlementaires (1). »

Cette question sera exposée, à son heure, avec tous les actes qui s'y rapportent, dans notre second volume. On pourra se convaincre alors, en les parcourant, que l'oraison funèbre de M. l'agent, sur la loi présentée à la Chambre par le Prince, est sans objet; que si cette loi a été repoussée, elle n'a pas été *détruite de fond en comble*, parce qu'on ne détruit pas ce qui est vrai, ce qui est moral; et que la modification apportée à la loi Caradja, — consistant principalement à ne plus admettre que la *promesse de la dot*, — faite simplement devant témoins, — primât les créances hypothécaires, — fermait la porte ouverte à une foule de conflits, relevait le crédit public qui sombrait, et, loin de *frapper de mort* le bien de la femme, le sauvegardait (2).

M. le consul, en portant contre le projet de loi du Prince une accusation enfantine, s'est fait une fois de plus l'écho des attaques de l'opposition.

Le Prince Bibesco est-il l'objet d'une distinction de la part du Roi de Prusse, qui lui envoie le grand cordon de l'Aigle-Rouge,

---

(1) M. Billecoq à M. Guizot, lettre du 5 juin 1843.
(2) Voir, t. II, le projet de loi et les différentes pièces concernant la question.

en reconnaissance de la bonne hospitalité offerte, à Bucarest, à son frère, le Prince Albert, M. Billecoq d'écrire : « *On croit* que la présence de l'Empereur Nicolas à Berlin n'est point étrangère à cette distinction offerte au Prince Bibesco, et *on s'étonne seulement* que l'intervention qu'on lui attribue dans cette occasion amène, de la part d'un monarque étranger, une faveur plus notable que celle que l'Empereur accorde lui-même aux Hospodars, auxquels, — quand il juge à propos de les décorer d'un ordre russe, — il ne confère ordinairement que le plus infime de tous (1). » Il est superflu de relever que M. Billecoq masque derrière ce « *on s'étonne seulement* » le secret dépit qu'il ressent de la distinction dont Son Altesse vient d'être l'objet.

La passion aveugle à ce point le représentant de la France, qu'il ne s'aperçoit pas qu'il dénigre les actes les plus louables.

Voici, par exemple, en quels termes il raconte, — dans cette même dépêche, — une expérience faite par l'excellent chef de la police de la capitale, M. Jean Mano : « Votre Excellence pourra avoir la plus exacte idée du *malheureux esprit qui préside en ce moment à cette partie de l'administration valaque,* quand elle saura que M. l'aga de Bucarest (2) n'a pas dédaigné, il y a quelques jours, de se déguiser, pendant la nuit, en homme du peuple et de se faire surprendre en flagrant délit à la porte d'une boutique dont il forçait la serrure, pour éprouver la vigilance des gardes de nuit. »

Eh quoi! l'aga veut se rendre compte de la manière dont la police se fait; il se déguise, il force une serrure, il est pris, et, au lieu d'y voir une preuve du zèle de ce fonctionnaire et de la bonne surveillance des agents, M. Billecoq y trouve la *preuve du malheureux esprit qui préside à cette partie de l'admnistration!* Qu'aurait-il donc dit, si l'aga avait pu

---

(1) Lettre de M. Billecoq à M. Guizot, 17 octobre 1843. (Archives du Ministère des affaires étrangères.)

(2) Aga, préfet de police.

terminer son opération sans être dérangé? Et comment sa fertile imagination ne lui a-t-elle pas suggéré qu'il avait bien pu se jouer là une comédie entre compères, et que l'aga avait été, sans doute, de connivence avec ses agents pour se faire surprendre en flagrant délit de bris de serrure?

Mais, Pierre le Grand ne fit pas autre chose que ce qui est reproché à M. l'aga; il se déguisa maintes fois pour apprendre par lui-même la vérité; et Napoléon Ier ne dédaigna pas, — n'en déplaise à M. Billecoq, — de revêtir plus d'une fois la capote de sergent pour faire ses reconnaissances.

Le général Marbot, dans ses *Mémoires* pleins de verve et d'enseignements, ne nous raconte-t-il pas, — à propos des préparatifs faits en vue du passage du Danube, — que l'Empereur et le maréchal Masséna, revêtus de capotes de sergent et suivis du colonel de Sainte-Croix costumé en simple soldat, s'avancèrent jusqu'au bord du rivage; que le colonel se déshabilla complètement et se mit dans l'eau, tandis que Napoléon et Masséna, pour éloigner tout soupçon de l'esprit des ennemis, quittèrent leurs capotes, — comme s'ils se proposaient de se baigner, — et examinèrent alors, tout à leur aise, le point où ils voulaient jeter des ponts et opérer le passage (1)?

Cela prouve une chose, c'est que tout déguisement est bon, s'il est nécessaire pour assurer la sécurité d'une ville dont on a la garde, ou pour préparer la victoire d'une armée que l'on commande.

Cependant, nous voici en 1844. Eh bien, le croira-t-on? M. le consul de France *a vainement attendu, pour écrire au Ministre, que quelque acte émanant de l'administration du Prince Bibesco ou de lui personnellement méritât de modifier le ton, peut-être un peu rigide, de sa correspondance.* C'est M. Billecoq qui le dit, et il ajoute : *Mais, c'est toujours infructueuse-*

---

(1) *Mémoires du général baron de Marbot*, t. II, p. 239, ch. XXII.

ment...; une série d'actes irréfléchis, intempestifs, souvent même inconvenants, continuent d'aliéner au Prince, chez ses administrés, toute sympathie, tout prestige, toute popularité (1).

Ainsi, avoir pris les premières dispositions pour l'affranchissement des esclaves, — cette loi sera un fait accompli en 1847 (2); — avoir engagé la lutte contre les Saints Lieux et opposé une résistance énergique à leurs prétentions, dans cette question vitale pour le pays (3); avoir obtenu des Cours Suzeraine et Protectrice, qu'on respectât les anciens privilèges reconnus de tout temps à la Valachie, qui « occupait dans le droit public de l'Europe une place distincte des autres Provinces de l'Empire ottoman » (4), et lui avoir fait accorder pour son commerce d'importation et d'exportation le droit de 5 pour 100 en remplacement de la la taxe illusoire du 3 pour 100; avoir assuré les bonnes relations entre la Valachie et la Moldavie, relations qui allaient permettre au Prince Bibesco de prendre l'initiative d'une importante mesure : la suppression des douanes entre les deux pays; et, cette barrière renversée, leur laisser l'espérance que c'était le premier pas fait vers leur union définitive en un seul État; avoir assuré la tranquillité au pays; avoir déclaré la guerre aux abus; en un mot avoir fait lever cette moisson qui représente, à elle seule, le labeur de l'année 1843, c'est, aux yeux de M. le consul français, avoir commis *une série d'actes irréfléchis, intempestifs, souvent même inconvenants.* »

Qu'on n'aille pas croire que M. Billecoq pèche par ignorance; il sait fort bien ce qu'il dit, et pourquoi il agit comme il le fait. D'ailleurs, il se pique de puiser ses renseignements aux meil-

---

(1) Lettres de M. Billecoq à M. Guizot, 25 décembre 1843/5 janvier 1844. (Archives du Ministère des affaires étrangères, Paris.)
(2) Lois de 1843 et 1847, t. II.
(3) Voir la *Question des Saints Lieux,* p. 60 et suivantes.
(4) Voir la *Question commerciale.* Observation du Prince au Cabinet de Saint-Pétersbourg, p. 157 et 158. Sa lettre au Sultan; au Grand-Vizir.

leurs sources et fait, au besoin, parler les ministres, comme par exemple celui auquel il prête le propos suivant : « Nous ne désespérons pas que notre Prince ne devienne patriote, si tout d'un coup M. Daschkoff vient à lui prêcher, au nom de son maître, les intérêts de la nationalité valaque (1). »

Triste ministre, il faut l'avouer, celui qui eût tenu un pareil propos sur son Souverain; et bien indignes, les renseignements émanant d'une pareille source.

L'intérêt même que Son Altesse porte aux canons que le Sultan lui a offerts pendant son séjour à Constantinople ne trouve pas grâce auprès de M. Billecoq : Cet intérêt lui paraît *puéril;* selon lui, « le Prince affecte le talent d'artilleur, lui qui n'a peut-être jamais approché un canon pendant sa vie entière ».

Ce qui est plus coupable de la part de M. le consul, c'est que — dans le but d'ajouter un trait de plus à son portrait du Prince Bibesco — il se fait le complice de racontars de bas étage, qui n'ont même pas les dehors de la vraisemblance. A propos d'une révolte qui aurait éclaté dans les salines de Téléga parmi les détenus, et qui aurait eu pour conséquence une répression « sanglante », il écrit que « cet acte de désespoir est malheureusement attribué, et par des témoins oculaires même », à une visite récemment faite par le Prince aux prisonniers et à ses rigueurs contre ces malheureux implorant sa clémence. « L'un d'eux faisant observer que quinze années de salines étaient un châtiment bien rigoureux pour des accusations bien vagues », le Prince l'aurait interrompu en lui disant « que quinze années étaient trop peu et que si cela dépendait de lui, il doublerait sa peine ». Un autre détenu ayant osé élever la voix, au milieu de ce groupe, pour implorer sa grâce, le Prince lui demanda quel était son crime? Il répondit qu'il avait eu le malheur d'attenter autre-

(1) Lettre de M. Billecoq à M. Guizot, 19 avril 1843. (Archives du Ministère des affaires étrangères, Paris.)

fois aux jours d'un de ses semblables. « Eh bien », a dit le Prince, « on aurait dû vous pendre (1). »

Quand on connaît la sollicitude constante de l'Élu de 1843 pour les paysans, pour les faibles et les malheureux, — tous les actes de son règne en sont des témoignages vivants, — et quand on se rappelle les mesures prises par lui pour améliorer le sort des condamnés aux salines, on devine sans peine le but dans lequel M. le consul rapporte la prétendue scène des salines. Il reste fidèle à la fausse politique qu'il a adoptée dès le début du règne du Prince Bibesco.

Si un courrier de Moldavie apporte la nouvelle de la destitution du ministre russe à Athènes, M. Billecoq exulte : *On ne se refuse pas ici* », écrit-il à M. Guizot, « *à l'espoir que le coup de tonnerre qui a tué M. Katakasi n'emporte le gérant du consulat de Russie* (2).

La franchise de M. le gérant du consulat français manque de charité chrétienne, mais il ne faut pas en attendre de lui. Le nom de M. Daschkoff, « les faveurs dont la Russie l'a comblé », « les témoignages d'amitié » qu'il reçoit du Prince exaspèrent l'ennemi de M. Daschkoff. Si encore une marque éclatante de satisfaction lui venait de Paris! Mais non, vainement il la demande à M. Guizot, vainement il prie le ministre de lui faire faire un pas dans l'Ordre de la Légion d'honneur. « Ne serait-il pas avantageux à ma situation », écrit-il, « que les bontés du Roi aidassent à bien faire entendre que la bataille gagnée contre le Prince Ghyka par tant d'alliés réunis, entre lesquels se partagent aujourd'hui avec profusion les décorations turques, russes, autrichiennes, prussiennes, n'était cependant ni pour la France, ni pour son représentant dans les Principautés, une bataille perdue (3) ? »

---

(1) M. Billecoq à M. Guizot, 23 août 1844, t. II.
(2) M. Billecoq à M. Guizot, lettre du 9 novembre 1843.
(3) M. Billecoq à M. Guizot, lettre du 23 décembre 1843/5 janvier 1845.

Les décorations des autres, voilà le cauchemar de M. Billecoq, et l'horreur qu'il leur a vouée est telle que, quand le Prince paraît au bal avec le grand Nicham, M. Billecoq trouve cette croix « *ridiculement riche de diamants* » (1).

Un jour, le Prince voulant se rendre compte par lui-même du respect qu'on avait pour les règlements, et de la manière dont la justice était rendue, trouva un fonctionnaire en faute et il lui adressa publiquement de sévères réprimandes.

M. Billecoq, tout aussitôt, de critiquer cet acte. C'est moins le Prince que « le rédacteur de l'adresse de l'Assemblée générale de 1842 » qu'il blâme « *d'avoir ainsi publiquement proclamé l'existence toujours plus vivace de cette plaie incurable au corps politique* ». (M. Billecoq (2) fait allusion à une question de prévarication.)

M. le consul ne s'aperçoit pas que son indignation de commande porte à faux et qu'elle n'aurait eu une signification que si le Prince avait fait le silence sur les désordres et les fautes découvertes, au lieu d'employer le moyen, jugé sans doute par Son Altesse comme le plus efficace : la réprimande publique.

D'ailleurs, quoi qu'il arrive, vol ou assassinat, — ce genre de crime était fort rare à cette époque, en Valachie — pour M. Billecoq il n'y a qu'un responsable, c'est le chef de l'État. Aussi s'étend-il, en général, avec complaisance sur ces événements, dans ses relations avec son gouvernement.

« Un magistrat », raconte-t-il (3), « placé à la tête d'un des principaux tribunaux du district, le sieur V..., président à B..., a fait assassiner un de ses cousins du même nom, habitant la même ville, par un de ses esclaves bohémiens. Dénoncé par le Bohémien lui-même, et voyant que l'opinion publique le désignait à la vengeance des lois, le sieur V... a poussé sa criminelle audace

---

(1) M. Billecoq à M. Guizot, lettre du 23 décembre 1843 (4 janvier 1844). (Archives du Ministère des affaires étrangères, Paris.)
(2) M. Billecoq à M. Guizot, lettre du 25 mars 1843.
(3) M. Billecoq à M. Guizot, lettre du 30 avril 1844.

jusqu'à se rendre chez le procureur princier, et là, sortant de sa poche deux pistolets et une bourse de 1,500 ducats, il a signifié au chef du Parquet que, s'il ne donnait pas à son rapport à Bucarest la tournure qu'il allait lui indiquer, il n'avait plus qu'à opter entre cette somme d'argent ou la mort pour tous deux. »

« Le procureur princier a promis d'abord tout ce que V... a exigé; mais, dès que ce grand criminel a quitté sa maison, ordre a été donné qu'il fût procédé immédiatement à son arrestation. »

Il nous semble que si le sieur V... est un criminel, — on en trouve, hélas! dans tous les rangs de la société, — le procureur princier est un honnête et habile homme, et que le chef de l'État n'a eu qu'à se louer du résultat final de cette affaire. Ce n'est pas l'avis de M. Billecoq. « Cette affaire a produit », affirme-t-il, « le plus affreux scandale et donné au Prince, qui s'est si souvent et si publiquement vanté de mieux connaître que le Prince Ghyka les hommes qu'il convenait de préposer à la garde des lois et des institutions, une bien mortelle confusion. »

Combien diffère de ce langage celui du général Kisseleff! Quand l'ancien gouverneur des Principautés parle des événements qui se déroulent en Valachie, et qu'il répond au Prince Bibesco, soucieux des difficultés contre lesquelles il lutte, souvent sans succès, et des calomnies dirigées contre son gouvernement, il juge ces événements tout autrement que M. le consul général; et il ne songe guère à en rendre responsable celui qui tient les rênes du gouvernement.

« Quelles sont donc », écrit-il, « ces accusations? Vous le savez de reste : quelque raideur et peu d'aménité dans les rapports avec ceux qui se croient plus qu'ils ne sont; et, à les entendre, une recrudescence dans les méfaits des employés, dont probablement ils faisaient partie. — Vous êtes le meilleur juge de la première de ces accusations; quant à la seconde, je sais à quoi m'en tenir, et je pose en principe que le venin qui ronge la Valachie sous ce rapport peut être, — par la vigilance du chef, — amoindri, mais non extirpé. Ce mal est le produit d'un siècle de démoralisation, et la tâche d'une réforme longue, continue, et que nul homme, quelque puissant qu'il soit, ne pourrait improviser.

« Il faut beaucoup de courage et beaucoup de fermeté pour tenir tête aux inconvénients qui surgissent de toutes parts, lorsqu'il s'agit de la réforme des abus. » Et il termine par cet aveu d'honnête homme :

« Dans ma longue carrière administrative, j'ai eu constamment à combattre ce monstre à mille têtes, et si j'ai réussi quelquefois, c'est aux dépens de mon repos et de ma santé. Continuez donc, mon Prince, à poursuivre le noble but que vous vous êtes proposé (1). »

Pour M. l'agent, quand il parle du Prince Bibesco, le « *Errare humanum est* » n'existe pas. Et pourtant, que de fois ses appréciations, ses critiques ou ses prévisions ne l'exposeraient-elles pas à ce qu'on lui fît l'aumône de ce charitable dicton, si ses erreurs n'étaient le résultat d'une tactique ! Combien de fois, en effet, n'est-il pas forcé de se déjuger ? Par exemple, dans la question de la concession des mines, demandée par un Russe nommé Trandafirov, — question (2) si audacieusement exploitée par les ennemis du Prince et par M. le consul général, — comme aussi à propos du décret qui prononce la clôture de la Chambre, M. l'agent ne parvient pas à cacher l'espoir que le Prince sera blâmé à Saint-Pétersbourg et à Constantinople. Seulement, il trouve que *ce blâme tarde bien à venir.* « *Les jours se succèdent* », écrit-il le 9 avril, « *et rien de Constantinople ou de Saint-Pétersbourg n'arrive,* ou, pour mieux dire, ne transpire sur la manière dont les deux Cours envisagent l'état des choses en Valachie. *On croit savoir* que le Prince Bibesco et M. Daschkoff, chacun de leur côté, ont reçu des admonestations assez vives de

---

(1) Le général Kisseleff au Prince Bibesco, lettre du 2 février 1847. (Voir la correspondance de 1847.)

(2) Voir au t. II.

la part du comte de Nesselrode, du général Kisseleff et de M. Titoff. »

Et comme, à la date du 30 avril, les espérances de M. Billecoq et de ses amis sont toujours en suspens, M. l'agent croit devoir accentuer sa nouvelle dépêche dans les termes suivants :

« *La prolongation de l'incertitude* dans laquelle reste le pays valaque, à l'égard d'une détermination quelconque prise par les deux Cours, *autorise,* jusqu'à un certain point, *la boyarie à croire et à accréditer le bruit que la conduite du Prince et celle de M. Daschkoff sont complètement désapprouvées.*

« *Aussi la boyarie ne s'en fait-elle pas faute, et chaque jour ajoute-t-il à son triomphe et à ses espérances, quoique jusqu'à présent elle ait, au moins, le bon esprit de jouir de l'une et de l'autre dans le calme le plus parfait* (1). »

Enfin, ces nouvelles si impatiemment attendues arrivent, mais c'est pour la confusion de M. l'agent, qui est contraint de faire connaître à son Ministre « *que l'Empereur approuve non seulement la conduite du Prince, mais encore qu'il l'autorise à user de mesures sévères envers l'opposition,* dans le cas où, par des voies de conciliation, son Gouvernement ne pourrait point parvenir à un résultat satisfaisant ».

Puis, à quelque temps de là, M. le consul a le nouveau déplaisir de faire parvenir, à Paris, la sanction donnée par le Sultan, — firman de 1844, — à l'acte par lequel le Prince a clôturé l'Assemblée.

Cependant, les agissements de M. le consul ne parviennent pas à modifier l'attitude du Prince de Valachie à son égard. Réservé, à bon droit, avec M. Billecoq, il ne manque pas l'occasion, quand elle se présente, d'être affable et prévenant pour le représentant de la France. A telles enseignes que ce dernier, ayant manifesté le désir de visiter la Petite Valachie, le Prince donna

---

(1) M. Billecoq à M. Guizot, lettre du 30 avril 1844. (Archives du Ministère des affaires étrangères, Paris.)

des ordres pour que son voyage eût lieu dans les conditions les meilleures et les plus agréables.

M. l'agent n'a garde de laisser ignorer à son Gouvernement « la grâce toute particulière que le Gouvernement roumain a mise à lui offrir des lettres de recommandation et à le faire précéder dans la route, d'un courrier spécialement attaché à sa personne ».

Toutefois, il ne faut pas chercher dans cet aveu un sentiment de gratitude quelconque pour les bons procédés du Prince; loin de là : M. l'agent « considère toute naturelle l'occasion que Son Altesse a saisie de se montrer empressée et polie », et ce n'est pas sans une pointe de vanité qu'il apprend à M. Guizot que « les Roumains se montraient satisfaits et *flattés d'être l'objet de l'attention et des observations d'un représentant français* (1) ».

Encore s'il bornait là ses observations! Mais non : comme toujours, il tient en réserve, au bout de sa plume, une goutte de fiel qu'il dirige contre le Prince et la contrée dont Il est originaire, — la Petite Valachie, — et au sein de laquelle M. le titulaire du consulat de France vient d'être fêté.

« Elle est », dit-il (2), « le berceau des anciennes populations belliqueuses de la Principauté; on y recrutait d'ailleurs plus de soldats que d'officiers, *la Petite Valachie ne renfermant, en général, qu'une noblesse de troisième ordre. Le Prince Bibesco a toutefois la fierté d'en être.* »

Le fait fût-il vrai, que cette fierté honorerait le Prince. Mais qu'on ne s'y trompe pas, ce n'est pas, nous le répétons, un hommage que M. l'agent entend rendre aux sentiments du Prince; chez lui, cette phrase n'est qu'ironie; et, en affirmant que « *la Petite Valachie ne renferme, en général, qu'une noblesse de troisième ordre* », il vise le Prince sans se soucier de l'histoire et sans daigner se souvenir que les plus grands Princes de la Vala-

(1) M. Billecoq à M. Guizot, lettre du 4 juin 1844.
(2) M. Billecoq à M. Guizot, lettre du 16 mai 1844.

chie, les Bassarab, Michel le Brave le grand guerrier, dont les États comprenaient la Valachie, la Transylvanie et la Moldavie tout entière (y compris la Bucovine et la Bessarabie); Mathieu Bassaraba le grand législateur, un des ancêtres du Prince Bibesco, et tant d'autres, étaient natifs de la Petite Valachie. On ne saurait conserver l'ombre d'un doute sur l'insinuation que nous relevons, quand on se souvient que, dès le lendemain de l'élévation au pouvoir de Bibesco, M. Billecoq et ses amis employèrent tous les moyens pour discréditer le nouvel élu. Dans leur impuissance à ne pas pouvoir nier qu'il ne fût de souche vraiment roumaine, et ne représentât l'élu du parti national, ils déclarèrent, sans vergogne, ce grand boyard, — descendant de grands boyards, et, par les femmes, du Prince régnant, Constantin Bassarab Brancovan, décapité à Constantinople en 1714, — « *d'une noblesse obscure, d'une éducation première mauvaise, de manque de tact* » (1), de fils de marchand de chevaux (un oncle du Prince possédait un important haras, comme presque tous les grands seigneurs de ce temps). Bref, ils firent un crime au plus jeune député de l'Assemblée de 1842 *d'être parvenu, d'un bond, de l'étable au pouvoir suprême.*

Éternelle rancune des ambitions déçues, et de l'envie contre tout ce qui est supérieur. Boileau avait, depuis longtemps, merveilleusement dépeint ce sentiment, quand, pour remonter le courage abattu de Racine, persécuté par ses indignes calomniateurs, il lui écrivait :

> Sitôt que d'Apollon un génie inspiré
> Trouve loin du vulgaire un chemin ignoré,
> En cent lieux contre lui les cabales s'amassent,
> Ses rivaux obscurcis autour de lui croassent,
> Et son trop de lumière, importunant les yeux,
> De ses propres amis lui fait des envieux.

Nous avons rappelé, plus haut, que quelques années plus tard, le Prince, en écrivant à son ami le comte de Cambyse, répon-

(1) M. Billecoq à M. Guizot, lettre du 30 avril 1844.

dait à ces piteuses accusations par cette phrase : « *Imbéciles qui ne sentent pas ce qu'un pareil bond, s'il était vrai, dénoterait de force et de grandeur* (1). »

Au début de l'année 1845, nous constatons un certain changement dans l'attitude de M. Billecoq à l'égard du Prince de Valachie. Quelle que soit la cause à laquelle il faille l'attribuer, — crainte d'avoir dépassé la mesure, remontrances adressées peut-être par le ministre, changement de tactique motivé par un intérêt personnel, — le fait est que M. l'agent se montre, un jour, tout joyeux de ce que « le Prince ait *exprimé publiquement* combien son gouvernement était heureux d'avoir à traiter dans toutes les matières consulaires avec des principes aussi nets, aussi bienveillants que ceux qui président à toutes les affaires de chancellerie (française) » (2) ; une autre fois il écrit que « le Prince s'occupe des véritables intérêts de la cité et de son assainissement même (3) ». Il parle des travaux en cours d'exécution ; il va jusqu'à prêter à Son Altesse la secrète pensée « de montrer à ses instituteurs les inconvénients de l'éducation qui lui a été donnée », c'est-à-dire de s'affranchir du prétendu joug de MM. Daschkoff et Titoff. « C'est même là, au surplus », écrit M. l'agent, « la seule espérance qui reste à quelques-uns de ceux qui l'ont élevé sur le pavois ; c'est que resté patriote, il veut, tel qu'un coursier dont les flancs sont pressés par un cavalier qui l'outrage, le meurtrit, s'emporter dans une telle allure, à travers de tels terrains, que celui qui le monte y périsse, lui peut-être aussi ; mais qu'enfin il sorte de là un grand enseignement qui sauve le pays dont le bonheur lui est confié (4). » Nous soup-

---

(1) Le Prince Bibesco à M. de Cambyse, lettre de 1855, p. 366.
(2) M. Billecoq à M. Guizot, 1845. (Archives du Ministère des affaires étrangères, Paris.)
(3) M. Billecoq à M. Guizot, lettre du 24 février 1845. (Archives du Ministère des affaires étrangères, Paris.)
(4) M. Billecoq à M. Guizot, lettre du 2 septembre 1845, n° 157, n° 163. (Archives du Ministère des affaires étrangères, Paris.)

çonnons, quelque peu, M. le consul de n'avoir reconnu le patriotisme du Prince que pour la circonstance, dans son désir sans doute de placer cette phrase, qui chantait bien à son oreille.

Ce n'est pas à dire que M. Billecoq n'écrive agréablement; loin de nous cette pensée. Nous opinerions plutôt à croire que si M. Guizot l'a laissé dans son poste de Bucarest malgré la confiance très limitée qu'il pouvait avoir en lui, depuis le jour où il lui conseillait « de ne pas écouter une disposition peut-être trop prononcée à se persuader ce qui convenait à la nuance de ses propres idées ou de ses sentiments personnels », c'est que sa correspondance amusait (1) le philosophe et lui était une distraction. Et, en effet, comment garder son sérieux en lisant cette peinture de la situation politique de la Valachie, au mois de mai 1845?

« Dans cet état de choses, la plupart des membres de la haute boyarie viennent me voir, m'exposent la marche rapide des événements, me parlent de leurs douleurs, me confient leur désespoir; — tous ces hommes sont précisément les mêmes qui ont précipité la chute du Prince Ghyka; — ... Mais, bon chrétien autant que fonctionnaire consciencieux, je les accueille avec bonté, je les exhorte à la patience, j'appelle tout leur zèle d'amélioration sur eux-mêmes, et chacun d'entre eux, je le sais, se retire en rendant secrètement hommage à cette attitude politique qui, froide et calme, à leurs jours d'orages comme à ceux de leurs emportements d'ivresse, inspire encore des paroles pour les consoler dans leurs chagrins et les tempérer dans leurs transports de réaction. Et, frappés par cette loyauté constante de la représentation française, ils ne savent ce qu'il faut le plus admirer, ou du pays qui oblige à de tels principes, ou des principes qui font de la France la première nation du monde. »

Quel dommage qu'on ne trouve cette conscience du fonctionnaire que sous sa plume!

(1) M. Billecoq à M. Guizot, lettre du 27 mai 1845, n° 152, n° 596. (Archives du Ministère des affaires étrangères, Paris.)

D'ailleurs, ce style imagé qui fait songer à ces vers de Molière :

> Ce style figuré dont on fait vanité
> Sort du bon caractère et de la vérité,

ces phrases arrondies qui enveloppent discrètement, tout en ne les dissimulant pas, les éloges que M. le consul se décerne, n'ont pas seulement pour but de charmer le ministre, mais bien de préparer Son Excellence à comprendre le sens de la lettre du 30 juin. Dans cette correspondance, M. Billecoq déplore l'état de choses existant et il en rejette la responsabilité sur « M. Daschkoff qui », dit-il, « a deux poids et deux mesures et qui a reçu de son gouvernement, en moins de cinq années, jusqu'à dix ou douze distinctions; — décorations, dignités, gratifications ou rémunérations différentes. — Tous les agents étrangers qui l'ont aidé dans cette politique ont été comblés de ces témoignages de reconnaissance ou de munificence de leur gouvernement ».

M. Guizot voudra-t-il comprendre le langage de M. le consul? Non. La vérité sur l'attitude politique de ce dernier, sur ses relations avec les hommes de l'opposition, sur sa sourde conspiration contre le Prince régnant, ont cessé d'être un mystère pour le Cabinet français. Au mois de mars 1846, M. Billecoq est rappelé et remplacé par M. de Nion.

Sous ce coup inattendu, M. Billecoq répond au ministre qu'il a reçu la dépêche par laquelle Son Excellence lui « fait l'honneur de lui annoncer que, sur sa proposition, le Roi a mis fin à sa mission; qu'il espère que le haut esprit de Son Excellence lui rendra la justice qu'il croit mériter » ; et il termine par ces mots : « J'ose donc vous *la* demander pour moi, Monsieur le Ministre, après vingt-cinq ans de bons et consciencieux services. »

Cette lettre, calme dans sa forme, ne laisse soupçonner aucune arrière-pensée chez son auteur. Mais ce serait mal connaître M. le consul, si on lui prêtait l'intention de se retirer avec dignité. Son rappel, — qui n'est rien moins qu'une disgrâce, — et l'humiliation de sa défaite dans une campagne qu'il mène audacieusement depuis 1842, ont soulevé en lui une tempête de colères! Se venger et masquer sa retraite à la faveur d'un esclandre, voilà ce qu'il veut. Et, comme il lui faut une occasion, il la fait naître, le jour même de la Saint-Philippe, fête de S. M. le Roi de France.

Le 1ᵉʳ mai 1846, conformément aux usages toujours suivis en pareille circonstance, le secrétaire d'État au Ministère des affaires étrangères, le grand postelnic Emmanuel Balleano, se rendit au consulat de France pour féliciter M. le consul général, au nom du Prince régnant.

Quel ne fut pas l'étonnement du grand postelnic de recevoir en rentrant chez lui, de M. le gérant du consulat de France, une lettre par laquelle ce dernier se plaignait d'une « *offense grave commise envers la personne de Sa Majesté, par la non-présence au consulat des ministres, le jour de la Saint-Philippe* »!

Vainement M. Balleano lui répondit-il, le jour même, qu'il faisait erreur, « *que la visite n'était nullement obligatoire d'après les règlements valaques; que c'était une pure forme de politesse; que d'ailleurs ses collègues se trouvaient malades ou absents à cause des fêtes de Pâques* »; vainement il lui rappela que « *la seule visite de rigueur avait été faite au nom du Prince avec solennité* ». M. Billecoq resta sourd à tout éclaircissement. Son plan était arrêté, il marcha froidement à son exécution. En conséquence, il rompit toute relation avec le Gouvernement valaque et amena son pavillon.

La crainte de placer son successeur dans une position difficile, de créer au Gouvernement du Roi une situation fausse, le jour où, forcément, la lumière serait faite sur la prétendue offense commise envers Sa Majesté, n'arrêta pas un instant M. Billecoq dans son action coupable.

Après avoir exposé à M. Guizot l'incident de la Saint-Philippe, avec tout le manque d'égards possible à la vérité, après avoir accusé le Prince d'être redevenu « *violent, absolu* » (1), depuis qu'il l'avait considéré comme tombé en disgrâce, il demanda ses passeports, et quitta Bucarest. Les intérêts du consulat et des sujets français avaient été placés sous la protection du consul général anglais M. Colquhoun, non moins hostile au Prince Bibesco que son ami Billecoq, depuis le jour où la main de la fille aînée de Son Altesse lui avait été refusée.

Cependant la précipitation de M. Billecoq à quitter Bucarest avait sa raison : son but était de rencontrer M. de Nion, de s'emparer de son esprit, de lui présenter la situation et le caractère du Prince sous le jour le plus défavorable, le dissuader de se rendre à Bucarest, et de ne quitter la place qu'après avoir compliqué la situation.

Ce plan faillit réussir : le bateau qui amenait M. de Nion croisa, près de Vidin, celui qui emportait son prédécesseur ; et là, pendant les quelques moments d'entretien que M. de Nion eut avec M. Billecoq, le nouveau consul fut vivement engagé à se rendre à Galatz et non à Bucarest. « Mais », raconte M. de Nion, en rendant compte de ses hésitations à M. Guizot, « il me sembla que le Gouvernement du Roi avait plus que jamais besoin, dans des conjonctures semblables, d'avoir à Bucarest un agent pénétré de ses instructions les plus récentes, dégagé de tout intérêt, de toutes préoccupations personnelles, apte enfin à lui faire exactement connaître le véritable état de choses, et à faciliter, par le fait seul de sa présence, la conclusion d'un fâcheux débat (2). » Et M. de Nion « s'installa provisoirement à Bucarest, sans rien changer d'ailleurs à l'ordre de choses existant ».

Cette conduite, qui reçut l'approbation de S. Exc. l'ambassadeur de France à Constantinople, fait le plus grand honneur au tact et au dévouement du diplomate.

(1) M. Billecoq à M. Guizot, 2 mai 1846, n° 170, n° 172. (Archives du Ministère des affaires étrangères, Paris.).
(2) M. de Nion à M. Guizot, lettre du 15 mai 1846, n° 1, n° 80.

Encore sous l'influence des récits de M. Billecoq, « M. de Nion croit que la conduite du Gouvernement valaque a été *irréfléchie, blâmable* à l'égard de Sa Majesté ». Mais, en homme de bon sens, il déplore que « cet acte de haute inconvenance », — il fait allusion à la prétendue offense, — « n'ait laissé à M. Billecoq d'autre parti à prendre que l'envoi de sa note au secrétaire d'État et la rupture instantanée des relatious diplomatiques ». Il se demande, dans l'ignorance où il est du complot ourdi par l'ancien consul, « *si l'arrivée prochaine de son successeur ne lui fournissait pas au moins un prétexte pour ajourner une discussion si grave, en la léguant à un agent nouveau, qu'aucun préjugé, aucune rancune particulière ne pouvaient ni préoccuper ni atteindre* » (1).

Toujours est-il que la situation se compliqua : M. le baron de Bourqueney ne pouvant croire que M. Billecoq eût altéré la vérité et eût jeté son Gouvernement dans une situation embarrassante, — uniquement pour exercer une vengeance personnelle, — demanda des réparations pour l'incident du 1ᵉʳ mai, et M. de Nion « *proposa, pour forcer la main*, dans cette question, *au Prince*, — qui d'ailleurs niait formellement qu'il y eût eu aucune offense commise, — *de quitter Bucarest pour Jassy*, pensant que Son Altesse verrait avec déplaisir la sorte de primauté qui serait ainsi donnée par l'agent du Roi au Gouvernement moldave » (2).

Ainsi, M. Billecoq triomphait, et en considérant l'absence de scrupules dont il venait de faire preuve dans l'assouvissement de sa vengeance, il est impossible de n'être pas frappé de cette prophétie de M. Philippsborn, chargé d'affaires du Gouvernement valaque auprès de la Cour d'Autriche : « *Je sais de bonne part* », écrivait M. Philippsborn au Prince, — de Vienne, le 8 avril 1844, — « *que le consul général de France, M. Billecoq, est la cheville ouvrière des intrigues qui se jouent sous les yeux du Gouverne-*

---

(1) M. de Nion à M. Guizot, 21 mai 1846.
(2) M. de Nion à M. Guizot, lettre du 28 mai 1846.

ment, que son collègue à Jassy lui prête la main, et que des personnes appartenant à l'opposition valaque-moldave, mais que je ne saurais désigner, sont initiées dans leurs vues. M. 'Billecoq, soit pour satisfaire à des haines, soit pour se rendre important, a pris à tâche de représenter sous les couleurs les plus sombres la position des Principautés; il ne se lasse pas d'en faire un tableau sinistre, et d'y représenter, si souvent, les chefs des deux Gouvernements comme les auteurs des maux qui, selon lui, désolent ces pays, qu'on en est frappé à Paris »..... « *Chercher à mettre ces Gouvernements au pied du mur, et amener une crise.....* », voilà pour M. Philippsborn où tendaient déjà, en 1844, les agissements de M. le consul général de France.

A vrai dire, M. Billecoq avait dépassé ces prévisions; mais l'heure de l'expiation était proche.

Dès le début de la crise, le Prince s'était hâté d'éclairer le Gouvernement français. Le 6 mai, il écrivait à M. Guizot, lui faisant observer que la prétendue « *offense grave* signalée par M. Billecoq, n'était qu'un *prétexte* »; que le jour de la Saint-Philippe, « la plupart des ministres étaient dans leurs terres en vertu d'un congé qu'ils avaient obtenu pour y passer les fêtes de Pâques; qu'au demeurant, la visite des ministres aux consulats était toute personnelle et facultative, dépendant de leurs relations personnelles, que le Prince ne pouvait pas imposer, et que les manières de M. Billecoq n'étaient guère faites pour encourager ». Au sujet *de la seule visite exigée par l'étiquette* (1), « celle que le Prince fait rendre en son nom », Son Altesse affirmait qu'elle avait pris des mesures pour « *qu'elle fût faite au consul de France avec le plus de solennité possible, et dans les termes qui lui étaient dictés par sa vive reconnaissance pour la France et son profond respect pour son Roi* ».

« Ces sentiments », ajoute le Prince, « ont toujours prévalu dans

(1) Le Prince Bibesco à M. Guizot, lettre du 6 mai 1846. (Archives du Ministère des affaires étrangères, Paris.)

ma conduite personnelle vis-à-vis de M. Billecoq, que j'ai comblé de prévenances et de politesses jusqu'au dernier moment, quelque peu délicats qu'aient été ses procédés à mon égard. Votre Excellence a trop de pénétration pour ne pas voir dans ce dernier acte de M. Billecoq le désir de se venger de son rappel inattendu, et le double espoir de faire parler de lui et de léguer des embarras à son successeur. *Quant à moi, je n'ai pu me défendre d'un mouvement d'indignation, qu'on eût osé, pour satisfaire à des haines et à des passions personnelles, se réclamer du nom auguste et vénéré de S. M. le Roi de France.* »

D'autre part, l'incident était discuté à Constantinople, et ramené à ses justes proportions. Rechid-Pacha, répondant à M. Colquhoun, qui lui rappelait que « le Gouvernement français demandait moins des explications que des excuses », déclarait à M. le gérant par intérim des intérêts français « qu'il ne pouvait y avoir lieu à excuses, là où il n'existait pas d'offense intentionnelle »; et M. l'ambassadeur de France, à la suite de sa correspondance avec le Prince Bibesco et de ses entretiens avec S. Exc. le ministre de Turquie, arrivait à démêler le faux du vrai, à « **être édifié** », ainsi que l'annonce M. de Nion (1) à M. Guizot, « sur la **non-existence d'un prétendu usage constamment observé** *en matière de visites d'étiquette* ».

Bref, M. de Bourqueney « *s'exécutait nettement* » par sa lettre du 16 juin (2) au Prince de Valachie (ann. n° 2), auquel il déclarait « que l'ouverture des rapports avec le Gouvernement valaque *n'était subordonnée à aucune considération* ».

La loyauté avait dicté cette solution à S. Exc. l'ambassadeur; mais comme la diplomatie ne devait rien perdre de ses droits, M. de Bourqueney, préoccupé d'éviter au prestige de son Gouver-

---

(1) M. de Nion à M. Guizot, lettre du 12 juin 1846. (Archives du Ministère des affaires étrangères, Paris.)
(2) M. de Nion à M. Guizot, lettre du 3 juillet 1846. (Archives du Ministère des affaires étrangères, Paris.)

nement l'ombre d'une atteinte, dans ce pas en arrière qu'il était obligé de faire, invita M. de Nion « à ne rien omettre pour obtenir, — préalablement à la remise de ses lettres de créance, — une démarche de réparation et de regret ». « *Situation fort embarrassante* » (1), fait très justement remarquer M. le consul, « étant donnée la situation inexpugnable que la lettre du baron de Bourqueney créait à Son Altesse. »

Heureusement que le Prince, « *pénétré des avantages de sa position* », se prêta de la meilleure grâce à faciliter la tâche du nouveau gérant du consulat de France. « *Je ne dois rien, vous le voyez* », lui dit-il, en lui montrant la lettre de S. Exc. l'ambassadeur ; « mais je ferai, pour vous prouver la sincérité de mes sentiments, tout ce que vous déciderez vous-même et qui ne dépassera pas les limites de mon pouvoir (2). »

Il fut convenu qu'une simple « *démarche d'explication* serait faite par M. le secrétaire d'État des affaires étrangères, le seul des ministres qui, ayant rendu la visite d'usage, se trouvait personnellement désintéressé dans la question » ; et pour donner plus de prix à cette concession, qui était un acte gracieux envers le Gouvernement du Roi Louis-Philippe, Son Altesse écrivit à M. le consul général une lettre que M. le secrétaire d'État fut invité à lui remettre.

La visite fut faite, la lettre remise, et le dimanche 28, eut lieu, au Palais, la présentation du nouveau gérant du consulat de France.

Dans cette circonstance, l'ancien élève des écoles de France, le docteur en droit de la faculté de Paris, mit une coquetterie spéciale à faire montre des liens qui, — malgré les affirmations contraires de M. Billecoq, — « l'attachaient à cette grande nation sur le sol de laquelle il avait passé dix ans, pour puiser de solides principes à l'ardent foyer de sa civilisation ».

(1) M. de Nion à M. Guizot, lettre du 3 juillet 1846. (Archives du Ministère des affaires étrangères, Paris.)
(2) *Ibid.*

En faisant le récit de sa brillante réception, M. de Nion relève, non sans un légitime sentiment de fierté, ce fait que, « dans le cérémonial, on a dépassé de beaucoup les règles ordinaires, le traitement fait à ses prédécesseurs... et que quelques-uns de ses collègues n'ont pas pu s'empêcher d'observer qu'il fallait remonter à plus de quatorze ans, c'est-à-dire à la réception de M. Timoni, agent d'Autriche, pour se rappeler un cérémonial aussi solennel ».

Le jour même, le drapeau français était réarboré et les relations entre le représentant du Roi et le Gouvernement valaque étaient reprises, grâce à beaucoup de mesure et d'habileté de la part de M. de Nion, beaucoup de délicatesse de la part du Prince, infiniment de loyauté des deux côtés.

Séduit par la franchise de Son Altesse, M. le consul, — à la suite d'un entretien qu'il avait eu avec Elle, — confie ses impressions à M. Guizot en ces termes : « Ce que je puis dire aujourd'hui, Monsieur le Ministre, c'est que tout y décelait une âme élevée, un esprit judicieux, éclairé par de solides études politiques, un désir sincère du bien, une ambition tout à la fois **patriotique,** dynastique peut-être, comprimée par les entraves d'une situation précaire et dépendante (1). »

La glace était rompue, la confiance et la sympathie présidaient aux nouvelles relations entre le consulat de France et le Gouvernement valaque... : c'est à peine si l'incident Billecoq flottait, à l'horizon, comme un mauvais rêve!

On vient de voir les documents relatifs à « *l'incident du 1er mai* ».

Les appréciations suivantes de M. E. Regnault sur M. Billecoq ne sauraient venir plus à point, pensons-nous, pour continuer à édifier le lecteur sur l'antipathie de l'auteur des « *Provinces danubiennes* » pour la vérité.

(1) M. de Nion à M. Guizot, lettre du 3 juillet 1846. (Archives du Ministère des affaires étrangères, Paris.)

Ce courtisan de la calomnie mêle au rappel de M. Billecoq : M. Daschkoff, madame de Lieven, M. Ferdinand de Lesseps, M. Adolphe Barrot et M. le duc de Broglie, pour finir par accuser M. Guizot de faiblesse et d'ingratitude.

En effet, on lit, de la page 252 à la page 254 :

« A la nouvelle officielle du rappel de M. Billecoq, l'Hospodar *lui témoigna les regrets les plus touchants, déclarant, en termes exagérés, qu'il ne voulait pas se séparer de lui*. Le consul ne fut pas dupe de cette grossière comédie. En effet, le lendemain il apprit, de la bouche d'un des intimes du Prince, que celui-ci, rentré dans ses appartements, s'était livré aux éclats d'une joie indécente, comme un écolier délivré de son pédagogue. »

« Ce n'était ni la dernière injure réservée au consul, ni la dernière faiblesse de M. Guizot. Malgré l'avis contraire du ministre, M. Billecoq jugea qu'il *était imprudent d'abandonner son poste avant l'arrivée de son successeur. Il demeurait donc*, suivant tous les usages diplomatiques, le représentant de la France. Mais Bibesco ne le considérait plus que comme un homme sacrifié, et prit une occasion solennelle pour le braver publiquement. Il *était d'usage que le 1ᵉʳ mai*, jour de la fête du Roi des Français, *les ministres de l'Hospodar se rendissent en corps chez le consul*, pour faire hommage, en sa personne, au Souverain de la France. Le 1ᵉʳ mai 1846, *la visite habituelle n'eut pas lieu*. M Billecoq avait supporté avec une dédaigneuse patience des offenses personnelles. Mais ici l'injure remontait jusqu'au Roi et portait même atteinte à la dignité de la France. Il fallait une réparation. M. Billecoq amena le pavillon consulaire, confia la protection des sujets français au consul général d'Angleterre, demanda ses passeports et quitta Bucarest.

. . . .

« Le désaveu du consul restait pour couronnement de l'œuvre. Sortir honorablement d'un pas difficile, importait moins à M. Guizot que d'en sortir promptement. Le chevaleresque n'est pas dans ses habitudes; il appelle cela de la petite politique. M. de Nion reçut, en conséquence, l'ordre de relever le pavillon consulaire sans en effacer la souillure de Bibesco. Demander réparation à un Prince protégé par le Czar et par madame de Lieven! M. Billecoq seul était capable de cette double maladresse. Aussi une carrière honorable de vingt-huit années de service fut-elle brisée sans pitié. Daschkoff put juger ce que valait, entre les mains de M. Guizot, le pavillon tricolore, et Bibesco, **qui était** d'abord plongé dans une profonde consternation, s'étonna d'avoir tremblé pour si peu. »

« Sa reconnaissance se manifesta par mille empressements auprès de M. de Nion. Il s'occupa lui-même de lui chercher une maison; le consul désirait un jardin, il en fut créé un comme par enchantement, dessiné et planté par le jardinier allemand Mayer, attaché à Bibesco (1). Il est vrai que M. de Nion n'avait pas craint de blâmer publiquement la conduite de M. Billecoq, ce qui lui valut même une assez verte leçon. Recevant, à son installation, les Français résidents, il parle en termes ironiques des susceptibilités de son prédécesseur et ajoute ces mots : « Je pensais vraiment qu'un de vous avait été décapité. » — « On a fait pis que cela, monsieur le consul général », s'écria un des assistants, M. Pigalle, « on a décapité le pavillon. » M. de Nion put se convaincre que les Français de Bucarest jugeaient les insolences de Bibesco autrement que ne le faisait le héros de la rue des Capucines. »

Qu'il me soit permis, avant de tourner la page sur cette étude,

---

(1) *La Principauté de Valachie sous l'Hospodar Bibesco,* par B...-A... ancien agent diplomatique dans le Levant. Bruxelles, 1847. — Livre anonyme, initiales qui cachent mal, selon toute vraisemblance, l'individualité de l'auteur. Tout le monde sait qu'on attribue ce livre à M. Billecoq, Adolphe, ancien consul à Bucarest.
 En parlant de ce livre, M. Desprez dit « *qu'il porte l'empreinte profonde de la perfidie fanariote et mérite d'être lu, à titre d'étude de mœurs* ». (*La Moldo-Valachie et le mouvement roumain,* par H. DESPREZ. *Revue des Deux Mondes,* t. XXI, p. 124 et suiv.)

d'adresser à S. Exc. M. Ribot (1), ministre des affaires étrangères, l'expression de ma profonde gratitude. Je dois à la bienveillante autorisation que M. Ribot m'a accordée, d'avoir pu consulter et copier ces documents, en montrer le mauvais esprit, l'inexactitude de parti pris; d'avoir pu prouver par les lettres de S. Exc. l'ambassadeur de France à Constantinople, M. le baron de Bourqueney, et par celles de M. de Nion, — témoignages précieux, en raison de la loyauté bien connue et du caractère élevé de ces deux diplomates, — que la correspondance de M. Billecoq n'était de nature qu'à fausser l'histoire.

Je dois encore à M. le ministre la joie d'avoir fait connaître, — tel qu'il se dégage de sa correspondance avec le Roi Louis-Philippe et les ministres de Sa Majesté, — le caractère d'un Prince, Français par son éducation, ses principes, ses goûts, et qui m'a légué en héritage sa profonde affection pour le pays auquel m'attachent tant de liens, — ceux-là surtout qu'ont forgés ses malheurs immérités.

(1) Nous nous faisons un plaisir, en même temps qu'un devoir, de remercier S. Exc. M. Al. Lahovary, ministre des affaires étrangères de Roumanie, ainsi que M. A. E. Lahovary, secrétaire général au même département et ministre plénipotentiaire, pour toutes les facilités qu'ils ont bien voulu nous donner à l'effet de consulter, en Roumanie, ce même dossier, dont S. Exc. M. Cretulesco, ministre plénipotentiaire de Roumanie en France, avait également obtenu de M. Ribot l'autorisation de prendre copie pour nos archives nationales.

S. A. S. le Prince Bibesco, à S. Exc. M. Guizot (1).

Cette lettre est relative au rapport et à la conduite tenue par M. Billecoq le 1ᵉʳ mai, jour de la Saint-Philippe.

Bucarest, 6 mai 1846.

Monsieur le Ministre,

Je croyais n'avoir cette fois que le plaisir de vous offrir mes remerciements, et, pour le faire, j'attendais la remise de la lettre qu'on m'avait annoncée de la part de Votre Excellence; mais il n'a pas plu à M. Billecoq qu'il en fût ainsi. Il vient d'amener son pavillon en nous déclarant qu'il allait engager M. le baron de Bourqueney à défendre à M. de Nion de passer la frontière valaque, sous prétexte qu'une offense grave a été commise envers la personne de S. M. le Roi des Français, par la non-présence des ministres au consulat de France, le jour de la Saint-Philippe.

Je dois vous dire, Monsieur le Ministre, que la plupart de ces derniers se trouvaient absents dans leurs terres, en vertu du congé qu'ils avaient obtenu pour y passer les fêtes de Pâques. J'observerai en outre, à Votre Excellence, que la visite des ministres aux consulats est toute personnelle et facultative; elle dépend de leurs relations personnelles que je ne puis pas imposer, et que les manières de M. Billecoq ne sont guère faites pour encourager.

La seule visite exigée par l'étiquette est celle que le Prince fait rendre en son nom, et pour celle-là, Monsieur le Ministre, j'ai toujours tâché qu'elle fût faite au consul de France avec le plus de solennité que possible, et dans les termes qui me sont dictés par ma vive reconnaissance pour la France et mon profond respect pour son Roi.

(1) Archives du Ministère des affaires étrangères. Paris.

Ces sentiments ont toujours prévalu, même dans ma conduite personnelle vis-à-vis de M. Billecoq, que j'ai comblé de prévenances et de politesses jusqu'au dernier moment, quelque peu délicats qu'aient été ses procédés à mon égard. Votre Excellence a trop de pénétration pour ne pas voir dans ce dernier acte de M. Billecoq le désir de se venger de son rappel inattendu, le double espoir de faire parler de lui et de léguer des embarras à son successeur. Quant à moi, je n'ai pu me défendre d'un sentiment d'indignation qu'on eût osé, pour satisfaire à des haines et à des passions personnelles, se réclamer du nom auguste et vénéré de S. M. le Roi des Français.

Permettez-moi, Monsieur le Ministre, de vous exprimer ici la douleur que j'ai éprouvée en apprenant le nouvel attentat qui a manqué de plonger la France dans le deuil, ainsi que ma joie à la nouvelle de la conservation miraculeuse des jours précieux du Roi.

Veuillez me servir d'intermédiaire pour faire parvenir à Sa Majesté l'hommage de mes sentiments aussi profonds que sincères, en agréant, pour Votre Excellence, l'assurance de ma très haute estime et de ma considération très distinguée.

Signé : Georges BIBESCO.

M. de Nion, à S. Exc. M. Guizot.

M. de Nion expose à M. Guizot la situation qui lui est faite par le départ subit de M. Billecoq.

Bucarest, 15 mai 1846.

MONSIEUR LE MINISTRE,

Parti de Vienne le 9 de ce mois, je suis arrivé hier à Giurgewo, et cette nuit à Bucarest. — Le bateau à vapeur sur lequel je descendais le Danube a rencontré près de Widin un autre bâtitiment à bord duquel se trouvait M. Billecoq. — Dans cette conférence de quelques instants sous la surveillance d'un garde de santé, mon honorable prédécesseur m'a donné connaissance des faits qui l'ont déterminé à amener son pavillon et à quitter Bucarest, en laissant les sujets français sous la protection du consulat général de Sa Majesté Britannique. — M. Billecoq considérait la circonstance comme de nature à changer le but actuel de mon voyage, et il m'indiqua la ville de Galatz, sur le territoire moldave, comme la résidence qui pouvait le mieux me convenir d'adopter temporairement. — Cette opinion que je partageai au premier abord, je ne pus la conserver après un examen plus attentif. — Il me sembla que le Gouvernement du Roi avait plus que jamais besoin, dans des conjonctures semblables, d'avoir à Bucarest un agent pénétré de ses instructions les plus récentes, dégagé de tout intérêt, de toutes préoccupations personnelles, apte enfin à lui faire exactement connaître le véritable état de choses et à faciliter, par le fait seul de sa présence, la conclusion d'un fâcheux débat.

Mais il fallait en même temps, je le sentais, accepter loyalement la dette d'honneur national que la retraite de M. Billecoq léguait à son successeur. — Il fallait éviter avec un soin égal de désavouer le passé et de compromettre l'avenir, et surtout ne rien omettre de ce qui pourra contribuer à replacer un jour nos relations avec le Gouvernement de la Valachie sur un pied plus conforme à l'intérêt de cet État et à la bienveillance que lui porte le Gouvernement de Sa Majesté. — J'ai cru pourvoir autant que possible à ces diverses exigences du service en m'installant provisoirement à Bucarest avec ma famille, sans rien changer d'ailleurs à l'ordre de choses existant depuis le départ de M. Billecoq. — Ainsi le pavillon reste amené, les intérêts et les sujets français restent sous la protection de l'agence britannique, la remise de mes lettres de créance est ajournée jusqu'à l'arrivée des ordres qui me parviendront de Paris ou de Constantinople. Je décline jusque-là toute relation de société, si ce n'est avec mes compatriotes et avec les chefs des autres consulats étrangers; j'observe cependant, j'étudie, je vois venir et je saisis toutes les occasions favorables pour adresser au département et à l'ambassade le résultat de mes investigations. — M. Colquhoun, à qui je me suis empressé de rendre visite et dont j'ai reçu l'accueil le plus obligeant, m'a paru approuver complètement ce système de conduite.

Il se charge de le faire connaître au chef et aux principaux personnages de cet État. J'ai au reste pu, déjà moi-même, en faire parvenir l'expression au Prince Bibesco. Son Altesse vient de m'envoyer son premier aide de camp, M. le vicomte de Grammont, pour me complimenter sur mon arrivée et m'offrir une maison d'habitation et tous les bons offices que les difficultés locales d'installation ne rendent ici que trop nécessaires. — Sans accepter aucune de ces offres, j'en ai témoigné une vive reconnaissance; j'ai informé M. de Grammont que, malgré le profond regret que m'inspire la situation de nos affaires, je ne pouvais toutefois y apporter aucune modification de mon chef; mais que je m'estimerais heureux de voir arriver le moment où, par une entente amicale de notre Cour avec la Porte Ottomane, il me deviendrait possible d'entamer avec le Gouvernement valaque des rapports dont je sentais tout le prix. M. de Grammont ayant essayé de discuter, je me suis renfermé plus strictement encore dans un cercle étroit de paroles courtoises et de protestations de bon vouloir.

La poste ne partant d'ici que deux fois par semaine je ne veux pas, Monsieur le Ministre, laisser passer le jour du courrier sans faire parvenir à Votre Excellence cette dépêche écrite à la hâte. — Je l'expédie sous cachet volant à M. le comte de Flahaut (1).

Signé : DE NION.

---

(1) Cette lettre et celles qui suivent, adressées par M. de Nion à M. Guizot, nous paraissent offrir trop d'intérêt pour que nous ne les reproduisions pas en totalité ou en partie.

M. de Nion, à S. Exc. M. Guizot.

Cette lettre est encore relative à la situation créée à M. de Nion par la rupture instantanée des relations du consulat de France avec le Gouvernement valaque.

Bucarest, 21 mai 1846.

Monsieur le Ministre,

Rien n'est changé, depuis la date de ma dernière lettre, à notre situation vis-à-vis du Gouvernement valaque. Dans l'isolement auquel je me suis résigné et qui n'est interrompu que par des rapports officieux avec les autres agents étrangers, quelques vagues rumeurs, quelques insinuations plus ou moins sincères ont pu seulement me parvenir et méritent à peine d'être rapportées à Votre Excellence. — Les ennemis de l'Hospodar exploitent l'incident du 1er mai dans l'intérêt de leurs passions, s'appliquent à exagérer outre mesure la gravité de ce fait, et celle de ses conséquences probables. — D'autres, et le Prince Bibesco tout le premier, nient absolument qu'il y ait eu un manquement quelconque aux égards dus à la France et à son représentant. — Une troisième opinion, sans contester la réalité d'un tort envers le consul général de France, prétend que de semblables infractions aux lois de l'étiquette locale ont eu lieu à diverses reprises, et qu'elles ont presque toujours passé inaperçues, laissant ainsi peser, sur M. Billecoq, le reproche d'une susceptibilité, respectable dans son principe, mais trop ombrageuse et trop prompte à s'émouvoir. — J'avoue, Monsieur le Ministre, qu'il m'est bien difficile, pour ne pas dire impossible, de me prononcer pour l'une ou pour l'autre de ces opinions. — Si, comme je le crois, dans de telles affaires l'intention est tout, je crois aussi que l'intention a été blessante pour mon prédécesseur, irréfléchie et blâmable à l'égard du Gouvernement de Sa Majesté. — Mais, n'est-il pas regrettable, d'un autre côté, que cet acte de haute inconvenance n'ait laissé à M. Billecoq d'autre parti à prendre que l'envoi de sa note au secrétaire d'État, et la rupture instantanée de nos relations diplomatiques? — L'arrivée prochaine de son successeur ne lui fournissait-elle pas au moins un prétexte pour ajourner une discussion si grave en la léguant à un agent nouveau, qu'aucun préjugé, aucune rancune particulière, ne pouvaient ni préoccuper ni atteindre? N'y avait-il pas enfin quelque possibilité d'obtenir, par un recours direct à l'Hospodar, la réparation d'une offense que ce Prince, mis ainsi personnellement en demeure, aurait pu difficilement se résoudre à couvrir de sa propre responsabilité? Ces questions, Monsieur le Ministre, mon inexpérience des hommes et des choses dans ce pays me permet à peine de les poser et m'interdit évidemment de les résoudre. — Ma tâche actuelle consiste surtout, ce me semble, à conserver tout entière l'impartialité de mon attitude et la liberté de mon action pour l'accomplissement des ordres que le Gouvernement du Roi jugera à propos de me donner. Je puis assurer à Votre Excellence que cette tâche sera fidèlement remplie. — Quelques personnes affectent de dire, sans y croire beaucoup peut-être, que le Prince Bibesco résisterait aux ordres de la Porte, si une réparation solennelle à notre égard venait à lui être prescrite. — Je ne saurais guère partager cette crainte en présence des difficultés de diverse nature qui se réunissent pour compliquer la situation intérieure du Prince Bibesco (1).

Signé : DE NION.

(1) La fin de la lettre n'a plus trait à l'incident du 1er mai.

M. de Nion, à S. Exc. M. Guizot.

M. de Nion explique comment s'est terminé l'incident du 1er mai.

Bucarest, 3 juillet 1846.

Monsieur le Ministre,

J'allais me rendre à Jassy, ainsi que j'avais eu l'honneur de l'annoncer à Votre Excellence et que j'en avais prévenu le Prince de Moldavie, sous la réserve toutefois des ordres contraires qui pourraient me parvenir avant le moment fixé pour mon départ. — Cette prévision s'est réalisée par l'arrivée d'une dépêche de M. le baron de Bourqueney, dont Votre Excellence trouvera ci-joint la copie (annexe n° 1). J'ai dû aussitôt faire contremander toutes les dispositions d'usage en pareille occasion et m'occuper sans délai des mesures à prendre pour vider d'une manière définitive l'incident du 1er mai.

Cette tâche, Votre Excellence voudra bien le reconnaître, n'était pas sans difficulté.

Il était délicat d'abandonner trop brusquement l'attitude sévère que l'ambassade du Roi avait adoptée de prime abord, et que j'avais été obligé de prendre aussi moi-même, bien qu'avec réserve et modération. C'était la question de fait, mal éclairée dans l'origine, qui avait motivé cette attitude et servi de base aux demandes adressées par M. de Bourqueney au Ministère ottoman. — Édifié plus tard sur la non-existence d'un prétendu usage constamment observé en matière de visites d'étiquette, force nous était de faire un pas rétrograde et de nous replacer sur la ligne que les instructions de Votre Excellence venaient de tracer. — M. l'Ambassadeur s'était exécuté nettement par sa lettre du 16 juin au Prince Bibesco (annexe n° 2). Il y déclarait que l'ouverture de mes rapports avec le Gouvernement valaque n'était subordonnée à aucune considération, mais il m'engageait en même temps, par sa dépêche du même jour, à ne rien omettre pour obtenir, préalablement à la remise de mes lettres de créance, une démarche de réparation et de regret. J'ajouterai, pour compléter le tableau de cette embarrassante situation, que l'attention publique, vivement appelée sur nos affaires, et l'opinion prononcée de nos compatriotes les plus notables imposaient certaines exigences dont on ne pouvait se dispenser de tenir compte.

Voici, Monsieur le Ministre, la marche que j'ai cru devoir suivre et ce qui en est résulté :

En faisant remettre au Prince Bibesco, par le chancelier du consulat général, la lettre de l'Ambassadeur du Roi, j'avais chargé M. Hory de demander à Son Altesse qu'elle voulût bien désigner la personne avec laquelle j'aurais à traiter des arrangements qu'il restait à prendre. — Le Prince s'offrit lui-même, et cette offre, prévue à l'avance, fut acceptée avec empressement ; je me rendis chez lui dans la soirée du 24 juin. — Nous ne nous connaissions pas encore, pas même de vue, et je fus touché, je dois le dire, de l'extrême bienveillance de son accueil. — Il y avait dans son langage un accent de vérité pénétrante et d'émotion réelle lorsqu'il m'exprima, et les regrets que lui avait causés la résolution prise par mon prédécesseur au terme de sa mission, et l'espoir de trouver en moi plus de confiante sympathie, ou tout au moins d'impartialité.

Nous abordâmes bientôt le fond de la discussion. Le Prince me répéta du ton le plus convaincu ses doctrines et ses assertions (déjà connues de Votre Excellence) sur la question de droit et sur la question de fait. — Après avoir défendu notre terrain pied à pied du mieux que je pouvais, j'en vins à demander à Son Altesse quelle démarche publique Elle comptait faire auprès du consulat général pour mettre fin à de si pénibles débats. Le Prince sentait à merveille l'avantage de position que lui donnait la lettre de M. de Bourqueney. Il voulut bien toutefois me dire :

« Je ne dois rien, vous le voyez, mais je ferai, pour vous prouver la sincérité de mes sentiments, tout ce que vous déciderez vous-même et qui ne dépassera pas les limites de mon pouvoir. »

Rappelant alors la promesse de Roustchouk, j'essayai d'obtenir que les ministres valaques, dont l'absence avait été remarquée le jour de la Saint-Philippe, se présentassent chez moi pour en expliquer la cause et en témoigner leurs regrets. — Le Prince me répondit qu'il n'avait ni fait ni pu faire la promesse mentionnée par Reschid-Pacha, car la démarche indiquée était précisément celle dont l'exécution rencontrerait les plus insurmontables difficultés. — « Si je l'ordonnais », me dit-il, « ce serait avec la crainte très fondée de n'être point obéi par trois des ministres et avec la certitude de ne recevoir du quatrième, mon frère Stirbei, qu'un refus péremptoire, accompagné de l'offre de sa démission. » — « Vous devez savoir, Monsieur », ajouta-t-il, « les motifs personnels, mais d'ailleurs parfaitement légitimes, qui ne permettaient pas à mon frère de se présenter chez votre prédécesseur après l'accueil qu'il en avait reçu le 1er mai 1845. »

Je connaissais, en effet, cette particularité, et j'ai lieu de croire qu'elle n'est point ignorée de Votre Excellence. — Je répliquai au Prince de manière à lui faire comprendre que j'étais trop bien instruit des antécédents entre lui et son frère, pour insister sur une combinaison susceptible d'entraîner une rupture si regrettable à tous égards. Ce me fut d'ailleurs un moyen facile de revenir sur mes pas et d'arriver à une autre poposition que je tenais en réserve comme la seule qui offrît quelques chances de succès. Je maintins la nécessité d'une démarche, mais je me réduisis à stipuler qu'elle serait faite par un seul ministre, le secrétaire d'État des affaires étrangères qui, ayant rendu la visite d'usage à M. Billecoq, le 1er mai, se trouvait personnellement désintéressé dans la question. — Le Prince accepta ce moyen terme, et il ajouta qu'en reconnaissance d'un ménagement dont il sentait tout le prix, il m'écrirait lui-même une lettre d'explications qui me serait remise par le secrétaire d'État. — Tout fut convenu dès ce moment; l'entretien se prolongea néanmoins plus d'une heure encore, pendant laquelle le Prince sembla vouloir me donner des arrhes de sa confiance, en me détaillant les difficultés de sa situation intérieure et extérieure, ses projets pour les éventualités les plus prochaines, ses vues sur l'avenir lointain des contrées danubiennes. — Une connaissance plus approfondie des hommes et des choses m'apprendra la valeur réelle de ces épanchements. — Ce que je puis dire aujourd'hui, Monsieur le Ministre, c'est que tout y décelait une âme élevée, un esprit judicieux, éclairé par de solides études politiques, un désir sincère du bien, une ambition tout à la fois patriotique, personnelle, dynastique peut-être, comprimée par les entraves d'une situation précaire et dépendante. Sans provoquer, sans repousser ces confidences, je n'y répondis que par l'expression de ma gratitude et par celle de mes vœux pour le bonheur du Prince et la prospérité du pays; manifestant d'ailleurs l'intention la plus formelle de ne prendre jamais, dans les agitations auxquelles les Principautés semblent encore réservées, d'autre rôle que celui d'un ami zélé de la paix, de l'ordre public et du maintien de l'équilibre politique en Orient.

Dès le lendemain le secrétaire d'État, M. Balliano, vint m'apporter chez moi, de la part du Prince, la lettre dont copie est ci-jointe (sous le n° 3), et me réitérer les explications et les démonstrations de bon vouloir contenues dans cette lettre; j'allai le jour suivant lui rendre sa visite. — Nous convînmes ensemble que ma présentation aurait lieu le dimanche 28. — Je laissai entre ses mains la copie de mes lettres de créance, les firmans de la Porte Ottomane, ma réponse à la lettre du Prince (annexe n° 4), et le texte du discours que je me proposais de lui adresser le jour de l'audience. J'avais mentionné, dans ce projet de discours, les relations d'amitié séculaire qui existent entre la France et l'Empire Ottoman. — Le Prince me fit demander, par une voie toute confidentielle, le sacrifice de cette phrase qu'il considérait comme de nature à produire une impression pénible sur la plupart des assistants. J'y consentis, non sans relever ce qu'une pareille susceptibilité avait d'étrange, et en observant combien ce sentiment de répulsion contre la suzeraineté de la Porte était peu conforme à l'intérêt bien entendu des Principautés. — Je m'en étais déjà expliqué avec le Prince Bibesco, et il avait paru me comprendre, mais peut-être pensait-il que la politique de huis clos ne pouvait sans inconvénients se produire devant un public tel que le sien. Peut-être aussi, un mouvement de bienveillance personnelle le portait-il à écarter de mes débuts toute chance d'impopularité. — Il est certain, au reste, qu'il m'a su un gré infini de cet acte de déférence, et qu'il n'a rien épargné de ce qui pouvait me prouver le prix qu'il y attachait. C'est ainsi, Monsieur le Ministre, que dans le cérémonial de ma réception, on a dépassé de beaucoup les règles ordinaires et le traitement fait à mes prédécesseurs. — Je ne l'avais pas demandé, mais j'ai cru devoir accepter de bonne grâce, dans les circonstances actuelles, tout ce qui constatait, aux yeux de la multitude, les égards respectueux du Gouvernement valaque envers la France et son représentant. — Le vicomte de Grammont, premier aide de camp et maître des cérémonies, est venu me prendre dans une des voitures du Prince, attelée de quatre chevaux, escortée d'un escadron de cavalerie. Un officier d'ordonnance de Son Altesse se tenait à chaque portière. Le chancelier du consulat général, porteur des lettres de créance et du Bérat, suivait immédiatement dans ma voiture. Au moment de notre entrée dans la cour du palais, les honneurs militaires me furent rendus, comme ils le sont à l'Hospodar lui-même.

Les officiers de sa maison et de sa garde vinrent me recevoir au pied du grand escalier; deux de ses Ministres en firent autant au palier supérieur; les autres secrétaires d'État, ainsi que les trois premiers des grands boyards et un nombreux état major, entouraient le Prince qui m'attendait dans le salon principal en grand uniforme, décoré de tous ses ordres. — Après avoir écouté debout mon discours et y avoir répondu de même (je joins ici sous les n°' 5 et 6 le texte de ces allocutions), le Prince m'a présenté successivement les personnes qui se trouvaient le plus près de lui et m'a fait asseoir sur un fauteuil à la droite de son divan. — Nous avons encore échangé quelques paroles à voix basse et j'ai été reconduit avec le même cérémonial jusqu'à la maison consulaire, où le pavillon français a été immédiatement réarboré.

Deux jours après, la Princesse, quoique sérieusement indisposée, a bien voulu nous recevoir, ma femme et moi, dans une audience privée, où Leurs Altesses nous ont prodigué de nouveau les témoignages de la plus bienveillante courtoisie ; il est inutile d'ajouter que cet exemple a été suivi avec empressement par la haute société, dont tous les membres semblent s'attacher à nous dédommager de l'isolement où s'est passé le premier mois de notre résidence à Bucarest.

Dès le lundi 29, j'ai pris possession définitive de toutes les fonctions de ma charge, après avoir adressé au consul général d'Angleterre les remerciements dont nous étions redevables à son intervention zélée en faveur des sujets du Roi.

Quelques-uns de mes collègues n'ont pu s'empêcher d'observer qu'il fallait remonter à plus de quatorze ans (c'est-à-dire à la réception de M. Timony, agent d'Autriche) pour se rappeler un cérémonial aussi solennel que celui dont ma présentation a été entourée. — Le Gouvernement valaque a fait valoir à l'appui de sa conduite la supériorité de mon grade, la teneur des firmans impériaux (qui continuent de mentionner nos anciens droits de préséance et notre assimilation au rang de Bey ottoman), enfin et surtout, les circonstances toutes spéciales de mon entrée en fonction.

Je dois dire au demeurant que ce mouvement de susceptibilité n'a altéré en rien les bons rapports que je me suis empressé de former avec tous mes collègues.

Je citerai en première ligne le consul général de **Russie** qui, après m'avoir déclaré à moi-même, et dès l'origine, qu'il ne reconnaissait aucun tort aux autorités locales dans l'incident du 1ᵉʳ mai, ne s'en est pas moins montré favorable à tout ce qui a pu contribuer à terminer cette fâcheuse affaire d'une manière honorable et satisfaisante pour nous.

Un service a été célébré hier dans l'église catholique pour le repos de l'âme du Souverain Pontife Grégoire XVI. L'évêque de Nicopolis a officié. Tous les agents étrangers, sans distinction de croyance religieuse, ont assisté à cette cérémonie funèbre.

Signé : DE NION.

---

*M. Doré de Nion, consul de France,
à S. A. S. le Prince Bibesco.*

M. de Nion demande à présenter ses lettres de créance.

Bucarest, 18/25 juin 1846.

PRINCE,

La lettre que Votre Altesse Sérénissime m'a fait l'honneur de m'écrire en date de ce jour m'a été remise par M. le secrétaire d'État Balliano ; je vais en donner communication à S. Exc. M. Guizot, ainsi qu'à M. le baron de Bourqueney.

Les explications contenues dans cette lettre et celles que **M. le** secrétaire d'État a bien voulu me donner verbalement par ordre de Votre Altesse Sérénissime, confirment et complètent les éclaircissements qu'Elle a déjà fait parvenir à Paris et à Constantinople, de manière à ne laisser subsister aucune interprétation fâcheuse du regrettable incident du 1ᵉʳ mai.

Ma conviction personnelle à cet égard, fortifiée par tout ce qu'a pu m'apprendre mon séjour au sein de cette capitale, est aujourd'hui trop profonde pour me permettre de différer plus longtemps l'ouverture de mes relations officielles avec le Gouvernement de Votre Altesse Sérénissime. C'est donc avec une vive satisfaction, Prince, que je vais hâter, de concert avec M. le secrétaire d'État, l'accomplissement des formalités d'usage, et solliciter par son intermédiaire l'honneur de vous présenter mes lettres de créance, et le Bérat de la Porte Ottomane. Ce devoir me sera d'autant plus doux à remplir qu'en me rendant l'organe des sentiments dont le Gouvernement du Roi, mon auguste Souverain, est animé pour Votre Altesse Sérénissime, je trouverai aussi l'occasion de lui exprimer la reconnaissance que je dois déjà à ses bontés, et de lui renouveler l'hommage du respect avec lequel

Je suis, Prince, de Votre Altesse Sérénissime le très humble et très obéissant serviteur.

Signé : A. DORÉ DE NION.

S. A. S. le Prince Bibesco, à S. Exc. M. Guizot,
Ministre des affaires étrangères.

Bucarest, 21 juin/3 juillet 1846.

MONSIEUR LE MINISTRE,

En entrant dans l'exercice des fonctions d'Agent et Consul général de Sa Majesté le Roi des Français dans les Principautés du Danube, M. de Nion m'a remis la lettre dont Votre Excellence a bien voulu le charger pour moi. Vous pouvez être sûr, Monsieur le Ministre, que rien ne sera négligé de ma part pour rendre la tâche de M. de Nion aussi facile et même aussi agréable qu'il dépendra de moi de le faire. J'ai toujours eu à cœur d'être dans les meilleures relations avec l'agent d'un pays auquel tant de liens m'attachent, et j'ai été heureux de reconnaître en M. de Nion des dispositions et des qualités propres à seconder mon désir. Quant à la protection de sa personne en Valachie et des intérêts des sujets de Sa Majesté, elle ne pourra en aucun cas offrir la moindre difficulté. Nos lois, empruntées pour la plupart au code français, protègent d'une manière égale les étrangers et les indigènes, et le Gouvernement, jaloux de les faire observer, ne refuse jamais son assistance alors qu'elle est réclamée à bon droit.

Veuillez, Monsieur le Ministre, mettre aux pieds de Sa Majesté l'hommage de ma profonde gratitude pour la marque de sa bienveillance Royale, que je reconnais dans la nomination de M. de Nion, et agréer pour Votre Excellence l'assurance de ma haute estime et de mes sentiments les plus distingués.

Signé : BIBESCO.

M. de Nion, à S. Exc. M. Guizot.

M. de Nion fait part à S. Exc. le Ministre des affaires étrangères d'une conversation intime qu'il a eue avec le Prince Bibesco.

Bucarest, 14 octobre 1846.

MONSIEUR LE MINISTRE,

J'ai reçu la dépêche que Votre Excellence m'a fait l'honneur de m'écrire le 21 du mois dernier, en réponse à ma lettre du 20 août, et relativement à l'intention manifestée par le Gouvernement valaque de ne plus admettre désormais l'intervention de l'autorité consulaire dans les affaires où des étrangers seraient intéressés comme possesseurs d'immeubles.

Il y a tout lieu de penser qu'après l'accueil peu favorable fait par la plupart des Consulats généraux à sa circulaire du 4/16 juillet, le Gouvernement valaque s'abstiendra, au moins d'ici à quelque temps, de remettre cette question sur le tapis. Je n'aurai point, de mon côté, à provoquer une discussion que Votre Excellence me prescrit au contraire de décliner, s'il y a lieu.

Les instructions que vous voulez bien me donner, Monsieur le Ministre, ne pourront donc recevoir leur application que dans le cas où l'autorité locale essayerait elle-même d'appliquer sa nouvelle doctrine à un sujet français. Je déclarerai alors que cette prétention n'étant autorisée ni par le vœu de nos traités avec la Porte, ni par l'usage suivi dans les autres parties de l'Empire ottoman, mon devoir m'ordonne de protester et d'en référer à Constantinople.

L'opinion de l'ambassadeur du Roi aura pu d'ailleurs, dans l'intervalle, se former en pleine connaissance de cause; car M. le baron de Bourqueney a déjà reçu communication des premiers documents relatifs à cette affaire, et je lui transmets aujourd'hui même copie de la dépêche de Votre Excellence, ainsi que de la présente lettre.

Votre Excellence insiste, à propos de cette question spéciale, sur les considérations développées dans sa dépêche n° 1 en ce qui concerne les rapports des Principautés danubiennes avec la Porte Ottomane. Soyez persuadé, Monsieur le Ministre, de mon empressement à exécuter vos ordres et à seconder autant qu'il est en moi les vues du Gouvernement de Sa Majesté. J'en ai saisi l'occasion toutes les fois qu'elle s'est offerte; mais j'ai eu aussi, à chaque tentative de ce genre, le regret de reconnaître combien il est difficile de faire accepter, même aux personnes les plus éclairées de ce pays, des conseils contre lesquels se soulèvent à la fois leurs préjugés nationaux et leurs passions individuelles. J'ai pu surtout m'en convaincre à la suite d'un entretien que j'ai eu dernièrement avec le Prince Bibesco, entretien auquel il est fait allusion dans ma dépêche n° 9 et que je vais avoir l'honneur de rapporter à Votre Excellence, tel qu'il se trouve consigné dans des notes prises au sortir même de l'audience.

En débutant, suivant sa coutume, par une longue énumération des embarras qui compliquent sa situation intérieure, le Prince était évidemment préoccupé d'une autre question, sur laquelle son thème était fait d'avance et qu'il aborda enfin d'une façon assez brusque.

« Vous voyez », me dit-il, « combien, dans l'accomplissement d'une mission si pénible, nous aurions besoin d'être soutenus par la bienveillance des Puissances européennes. Dites-moi cependant, monsieur, s'il nous est possible de compter sur cette bienveillance, lorsque les Gouvernements les plus libéraux, les plus dignes de nos respects, semblent affecter, en toute circonstance, de ne voir dans les Principautés danubiennes que des Provinces de l'Empire ottoman, — dans leurs chefs, que des Pachas turcs, — dans leurs habitants, que des *rayas*. Cette opinion n'est fondée ni en droit, ni en fait. Nous n'avons jamais été conquis par la Turquie. Nous l'avons, il est vrai, reconnue comme Suzeraine, mais sous la réserve expresse et écrite de nos libertés religieuses, civiles et commerciales, et de notre indépendance administrative. Quand nous avons payé le tribut annuel à la Porte, nous ne lui devons plus rien. Elle-même, au reste, ne songe plus désormais à contester nos privilèges, si ce n'est lorsqu'elle y est excitée par les suggestions de la diplomatie chrétienne, habile à trouver dans l'interprétation des traités anciens et nouveaux, le moyen d'entraver le développement de nos facultés les plus vitales. En matière de douanes, par exemple, c'est vous qui refusez obstinément de vous soumettre à nos règlements et à nos tarifs, tandis que le commerce turc les subit sans réclamation. Cette tendance se montre bien plus encore dans les questions de juridiction, où l'on décline avec une injuste défiance la compétence de nos tribunaux, comme s'ils ne connaissaient et n'étaient chargés d'appliquer d'autre loi que celle du Coran. Pourquoi », continua le Prince, en s'animant par degrés, « pourquoi ne pas exiger tout de suite que nous abjurions la foi de nos pères? La transformation de nos églises en mosquées ne serait-elle pas le complément logique d'un système que condamnent également les principes sacrés de la justice et ceux d'une politique saine et prévoyante. Si vous redoutez, et avec raison, de voir un jour l'équilibre européen troublé par l'ambition de la Russie, ne devriez-vous pas appeler de vos vœux, encourager de vos sympathies l'organisation de nationalités autonomes, interposées entre l'Empire des Czars et celui des Sultans? Et quand sonnera pour ce dernier Empire l'heure prochaine de la dissolution, quel rôle utile et glorieux n'appartiendrait-il pas, si vous l'aviez voulu, à ces populations chrétiennes qui fécondent les rives du Danube, les versants des Carpathes et ceux des Balkans!... »

C'était une tâche assez embarrassante, Monsieur le Ministre, que celle d'opposer à ce langage enthousiaste une rigoureuse argumentation de droit public, un impossible calcul d'intérêts. Il le fallait pourtant, et j'essayai de le faire avec toute la fermeté, mais aussi avec tous les ménagements convenables :

« Personne ne conteste », dis-je, « et nous, assurément, moins que personne, ce qu'il y a de souvenirs glorieux dans votre passé, d'espérances dans votre avenir. Mais c'est le présent surtout qu'envisage et que doit envisager la politique pratique, la vénérable politique qui s'appuie, d'une part, sur les règles immuables du droit des gens, et, de l'autre, sur la réalité des faits. Or, dans cette légalité, dans cette réalité, quelle serait aujourd'hui l'existence internationale des Provinces danubiennes, si elles cessaient d'être considérées comme faisant partie de l'Empire ottoman ? En quelle qualité, autre que celle-là, sont-elles connues des Puissances chrétiennes ? Quelle serait la base des relations de commerce et de voisinage que l'Europe entretient avec vous, si elle renonçait à la position nette et avantageuse que lui font ses traités avec la Turquie ? A quel titre, d'ailleurs, pourrions-nous veiller sur vos intérêts et soutenir vos droits, si ces droits et ces intérêts n'étaient pas ceux d'une Puissance alliée et amie, à laquelle l'appui de la France n'a jamais fait défaut ? Ce lien, qui vous attache à la Turquie, ne vous rattache-t-il pas en même temps à l'Europe occidentale, et n'est-ce pas lui qui vous assure, en échange d'un tribut modique et d'une dépendance plus apparente que réelle, des garanties positives et une efficace protection ? N'est-il pas évident, au reste, que, dans l'état actuel des choses, vous ne pouvez échapper à une sujétion presque nominale que pour subir au même instant un joug plus puissant et plus lourd ? Chaque pas qui vous éloigne de la suzeraineté ottomane vous rapproche de l'absorption russe : c'est là que vous conduiraient inévitablement ces impuissantes velléités d'indépendance qui prétendent forcer le cours actuel des choses et devancer la marche du temps. Croyez-moi, Prince, au lieu d'entretenir ces dangereuses illusions, dirigez de plus en plus vos efforts vers l'amélioration morale et le bien-être des populations placées sous votre Gouvernement. Travaillez à leur créer, par le développement de leurs rapports commerciaux avec l'Europe, de nouveaux titres à son appui. Si ce langage sincère et loyal, comme la politique du Gouvernement au nom duquel j'ai l'honneur de parler, vous semble aujourd'hui pénible à entendre, peut-être produira-t-il pour l'avenir des résultats utiles. Laissez-moi l'espérer autant que je le désire dans votre intérêt et dans celui de votre pays. »

L'attitude du Prince, en m'écoutant, décelait une sorte d'impatience douloureuse qu'il parvint toutefois à maîtriser jusqu'au bout. Il se borna, pour toute réplique, à parler de ses bons rapports personnels avec le Sultan Abdul-Medjid et ses Ministres, et des services que le Gouvernement valaque rend journellement à l'Empire turc en comprimant les germes nombreux de désordre et d'insurrection qui fermentent dans la Bulgarie et dans la Serbie. « Là », ajouta-t-il, « à l'inverse de ce qui se passe en Valachie, on parle peu, mais on agit beaucoup. » Il termina en me faisant comprendre que, si ses convictions n'avaient pas été bien fortement ébranlées par mes arguments et mes conseils, il savait au moins en reconnaître la portée et en apprécier l'intention.

J'ai revu le Prince Bibesco peu de jours après cet entretien, et il ne m'a pas dit un mot qui s'y rapportât. J'ai cru devoir imiter sa réserve, et j'attendrai, pour revenir sur ce sujet, des occasions qui ne pourront d'ailleurs manquer de se présenter fréquemment.

D'après l'autorisation verbale que Votre Excellence a bien voulu me donner, et dans l'impossibilité de chiffrer cette longue dépêche, je me décide à l'envoyer par exprès au vice-consul de Galatz.

Il la transmettra avec toutes les précautions convenables à l'ambassade du Roi à Constantinople, d'où elle sera expédiée à Votre Excellence par la voie des paquebots français.

Je suis, etc.

Signé : D. DE NION.

S. Exc. le général comte Kisseleff,
à S. A. S. le Prince Bibesco.

Le comte prévient le Prince Bibesco qu'il est à la veille d'une épreuve sérieuse ; il désire de tout cœur *qu'elle lui soit favorable.*

Saint-Pétersbourg, 27 octobre 1846.

D'après la lettre ci-jointe vous verrez, mon Prince, que j'ai rempli exactement vos désirs énoncés dans votre lettre du 29 août. Il ne me reste qu'à vous répondre par un autre article de cette même lettre concernant mes sentiments à votre égard. Je le ferai en toute sincérité. — Fâché, n'est point le mot; je n'ai ni le droit ni la prétention de pouvoir l'être; mais peiné, oui. Les mécontents augmentent en nombre et l'amitié que je vous ai vouée s'en alarme; — je connais assez vos administrés pour faire une large part à l'exagération, qui est une conséquence de leur caractère; mais il n'en est pas moins vrai que les clameurs redoublent et que l'on fait flèche de tout bois. — Vous êtes à la veille d'une épreuve sérieuse, et je désire de tout mon cœur qu'elle vous soit propice. Le général Grabbe vous rend pleine et entière justice sous le rapport de vos bonnes intentions et de la sévère probité que vous cherchez à inculquer à vos subordonnés; — mais il convient aussi qu'avec quelques ménagements dans les formes vous pourriez, mon Prince, vous faire des amis qui, partout et en toutes choses, sont indispensables. — Ce que je vous dis sans détours ni périphrases vous prouvera mieux que toute chose combien je prends part à tout ce qui vous concerne. Fasse le Ciel que mes vœux s'accomplissent et que vous n'ayez qu'à vous réjouir des peines et des travaux que vous supportez dans l'intérêt de vos concitoyens! — Cette récompense est la plus douce qu'un administrateur puisse obtenir, et je vous la désire comme à moi-même.

Je profite de cette occasion pour vous remercier des preuves d'amitié que vous avez eu l'occasion de me donner, — et bien que ma nature soit peu expansive, je n'en sens pas moins les bons procédés qu'on veut bien parfois me témoigner.

N'étant revenu ici que depuis peu de jours, je suis accablé d'affaires et je vous quitte, mon Prince, en vous priant d'agréer avec amitié l'hommage de tous mes sentiments très dévoués.

Signé : KISSELEFF.

---

*S. Exc. le général comte Kisseleff,
à S. A. S. le Prince Bibesco.*

Le comte transmet au Prince les remerciements de S. M. l'Empereur, pour l'offrande qu'il a prié la Grande-Duchesse Olga de daigner accepter.

Saint-Pétersbourg, 27 octobre 1846.

MON PRINCE,

La lettre que Votre Altesse m'a fait l'honneur de m'adresser le 29 août dernier ne m'a été remise, avec l'envoi qui l'accompagnait, qu'à mon retour tout récent d'une tournée dans l'intérieur de l'Empire; vous voudrez bien, mon Prince, excuser le retard involontaire que j'ai mis à y répondre. C'est avec empressement que j'ai présenté votre offrande à Sa Majesté l'Empereur, qui a daigné l'accueillir gracieusement et a donné des ordres pour qu'elle fût transmise, avec votre lettre, à Son Altesse Impériale Madame la Grande-Duchesse Olga, à Stuttgard. Sa Majesté Impériale, en me chargeant de vous en faire part, mon Prince, s'est plu à voir dans cet hommage offert à son auguste fille, un témoignage de dévouement auquel Elle n'a pu qu'être sensible.

C'est avec un véritable plaisir que je m'empresse de vous l'annoncer et que je profite de cette occasion pour vous renouveler l'assurance de la haute considération avec laquelle j'ai l'honneur d'être, mon Prince, de Votre Altesse le très humble et obéissant serviteur.

Signé : Général comte KISSELEFF.

M. Stürmer, ambassadeur d'Autriche à Constantinople, à S. A. S. le Prince Bibesco.

Constantinople, 4 novembre 1846.

MON PRINCE,

J'espère que Votre Altesse sera plus indulgente que ma conscience et qu'elle me pardonnera d'avoir différé jusqu'à présent de la remercier de la bonté et de la bonne grâce avec laquelle elle a exaucé ma prière relativement à la pauvre veuve d'un sujet autrichien, M. Fischler. Pénétrée de reconnaissance, cette femme bénit votre nom, mon Prince, et la bénédiction des malheureux est entendue du Ciel.

Bien que loin, je ne cesse de porter mes regards vers les lieux où s'exercent, en même temps que votre autorité, mon Prince, vos talents, votre énergie et votre courage à lutter contre des tentatives folles ou coupables. Tout ce qui se passe en Valachie m'intéresse ; je souhaiterais, pour votre repos, ce pays plus tranquille, mais

« A vaincre sans péril on triomphe sans gloire. »

Et peut-être aimez-vous mieux qu'il en soit ainsi. Ce que je désire avant tout, mon Prince, c'est que Votre Altesse soit convaincue des sentiments que je lui ai voués et dont je la prie d'agréer ici le bien sincère hommage.

Signé : STURMER.

S. A. S. le Prince Bibesco, à M. Philippsborn, chargé d'affaires du Gouvernement valaque auprès du Cabinet de Vienne.

Le Prince, en répondant à une lettre de M. Philippsborn, auquel il a donné des instructions, en vue d'une audience que son chargé d'affaires doit obtenir de S. A. le Prince de Metternich, exprime le regret, en parlant du peuple roumain, que l'Autriche ait trop négligé de « s'attacher par des procédés équitables » un peuple qui est à ses portes. Il propose « *un rapprochement plus intime à S. A. le Prince de Metternich* ».

Bucarest, 1846.

. . . .

... (1) Il est tout naturel que nous rencontrions des obstacles dans des préjugés surannés. Cependant, je ne doute pas que ces préjugés ne finissent par céder à des considérations d'un ordre plus élevé que celles qui sont consignées dans votre dernière lettre. Comme aussi je n'hésite pas à croire que l'homme éminent qui dirige la politique autrichienne, habitué qu'il est à voir les choses de haut et à les traiter de même, nous rende pleine justice au fond du cœur.

Il est, en effet, impossible qu'il ne sente pas avec regret, que l'Autriche n'a que trop négligé de s'attacher par des liens d'intérêt un peuple qui se trouve à ses portes, et dont le bien-être et la civilisation, loin de pouvoir lui donner de l'ombrage, ne pourraient avoir que des résultats également avantageux pour deux pays qui se touchent et qu'il dépend du plus fort de rapprocher encore plus au moyen de procédés équitables.

Or, c'est ce rapprochement plus intime que je viens proposer à Son Altesse...

(1) Fragment d'une lettre du Prince emprunté à un travail intitulé : *Quelques mots sur la Valachie*. (Dentu.) — La lettre du Prince manque à notre recueil.

S. A. le Prince de Metternich, à M. Timony, consul d'Autriche auprès du Gouvernement valaque (1).

Le Prince partage les idées du Prince Bibesco, et laisse entrevoir le moment prochain où il pourra s'entendre avec lui.

Vienne, 1846.

MONSIEUR LE CONSUL,

. . . .

... Je rends justice à l'administration éclairée du Prince Bibesco ; je reconnais que son pays est réellement en progrès, et je trouve justes, en principe, les considérations touchant les rapports entre nos deux pays.

Mais tout le monde ici ne voit pas la chose du même point de vue que moi, et il y a des ménagements à garder, non seulement par égard pour de vieux préjugés qu'on ne saurait brusquer sans inconvénient, mais aussi pour des intérêts locaux que nous aurions l'air de sacrifier gratuitement et par faiblesse, si nous renoncions à les défendre sans y avoir préparé les esprits. J'engage donc le Prince à patienter encore, et j'espère que nous finirons par nous entendre (2)...

---

(1) Fragment de lettre emprunté au travail intitulé : *Quelques mots sur la Valachie*.

(2) Quelques mois plus tard, fidèle aux espérances qu'il avait fait concevoir, le Prince de Metternich donnait l'ordre à M. Timony de s'entendre avec le Prince Bibesco pour « *asseoir sur des bases plus larges* » les relations entre les deux pays. — La révolution de 1848 empêcha que ces instructions n'eussent leur effet. Quoi qu'il en soit, le Prince Bibesco avait triomphé auprès de l'Autriche comme auprès de la Russie et de la Porte dans la question des douanes. (Voir le discours de Son Altesse devant l'Assemblée générale de 1846, t. II.)

CORRESPONDANCE GÉNÉRALE

DIPLOMATIQUE

1847 — 1848

Le Roi Louis-Philippe, au Prince Bibesco.

Cette lettre est relative à l'entrée à l'École militaire de Saint-Cyr, du fils aîné du Prince, *qui par une exception toute personnelle à Son Altesse sera admis aux épreuves ordinaires du concours* (1).

PRINCE,

J'ai reçu la lettre que vous m'avez adressée le 18 du mois dernier, au sujet de l'aîné de vos fils, dont vous désirez l'admission à l'École spéciale militaire de Saint-Cyr.

J'ai apprécié, et comme père et comme Roi, la tendre sollicitude qui vous a dicté ce vœu. Les obstacles qui s'opposaient à son accomplissement vous étaient connus à l'avance ; mais le désir de vous donner une marque de bienveillance particulière m'a porté à faire rechercher les moyens de les lever. J'ai la satisfaction de vous annoncer que, par une exception qui vous est toute personnelle, votre fils sera admis aux épreuves ordinaires du concours pour l'entrée à l'École spéciale. Je ne doute pas qu'il ne se rende digne de cette faveur par la manière dont il sortira de ces épreuves et dont il se conduira comme élève interne de l'École. J'aimerai à le suivre avec intérêt dans le cours de ses études et à vous donner ainsi un nouveau gage de mon estime et de ma bienveillance.

(1) La lettre autographe du Roi se trouvait, avec nombre d'autres pièces, dans le buvard du Prince, oublié par lui sur le bureau de son cabinet de travail, au palais, quand, après avoir abdiqué, il quitta Bucarest pour se rendre en Transylvanie. S'étant bientôt aperçu de son oubli, le Prince expédia en toute hâte une lettre à M. Grégoire Gradisteano, membre du Gouvernement, — pour lequel il avait beaucoup d'estime, — en le priant de lui renvoyer son buvard par une personne sûre. M. Gradisteano court au palais, cherche : — le précieux dépositaire d'actes importants avait disparu.

Sur ce, je prie Dieu qu'il vous ait, Prince, en sa sainte et digne garde.

Fait en notre palais de Neuilly, le 18ᵉ jour du mois de juin de l'année de grâce 1847.

Signé : LOUIS-PHILIPPE.

A S. M. le Roi des Français.

Bucarest, 8/20 juillet 1847.

SIRE,

La lettre que Votre Majesté m'a fait l'honneur de m'écrire le 18 du mois dernier, m'a pénétré d'un sentiment de bonheur tel qu'on en éprouve bien peu dans le cours de la vie. Gage précieux de votre auguste bienveillance, la faveur que nous recevons, **moi et mon fils**, ajouterait encore, s'il était possible, à notre affection pour la France, et à notre respectueuse gratitude pour le Monarque qui préside à ses destinées. Mon fils saura, j'ose l'espérer, répondre à une si haute faveur

Pour moi, Sire, c'est le cœur tout ému de vos bontés que je viens renouveler à Votre Majesté l'hommage des vœux que je forme pour son glorieux règne, ainsi que du profond respect avec lequel je suis, Sire, de Votre Majesté, le très humble et **très** obéissant serviteur.

Signé : G. BIBESCO (1).

---

(1) *Revue rétrospective, ou Archives secrètes du dernier Gouvernement*, 1830-1848. Paris, Paulin, éditeur, rue Richelieu, 60. — P. 287.

*S. Exc. le ·général comte Kisseleff,
à S. A. S. le Prince Bibesco.*

Le comte nie que des préventions défavorables aient pu lui avoir été inspirées contre le Prince Bibesco. Il parle de la situation politique de la Valachie, réconnaît les difficultés de la position du Prince, et l'encourage *à combattre à outrance* en faveur des réformes qu'il poursuit. Le comte entrevoit un résultat satisfaisant, au sujet de la question des Saints Lieux.

Saint-Pétersbourg, 2 février 1847.

Mon Prince,

En prenant la plume pour répondre à la lettre de Votre Altesse, en date du 18/30 novembre, je me fais un devoir de vous offrir mes excuses sur le retard que j'ai mis à le faire. Ce retard n'est provenu que d'une grave indisposition contre laquelle je me débats encore et qui, à mon âge, rend toute occupation personnelle plus que difficile. — Aujourd'hui me sentant plus de force, je veux en profiter pour vous dire, mon Prince, que tout ce que vous dites sur les difficultés de votre position est de la plus incontestable vérité, que j'en ai toujours été pénétré, et que je n'ai cessé d'agir en conséquence à l'égard des clameurs des uns, et du jugement qu'en pouvaient porter les autres. — Ce que je conteste et ne puis accepter, c'est la part que vous faites à l'influence que vous m'adjugez à la suite des préventions défavorables que vos ennemis sont parvenus, dites-vous, à m'inspirer contre vous et votre administration. Ceci est tout à fait contraire à la ligne de conduite que j'ai constamment suivie à l'égard de votre administration et de votre personne. — A toutes les lettres qui m'ont été adressées je me suis abstenu de répondre, moins une ou deux de pure politesse et sans toucher aux affaires d'administration.

Dans une de ces lettres, j'ai même invité le personnage qui m'écrivait à se rapprocher de vous et à gagner votre amitié comme le moyen le plus sûr d'être utile au pays et stimuler les sentiments d'estime et d'amitié que je lui portais. Une autre lettre, presque officielle, a été rédigée dans le même esprit, et c'est à ces deux communications que je réduis, depuis bon nombre d'années, toute ma correspondance avec vos administrés. — Quant à mes rapports personnels en pays étrangers, j'ai écouté, — mais en répondant dans le même sens, et comme vous pouvez l'attester vous-même, mon Prince, lors de nos entrevues à Carlsbad, — ou vis-à-vis de vous, comme d'un homme qui possédiez, à juste titre, toute ma confiance, et que je n'ai cessé d'estimer de cœur; ma réserve n'a jamais fait défaut. Tout cela me donne le droit de vous dire que, loin d'encourager les prétentions de vos rivaux ou détracteurs, je me suis toujours rangé à vos côtés, que je l'ai fait à l'égard de vos administrés aussi bien qu'à celui de ceux dont le pouvoir était appelé à intervenir dans les affaires des Principautés, et que j'ai enfin la certitude que personne ne pourrait avancer et encore moins prouver le contraire. — Mais si, d'une part, j'agissais de la sorte en me basant sur la confiance à laquelle vous aviez et vous avez un droit incontestable, de l'autre, et par cela même, je me suis cru en devoir de vous faire connaître les plaintes qu'à tort ou à raison l'on portait contre l'administration actuelle; — je l'ai fait et je ne m'en repens pas, car je crois que c'est un service utile que je vous ai rendu et dont je ne me départirai point, tant que nos relations continueront à être celles de l'amitié et de la confiance. Je connais l'inconvénient de ces communications, mais je n'en suis pas effrayé avec un homme de votre trempe qui, à tête reposée, saura démêler et apprécier les véritables sentiments qui les ont inspirées. — Au surplus quelles sont donc ces accusations? — Vous le savez du reste : — Quelque raideur et peu d'aménité dans les rapports avec ceux qui se croient plus qu'ils ne sont, et, à les entendre, une recrudescence dans les méfaits des employés, dont probablement ils faisaient partie. Vous êtes le meilleur juge de la première de ces accusations; quant à la seconde, je sais à quoi m'en tenir, et je pose en principe que le venin qui ronge la Valachie, sous ce rapport, peut être, par la surveillance du chef, amoindri, mais non extirpé. — Ce mal est le produit d'un siècle de démoralisation, et la tâche d'une réforme longue, continue, et que nul homme, quelque puissant qu'il soit, ne pourrait improviser. Tout cela d'ailleurs devait être ainsi, et vous l'avez certainement pressenti vous-même à l'époque de votre élection.

Il faut du courage et beaucoup de fermeté pour tenir tête aux inconvénients qui surgissent de toutes parts lorsqu'il s'agit de la réforme des abus. — Dans ma longue carrière administrative, j'ai eu constamment à combattre ce monstre à mille têtes, et si j'y ai réussi quelquefois, c'est aux dépens de mon repos et de ma santé. Continuez donc, mon Prince, à poursuivre le noble but que vous vous êtes proposé. Combattez ce monstre à outrance, et persuadez-vous que, dans tout ce que vous ferez de bon et d'utile pour votre pays, vous serez soutenu par le pouvoir qui vous accorde toute confiance, et par vos amis qui désirent et comptent sur vos succès.

Dans ces derniers jours nous nous sommes occupés, avec M. de Titoff, des affaires des couvents, et je crois que l'on finira par arriver à un résultat satisfaisant pour les deux parties.

J'ai vu avec plaisir que l'Assemblée ordinaire a débuté d'une manière convenable dans l'exercice de ses travaux. Je désire que l'harmonie entre elle et l'administration puisse se consolider et que vous n'ayez qu'à vous applaudir d'être rentré par sa convocation dans l'exercice légal du règlement.

Je n'ai pas besoin, mon Prince, de terminer cette lettre par les assurances accoutumées des sentiments que je vous porte.

Vous les connaissez d'ancienne date, et vous trouverez, j'espère, dans les vôtres, de quoi justifier les miens.

Signé : Kisseleff.

---

*S. Exc. le général comte Kisseleff,
à S. A. S. le Prince Bibesco.*

Le comte Kisseleff constate avec joie que, grâce à l'active et généreuse intervention du Prince à l'occasion de l'incendie de Bucarest, les malheureux ont trouvé de prompts secours. Son Excellence lui fait savoir que l'Empereur a daigné venir en aide aux plus nécessiteux, et qu'il a fait ouvrir une souscription volontaire en Russie. L'Empereur souhaiterait voir reconstruire la ville de Bucarest d'après un plan plus rationnel.

Saint-Pétersbourg, mai 1847.

Mon Prince,

C'est avec les sentiments les plus douloureux que j'ai appris le désastre qui a frappé la ville de Bucarest, et si quelque chose a pu les adoucir, c'était de voir que, grâce à l'active et généreuse intervention de Votre Altesse, tant de malheureux ont trouvé de prompts et sages secours (1), sans lesquels leur situation eût été plus qu'affreuse. Le hasard ayant voulu que je fusse témoin de l'incendie de la ville de Kazan, je sais par expérience qu'en tout cas semblable les efforts humains sont impuissants pour maîtriser l'élément destructeur, et que tout ce qu'ils peuvent faire, c'est de soulager les maux et de reconstruire l'ordre. C'est là, mon Prince, ce que vous avez réussi à faire, et ce qui ne peut manquer de vous valoir les bénédictions des infortunés secourus par vos soins et de vous assurer la gratitude publique.

(1) Le Prince donna, pour venir en aide aux malheureux incendiés, un sixième de sa liste civile.

A l'heure qu'il est Votre Altesse aura probablement déjà été instruite par notre Consul général que l'Empereur a daigné accorder un secours aux plus nécessiteux parmi les victimes de l'incendie de Bucarest, et que M. le chancelier comte de Nesselrode, à la suite d'une conférence que j'ai eue avec lui par ordre de Sa Majesté Impériale, a pris toutes les dispositions nécessaires pour ouvrir immédiatement, dans le même but, une souscription volontaire en Russie.

L'Empereur, en me parlant de ce malheur avec un intérêt tout particulier, a daigné exprimer le souhait de voir la ville de Bucarest reconstruite sur un plan plus rationnel, afin que, comme l'expérience l'a démontré en Russie, de pareils désastres ne puissent plus s'y reproduire. Sa Majesté a ajouté qu'elle était loin de se dissimuler qu'en poursuivant le plan d'élargir les rues, de les couper de places, etc., l'administration locale n'ait beaucoup à lutter contre les prétentions et les exigences des propriétaires, mais Elle pense qu'en pareille conjoncture, il faut aller au but sans trop se laisser dérouter par les obstacles, et, tout en ménageant autant que possible les intérêts individuels, songer avant tout à l'intérêt général. J'ai cru devoir vous rendre compte de ces détails, mon Prince, parce qu'ils vous prouveront combien a été vive et sincère la part que l'Empereur a daigné prendre à ce funeste événement.

Pour ce qui me concerne, je souhaite de tout cœur que le Ciel vous assiste dans vos efforts pour cicatriser les plaies profondes que ce désastre doit avoir laissées, tâche difficile sans doute, mais non au-dessus du zèle plein d'humanité, de l'énergie et de l'activité de Votre Altesse.

Veuillez, mon Prince, agréer l'expression réitérée des sentiments de haute considération avec lesquels j'ai l'honneur d'être, de Votre Altesse, le très humble et obéissant serviteur.

Signé : KISSELEFF.

*S. A. S. le Prince Bibesco,
à S. Exc. le général comte Kisseleff.*

Le Prince répond aux observations du Cabinet Impérial au sujet « *de la tendance de la jeunesse roumaine à aller se former en France, et de l'entrée de son fils aîné à l'École spéciale militaire* ». En présence des attaques et des calomnies dont il est l'objet auprès du Gouvernement Impérial, le Prince rappelle les difficultés auxquelles il se heurte, les prétentions, les rancunes, les intrigues, les calomnies au milieu desquelles il accomplit son labeur quotidien, les travaux déjà accomplis ou en voie d'exécution. Cette lettre porte l'empreinte d'un sentiment de profonde amertume.

Breaza, 16 août 1847.

Monsieur le Comte,

Je vous suis mille fois reconnaissant de l'intérêt que vous avez pris au contenu de ma dernière lettre ainsi que de l'usage que vous en avez fait. Les observations de Votre Excellence concernant la pernicieuse tendance de notre jeunesse à aller se former en France sont parfaitement justes, mais je puis vous assurer qu'elle ne pourra être aucunement influencée par l'entrée d'un de mes fils dans une école spéciale. Ces derniers se trouvant déjà en France à l'époque de mon avènement, si je les avais fait revenir avant d'avoir terminé leurs études, c'eût été les sacrifier gratuitement; personne ne m'en aurait tenu compte. Ma position n'étant que fort précaire et toute personnelle, il est naturel que je tâche de donner à mes fils une éducation qui les mette en état de se créer à leur tour une position honorable par leur propre mérite. Élevés sous une surveillance rigide, et dans des sentiments droits et purs, ils sauront, en revenant, se placer bien vite au niveau de notre état politique, et apprécier avec gratitude ce que leur patrie doit à l'auguste protection de la Cour Impériale de

Russie. Ce n'est pas tant l'éducation française, selon moi, qui nuit à notre jeunesse, c'est plutôt l'abandon absolu où elle se trouve au milieu des écueils qu'offre la vie de Paris pour des esprits non encore mûrs. Le seul moyen de lui faire perdre ce goût de pérégrination, serait d'établir des écoles où elle puisse acquérir les connaissances qu'elle va chercher à l'étranger, et c'est maintenant un des principaux objets de mes soins.

Vous avez la bonté, Monsieur le Comte, de m'exhorter à ne pas me laisser décourager par les clameurs des malveillants. J'espère que je trouverai jusqu'au bout dans la bienveillance du Cabinet Impérial et dans le témoignage de ma conscience la force nécessaire pour braver ces clameurs, qui ne sont, du reste, que le cri désespéré d'un petit nombre d'intrigants. Mais je ne saurais cacher à Votre Excellence le sentiment de dégoût et d'abattement que j'éprouve bien souvent et auquel il est difficile de prévoir combien je pourrai résister, car la vie m'est fort dure. Chaque soir, en quittant mon cabinet de travail, je me sens comme dans un état complet de prostration, et, chaque matin, je me réveille en sursaut, croyant entendre, comme le Juif errant, une voix qui me crie : Marche! marche! Et il faut reprendre encore jusqu'à la nuit la tâche pénible de la veille, de tout entendre, de tout voir, de tout écrire, de tout faire par soi-même, sans quoi rien ne se ferait ou ne se ferait qu'à rebours, et, ce qui est bien plus pénible encore, de parer à mille intrigues, de se défendre contre mille calomnies, de ménager mille prétentions, mille susceptibilités, mille caprices d'autant plus difficiles à satisfaire, qu'ici on ne connaît guère ni règle ni mesure. Et, au milieu de cette lutte continuelle, de cette agitation de tous les instants, pas un homme, fût-il même notre plus proche, qui vous vienne en aide de bonne grâce! Chacun y apporte ou la rancune d'un espoir déçu, ou l'arrière-pensée d'une illusion qu'il poursuit sans relâche, ou telle autre passion mesquine, ayant tous l'air de nous dire, en nous observant les bras croisés : Tire-toi de là comme tu pourras. Vous concevez que, pour peu qu'on ait ce que vous appelez le feu sacré, on doit se sentir brûlé comme en enfer.

Je n'ai été nullement étonné du passage que Votre Excellence me signale concernant les Valaques « qui auraient perdu jusqu'au droit de se plaindre que possèdent les dernières Provinces turques ». J'ai souvent occasion de voir des échantillons de cette espèce, où je suis qualifié de séide et d'autres titres tout aussi peu chrétiens. Il est du reste très concevable que chacun de ceux qui croient n'avoir qu'à déblayer la place pour l'occuper, désire, en attendant qu'il y arrive, faire revenir les temps où l'on déposait les Princes comme on change aujourd'hui les Pachas. C'est, il faut l'avouer, une étrange manière de s'intéresser au progrès et à la prospérité des Valaques. Je vous envoie ci-joint copie d'une lettre que j'ai reçue, il y a peu de jours, de Bruxelles, et qui ne fera que mieux convaincre Votre Excellence qu'en effet, comme elle le dit très bien, on n'y va pas de main morte.

Je suis à la campagne depuis une trentaine de jours et je compte rentrer en ville la semaine prochaine, devant me rendre bientôt à Slatina pour assister à l'inauguration du pont que j'ai fait construire sur l'Olto. Les fontaines sont terminées à Bucarest sur toute la longueur de la rue Mogochoya; elles seront livrées au public à mon retour de Slatina. J'espère pouvoir faire commencer vers la même époque les fondations d'un théâtre, qui est devenu un des besoins urgents de notre société. Le bienfait des fontaines sera étendu l'année prochaine à toutes les autres parties de la ville, elles sont servies par deux machines à vapeur au moyen desquelles l'eau peut être portée en grande abondance aux quartiers les plus éloignés et les plus élevés. J'aime à croire, Monsieur le Comte, que vous ne me désapprouverez pas d'avoir employé à pareil usage la somme affectée dans le principe à l'érection du monument que votre modestie vous a fait refuser. — La ville se reconstruit promptement sur un plan régulier qui m'a coûté bien de la peine à faire adopter sans trop de murmures de la part des intéressés. — Mes chaussées avancent aussi et font déjà sentir sur plusieurs points, naguère impraticables, les avantages d'une communication facile. En général, le pays est heureux et en grande voie de progrès, quoi qu'en disent ses prétendus champions.

Je ne veux pas dire qu'il n'y ait pas encore des employés concussionnaires et des juges prévaricateurs, et certes nul n'en est plus sincèrement affligé que moi; mais qu'y faire? Les renvoyer? Où en trouver de meilleurs? Votre Excellence sait que nous sommes obligés de tourner dans un cercle vicieux. Les livrer à la vindicte des lois? Elles s'en sont remises pour cette sorte de délit au pouvoir discrétionnaire du Prince; et quand même il existerait une pénalité légale, où prendre les juges qui voulussent l'appliquer? Faire usage de l'autorité Princière? Oui, le grand ressort; mais il est brisé. Il ne faut pas oublier que ces mêmes individus devront appeler le lendemain le Prince à leur barre, pour le juger avec cette iniquité qu'on lui reproche d'apporter dans les différends entre particuliers. Voilà la position. — C'est de ce point qu'il faudra partir, si l'on veut être juste, pour prononcer sur mon administration; et si, nonobstant les difficultés de cette position, je suis parvenu à mettre un certain frein aux penchants vicieux, de sorte qu'on n'ose plus s'y livrer avec l'impudence d'autrefois; si, au milieu de cette corruption dont on nous accuse, j'ai su faire respecter le pouvoir, en le conservant, je ne dirai pas seulement pur de toute souillure, mais à l'abri de tout soupçon; si, malgré l'obligation des ménagements que j'ai signalés plus haut, je me suis toujours tenu dans une limite convenable, de manière que personne ne doutât qu'en cas de délit patent parvenu à ma connaissance, aucune considération ne m'empêcherait de faire ce que le devoir exige; si, avec des moyens minimes, naguère improductifs, j'ai pu créer de nouvelles sources de bien-être et obtenir des résultats auxquels on a encore peine à croire, je pense qu'on ne saurait refuser sans injustice à reconnaître qu'il y a un peu de mérite à tout cela. L'accusation est facile, s'il ne faut que mettre en évidence, en les exagérant, les plaies d'une société (et quelle est celle qui n'ait pas les siennes?) pour en faire un crime au Gouvernement, sans tenir compte ni des améliorations qu'il y aura apportées, ni des peines et des sacrifices qu'elles lui auront coûté, ni de la limite des ressources dont il peut disposer.

Une illusion dont je me berce bien des fois, Monsieur le Comte, c'est que, dans un ou deux ans, lorsque la plupart des travaux que j'ai commencés seront terminés, ou assez avancés pour pouvoir en juger, vous voudriez vous rendre à notre prière et venir nous visiter. Je pourrai alors vous montrer avec bonheur tout ce que j'aurai fait, et vous pourrez me dire si vous êtes content de votre disciple, et s'il a dignement répondu à la confiance et aux généreuses intentions de Sa Majesté l'Empereur.

Je crains de vous avoir fatigué par la longueur de ma lettre; c'est que j'ai tant de choses sur le cœur que je ne puis dire qu'à vous! Vous seul, en effet, pouvez me comprendre; aussi n'est-il personne à qui je porte un attachement plus vif, joint à la plus haute considération.

Signé : BIBESCO.

S. Exc. le général comte Kisseleff,
à S. A. S. le Prince Bibesco.

Le comte répond à une communication du Prince Bibesco au sujet de l'aîné de ses fils, le Prince Bassaraba de Brancovan, que Son Altesse a fait entrer à l'École de Saint-Cyr. La mesure n'est pas vue favorablement par le Gouvernement Impérial, et le comte ne cache pas qu'il partage l'opinion du Gouvernement.

Son Excellence porte à la connaissance du Prince des plaintes que les détracteurs de l'administration de Son Altesse adressent, contre Elle, au

Cabinet de Saint-Pétersbourg. Le Cabinet russe « *n'échappe pas non plus à leurs accusations* ». Le comte exhorte le Prince Bibesco à ne pas se laisser décourager par les clameurs des malveillants.

Saint-Pétersbourg, 6 août 1847.

MON PRINCE,

La lettre que vous avez bien voulu m'écrire le 12/24 de juillet, a été de suite communiquée au chancelier, qui avait déjà connaissance de la détermination prise eu égard à l'aîné de vos fils. — Il est certain que cet exemple donné à vos administrés pouvait avoir des inconvénients, surtout par la tendance des esprits qui distingue l'époque actuelle et le désir des jeunes Valaques d'aller se former en France, n'importe où ni comment. Les raisons qui vous ont engagé à passer outre à cette difficulté gouvernementale, qui certes finira par vous donner des embarras, peuvent expliquer la détermination que vous avez prise comme père, mais comme chef elle ne sera ni comprise ni entendue par la jeunesse du pays. — Je le répète encore, l'inconvénient de votre position est majeur, et si je désire quelque chose, c'est de me tromper dans la portée des appréhensions que j'attache à cet événement.

Je n'ai point vu la réponse du comte Nesselrode ; mais, d'après ce qu'il m'en a dit, je pense qu'elle a été rédigée dans le même sens.

Pour le moment, mon Prince, je n'ai rien à vous communiquer de particulier et qui puisse vous offrir quelque intérêt. — J'espère et je désire de tout cœur que les clameurs des malveillants ne parviennent pas à vous décourager dans l'accomplissement de vos bonnes intentions à l'égard de l'administration en général et de la justice en particulier. Les améliorations que vous parviendrez à opérer dans l'une ou l'autre de ces parties seront à coup sûr les meilleures et les plus éloquentes réponses que l'on puisse faire à nos détracteurs ; je dis à *nos* détracteurs, car j'ai sous les yeux une pièce qui accuse directement le Cabinet Impérial « d'indifférence volontaire pour tout ce qui se passe dans les Principautés, et que les Valaques ont perdu même le droit de se plaindre que possède aujourd'hui la dernière des Provinces turques ».

Vous voyez d'après cet échantillon qu'on n'y va pas de main morte, et que malgré toute la sympathie du Ministère, les passions sont toujours en jeu et leurs coryphées en perpétuelle activité. Aussi ce que je désire et attends de votre administration vous doit prouver, mon Prince, la valeur que j'attache (à part moi) à tous ces débordements, et l'estime et la franche amitié que je vous porte.

Signé : KISSELEFF.

S. Exc. le général comte Kisseleff,
à S. A. S. le Prince Bibesco.

Le comte Kisseleff, faisant allusion au mouvement de 1848, espère que « *cette avalanche qui passe sur l'Europe n'atteindra ni ne troublera les Principautés, dont la paix et la prospérité sont si bien assurées par la paix générale* ».

Saint-Pétersbourg, 21 mars 1848.

MON PRINCE,

Le retard que j'ai mis à répondre aux deux lettres que vous m'avez fait l'honneur de m'écrire me met encore aujourd'hui dans l'obligation de prévenir Votre Altesse que les événements du jour n'ont point permis à mon collègue des Affaires étrangères de s'occuper de la communication que je lui ai faite, et qui pourtant aura sa solution dans quelques jours, ainsi qu'il me l'a promis.

Les déplorables nouvelles qui nous parviennent de moment en moment sur les désordres qui surgissent en Europe, absorbent l'attention de tous et de chacun. Aussi les affaires courantes ne présentent-elles qu'un intérêt secondaire.

Toutefois, le contre-coup peut aussi atteindre les Principautés et troubler le repos, et j'oserai dire la prospérité, que leur assuraient si bien la paix et la tranquillité générale dont jouissait le monde, il y a encore quelques jours. — Fasse le ciel qu'il n'en soit pas ainsi, et que la raison et la prudence éclairent et guident les Valaques, dont le bonheur me sera toujours cher. J'espère que cette avalanche qui passe par l'Europe et qui, tôt ou tard, aura sa réaction, n'atteindra pas votre beau pays, et que votre vigilance, mon Prince, la préservera du vertige qui s'est emparé de vos voisins.

Je le désire de toute mon âme dans l'intérêt de mes anciens amis, et je serai heureux d'en avoir la persuasion.

Agréez, mon Prince, l'hommage de mes sentiments très dévoués et de ma parfaite considération.

Signé : KISSELEFF.

S. Exc. le comte Kisseleff à S. Ém. Mgr le Métropolitain Néophyte.

Le comte Kisseleff s'élève contre la guerre sourde faite contre les Hospodars. Il rappelle au Métropolitain que son rôle est tout de paix et de conciliation, et il rend justice aux efforts faits, dans ce sens, par le prélat.

Saint-Pétersbourg, 20 juin 1847.

Monseigneur,

La lettre que Votre Éminence m'a fait l'honneur de m'adresser le 23 mai dernier m'est exactement parvenue, ainsi que les précédentes, et si je me suis abstenu d'y répondre, vous voudrez bien, Monseigneur, ne l'attribuer qu'au principe que je me suis imposé de ne point intervenir directement dans les affaires des Principautés et de restreindre la part que j'y prends aux avis que le Cabinet Impérial juge quelquefois à propos de me demander. Aujourd'hui même, les sentiments de déférence que je porte Votre Éminence m'engagent à rompre le silence. Il n'est nullement dans mes intentions d'entrer dans les détails de cette guerre sourde qui m'a tout l'air de se faire systématiquement contre tous les Hospodars, quels qu'ils soient ; témoin les clameurs incessantes qui s'élevaient contre le Prince Ghyka au temps de son administration, et qui, du moment de sa retraite, se turent tout d'un coup, pour renaître ensuite, plus violents et plus acerbes, contre l'Hospodar actuel.

Au milieu de ce conflit de passions et d'intrigues, le rôle de Votre Éminence, ainsi qu'Elle l'a parfaitement compris Elle-même, doit être tout de conciliation et de paix, et ce que vous avez fait, Monseigneur, pour vous rapprocher du Prince, témoigne de la sincérité de vos intentions à cet égard. Aussi ne puis-je qu'engager Votre Éminence à persévérer dans cette sainte œuvre de paix et de concorde, tout à fait digne de son caractère et du rang élevé qu'Elle occupe dans l'Église.

Pour ce qui est, Monseigneur, de votre attitude envers le pouvoir et ses adversaires, je suis persuadé qu'en observant une stricte neutralité, votre haute position, jointe à vos vertus personnelles, vous assurera le droit de signaler franchement et sans détour les écarts et les exagérations de l'un et des autres, et qu'alors votre intervention ne pourra manquer de devenir aussi puissante que salutaire à la tranquillité, et par là même au bien-être réel de votre pays, dont les destinées ont toujours été l'objet de la vive sollicitude de la Cour protectrice.

J'ai l'honneur d'être, avec une haute considération, Monseigneur, de Votre Éminence, le très humble et obéissant serviteur.

Signé : Comte KISSELEFF.

S. Exc. Rechid-Pacha, à S. A. S. le Prince Bibesco.

D'après Rechid-Pacha les événements qui viennent de s'accomplir en Europe sont de nature à éveiller la plus vive attention des Gouvernements.

Constantinople, 18 mars 1848.

MON PRINCE,

Je me suis empressé de porter à la connaissance de S. M. I. le Sultan la lettre que Votre Altesse m'a fait l'honneur de m'adresser en date du 1ᵉʳ mars.

Les événements qui viennent de s'accomplir en Europe, avec une vitesse effrayante, sont de nature à éveiller la plus sérieuse attention des Gouvernements; en conséquence, il est du devoir de la Sublime Porte de suivre de près toutes ces circonstances. Aussi vous suis-je très reconnaissant, mon Prince, de l'empressement que vous mettez à me transmettre de si précieux renseignements, et je suis heureux de vous annoncer que notre auguste Maître en est également très satisfait.

Les rares et précieuses qualités qui distinguent Votre Altesse sont pour le Gouvernement Impérial un sûr garant du maintien du bon ordre et de la tranquillité dans les pays confiés à son administration sage et éclairée. Aussi je crois inutile de lui signaler ici le degré de sollicitude et de vigilance qu'il importe d'y exercer dans les circonstances actuelles.

En me réservant le plaisir de répondre prochainement à vos autres dépêches qui sont encore auprès du Sultan, je vous prie, mon Prince, d'agréer les sentiments de haute estime et de sincère amitié avec lesquels j'ai l'honneur d'être, de Votre Altesse, le très humble et très obéissant serviteur.

Signé : RECHID.

S. Exc. le général comte Kisseleff,
à S. A. S. le Prince Bibesco.

Le général envisage avec crainte les troubles qui peuvent éclater dans « *le beau et bon pays roumain* ». Selon lui, il faudrait se méfier des étrangers et des Hongrois, qui seraient les principaux fauteurs de troubles ; s'assurer de la milice, surtout des officiers ; concentrer les bataillons ; rappeler les miliciens congédiés et les rengager pour un service à temps, dans leurs districts respectifs ; reviser les impôts, que l'on dit lourds ; ne se prêter à aucune transaction avec les hommes à idées subversives, incarcérer les uns et renvoyer les autres au delà des frontières. Le général est d'avis de conserver, pour tout le reste, le règlement, dans son esprit et sa lettre.

Saint-Pétersbourg, 22 avril 1848.

MON PRINCE,

J'ai reçu la lettre que vous m'avez fait l'honneur de m'écrire en date du 3 août.

C'est avec une affliction sincère que j'y ai vu la confirmation des tentatives de désordres dont la nouvelle nous était déjà parvenue et que Votre Altesse avait su comprimer dès leur apparition. Je désire vivement qu'il en soit de même par la suite, si toutefois l'esprit d'insubordination devait encore reparaître en Valachie ; — je n'ignore point combien la tâche est difficile, — surtout en raison du grand nombre d'étrangers qui, pour la plupart, sont les fauteurs de toutes ces menées révolutionnaires.

L'assistance que vous offrira le général Duhamel vous sera d'un bon et utile secours, et je me réjouis de voir cette mission confiée à un homme de cette trempe. Selon moi, la propagande la plus dangereuse pour les Principautés sera celle des Hongrois, et la meilleure manière de s'en défendre serait de protéger les villageois contre les abus qui se commettent à leur égard ; et, s'il le fallait, de reviser même les diverses impositions auxquelles on les a assujettis et qui, dit-on, sont lourdes.

Je pense que la milice étant régulièrement tenue doit être dévouée au Gouvernement, et si tous ses chefs sont comme Salomon et autres de cette valeur, il n'y a pas de quoi se défier de leur conduite ; — mais, en même temps, il faut bien surveiller les officiers ; — et tout en donnant le droit aux colonels d'en faire le triage, leur imposer la responsabilité à l'égard de leur conduite ultérieure. Je pense, mon Prince, qu'il serait bon de concentrer les bataillons autant que cela sera possible pour mieux les surveiller et pour leur donner une instruction militaire plus solide. — Je pense aussi qu'on pourrait faire un appel aux miliciens congédiés et les rengager pour un service à temps dans leurs districts respectifs. — En les formant en compagnies sédentaires vous augmenterez la force militaire qui, par le temps qui court, ne saurait être de trop, et vous allégerez le service des bataillons en leur offrant la possibilité de se familiariser davantage avec la manœuvre de l'exercice à feu.

D'après ce qui m'est revenu sur la Bulgarie, il faut supposer que cette contrée a été travaillée par le communisme, et que la propagande révolutionnaire compte sur des troubles qui doivent surgir dans ce pays, ainsi que dans d'autres Provinces de l'Empire turc. Si cela est ainsi, le cordon du Danube serait un bon moyen, sinon de rompre totalement, du moins d'entraver une trop facile communication entre les deux rives. — En général, on ne saurait prendre assez de précautions pour garantir votre beau et bon pays de la peste qui afflige l'Europe et qui semble la mener à une dissolution totale. Il serait, sous plus d'un rapport, très désirable d'y parvenir sans recourir à des assistances étrangères; et je désire de toute mon âme, dans l'intérêt de la Valachie et le vôtre, qu'il en soit ainsi.

D'après tout ce que je viens de vous dire, mon cher Prince, vous pouvez vous convaincre de l'intérêt sincère que je porte à mes anciens amis, et combien il me tient à cœur de les voir échapper aux conséquences que les désordres peuvent et doivent amener et qui certes seront cruels pour le pays.

L'essentiel, à mon avis, serait de prévenir ces désordres en écartant du centre de la population les hommes qui rêvent à des changements impossibles; — il n'y a ni paix ni transaction à faire avec les fauteurs de troubles, et surtout ne point se confier à leurs promesses. L'incarcération (1) et le renvoi au delà des frontières seraient, à mon avis, le plus sûr moyen de se défendre contre leurs projets subversifs, et puis le maintien pour tout le reste du règlement, dans son esprit et sa lettre.

J'ose espérer qu'avec la fermeté de votre caractère et une bonne entente avec le général Duhamel, vous traverserez cette crise avec succès et que vous aurez de nouveaux titres à la

---

(1) Le Prince ne suivit pas, en cette circonstance, tous les conseils de son ami le général Kisseleff : le général Duhamel, envoyé du Czar dans les Principautés, ayant demandé qu'on exilât Héliade, — un des chefs du mouvement de 1848, — le Prince répondit au général : « Je le punirai *si vous me prouvez qu'il est coupable, mais je ne commettrai pas un déni de justice.* » Puis, faisant parvenir de l'argent à Héliade, il l'engagea à disparaître pendant quelque temps pour désarmer la colère du général Duhamel. Cette attitude du Prince Bibesco eut pour résultat d'indisposer le Gouvernement Impérial, auquel il parut manquer d'énergie, et de refroidir à son égard les sympathies de la grande Protectrice du Nord.

reconnaissance de vos administrés, ainsi qu'à la confiance et à la gratitude du Ministère impérial, qui ne vous fera pas défaut.

Agréez, mon Prince, l'assurance réitérée de tous les sentiments d'estime et d'amitié que vous me connaissez depuis tant d'années et conservez les vôtres à votre très dévoué serviteur.

Signé : KISSELEFF.

S. Exc. Rechid-Pacha, à S. A. S. le Prince Bibesco.

En réponse à une lettre adressée par le Prince Bibesco à Rechid-Pacha à l'occasion de son remplacement dans le poste de grand vizir.

Constantinople, 21 mai 1848.

MON PRINCE,

C'est avec le cœur plein de reconnaissance que je viens aujourd'hui vous remercier de votre obligeante lettre. J'y retrouve l'expression de cette sincère amitié dont Votre Altesse m'a donné jusqu'à présent tant de preuves.

Je ne crois pas avoir besoin de vous renouveler, mon Prince, l'assurance de l'attachement cordial que je professe pour Votre Altesse. Cet attachement, je l'ai contracté pour jamais, et, au pouvoir comme dans la vie privée, je le conserverai comme un précieux souvenir de nos relations.

Je m'estimerai, mon Prince, heureux d'avoir pu mériter le suffrage si flatteur que vous exprimez à mon égard; c'est une immense consolation pour mon cœur.

J'ai la ferme conviction que l'esprit éclairé et les intentions bienveillantes de notre auguste Souverain sauront imprimer à la politique de son Gouvernement la marche la plus propre.

Agréez, mon Prince, l'expression de ma haute estime et croyez à la sincérité de mon amitié.

Signé : RECHID.

Rifat-Pacha, à S. A. S. le Prince Bibesco.

Rifat-Pacha fait savoir au Prince que Telat-Effendi, membre du Conseil suprême de justice, se rend dans les Principautés, chargé d'une mission.

30 mai 1848.

ALTESSE,

Le Gouvernement Impérial a donné à Telat-Effendi, un des membres du Conseil suprême de justice, la mission de se rendre dans les Principautés de Valachie et de Moldavie.

Cette mission a pour but de maintenir ces Principautés dans la position qui leur a été faite par les statuts organiques, ainsi que Votre Altesse le verra par les instructions dont ce fonctionnaire est muni.

J'ai l'intime conviction que Votre Altesse ne manquera pas de faire un digne accueil au commissaire de la Sublime Porte et de lui prêter le concours nécessaire pour l'accomplissement d'une œuvre destinée à consolider la position de la Valachie.

Cette conviction, je la puise, mon Prince, dans les rares qualités qui distinguent Votre Altesse, et les soins assidus qu'elle ne cesse de consacrer au bien-être des pays confiés à son administration éclairée.

Pour ce qui me concerne, je profite avec empressement de cette occasion pour me recommander à la continuation de votre précieuse amitié, en retour des sentiments de haute estime que je porte pour Votre Altesse, et dont je la prie d'agréer ici les nouvelles et bien sincères assurances.

J'ai l'honneur d'être, avec le plus profond respect, de Votre Altesse, le très humble et très obéissant serviteur.

Signé : RIFAT.

S. Exc. le général comte Kisseleff,
à S. A. S. le Prince Bibesco.

Son Excellence engage le Prince à ne pas battre en retraite devant les meneurs, de rester sur la brèche tant que ses forces le lui permettront. « *La retraite des honnêtes gens* », dit-il, « *ferait bonne place aux mauvais drôles, qui n'ont en vue que désordres, bouleversements, le tout dans leur intérêt exclusif et personnel.* »

Pawlovsa, 29 juin 1848 (1).

MON PRINCE,

M. Grammont vous remettra ces quelques lignes que je vous adresse en réponse à votre lettre du 16 mai, qu'il m'a remise exactement après un long et périlleux voyage. Il nous est venu au milieu du choléra qui ravage en ce moment la capitale, et pourtant il a placé ses enfants, et va nous quitter pour aller vous rejoindre ainsi que ses pénates. Je l'ai revu avec infiniment de plaisir et d'autant plus que je l'ai retrouvé tel que je l'avais connu jadis, — toujours dévoué à son chef, — et dévoué franchement et loyalement. Nous avons beaucoup parlé de vous, mon Prince, et de la Valachie, et nous nous réjouissions de l'état satisfaisant des affaires, lorsque de nouvelles vagues sont parvenues sur des événements fâcheux dont je ne puis encore apprécier la portée,

(1) En écrivant cette lettre, le comte Kisseleff ignorait les événements survenus en Valachie le 11 juin 1848.

n'ayant rien de positif sur leur nature. — Aussi je n'en dirai pas davantage, tout en gémissant sur la folie des hommes qui cherchent un mieux douteux, sacrifiant un bien réel, — que l'on perd sans pouvoir le retrouver — je ne parle que des hommes égarés; car pour les meneurs, c'est différent. — Ils savent ce qu'ils veulent, et sont actifs et courageux en raison de la faiblesse de leurs adversaires, — qui, pour la plupart par inactivité, — se laissent prendre et maîtriser.

J'espère que le bon esprit valaque ne laissera pas à une poignée de mauvais sujets le droit de faire marcher la population à leur guise, — qu'on se ravisera, — et que l'ordre, s'il était effectivement troublé, reprendra son empire, dans l'intérêt de tous et de chacun. — L'essentiel est de ne point se décourager, et, au contraire, se croire obligé de rester sur la brèche tant que les forces le permettent et qu'en conscience on a la persuasion intime de pouvoir être utile. La retraite des honnêtes gens ferait bon marché aux mauvais drôles, qui n'ont en vue que désordre et bouleversement, et le tout dans leur intérêt exclusif et personnel.

Signé : KISSELEFF.

M. C. de Kotzebue, conseiller d'État et consul général de Russie, à S. A. S. le Prince Bibesco.

Dans une communication quelque peu relâchée dans sa forme, M. le consul général de Russie proteste au nom de son Gouvernement contre les innovations qui viennent d'être introduites (1), et il annonce au Prince de Valachie qu'étant données les circonstances actuelles, le consulat général de l'Empereur de toutes les Russies doit cesser ses fonctions.

(1) Le mouvement de 1848 avait eu lieu le 11 juin. Le Prince avait signé une nouvelle constitution.

Bucarest, 12 juin 1848.

Altesse,

Dans les circonstances actuelles, le Consulat général de Sa Majesté l'Empereur de toutes les Russies doit nécessairement cesser ses fonctions.

En annonçant son départ à Son Altesse l'Hospodar de Valachie, le soussigné, prenant en considération que cet état de choses a été amené en contravention flagrante aux dispositions du règlement organique, basé sur les dispositions du traité d'Andrinople, proteste formellement contre toutes les innovations qui viennent d'être introduites.

Il prie Son Altesse d'agréer l'assurance de sa haute considération.

Signé : Ch. de Kotzebue,
Conseiller d'État.

M. Charles de Kotzebue, à S. A. S. le Prince Bibesco.

M. de Kotzebue écrit au Prince Bibesco que l'Empereur est indisposé contre l'ingratitude et le manque d'égards des Valaques restés sourds à toutes les exhortations du Gouvernement Impérial. Il fait savoir à Son Altesse que les troupes russes, entrées en Moldavie pour y maintenir l'ordre, vont céder la place aux troupes turques. Sa Majesté abandonne à la Porte Ottomane le soin de rétablir l'ordre en Valachie.

Galatz, 8 juillet 1848.

Mon Prince,

Dans la nuit du 5 au 6, je reçus la lettre que Votre Altesse m'a fait l'honneur de m'adresser, en date du 2 de ce mois. Le lendemain une invitation me parvint de la part de M. le général Duhamel de me rendre à Berlad, et je résolus d'engager M. Calinesco à différer son départ jusqu'à mon retour, afin d'être à même, mon Prince, de vous donner des nouvelles positives.

A mon grand regret je dois dire à Votre Altesse qu'elles ne sont pas bonnes. Sa Majesté l'Empereur a été fortement indisposé contre l'ingratitude des Valaques, contre le manque d'égards qu'ils ont montré à toutes nos exhortations. Nos troupes n'ayant occupé la Moldavie que dans le but unique d'y empêcher une explosion pareille à celle de Bucarest, retourneront en Russie aussitôt qu'elles seront remplacées par les troupes turques. Sa Majesté abandonne à la Porte de rétablir l'ordre en Valachie. Suleiman-Pacha doit arriver sous peu à Bucarest, muni des pleins pouvoirs de son Gouvernement et accompagné d'Emin-Effendi, premier drogman de la Porte. On veut essayer des moyens de conciliation.

Pour ma part j'ai reçu l'ordre de rester à Galatz. Je n'ai pas le cœur, mon Prince, de vous écrire davantage ; mais veuillez croire aux sentiments invariables de haute considération et de sincère attachement avec lesquels j'ai l'honneur d'être,

De Votre Altesse, le très dévoué serviteur.

Signé : Ch. KOTZEBUE.

Le comte de Nesselrode, à S. A. S. le Prince Georges Bibesco.

L'enseignement à puiser dans cette lettre, c'est que la Russie préfère que le Prince Bibesco ne reprenne pas le pouvoir. Il s'est montré trop libéral.

Pétersbourg, 17 décembre 1848.

MON PRINCE,

L'Empereur a pris connaissance de la lettre que Votre Altesse lui a adressée de Moldavie, en date du 4 octobre.

C'est bien à tort, j'ose vous l'assurer, que vous présumez que les accusations de vos ennemis ont pu influencer l'opinion de Sa Majesté. Nous surveillons de trop près tout ce qui se passe dans les Principautés pour que la calomnie ou la médisance puissent avoir accès auprès de nous. Étrangère aux personnalités, aux passions et aux rivalités des différents partis en Valachie, la Cour Impériale a pour principe de n'asseoir son jugement que sur des faits dont ses propres investigations et un contrôle consciencieux lui ont démontré l'exactitude et la vérité.

Il serait inutile d'exprimer ici des regrets stériles sur des faits irrévocablement accomplis, qui ont amené une catastrophe vivement déplorée par nous et qui a mis un terme à votre carrière politique. Depuis que vous avez abdiqué le poste éminent que vous occupiez, vos propres méditations se seront portées sur les derniers événements et les derniers actes de votre administration. Ils ont été expiés d'une manière trop cruelle pour qu'ils puissent laisser place aujourd'hui à un autre sentiment que celui d'un intérêt sincère pour votre sort, et je suis chargé de vous l'exprimer de la part de l'Empereur.

Sa Majesté compte d'ailleurs assez sur la noblesse de vos sentiments pour être persuadée que vous saurez apporter dans votre attitude toute la circonspection nécessaire pour ne donner aucune prise à l'esprit de faction, et nommément pour que des intrigues politiques ne puissent se servir de votre nom au profit de coupables menées qui troubleraient de nouveau la tranquillité publique, que la Cour protectrice a tant à cœur de rétablir sur une base solide en Valachie. C'est à décourager toute tentative de ce genre que Votre Altesse aura désormais à consacrer un soin particulier. En remplissant consciencieusement sous ce rapport les devoirs que lui imposaient son patriotisme et la voix de l'honneur, Votre Altesse pourra toujours compter sur le suffrage de l'Empereur et sur le bienveillant intérêt de Sa Majesté.

Puissiez-vous, mon Prince, trouver au sein de la vie privée le calme et le repos si désirables après les rudes épreuves qui vous sont tombées en partage. Tel est le vœu sincère que je forme en vous réitérant l'assurance de ma haute considération et de mon invariable attachement.

Signé : Comte DE NESSELRODE.

La révolution avait eu lieu le 11 juin. Elle avait été précédée d'une tentative d'assassinat contre le Prince.

Le mouvement de 1848 ne fut cependant pas dirigé contre lui; — les hommes sensés avaient compris que, seul, il pourrait sauver la situation; — c'est le protectorat de la Russie qu'on visait. Aussi, les chefs du mouvement supplièrent-ils Son Altesse de conserver le pouvoir afin d'empêcher la guerre civile.

Depuis longtemps pressentie sur l'opportunité d'un pareil projet, Elle l'avait déconseillé, certaine que sa mise à exécution serait fatalement suivie d'une intervention armée de la Russie et de la Porte, et probablement de la perte, pour le pays, de quelques-uns de ses privilèges, si péniblement reconquis.

Toujours est-il qu'en présence du fait accompli, le Prince consentit à proclamer une nouvelle constitution, et à former un nouveau cabinet avec des membres choisis parmi les chefs du mouvement. Il aurait, certainement, continué à gouverner, dans l'espoir de détourner de la Valachie les calamités qu'il redoutait, s'il n'eût compris qu'il serait impuissant à contenir la violence de certain courant. Ne voulant pas assumer la responsabilité de l'entrée des armées étrangères sur le sol roumain, — lui qui, au début de l'agitation, avait décliné l'offre (1) faite par le général Kisseleff de

---

(1) Voir au t. II, la lettre du général Jean-E. Floresco à l'auteur du présent ouvrage.

quelques régiments de Cosaques qui eussent maintenu l'ordre en Valachie, — il abdiqua le 14 juin 1848 et se retira en Transylvanie.

L'anarchie au sein du Gouvernement, l'entrée des Russes à Jassy, des Turcs à Bucarest, une collision sanglante entre les troupes turques et roumaines dans la capitale même, puis enfin le traité de Balta-Liman, qui enleva aux Principautés le droit souverain d'élection de leurs Princes, et réduisit la durée du règne de ces derniers à sept années (comme avant 1829), tels sont les événements qui marquent la fin de cette période.

QUESTION RELATIVE

A

L'INSTRUCTION PUBLIQUE

QUESTION RELATIVE

A

L'INSTRUCTION PUBLIQUE

EXPOSÉ

Tant que les Princes fanariotes régnèrent dans les Principautés, la langue grecque fut la base exclusive de l'éducation roumaine. Avec le retour au pouvoir des Princes indigènes, la langue d'Homère fut condamnée d'autant plus impitoyablement, que, pendant plus d'un siècle, elle avait pris dans nos écoles la place de l'idiome national.

Cette réaction violente, mais facile à comprendre, ne contribua pas peu à retarder, en Valachie, le développement de l'enseignement.

Les écoles valaques ne possédant aucune traduction des auteurs étudiés dans les lycées des États éclairés de l'Europe, se trouvant privées d'un enseignement supérieur suffisant, capable de mûrir l'intelligence de l'écolier en complétant ses connaissances, en élevant son esprit, il en résulta un temps d'arrêt dans le progrès des études. La conséquence naturelle de cet état de choses fut que presque toutes les familles ayant le moyen de faire élever leurs enfants à l'étranger, les envoyèrent en France ou en Allemagne.

Leur éducation, au point de vue intellectuel, était certaine d'y trouver toutes les garanties, — éléments complets d'études et professeurs excellents, — mais, à côté de ces avantages, que d'inconvénients, que de dangers même! L'enfant, plus tard l'étudiant, loin de son pays, loin de sa famille, oubliait peu à peu sa langue. Confié, le plus souvent, à de jeunes correspondants, abandonné quelquefois à lui-même, il se trouvait bientôt exposé, sans défense, à toutes les tentations qui guettent le jeune âge dans les grandes villes, telles que Paris et Vienne.

Le Prince Bibesco, très préoccupé de cette situation, résolut d'empêcher la jeunesse valaque de « s'expatrier à un âge où les souvenirs du sol natal, trop faibles encore, finissent par s'effacer, pour faire place à des impressions dont l'effet ordinaire est de les rendre étrangers parmi les leurs, et inhabiles à comprendre les affaires de leur pays ».

Créer à Bucarest, — sur le modèle des meilleures écoles de France, — un lycée français spécialement consacré à l'étude des langues anciennes, de l'histoire et des sciences; faire embrasser à l'ensemble de ces cours une période de dix ans; y faire fonctionner la langue roumaine, accessoirement d'abord, c'est-à-dire en attendant que l'on ait obtenu dans l'idiome national les livres nécessaires, et que l'on ait formé des professeurs en état de l'appliquer avec fruit aux différents cours de science et d'histoire; élever le niveau des études primaires et secondaires, auxquelles la langue roumaine serait spécialement réservée; fonder plus tard des succursales au lycée de Bucarest, et, — au fur et à mesure des besoins, — des écoles spéciales dans lesquelles les élèves entreraient en sortant du lycée, tel fut le plan arrêté par le Prince Bibesco.

Pour atteindre son but, le Prince s'adressa au Gouvernement du Roi Louis-Philippe et à des amis qu'il avait en France. Il rencontra partout le même empressement à lui venir en aide. — Le lycée fut ouvert au commencement de 1848.

Lettre à M. D..., professeur au collège Louis le Grand.

Le Prince expose à M. D..., professeur *au collège Louis le Grand,* son projet sur l'enseignement public en Valachie, et il le prie de s'y associer.

Bucarest, 14 mai 1847.

MON CHER CAMARADE,

Mes écoles me donnent du souci et de la mauvaise humeur. Voici bientôt vingt-cinq ans qu'elles fonctionnent en employant la langue valaque comme élément principal, sans avoir rien produit, comme elles ne produiront jamais rien qui vaille, tant que l'enseignement supérieur continuera à se traîner dans la mauvaise ornière où il a été jeté par l'effet d'un des excès qu'amènent les réactions.

A l'époque où le pays était gouverné par les Grecs du Phanar, la langue hellénique formait la base de notre éducation, au trop grand détriment, il est vrai, de l'idiome national, qui était entièrement abandonné. Quand on fut débarrassé de ces gouverneurs étrangers, la haine qu'on leur portait rejaillit sur la langue d'Homère, qui fut bannie à son tour de nos écoles, et l'on tomba dans le travers contraire, c'est-à-dire qu'on n'y voulut plus que du roumain. Or, vous comprenez combien un idiome aussi pauvre encore, qui n'a ni littérature propre ni traduction d'aucune espèce, est peu apte à servir d'instrument de lumière, avant de s'être éclairé au contact des langues savantes et d'avoir emprunté petit à petit les richesses dont celles-ci brillent. Il en résulte que tous ceux de nos jeunes gens dont les parents jouissent de quelque aisance émigrent pour aller chercher ailleurs, mais plus particulièrement chez vous, une instruction qu'ils ne trouvent pas ici, et qui d'ordinaire leur échappe là-bas, au milieu de cet océan d'écueils qu'offre votre capitale à ceux qui ont l'imprudence de s'y aventurer sans pilote ni boussole, à un âge où il n'est que trop facile de sombrer.

J'ai donc formé le projet de transplanter ici ce que nous allons chercher chez vous, moyennant tant de frais et de périls, et je viens vous prier de vous y associer, pour m'en faciliter l'exécution dans sa partie la plus difficile.

Je ne me fais pas illusion sur la grandeur des difficultés ; il y aura à satisfaire aux quatre conditions de Lucien : Καὶ πόνου πολλοῦ, καὶ χρόνου μακροῦ, καὶ δαπάνης οἱ σμικρᾶς, καὶ τύχης δεῖσθαι λαμπρᾶς.

Or, la persévérance ne me manquera pas. Le temps, j'espère que Dieu me l'accordera ; dans tous les cas, ceux qui viendront après moi auront conscience de continuer, une fois que la voie aura été ouverte. De l'argent, j'en ai déjà assez pour mettre ma machine en mouvement, et j'en trouverai toujours pour les besoins qui se manifesteront plus tard. Les hommes de talent et de zèle, *hoc opus, hic labor!* mais heureusement vous en avez chez vous beaucoup plus qu'il ne vous en faut, et je ne doute pas que je ne puisse attirer ceux dont j'aurai besoin en leur offrant des avantages assez considérables pour qu'ils s'en laissent tenter. Je compte même prier le Gouvernement français de continuer à les considérer comme servant en France, afin qu'ils ne soient pas frustrés de leurs droits universitaires, car je ne voudrais avoir que des hommes du métier et pratiques.

Je veux commencer par instituer dans notre capitale un lycée, monté sur le même pied que vos meilleurs collèges, sauf à établir plus tard des succursales sur différents autres points. Supposez pour le moment Louis le Grand transféré à Bucarest, avec son personnel, son administration intérieure, ses professeurs, son programme d'études ! Vous voyez :

« Je suis ambitieux, tout homme l'est sans doute. »

Mes élèves sortiraient de là pour passer à des écoles spéciales, que je compte fonder au fur et à mesure, de sorte que, dans une dizaine d'années, les emplois publics auxquels aujourd'hui tout individu sachant tant soit peu signer son nom croit avoir droit, puissent ne plus être que l'apanage de ceux qui auront dûment justifié d'une série d'études suffisantes et de connaissances en rapport avec les prétentions qu'ils pourraient avoir.

La langue valaque sera spécialement consacrée aux études primaires et secondaires, dont je compte élever le niveau, et qui se feront dans des écoles particulières; mais elle ne fonctionnera qu'accessoirement dans mon lycée, où elle sera remplacée par la langue française, en attendant que nous ayons obtenu dans l'idiome national les livres nécessaires et formé des professeurs en état de l'appliquer fructueusement aux différents cours de science et d'histoire.

Voilà, mon cher camarade, le projet auquel je vous prie de vous associer, sauf à vous à y apporter les modifications que vous jugerez convenables, car je viens vous proposer la place de proviseur dans mon lycée, si vous voulez bien l'accepter et attacher ainsi votre nom à l'œuvre qui doit influer le plus sur la régénération d'un peuple en faveur de qui notre vieille amitié ne peut que vous inspirer de l'intérêt. Je vous laisse maître des conditions sur lesquelles vous vous entendrez avec le docteur P..., que vous connaissez, et qui est muni à ce sujet de mes pleins pouvoirs. J'attends avec impatience et bon espoir votre réponse.

« *Matri tuæ plurimam salutem* ».

S. A. S. le Prince Bibesco, à S. Exc. le Ministre de l'instruction publique de France, comte de Salvandy.

Le Prince fait connaître au comte de Salvandy son projet d'organiser les établissements d'instruction publique de Valachie sur le plan des meilleurs collèges de France, et il prie S. Exc. le Ministre de lui donner son précieux concours.

Bucarest, 9 octobre 1847.

MONSIEUR LE MINISTRE,

Voulant mettre l'instruction publique en rapport avec le développement progressif qui s'est opéré en Valachie dans toutes les autres branches de l'administration, j'ai cru ne pouvoir puiser à meilleure source les éléments qui nous manquent pour atteindre ce but, qu'en les demandant à l'Université de France, ce vaste foyer de lumière qui rayonne sur l'Europe entière.

J'ai le dessein d'organiser les établissements d'instruction publique, dans cette Principauté, sur le plan des meilleurs collèges de France, en les appropriant toutefois aux ressources dont le pays peut disposer pour cet objet. Mais peut-être éprouverait-on quelque difficulté à se procurer, dans le sein de l'Université, le personnel nécessaire à notre but, si, en acceptant ces conditions, les professeurs choisis par nous se voyaient, à leur retour en France, exposés à perdre les droits attachés aux membres de ce corps savant.

Que si, au contraire, ces droits se trouvaient formellement garantis contre toute éventualité, ces mêmes professeurs accueilleraient sans nul doute mes offres, avec d'autant plus d'empressement, qu'ils y rencontreraient d'ailleurs des avantages assez prononcés.

Je viens en conséquence, Monsieur le Ministre, prier Votre Excellence de vouloir bien accorder cette garantie aux professeurs que l'Université sera dans le cas de nous procurer et de croire à l'importance du service que vous rendrez au pays valaque et à moi personnellement.

Je vous prie, Monsieur le Ministre, d'agréer l'assurance de ma haute considération.

Signé : Georges BIBESCO.

S. Exc. le Ministre de l'instruction publique de France, comte de Salvandy, à S. A. S. le Prince Bibesco, en réponse à la lettre de Son Altesse, en date du 9 octobre 1847.

S. Exc. le Ministre promet au Prince tout son concours; il porte à sa connaissance l'arrêté qu'il a pris, et par lequel « *est assurée la conservation des droits acquis dans l'Université de France, aux membres de l'Université qui seraient autorisés à remplir des fonctions dans l'enseignement public en Valachie* ».

Paris, 26 novembre 1847.

Mon Prince,

Monsieur le Ministre des affaires étrangères m'a transmis la lettre que Votre Altesse m'a fait l'honneur de m'adresser, le 30 octobre dernier, pour me proposer d'autoriser les membres de l'Université de France à se mettre au service de l'enseignement public en Valachie, tout en conservant le rang et les droits qu'ils ont acquis dans l'Université de France.

La pensée libérale qui a inspiré cette proposition honore trop la grande institution dont la direction m'est confiée pour que je ne m'empresse pas de seconder les vues généreuses de Votre Altesse. La France sera toujours prête à donner son concours pour hâter les progrès de l'enseignement public et contribuer ainsi au développement de la civilisation moderne.

Pour répondre aux vœux de Votre Altesse, j'ai pris, le 15 novembre courant, un arrêté dont je joins ici ampliation, et par lequel est assurée la conservation des droits acquis dans l'Université de France, aux membres de ladite Université qui, autorisés par le grand Maître, seront appelés à remplir des fonctions dans l'enseignement public en Valachie.

Votre Altesse verra dans cet acte une preuve nouvelle de l'intérêt que prend le Gouvernement du Roi à la prospérité d'une nation amie et au succès de l'administration d'un Prince qui témoigne d'une manière si délicate et si élevée les bons souvenirs qu'il a gardés de son séjour dans notre patrie.

Je suis disposé à mettre au service de Votre Altesse tous mes soins pour déterminer les membres de l'Université de France à accepter les propositions émanant du Gouvernement de Valachie. Mais j'ai besoin, pour y réussir, de connaître les arrangements que Votre Altesse aurait l'intention de prendre relativement aux traitements dont jouiraient les fonctionnaires français dans les établissements valaques et aux frais de voyage qui leur seraient alloués pour s'y rendre.

Votre Altesse n'ignore sans doute pas que la France possède des écoles latines à Constantinople, et que, récemment, elle a fondé à Athènes même une école.

Je me propose à l'avenir de faire inspecter ces établissements, tous les deux ans, par des inspecteurs généraux de l'Université de France. S'il agréait à Votre Altesse, je pourrais donner à ces fonctionnaires mission de se rendre en Valachie pour y examiner la direction donnée aux études par les professeurs français attachés aux écoles du pays. Ces visites auraient pour effet de stimuler le zèle des professeurs et de maintenir parmi eux les traditions des méthodes françaises. Ce serait, en quelque sorte, le complément de la pensée éclairée dont Votre Altesse a pris l'honorable initiative.

J'envoie ci-joint à Votre Altesse un rapport présenté au Roi des Français par le Ministre de l'instruction publique, le 3 mars 1843, sur la situation de l'instruction secondaire, et à la fin duquel se trouvent les programmes d'études des sous-collèges. Si d'autres documents pouvaient vous être utiles, je m'empresserais de les mettre à la disposition de Votre Altesse.

Agréez, etc.

Signé : SALVANDY.

Copie de l'arrêté :

« Les Membres de l'Université de France qui auraient été autorisés par nous à remplir des fonctions dans l'enseignement public en Valachie, conserveraient leurs droits et leur rang dans l'Université de France.

« Fait au chef-lieu de l'Université.

« *Signé :* SALVANDY. »

S. A. S. le Prince Bibesco, à S. Exc. le comte de Salvandy.

Le Prince remercie S. Exc. le Ministre de l'instruction publique de vouloir bien conserver leurs droits, acquis dans l'Université de France, aux membres de cette Université qui seraient autorisés à accepter des fonctions dans l'enseignement public en Valachie. — Son Altesse apprécie hautement l'offre que le Ministre a bien voulu lui faire, d'autoriser les inspecteurs généraux français, — chargés de visiter les écoles d'Athènes et de Constantinople, — à remplir en Valachie une mission analogue.

Bucarest, 7/19 février 1848.

Monsieur le Comte,

J'ai été on ne peut plus touché de l'accueil que Votre Excellence a fait à ma demande, tendant à obtenir pour les professeurs autorisés à accepter des fonctions dans l'enseignement public en Valachie la conservation de leurs droits acquis dans l'Université de France. J'y ai reconnu avec une sincère gratitude un nouveau témoignage de l'intérêt que me porte le Gouvernement du Roi et de son généreux empressement à seconder les efforts des peuples qui travaillent à se frayer les voies de la civilisation.

M. le docteur Piccolo, qui réside à Paris et que je me plais à vous présenter, Monsieur le Comte, en qualité de correspondant de notre Conseil de l'instruction publique, aura l'honneur de se rendre à votre Ministère. Il est spécialement chargé d'y donner tous les éclaircissements nécessaires, tant sur le personnel dont nous avons besoin pour le moment que sur les bases de nos arrangements avec les professeurs.

Il m'est impossible de vous exprimer, Monsieur le Comte, combien j'ai été sensible à l'offre que Votre Excellence a bien voulu me faire, d'autoriser les inspecteurs généraux chargés par elle de visiter les écoles d'Athènes et de Constantinople à remplir en Valachie une mission analogue. J'apprécie hautement ce qu'une pareille offre a de bienveillant pour notre Université naissante.

Je tâcherai de l'en faire profiter lorsque les études y seront assez avancées pour qu'elle puisse retirer de cette faveur toute l'utilité désirable.

J'ai encore à remercier Votre Excellence pour l'envoi du rapport au Roi concernant l'instruction secondaire; la lecture de ce document a été pour moi d'un vif intérêt; elle me sera, je l'espère, d'un grand secours pour la continuation de l'œuvre difficile à laquelle je me suis voué.

Veuillez agréer, etc.

Signé : Prince BIBESCO.

Loi sur l'instruction publique votée par l'Assemblée générale ordinaire de Valachie, dans sa séance du 2 mars 1847, et sanctionnée par l'Hospodar.

Article 1ᵉʳ. L'instruction publique sera divisée en deux parties en tant qu'elle concerne les garçons et les filles.

Art. 2. L'instruction concernant les garçons sera divisée en trois sections, savoir :

Ecoles des villages ou communales; écoles des villes ou élémentaires, et écoles complémentaires ou académiques.

Art. 3. Dans les écoles communales, les études seront bornées à apprendre à lire, à écrire, le catéchisme et les quatre premières opérations de l'arithmétique.

Art. 4. Dans les écoles élémentaires des villes, outre les classes ci-dessus assignées à la lecture, à l'écriture, au catéchisme et aux quatre premières opérations de l'arithmétique, on ajoutera deux classes pour la grammaire, les éléments de l'histoire, la géographie et l'arithmétique jusqu'aux fractions inclusivement.

Trois de ces écoles seront établies à Bucarest, et une dans la ville de Craiova, avec l'addition d'un cours de connaissances usuelles et de dessin linéaire appliqué aux arts et métiers.

Art. 5. Les cours complémentaires seront suivis dans une Académie qui sera instituée dans la ville de Bucarest, et dans laquelle on apprendra les langues latine, grecque, française, allemande et slave, en se perfectionnant en même temps dans la langue nationale par des exercices continuels.

On apprendra, en outre, l'histoire universelle, la rhétorique, les éléments de la philosophie et des sciences physiques et arithmétiques.

Tous ces cours seront divisés en douze classes.

Les quatre premières classes de cette Académie seront aussi organisées à Craiova.

Il sera attaché à cette Académie une Faculté où l'on suivra le droit valaque, complété par la connaissance du droit romain, et d'une comparaison avec la législation des autres nations.

Ces cours dureront deux ans.

Art. 6. Comme annexe à cette Académie, il sera institué auprès du département de la milice une école d'application, dans le double but de préparer les aspirants aux grades militaires et ceux qui devront être employés aux travaux des ponts et chaussées, des mines et autres œuvres du génie civil.

Art. 7. Les élèves de l'Académie seront divisés en internes et en externes.

Parmi les internes, il y en aura vingt-quatre qui seront entretenus aux frais de l'État. Ils seront choisis parmi les fils des personnes qui auront rendu des services signalés au pays et qui se trouveraient sans fortune. On accordera toutefois la préférence aux élèves qui se distingueront le plus dans leurs études.

Art. 8. Les cours des écoles communales et des écoles élémentaires seront suivis sans aucune rétribution. Mais, pour les cours académiques, ainsi que pour les cours de langues étrangères qui seront établis à Craiova ou dans d'autres villes, les élèves payeront, et les sommes qui en proviendraient formeront partie du revenu des écoles.

A l'Académie, la rétribution sera, pour les externes, de 3 ducats (36 francs), et, pour les internes, de 20 ducats (240 francs) par trimestre.

Pour les classes de langues étrangères, chaque élève payera 2 ducats (24 francs), et dans les autres villes où il y aura de pareilles classes, un ducat (12 francs) par trimestre.

Art. 9. Pour ce qui concerne l'instruction des filles, il sera institué dans la capitale un pensionnat; et comme le fondateur du monastère de Saint-Spiridon statue par son testament que sur l'excédent des revenus il sera doté annuellement un certain nombre de jeunes personnes; — vu d'ailleurs qu'une bonne éducation est une dot morale bien plus utile que le modique secours que l'on accorde aujourd'hui à cet effet; — il est arrêté d'instituer un pensionnat de jeunes personnes dans un bâtiment qui sera construit soit sur l'emplacement appartenant à ce monastère, s'il répond à ce but, soit ailleurs, et de prélever sur les revenus du monastère de Saint-Spiridon, au profit de ce pensionnat, la somme annuelle de 40,000 piastres (15,000 francs.)

Il appert des comptes de ce monastère que ladite somme provient de l'excédent des revenus sur les dépenses, et qu'il reste encore une réserve pour faire face aux dépenses extraordinaires. De plus, si les revenus venaient à augmenter, la subvention du pensionnat augmenterait aussi (1).

On entretiendra, dans cette institution, sur les revenus qui viennent de leur être assignés plus haut, douze jeunes personnes dont les parents auraient rendu des services importants à l'État et seraient dans le dénuement. Il sera ajouté à ce revenu la somme de 50,000 piastres (18,750 francs) pour subvenir aux autres frais de l'institution et pour venir, en cas de besoin, au secours d'autres pensionnats qui seraient établis dans le pays pour l'éducation des filles.

Art. 10. Pour la mise à exécution de cette nouvelle organisation, il sera prélevé annuellement sur l'excédent des revenus de la caisse centrale (2), outre l'allocation actuelle de 350,000 piastres (131,250 francs) une allocation additionnelle de 500,000 piastres (187,500 francs), et de plus, une fois pour toutes, sur la réserve de la même caisse, la somme de 500,000 piastres pour la construction des bâtiments nécessaires et jusqu'à concurrence de ladite somme (3).

---

(1) Bien que cette pièce fasse partie du t. II, qui renferme les actes de l'administration du Prince, il nous a paru préférable de ne pas la détacher de la correspondance relative à l'Instruction publique.

(2) Cette caisse est celle qui reçoit l'excédent des revenus du clergé régulier sur les dépenses autorisées par le Gouvernement.

(3) A la suite de cet arrêté, il y a un tableau des écoles de la Valachie qui présente un total de 2,513 écoles (dont 2,309 communales, 187 particulières, 18 normales), suivies par 56,300 élèves.

En outre :
1° École centrale à Craiova : 504 inscrits, 449 examinés, 8 professeurs.
2° Collège national de Saint-Sava, classes primaires : 487 inscrits, 238 examinés, 3 professeurs.
Universités : 416 inscrits, 295 examinés, 13 professeurs.
Classes complémentaires : 17 inscrits, 16 examinés, 3 professeurs.
Droit : 2 inscrits, 2 examinés.
Mathématiques : 5 inscrits, 2 examinés.
Soit un total de 2,518 écoles, 49 professeurs, 57,351 élèves.

CORRESPONDANCE GÉNÉRALE

1849-1858

En choisissant, dans la correspondance du Prince, quelques lettres postérieures à son abdication, et en les publiant, notre but est non seulement de montrer que l'estime et la sympathie particulières dont Son Altesse jouissait auprès des grandes Cours de l'Europe l'ont accompagné dans sa retraite, mais encore de faire mieux connaître les personnages du temps avec lesquels le Prince conserva des relations d'amitié, en initiant le lecteur à l'échange de leurs pensées intimes.

S'il est vrai de dire qu'à la guerre, la connaissance du caractère du général ennemi doive nous aider à pénétrer sa pensée, ses projets, ne serait-il pas aussi exact d'affirmer que la connaissance du caractère du diplomate peut nous permettre de voir plus clair dans ses actes? Or, comment bien l'étudier, si ce n'est en dehors même du terrain politique, dans ses lettres privées, par exemple, dont une phrase, un mot souvent peut faire la lumière, sur tel point de sa politique resté obscur?

S. Exc. Rechid-Pacha, à S. A. S. le Prince Bibesco, à propos de la nomination du Prince Stirbei comme Prince régnant.

Constantinople, 18 juin 1849.

Mon cher Prince,

La nomination de M. le Prince Stirbei, votre frère, au poste où la confiance de Sa Majesté Impériale le Sultan vient de l'élever, a été agréable à tous vos amis et surtout à moi.

C'est un témoignage de plus de la bienveillance que notre auguste Souverain ne cesse de montrer à vous autres.

Je suis convaincu que le nouveau Prince, fort de longues expériences et des sages conseils de Votre Altesse, réussira à mettre un bon ordre dans les affaires du pays, à la satisfaction générale.

M. le Logothète d'Aristarchi, qui est toujours très intéressé et très dévoué à votre personne, m'a entretenu de votre prochain voyage à Constantinople. Soyez persuadé que vous y serez accueilli avec tous les égards dus à votre rang et à vos qualités personnelles.

M. Miltiade d'Aristarchi est chargé de vous faire savoir que, fondé que je suis sur la disposition bienveillante de notre magnanime et gracieux Souverain, j'ai tout lieu de croire que toutes les affaires seront arrangées d'après vos désirs, et que la Sublime Porte s'empressera de les faciliter. D'ailleurs, M. le Logothète est à même de vous tenir au courant de tout ce qui intéresse Votre Altesse.

Agréez, mon cher Prince, les nouvelles assurances de ma haute considération.

Signé : Rechid.

S. Exc. Aali-Pacha, à S. A. S. le Prince Bibesco (1).

Constantinople, 1er/13 mars 1854.

Oui, mon Prince, il s'est passé bien du temps et bien d'événements depuis que nous ne nous sommes pas écrit. Je suis on ne peut plus reconnaissant et touché du bienveillant souvenir que Votre Altesse a l'extrême bonté de conserver de moi, au milieu de ces débâcles politiques auxquelles nous assistons, souvenir dont je suis fier, et, par réciprocité, je porte un dévouement sans borne et bien sincère à celui qui m'en honore. J'aurais volontiers sacrifié mes penchants pour la vie de retraite, j'aurais tâché d'être plus ambitieux, comme l'excellent général Aupick a dit à Votre Altesse, si je me sentais doué des qualités que votre indulgence m'attribue ; j'aurais fait tout au monde pour rentrer au ministère afin d'avoir l'honneur de servir la patrie dans des circonstances si critiques. Mais je sais ce que je suis, et, par conséquent, je crois rendre service au pays en cédant la place à d'autres plus capables.

Votre Altesse se trouve au centre, dans la capitale où se joue la partie la plus intéressante du drame actuel. Il est à espérer que l'Autriche s'y réserve son rôle traditionnel et que son attitude ferme et conservatrice parviendra à mettre un frein à des ambitions démesurées.

Votre Altesse doit être trop fatiguée déjà des conversations politiques pour que j'en vienne lui parler davantage. Je finis donc en la priant de vouloir bien agréer l'expression de ma parfaite gratitude et la nouvelle assurance de haute estime et sincère dévouement avec lesquels j'ai l'honneur d'être son très humble et très obéissant serviteur.

Signé : AALI.

(1) Nous reproduisons cette lettre, parce qu'elle donne une haute idée de la modestie d'un des hommes d'État les plus considérables de l'époque.

*S. Exc. Rechid-Pacha, à S. A. S. le Prince G. Bibesco,
Hospodar de Valachie.*

31 décembre 1849.

Mon Prince,

J'ai reçu la lettre que Votre Altesse m'a fait l'honneur de m'écrire en date du 15 novembre dernier.

La mission de S. Exc. Fuad-Effendi vient d'être couronnée d'un plein succès. Sa Majesté l'Empereur de Russie appréciant, dans sa haute sagesse, la justice de la demande de notre auguste Maître, s'est empressé d'y faire droit; aussi devons-nous nous en féliciter réciproquement.

Je remercie Votre Altesse des détails qu'Elle me donne à cette occasion, relativement à la situation actuelle de l'Europe.

La paix, si généralement désirée, paraît s'être enfin rétablie partout, et il faut espérer que nous en jouirons pour longtemps.

M. Aristarchi m'a donné communication de certaines petites intrigues qu'on a cherché à tramer contre vous. Ces intrigues sont, comme vous le dites, le résultat de la malveillance; aussi méritent-elles à peine que l'on y fasse attention.

Veuillez agréer, mon Prince, la nouvelle assurance de ma très haute considération.

Signé : Rechid.

---

*S. Exc. Rifaat-Pacha, à S. A. S. le Prince G. Bibesco,
Hospodar de Valachie; — à Magourélé.*

Rifaat-Pacha regarde sa nouvelle nomination comme « *un effet des bons offices de Son Altesse auprès de certains personnages haut placés* ».

Constantinople, 28 février 1850.

Altesse,

J'ai lu avec bien du plaisir la lettre que vous m'avez fait l'honneur de m'adresser le 12 février. Les félicitations que vous me faites m'ont vivement touché. J'ai bien apprécié cette nouvelle marque d'amitié que vous me donnez. Aussi m'a-t-elle causé le plus vif plaisir. La bienveillance et la haute intelligence qui vous distinguent m'ont laissé un profond souvenir. Permettez-moi, Altesse, de regarder ma nouvelle nomination comme un effet de vos bons offices auprès de certains personnages haut placés, et de joindre à l'amitié que je vous porte un petit lien de reconnaissance.

Veuillez aussi croire que, partout et dans toute position où vous puissiez vous trouver, je ne cesserai pas de me souvenir de vous. Je dois par cela seul vous prier de garder toujours dans votre bon souvenir la place que vous m'y avez accordée.

Agréez la nouvelle assurance de ma haute considération.

Signé : Rifaat.

Rechid-Pacha, au Prince Bibesco.

Le Prince roumain choisi par la Porte pour opérer un rapprochement, souhaité par elle avec l'Autriche.

Particulière et confidentielle.

Constantinople, 12/24 mars 1852.

Mon Prince,

Sa Majesté Impériale, notre auguste Maître, connaissant votre dévouement à ses intérêts, les talents et les hautes qualités qui vous distinguent, vous confie une mission purement de confiance et d'une nature très délicate (1).

Vous savez, mon Prince, que par suite de la question des réfugiés, une froideur s'est introduite dans les relations de la Sublime Porte avec l'Autriche.

Malgré la loyauté et la sincérité avec lesquelles le Gouvernement a agi dans cette malheureuse affaire, le Cabinet de Vienne persiste à voir une intention hostile à son égard, intention contre laquelle nous avons protesté et protestons encore.

Votre Altesse était à Constantinople quand la demande d'extradition a été mise en avant par les Représentants des deux Cours impériales d'Autriche et de Russie. Elle peut, par conséquent, connaître mieux que personne quel a été le principe qui a dicté au Gouvernement de Sa Majesté Impériale le refus opposé à cette demande. Il y a eu des personnes qui ont voulu faire croire à la Cour de Vienne que nous voulions favoriser l'insurrection et les réfugiés hongrois à ses dépens; que nous avions promis d'avance à Kossuth et Cie un asile sur le sol ottoman en cas de défaite, et que nous étions en intelligence secrète avec le Gouvernement révolutionnaire de Hongrie.

Ces accusations ne sauraient être soutenues un seul instant devant des actes solennels et publics et devant les notions de bon sens qui les démentent complètement. — En effet, il est plus qu'un non-sens de dire qu'un pays comme la Turquie, dont les populations se composent de différentes nationalités, ait intérêt à favoriser une rébellion qui a pour prétexte un sentiment dont le succès et le développement dans ses voisinages lui sont dangereux.

On devrait penser à Vienne que l'esprit de conservation, qui est et doit être le seul guide de notre politique, ne nous permet

(1) Le choix du Prince roumain pour servir de trait d'union entre la Porte et l'Autriche, nous paraît aussi flatteur pour le Prince que pour son pays.

point d'encourager ni directement ni indirectement le moindre acte qui aura pour but de s'attaquer à l'autorité légitime des Souverains étrangers. C'est l'intérêt de notre propre salut qui exige cette politique, et nous savons bien que l'on ne suscite pas impunément des embarras de ce genre à ses voisins. D'ailleurs le refus formel de la Sublime Porte de prêter l'oreille aux avances qui lui ont été faites au moment où l'Autriche était en feu, l'hospitalité cordiale accordée à ses troupes réfugiées dans les Principautés, et les facilités de toute espèce qu'elles y ont trouvées, sont des faits trop évidents pour ne pas détruire les injustes soupçons que la malveillance a pu accréditer. — Ainsi la seule considération qui a pu déterminer le refus de la Porte d'acquiescer à la demande d'extradition est un principe admis par toutes les puissances de l'Europe; tout ce qu'on a pu dire en dehors de cela n'est que calomnie.

Quant à la mise en liberté des internés de Kutahia, il est vrai que nous n'avons pas pu agir dans cette circonstance d'une manière tout à fait conforme au désir exprimé par le Gouvernement autrichien, mais nous avons la conscience tranquille d'avoir rempli ponctuellement et loyalement les devoirs que les engagements pris et les égards dus à une Puissance voisine et amie imposaient à la Sublime Porte. La principale condition de l'internement était le rétablissement de la tranquillité en Hongrie ; une fois ce but atteint, il ne restait plus de nécessité de continuer une mesure qui n'était rien moins qu'un sujet de discorde entre les deux puissances, qui était la source de désagréments et de sacrifices continuels pour la Sublime Porte.

Tant que c'était un service nécessaire aux intérêts de l'Autriche, notre auguste Maître n'a pas hésité à le lui rendre malgré ces difficultés. Mais dès que l'utilité de ce service a disparu, le Gouvernement de Sa Majesté Impériale a naturellement voulu s'en débarrasser. Et les faits ont prouvé à tout le monde que l'élargissement de Kossuth a été beaucoup plus nuisible à la cause révolutionnaire que la détention en Turquie, qui le faisait passer aux yeux de quelques gens simples pour victime de son patriotisme. Quelques jours et quelques discours ont suffi pour le faire apprécier. Il se trouve, à l'heure qu'il est, bien moins dangereux qu'il ne l'était à Kutahiah. Or, le Gouvernement de Sa Majesté Impériale et Royale, se rendant enfin à l'évidence, ne devrait-il pas jeter un regard plus favorable sur tant d'intérêts majeurs qui exigent la bonne intelligence entre ces deux Empires? Nous croyons que le temps est venu d'y songer.

La mission dont je parle au commencement de cette lettre consiste à en faire l'ouverture au Cabinet Impérial, confidentiellement et de manière à ne point porter la moindre atteinte à la dignité de l'Empire. Le choix que Sa Majesté Impériale a fait de Votre Altesse pour remplir une mission si importante vous prouve, mon Prince, le degré de confiance qu'elle a dans vos lumières et dans la fidélité que vous avez toujours montrée à son auguste personne.

Je n'ai pas besoin de dire à Votre Altesse que vos démarches auprès du ministère autrichien ne doivent avoir aucun caractère officiel ou propre à lui faire concevoir l'idée d'une satisfaction ou d'un aveu de notre prétendu tort. La réconciliation des deux Gouvernements doit être basée sur le principe de l'intérêt réciproque, et l'initiative *officieusement* prise par la Sublime Porte doit être considérée comme une facilité à ce ministère de revenir sur des préventions injustes qui ont altéré un moment les liens d'amitié qui unissaient si heureusement et si utilement les deux Empires.

La Sublime Porte désire prouver au Cabinet autrichien qu'Elle n'a jamais cessé de suivre sa politique traditionnelle vis-à-vis de lui; Elle espère qu'il voudra bien profiter de l'occasion que nous lui offrons pour nous répondre de la même manière.

Le Ministère des affaires étrangères n'a pas manqué d'instruire l'ambassadeur de Sa Majesté Impériale du contenu de cette lettre et de la prier de donner à Votre Altesse tous les renseignements dont elle pourrait avoir besoin.

Veuillez agréer, mon Prince, l'hommage de l'amitié bien sincère avec laquelle je suis, de Votre Altesse, le très dévoué.

Signé : Rechid.

M. Timony, ancien consul général d'Autriche, à Bucarest, à S. A. S. le Prince Bibesco.

Vienne, 22 octobre 1853.

Mon Prince,

Il y a quelques semaines que j'ai pris la liberté d'écrire une lettre à Votre Altesse; mais je crains pour son sort, l'ayant adressée rue Saint-Honoré, ayant en tête, je ne sais pourquoi, que votre demeure était là. M. Ivanovich a rectifié mon erreur.

Je suis fâché de ne pas avoir sous la main quelque chose de nouveau et d'intéressant à mander à Votre Altesse sur la question du jour. On s'obstine toujours à espérer la paix pendant que le canon a probablement déjà commencé à gronder. Mais Votre Altesse se trouve en ce moment dans la position de juger de ces affaires sous l'influence de l'opinion des deux grandes Puissances desquelles la Turquie attend et espère aide et assistance, et rit peut-être de mon entêtement qui ne peut se convaincre que l'Empire de quatre siècles puisse durer plus longtemps. Ennemis et amis travaillent à sa chute, les uns les armes à la main, les autres par leurs conseils et leur protection.

Il paraît que quelque chose se prépare à Monténégro. On voit ici de ces figures aller et venir, et les journaux font pressentir que ces montagnards pourraient descendre de leurs montagnes dans les plaines si convoitées.

Je crois que les opinions, à l'ambassade logée au Foreing, n'ont pas changé depuis le printemps. Quelqu'un m'a dit qu'on y déclarait Rechid le plus grand diplomate en Europe, parce qu'il avait su *obliger* les Français et les Anglais à placer leurs flottes dans le Bosphore et de la sorte prendre une attitude hostile vis-à-vis de la Russie.

Vous savez, mon Prince, que le palais Montenuova est bâti sur la place jusqu'à laquelle les Turcs vainqueurs ont avancé en Europe avant d'avoir été vaincus et refoulés. Quelqu'un a observé qu'il pourrait bien arriver que, de cette même place, se retirât pour toujours l'ambassade de cette nation.

Vous saurez, mon Prince, probablement, que madame Catherine Ghyka est morte, mais peut-être ignorez-vous que, dans ce même palais Montenuova, le baron Uxhull a succombé à un coup d'apoplexie. Brouillé avec sa famille à cause de son second mariage, il laisse sa femme et plusieurs enfants vis-à-vis de rien, si sa mère, dont il était le favori, n'en a pas pitié.

Je suis très curieux de ce qui arrivera dans *nos* parages après la déclaration de guerre. Les Gouvernements actuels pourront-ils continuer au nom de la Porte? Les journaux font préparer un monastère à la frontière de la Transylvanie comme retraite momentanée du Prince de Valachie! Le renard qui, depuis quelques jours, est de retour de Berlin, a dit qu'il s'arrêtait à Vienne pour tenir compagnie aux deux Princes qui ne tarderaient pas à y venir!

Là-bas tout le monde est en l'air. Le dernier caïmacan se donne beaucoup de mouvement, et le docteur Meyer s'y rend en toute hâte. Il est arrivé, il y a quelques jours, avec toute sa famille. Il a, comme à l'ordinaire, les poches remplies de journaux, de brochures, d'attestations et de lettres de remerciement où ses talents et ses qualités sont élevés aux nues. Il m'a assuré avoir lu un mémoire sur l'hydropathie, en italien, devant un nombreux auditoire, et il a ajouté que cela avait parfaitement réussi ! Quelle intelligence doivent avoir ces Italiens pour l'avoir compris ! Entre autres, il m'a montré une lettre de Kotzebue, auquel il s'était adressé pour faire valoir un mémoire contenant ses plaintes, que Votre Altesse connaît. Kotzebue lui répond qu'il trouvait peu digne de la part de Meyer de vouloir forcer le Gouvernement à le reprendre quand ce dernier ne voulait pas de lui. A ma remarque qu'il souhaitait donc rentrer au service : « Non, non », répondit-il, « je ne veux qu'avoir satisfaction d'Omer-Pacha !... » Plus tard, il m'assura encore que tout le monde l'attendait avec impatience à Bucarest ! Il m'a chargé de mille respects pour madame la Princesse et Votre Altesse, regrettant beaucoup de ne vous avoir pas trouvés à Vienne.

J'ai reçu une lettre de cet excellent M. Daschkoff. Il regrette infiniment de ne pas avoir vu Votre Altesse cette année. Il se porte bien, ainsi que tous les siens; mais il paraît qu'il est très occupé du choléra, parce que, sans l'avouer, il revient dans sa lettre sans cesse sur ce triste sujet. Il mange toute la journée des pastilles de menthe qu'on prend là-haut pour un préservatif.

Ivanovich, qui était très préoccupé d'un des chevaux de Votre Altesse, est tout glorieux qu'il va maintenant très bien.

Pour amuser Votre Altesse je veux faire encore mention de quelques-unes de ces bêtises dont fourmillent les journaux allemands, qui devraient cependant être mieux instruits. Par exemple de ce coup de canon qui a été tiré de Routschouk sur des officiers russes qui sondaient le Danube à Oltenitza et qui a tué un major ! Et du scheik Ul Islam qui prend son café sans sucre pour faire preuve d'une abstinence extraordinaire ! Du pauvre Sultan qui est devenu bigot et qui toute la journée se fait expliquer le Koran par le mufti, et ce dernier qui se fait traduire les feuilletons des journaux, et, après avoir écouté attentivement la description de la danse de la Pepita, aurait dit avec un sourire significatif sur les lèvres : « Mahomet est grand, mais la Pepita doit être une des plus douces houris de son Paradis ! » — et mille bêtises pareilles.

Je me mets aux pieds de Madame la Princesse, et je prie Votre Altesse d'agréer l'assurance de ma respectueuse considération.

Signé : TIMONY.

*S. Exc. Riza-Pacha, grand amiral,
à S. A. S. le Prince Bibesco.*

Riza Pacha remercie le Prince de ses félicitations et lui signale sa conformité de vues sur les circonstances et sur leur gravité.

Constantinople, 25 janvier 1854.

ALTESSE,

J'ai reçu avec plaisir la lettre de félicitations que Votre Altesse m'a adressée en date du 1ᵉʳ janvier au sujet de ma nomination au poste de grand amiral. L'amitié sincère qui subsiste entre nous et qui porte Votre Altesse à me féliciter à cette occasion, ainsi qu'à me donner des assurances de son attachement, a été pour moi le motif d'un vif plaisir, et je ne puis qu'apprécier cette délicate attention de sa part.

J'apprécie également, mon cher Prince, vos justes observations sur la gravité des circonstances actuelles. Mais comme il est du devoir des véritables serviteurs de l'État de servir toujours avec satisfaction leur auguste Monarque, et que Votre Altesse, par son esprit éclairé, se trouve être aussi de ce nombre, nous devons naturellement suivre avec attention les événements du jour.

En portant à la connaissance de Votre Altesse que sa lettre amicale a été pour moi-même, ainsi que pour son autre ami, un véritable sujet de satisfaction, et en me recommandant aux prières sincères d'un ami aussi éprouvé que l'est Votre Altesse pour que le Ciel soit favorable à nos vœux, je lui renouvelle ici l'assurance de ma haute considération.

Signé : RIZA-PACHA.

S. Exc. Fuad Pacha, à S. A. S. le Prince Bibesco.

Fuad-Pacha proteste auprès du Prince de sa vive reconnaissance, et lui fait part de son projet de voyage en Valachie.

Mai 1855.

MON PRINCE,

J'ai reçu l'aimable lettre que Votre Altesse a bien voulu m'écrire aujourd'hui, et je m'empresse de vous en exprimer toute ma reconnaissance.

J'avais un ardent désir de me trouver de nouveau en Valachie, que je considère à présent, à juste titre, comme ma seconde patrie, et je me faisais un plaisir de l'espoir de revoir de nouveau Votre Altesse et de renouveler avec elle connaissance.

La réserve que Votre Altesse s'est imposée, par un esprit de délicatesse, ne peut pas m'empêcher, je crois, d'aller avant mon départ, voir Votre Altesse et de lui exprimer de vive voix l'assurance de la sincère amitié que je ressens pour Elle ; en attendant, je prie Votre Altesse d'agréer les assurances de ma haute considération et de faire agréer à Madame la Princesse l'expression de mes hommages.

Signé : FUAD.

S. Exc. Fuad-Pacha, à S. A. S. le Prince G. Bibesco, à Vienne.

Expressions de gratitude de Fuad-Pacha à l'égard du Prince.

23 juin 1855.

MON PRINCE,

La lettre que vous m'avez fait l'honneur de m'adresser m'a infiniment touché, et j'ai été on ne peut plus sensible aux choses aimables qu'elle contient, ainsi qu'aux félicitations que vous voulez bien me faire à l'occasion de ma récente nomination.

Le souvenir que j'ai emporté de ma visite à Magourélé est trop agréable pour que je puisse jamais l'oublier, et je prie Votre Altesse de croire que c'est toujours avec un sentiment du plus vif plaisir que je me rappelle l'aimable accueil que j'ai reçu.

Lorsqu'une fois on a connu Votre Altesse et qu'on a pu apprécier les éminentes qualités qui la distinguent, on ne saurait l'oublier; aussi l'intérêt profond que je lui porte est-il toujours aussi vif que lors de cette visite qu'elle a bien voulu se rappeler.

Agréez, mon Prince, les assurances de ma haute considération.

Signé : FUAD.

S. Exc. le comte Coronini, à S. A. S. le Prince G. Bibesco.

Fin de la mission du comte Coronini; ses appréciations sur le capitaine Prince Brancovano, attaché à sa personne,

Mehadia, 16 août 1856.

MON PRINCE,

Je viens de quitter les Principautés et je rentre dans mes fonctions primitives après avoir reçu l'ordre de Sa Majesté l'Empereur, mon auguste Maître, que ma mission était finie.

C'est en conséquence de cette détermination que M. votre fils, le capitaine Prince Brancovano, cesse aussi d'être attaché à ma personne, et je ne peux pas me dispenser de l'accompagner avec ces deux mots qu'il vous remettra, mon Prince, en personne.

Le Prince Brancovano est un jeune homme de beaucoup de capacité et surtout d'un caractère exquis qui lui servira de guide précieux dans toutes les circonstances de sa vie. Il s'est aussi mérité l'estime générale tant de ses camarades que de ses compatriotes.

Le Prince Brancovano m'a été très utile pour mieux connaître votre Patrie, avec ses bonnes qualités; et ce n'est pas seulement par reconnaissance que je garderai toujours le plus vif intérêt pour un pays où on m'a comblé de bienveillance.

Que Dieu veuille que les intentions des Puissances pour la prospérité de ces Principautés persécutées, par tant de bienveillance, aboutissent à un résultat qui satisfasse les vœux des Sages et des Raisonnables!

La matière que j'allais entamer serait trop étendue; cessons donc, et je vous prie, Monseigneur, d'agréer l'assurance de la plus parfaite déférence avec laquelle j'ai l'honneur d'être, de Votre Altesse, le très humble serviteur.

Signé : CORONINI.

S. Exc. le comte Coronini, à S. A. S. le Prince G. Bibesco.

Désir de S. M. l'Empereur François-Joseph d'abréger les charges de l'occupation. — Éloges à l'adresse du Prince Brancovano.

Bucarest, 10 septembre 1855.

Mon Prince,

La lettre que Votre Altesse a bien voulu me faire l'honneur de m'écrire me fut remise dans un moment où je me trouvais enfoncé dans la plus cruelle douleur, causée par le décès de ma bien-aimée femme, qui était ma gloire et qui formait l'enchantement de ma vie. Cette bien triste situation m'excusera aux yeux de Votre Altesse, si j'ai tardé jusqu'à ce jour à vous remercier, Monseigneur, des flatteuses préventions que vous exprimez sur mon compte et que je n'attribue qu'à l'extrême bienveillance de Votre Altesse à mon égard et à ma vive volonté d'être fidèle à la mission qui me fut confiée par mon auguste Souverain S. M. l'Empereur François-Joseph, qui désire être utile à ces Provinces, et de soulager autant que possible les charges de l'occupation qui, d'ailleurs, vise à un meilleur avenir de ces Provinces, déjà trop harassées dans les temps passés.

Quant à M. votre fils, vous connaissez assez, mon Prince, les excellentes dispositions de ce jeune homme, qui a su gagner partout l'estime et l'affection de tous ses camarades, et qui a parfaitement répondu aux attentes de son dernier chef, S. Exc. le général en chef baron de Hess, comme aussi des autres supérieurs avec qui il était en rapport. Le Prince Brancovano possède, du reste, beaucoup de tact, de manière qu'il se débarrassera dans sa situation, tout épineuse qu'elle est, sûrement très bien. Du reste, il peut être toujours sûr de mon appui, en lui vouant toute l'affection que vous réclamez pour votre fils et qu'il a déjà méritée par sa contenance.

Daignez accueillir l'assurance de mon respect et de ma haute considération.

Signé : Coronini.

S. A. S. le Prince Bibesco, à M. de Cambyse.

Le Prince raconte comment il a découvert, à l'étalage d'un libraire, une brochure intitulée : « *Principautés danubiennes* », remplie des plus basses calomnies dirigées contre certains actes de son règne et contre sa personne (1).

Paris, 14 octobre 1855.

Je viens, mon bon ami, de recevoir votre lettre : elle m'arrive fort à propos. J'avais besoin de parler à un intime et, n'en ayant pas sous la main, je me parlais à moi-même. J'étais à réfléchir si parmi tous ces récits, tous ces faits, tous ces jugements, transmis d'âge en âge par l'histoire pour servir d'instruction aux générations futures, il y avait quelque chose de vrai, hormis un petit nombre d'événements principaux, grossis eux-mêmes ou amoindris, selon l'humeur, les préjugés et les passions de ceux qui les ont rapportés. Je me demandais s'il a jamais existé un monstre comme Néron, un Tibère, qui joignît à un aussi haut degré l'hypocrisie à la cruauté ; un Marc-Aurèle doué de toutes les vertus dont on se plaît à le parer ; ou bien s'ils ne sont que des portraits de fantaisie, peints, l'un en beau, les autres dans le genre laid, selon la nature du talent du peintre ou selon son caprice.

Ne vous hâtez pas, je vous prie, de m'accuser de paradoxe, et écoutez-moi patiemment jusqu'au bout.

Je traversais ce matin les boulevards. Attiré par l'étalage d'un libraire, je vois sur un de ses livres ce titre : *Principautés danubiennes*. Quoique je me fusse déjà laissé prendre à pareille amorce pour en emporter un profond dégoût, et en jurant qu'on ne m'y

---

(1) L'auteur du livre « *Les Principautés danubiennes* » est M. E. REGNAULT. Veut-on savoir sur quel fumier il a cueilli ces fleurs de calomnie ? Comme d'habitude, sur le fumier de l'anonyme : « *Les Principautés de Valachie sous le Prince Bibesco* », par B.-A., ancien agent diplomatique dans le Levant.

prendrait plus, je cède à un mouvement instinctif, et je m'empare du volume.

J'ouvre. Je tombe sur l'incendie qui, en 1847, dévora une partie de la ville de Bucarest.

Or, voici à peu près comment ce sinistre y est raconté :

Pontife de Baal, excusez ma faiblesse!

Le Ciel, courroucé de mes forfaits, aurait voulu, par cette catastrophe, signaler sa colère ; mais loin de m'en émouvoir et de me laisser aller au repentir, j'aurais continué le cours de mes iniquités. Un vénérable prieur dont le couvent avait disparu au milieu des flammes, avec les pièces des terres qui en constituent la dotation, se serait présenté à moi le lendemain, tremblant pour le bien du Seigneur, et implorant ma justice pour obtenir qu'un rescrit princier remplaçât les documents consumés. Cependant, cent fois plus dur que ne le fut jadis Atride envers le prêtre d'Apollon, j'aurais repoussé avec cruauté la prière du saint homme, et je n'aurais consenti à m'en laisser toucher qu'après avoir arraché à sa faiblesse un pot-de-vin, consistant en une grande et belle terre du couvent, dont je continuerais de jouir, au grand scandale de la morale humaine et divine.

Quelques lignes plus haut, je suis accusé d'avoir osé sauter à pieds joints par-dessus les illustrations et les hautes capacités, à la glorification desquelles l'auteur paraît s'être voué, et d'être arrivé d'un bond de l'étable sur les marches du trône! Imbécile! qui ne sent pas ce qu'un pareil bond, s'il était vrai, dénoterait de force et de grandeur! — Tout le reste est à l'avenant. — Voilà l'histoire.

Voici maintenant l'humble vérité :

Il y eut, en effet, au printemps de 1847, un incendie qui réduisit en cendres le quartier le plus populeux de la capitale. Mais loin qu'il soit venu alors à l'esprit de quelqu'un, jouissant du moins de la plénitude de sa raison, de m'accuser de cette calamité, tout le monde me saluait, le lendemain, des titres de sauveur de la ville et de seconde providence : expressions exagérées, je l'avoue, et qu'on ne prodigue que trop facilement aux dépositaires du pouvoir. Cependant, je restai en selle, sans prendre ni repos ni nourriture pendant les dix-huit heures que dura l'incendie, me portant partout où le danger était le plus imminent et encourageant chacun de ma présence, ce qui contribua puissamment à empêcher que la ville entière ne devînt la proie des flammes. Le lendemain, je retournai un des premiers sur le lieu du sinistre, et y distribuai l'or à pleines mains. Quelques heures après une commission était nommée pour évaluer les pertes et pour répartir entre les victimes les plus éprouvées et les moins aisées la somme de trois millions de piastres (un million de francs), et celle de deux cent mille piastres prise dans ma modeste cassette.

Si celle-ci ne donna pas plus, ce fut bien à regret et parce qu'elle ne gardait jamais rien, chaque infortune y ayant plus ou moins droit.

Le prieur du couvent de Saint-Georges se présenta chez moi le surlendemain pour me prier de faire remplacer les titres de propriété qui avaient, en effet, brûlé avec le couvent. Mais la condition que je mis à mon consentement fut qu'il commencerait de suite à faire reconstruire l'église, d'après le plan que je lui enverrais ; car ce prieur était un de ces hégoumènes grecs qui laissent tomber en ruine les monastères confiés à leur surveillance, pour s'en approprier la totalité des revenus. Je n'ajoutai à cette condition que la promesse de contribuer de mes deniers à l'érection et à l'embellissement du maître-autel.

Avais-je raison ou non d'accuser l'histoire de travestir la vérité à sa guise et selon ses passions du moment ?

Mais ce n'est pas de l'histoire, direz-vous, c'est en profaner le nom ; c'est un pamphlet, et des plus odieux encore. J'en conviens. Cependant, combien de fois l'historien n'est-il pas allé, sans s'en douter, ramasser ses matériaux dans ce cloaque infect et consacrer de l'autorité de son nom et de son talent les plus infâmes calomnies?

Écoutez toujours. Il y a quatre ou cinq mois, en ouvrant un journal, j'aperçois un long article portant la signature d'un des écrivains les plus distingués, pour qui, indépendamment de l'estime due à son grand mérite, j'ai un faible personnel qui tient à des souvenirs de collège. Mais que lis-je cette fois? Une analyse, très sérieusement faite, d'un de ces misérables pamphlets, tissu grossier d'odieux mensonges et affreux pêle-mêle de citations incohérentes, qui n'aurait pas dû tromper un œil exercé, encore moins provoquer l'éloge de son auteur. Et si je vous disais ce qu'est ce prétendu auteur! Mais ce ne serait un sujet agréable ni pour vous ni pour moi.

Parlons donc un peu de vous et de vos projets.

. . . .

Signé : G. BIBESCO.

Aali-Pacha, à S. A. S. le Prince Bibesco.

Aali-Pacha déplore « qu'une poignée d'hommes impose sa politique subversive à la majorité des divans *ac hoc* ».

23 décembre 1857.

MON PRINCE,

La lettre que vous m'avez fait l'honneur de m'écrire, en date du 29 novembre dernier, m'a appris votre démission et votre départ pour Paris.

L'indulgence dont l'esprit révolutionnaire a été l'objet de la part de l'élément conservateur avant, pendant et après les élections, les concessions qu'il a cru devoir y faire, ont produit le résultat que nous avons sous les yeux et que nous déplorons avec tous les Valaques qui aiment leur pays et qui en désirent le vrai bonheur.

Votre Altesse a dû souffrir cruellement de voir une poignée d'hommes en proie à une aberration d'esprit incroyable s'emparer de la direction des discussions et imposer leur politique subversive à la majorité des divans *ad hoc*. Enfin, il est à espérer que, malgré les fautes commises, malgré les désillusions un peu tardives, le pauvre pays et la partie saine de la population ne manqueront pas de jouir à l'avenir d'une tranquillité salutaire pour pouvoir développer leur prospérité.

Quant à moi, mon Prince, je m'empresse de vous remercier des nouvelles assurances d'amitié que vous avez bien voulu me donner, et de vous prier de croire à la réciprocité et à la sincérité des sentiments d'attachement avec lesquels je suis votre dévoué.

Signé : AALI.

Voici la copie d'une lettre trouvée parmi les papiers du Prince. Elle a une date, mais elle ne porte ni une signature, ni le nom de la personne à qui elle est adressée.

La teneur de cette lettre nous permet de supposer que son auteur est un homme politique, un diplomate de marque; elle nous révèle un lettré, intéressé à connaître ce qui se passe en Roumanie. Son correspondant est vraisemblablement le chef d'un grand organe de publicité.

Cette pièce est curieuse à analyser; le lecteur ne regrettera pas de l'avoir lue.

25 octobre 1857.

Je reçois à l'instant votre lettre du 22 courant. Permettez-moi de vous répondre avec la même franchise. Comme vous, je ne sers personne, mais je voudrais bien servir une cause, qui m'est chère, à titre d'homme et de Français, celle des Principautés; car nous autres, en France, nous avons le défaut et le travers qui font peut-être une partie de notre force, de donner notre esprit aux justes causes, quand nous ne pouvons leur donner nos bras. Pour moi comme pour vous, la grande affaire dans cette question, c'est que les deux Provinces, après avoir échappé à la Russie, ne tombent pas dans les mains de l'Autriche. Tous mes vœux sont pour la formation d'un État fort et régulier qui barre la route aux deux ambitions qui l'enveloppent et ne subisse pas la troisième; qui tienne le Danube ouvert au commerce de toutes les nations; qui appelle l'industrie et les arts sur la rive gauche du fleuve, pour que la rive droite soit, à son tour, fécondée par un contact de la civilisation de l'Europe, implantée à Bucarest et à Jassy; un

État qui puisse, le jour où recommencera la question d'Orient, devenir une des pierres du nouvel édifice, et qui, le jour où l'Autriche payera toutes ses iniquités, pourra redemander à cette puissance les populations qu'elle a détachées du pays roumain, ce qui ne sera point difficile, si j'en crois un voyageur qui vient de traverser la Transylvanie, où il a trouvé autant de haine contre l'Autriche qu'il y en a à Milan et à Venise.

Vous avez bien voulu m'ouvrir vos colonnes pour y défendre la grande cause de l'union. Permettez-moi de vous rappeler que c'est trois jours après un article de votre journal sur cette question que le Gouvernement français, pour ne pas laisser à la Russie le bénéfice exclusif de cette politique libérale, déclara si haut dans le *Moniteur* qu'il souhaitait l'union des deux Provinces.

Vous m'avez permis encore de montrer à nu la politique astucieuse de l'Autriche et de prouver que le sacrifice demandé à la Porte la fortifiait au lieu de l'affaiblir; qu'enfin, en tout ceci, l'Angleterre n'avait qu'à gagner à ce qu'il y eût de la force et de l'ordre en un pays qui peut devenir son grenier d'abondance.

Voilà pour l'extérieur. Au dedans, j'ai combattu l'administration des deux caïmacans, parce que l'un ne travaillait que dans son intérêt, l'autre dans l'intérêt mal entendu de la Porte; et c'est encore votre journal qui, le premier entre tous, a annoncé ce que M. Vogoridès allait faire. Pour celui-là, l'Europe s'est chargée de le rappeler à l'ordre. Elle s'est moins occupée du Prince Ghyka, qui d'ailleurs, averti par cette leçon, a changé ses batteries et s'est jeté du côté opposé, en s'unissant au parti exalté. Ce parti nous a perdus en 48; je crains qu'il ne fasse là-bas quelques sottises. Le Prince Ghyka l'a fait arriver en majorité au Divan en commettant mille actes arbitraires. J'ai entre les mains dix protestations contre ses manœuvres; je pourrais vous en faire parvenir soixante. De ce que l'Autriche attaque aujourd'hui son ancien allié et voit en Valachie ce qu'elle n'a pas voulu voir en Moldavie, il ne s'ensuit pas que nous devions, nous, fermer les yeux et qu'un journal comme le vôtre doive aller à droite, par cela seul que les journaux de Vienne ou de Francfort vont à gauche. Je ne prétends pas qu'il serait bon de dissoudre le Divan valaque; mais il convient, je pense, d'être bien édifié sur la manière dont il est composé pour avoir le droit de séparer, dans ses actes, l'ivraie du bon grain. Ces exaltés ne sont pas tous des fous, et ils ne le sont pas sur tous les points. Mais aux bonnes choses ils en peuvent mêler de mauvaises. Je crois donc qu'il est de la plus simple prudence d'établir que le Divan valaque, élu sous la pression de certains intérêts très égoïstes, a besoin d'être surveillé et contenu. Avouer cela eût été autrefois une mauvaise tactique. Il me semble que la diplomatie marche aujourd'hui plus à découvert et qu'on ne gagne rien à cacher une portion de vérité. Votre journal sera, je crois, dans le vrai et l'utile en continuant à ne mettre aucune confiance dans le caïmacan et en examinant de près les actes du Divan. Qu'il laisse l'Autriche jouer son jeu. Elle ne trompe personne et a un grand mois à se plaindre et à gémir, après quoi elle courbera la tête et ne se retirera même pas sous sa tente pour pleurer. La Prusse, quoi qu'il y arrive, n'est pas plus qu'elle en état ni même en désir de vouloir autre chose que ce qui sera voulu à Saint-Pétersbourg et à Paris. Quant à la question du Prince, elle est plus délicate. J'ai été, dès le principe, pour un Prince indigène, et j'avais à donner, je crois, de bonnes raisons en faveur de cette solution; mais la politique n'est pas la science des principes abstraits. Il faut compter avec les faits bons ou mauvais qui se produisent; l'opinion, dans les deux Provinces, se prononce pour un Prince étranger; j'y souscris.

Si, instruit par ce qui s'est passé en Grèce, on avait préféré un Gouvernement national, alors, je vous le dis franchement, j'aurais estimé le choix du Prince Ghyka une calamité pour le pays, et celui du Prince Bibesco une mesure salutaire. La raison de cette préférence, c'est que, depuis dix ans, je n'ai pas rencontré un Valaque qui ne m'ait dit du mal de l'un de ces personnages et du bien de l'autre. — Le Prince Bibesco a, comme nous tous, ses défauts; mais il possède deux qualités indispensables partout, et précieuses là-bas, parce qu'elles y sont rares : un esprit d'initiative qui s'inquiète des besoins à satisfaire, des réformes à accomplir, et une probité au-dessus de tout soupçon, qui l'entoure encore à cette heure de la considération et du respect même de ses adversaires. Dernièrement, lorsqu'il s'est rendu au Divan, bien qu'il fût en habit de ville et que cela dût singulièrement déplaire à la caïmacanie, le colonel dont le régiment formait la haie a fait spontanément présenter les armes sur le passage de l'ancien Prince élu du pays, qu'on peut calomnier à l'étranger, mais que ses concitoyens connaissent. MM. Golesco et Rosetti, MM. Tell et Maghero, les chefs du mouvement de 48, sont venus, le jour de l'ouverture du Divan, offrir leurs hommages à l'homme qu'ils ont renversé, mais qu'ils estiment malgré eux, parce qu'il s'est tenu, depuis neuf ans, en dehors de toute intrigue.

On vous a dit que le Prince Bibesco est Autrichien. Il n'y a pas bien longtemps que je l'ai entendu accuser d'être Russe, et je puis vous montrer des livres où cela est imprimé fort au long. Les deux reproches ne sont pas plus vrais l'un que l'autre. Respectez-vous un homme dévoué à son pays, sans arrière-pensée, mais avec maturité et réflexion, non avec fougue et aveuglement? Le Prince Bibesco est cet homme. C'est pour cela que j'ai été profondément peiné de vous voir l'accuser de menées ambitieuses. Si le pays l'avait rappelé au pouvoir, il y serait remonté avec tristesse. On s'engage dans une autre voie; il n'y fait point obstacle, ni ne le regrette, et il aidera de son expérience ceux qui y marchent. Voilà l'homme que je connais et que j'honore, que j'aurais vu avec confiance chargé des destinées de la Roumanie, et que je serai heureux de revoir à Paris pour y reprendre nos longues causeries sur Horace et Molière. Tenez pour certain que M. de Basily a été bien mal renseigné sur son compte, et si l'on vous parle encore de ses intrigues, ne le croyez pas plus que ce qui se dit tout haut à Bucarest, que M. le commissaire russe, beaucoup plus riche d'enfants que de patrimoine, a été acheté par les caïmacans.

Agréez, etc.

*S. Exc. le séraskier Omer-Pacha,
à S. A. S. le Prince Bibesco.*

Constantinople, 28 avril 1858.

ALTESSE,

J'ai reçu votre lettre en date du 20 mars. Je suis très sensible aux sentiments d'amitié que vous m'avez exprimés; vous pouvez être, Altesse, bien persuadée que je vous porte le plus grand intérêt et que je saisirai la première occasion qui se présentera, à l'effet de vous prouver mes sympathies pour Votre Altesse.

S. Exc. Fuad-Pacha est parti hier pour Paris; j'espère que Votre Altesse le verra. Il est très heureux que, durant les conférences, vous soyez à Paris. Vous connaissez, Altesse, les rapports qui ont toujours existé entre votre pays et la Sublime Porte, vous vous êtes trouvé dans des circonstances bien délicates; vous êtes à même d'apprécier le caractère de chacun, et vous savez les partis des diverses opinions et le système qui convient au Gouvernement de Sa Majesté notre auguste Maître.

N'ayant aucun doute que vous pouvez rendre de très bons services à tout le monde, je me fais un plaisir de vous offrir, Altesse, l'assurance de ma plus haute considération.

Signé : OMER-PACHA.

Telle est la correspondance diplomatique et privée du règne de Bibesco.

Les actes de son administration, qui forment le tome II de notre travail, seront un complément utile à cette première partie. Mais, cette correspondance n'est-elle pas d'ores et déjà de nature à former l'opinion de l'histoire sur le caractère de la politique du Prince et sur l'esprit des réformes vers lesquelles il acheminait progressivement son pays? La confidence suivante, faite respectueusement par M. Philippsborn (1), agent diplomatique du Gouvernement valaque, à Vienne : « *Tout en rendant justice à vos qualités distinguées, à vos sentiments élevés, on fait passer au creuset de la critique le désir que vous avez annoncé, à votre avènement, de marcher droit à la réforme, de ne pas dévier de cette voie quand même, et qu'en y tenant avec une rare persévérance, vous n'avez pris conseil que de vos inspirations généreuses ;... on incline à croire que vous vous êtes trop hâté,* » ne constitue-t-elle pas, pour l'histoire, un document précieux d'autant plus certain qu'il était *confidentiel*, nullement destiné, par conséquent, à la publicité? Et la vérité qui se dégage de la critique dont les réformes, trop libérales, du Prince Bibesco sont l'objet de la part du Gouvernement de l'Autriche, ne proclame-t-elle pas l'audace de ces réformes?

Poser ces questions, c'est les résoudre, pensons-nous. Au surplus, l'histoire jugera.

En ce qui nous touche, nous pensons qu'en prouvant que le pays roumain, sous le règne de Bibesco, marchait à la tête de la

---

(1) Lettre de M. Philippsborn au Prince Bibesco. (Voir la *Correspondance générale diplomatique,* p. 255.)

civilisation des peuples de l'Orient, que le Prince et son Gouvernement, en dépit de la situation précaire de la Valachie, étaient parvenus à s'imposer à la sympathie et à la considération de leurs grands voisins, nous n'avons pas seulement rempli notre devoir et rendu un hommage légitime au Prince et à ses précieux collaborateurs, — qu'ils se nomment Stirbei, Villara, ou Baleano, Floresco, Mano, — mais encore que nous avons établi un fait glorieux pour la patrie, devant l'histoire.

PIÈCES JUSTIFICATIVES

TRAITÉS — DOCUMENTS HISTORIQUES

I. — TEXTE DES TRAITÉS DE :

1° KOUTSCHOUK-KAINARDJI, du 10/22 juillet 1774.

    a) Convention explicative de ce traité, conclue le 10 mars 1779.

2° JASSY, du 29 décembre 1791/9 janvier 1792.

3° BUCAREST, du 16/28 mai 1812.

    b) Convention explicative de ce traité, conclue à ACKERMANN le 25 septembre/7 octobre 1826.

4° ANDRINOPLE, du 2/14 juillet 1829.

5° SAINT-PÉTERSBOURG, du ... janvier 1834.

    c) Convention explicative de ce traité, conclue à BALTA-LIMAN, le 19 avril/1ᵉʳ mai 1849.

TRAITÉ DE PAIX PERPÉTUELLE ET D'AMITIÉ

ENTRE L'EMPIRE DE TOUTES LES RUSSIES ET LA PORTE OTTOMANE, CONCLU DANS LE CAMP PRÈS DE KOUTSCHOUK-KAINARDJI, SUR LA RIVE DROITE DU DANUBE, A QUATRE LIEUES DE SILISTRIE, LE 10/22 JUILLET 1774, PAR LES PLÉNIPOTENTIAIRES NOMMÉS PAR LE FELD-MARÉCHAL COMTE DE ROMANZOW, ET PAR LE GRAND VISIR, CONFIRMÉ PAR CES DEUX CHEFS LE 15 DU MÊME MOIS, APPROUVÉ ET RATIFIÉ PAR SA HAUTESSE, A CONSTANTINOPLE, LE 10 JANVIER 1775.

Au nom de Dieu tout-puissant.

Comme Sa Majesté l'Impératrice de toutes les Russies et l'Empereur des Ottomans souhaitaient avec la même ardeur de mettre fin à la guerre entre les deux Empires, et de rendre par les Plénipotentiaires et des personnes de confiance de part et d'autre la paix à leurs États et à leurs sujets, Sa Majesté Impériale de toutes les Russies a nommé le comte Pierre Romanzow, général-feld-maréchal et commandant en chef de son armée, gouverneur général de la Petite-Russie, et président du conseil de cette province, chevalier des Ordres de Saint-André, de Saint-George, de Saint-Alexandre Newski et de Sainte-Anne, pour entamer, conjointement avec Mousson-Zadé-Mehemed-Pacha, grand visir de la Sublime Porte, nommé plénipotentiaire par Sa Hautesse, les négociations de paix, en dresser le traité, le rédiger, conclure et signer; en conséquence ces deux commandants des armées, le feld-maréchal comte Pierre Romanzow et le grand visir Mousson-Zadé-Mehemed Pacha, afin d'accomplir l'intention de leurs hautes Cours, ont pris sérieusement à cœur cette affaire; tellement que le 16 juillet 1774, Nissangi-Resmi-Achmed-Effendi et Ibrahim-Munih, Reis-Effendi ayant été envoyés par le grand visir, autorisé à cet effet, au camp du général-feld-maréchal, ils ont avec le nommé par lui Plénipotentiaire Prince Nicolas Repnin, lieutenant général, chevalier de l'Ordre de Saint-George de la seconde classe, des Ordres de Saint-Alexandre Newski, de l'Aigle-Blanc de Pologne et de Sainte-Anne de Holstein, dressé, approuvé, conclu, signé et muni du cachet de leurs armes, les articles suivants en présence dudit général-feld-maréchal comte Romanzow :

Article premier. — Tous actes d'inimitié et de haine, qui ont subsisté entre les deux Puissances, cesseront dès à présent pour toujours, et toutes hostilités commises, soit par armes ou autrement, de l'une ou de l'autre manière, ainsi que tous dommages causés, seront ensevelis dans un éternel oubli, sans aucune vengeance, quelle qu'elle puisse être; mais il y aura une paix durable et inviolable rétablie, tant par mer que par terre, entre les deux hauts contractants Sa Majesté Impériale et Sa Hautesse, leurs héritiers et successeurs. Il sera cultivé entre les deux Empires, leurs possessions, pays, leurs sujets et habitants, une parfaite réunion et une amitié inaltérable, avec un soigneux accomplissement et maintien de ces articles; de sorte qu'à l'avenir aucune hostilité ou dommage n'auront lieu, soit clandestinement ou ouvertement, entre les deux contractants d'une ou de l'autre part, mais que suivant la sincère amitié renouvelée, il sera réciproquement accordé une amnistie ou pardon général, sans aucune exception, à tous leurs sujets qui pourraient s'être rendus coupables de quelque crime envers l'un ou l'autre parti, ainsi qu'en faveur d'autres qui se trouvent aux galères ou en prison, avec permission à ceux, bannis et condamnés, de se retirer sur les frontières, et sous promesse de les remettre, après la paix, en possession de leurs biens et dignités, sans qu'il soit fait au reste non punis, aucun tort ou préjudice sous quelque prétexte que ce soit; mais que tous et chacun puissent vivre, comme leurs concitoyens sous la protection des lois et coutumes de leurs pays.

Art. 2. — Si après la conclusion de la paix et de l'échange des ratifications quelques sujets des deux Empires, ayant commis un crime atroce, de désobéissance ou de trahison, voulaient se cacher en asile chez l'une des deux puissances, ils n'y seront reçus sous aucun prétexte, mais immédiatement livrés, ou du moins chassés de tels lieux des États de cette Puissance où ils se seraient réfugiés, afin qu'il ne résulte de là aucun refroidissement de l'amitié, ou contestation inutile entre les deux Empires, à l'exception néanmoins de ceux qui, par envie d'embrasser la religion chrétienne ou mahométane, se retireraient d'un Empire dans l'autre. Au cas que quelques sujets des deux Empires, tant chrétiens que mahométans, ayant quelque forfait à leur charge, passent d'un Empire dans l'autre, ils seront livrés sur une réquisition préalable.

Art. 3. — Toutes les nations tartares de la Crimée, du Budzinck, de Kaban, d'Yédisson, Djiamlailuk, Sédissul, seront toutes, sans aucune exception, reconnues par les deux Empires pour libres, immédiates, ainsi que pour indépendantes, par toutes les Puissances étrangères, et comme elles sont sous la puissance immédiate de leur propre chan, élu d'entre la race Zinghiskan, et établi chan avec l'approbation unanime de tous les peuples tartares, sous le gouvernement duquel ils suivent leurs lois et leurs anciennes coutumes, sans en rendre compte à aucune puissance étrangère ; ni la Cour de Russie, ni la Porte Ottomane ne se mêleront pas de l'élection dudit chan, non plus que de leurs affaires domestiques, politiques ou civiles, mais ces nations seront reconnues dans leur état politique et civil sur le pied où sont les autres puissances qui se gouvernent par elles-mêmes et ne dépendent que de Dieu seul. Quant à la religion, attendu que les Tartares professent le même culte que les musulmans, et que le Sultan est le Souverain Calife du mahométisme, ils se règleront à son égard suivant les principes de leur religion, sans que néanmoins l'affermissement de leur liberté politique soit par là exposé à aucun danger. L'Empire de Russie cède auxdites nations tartares, à l'exception des forteresses de Kertsch et de Jenikale avec leurs districts et ports, que la Russie retient pour elle, toutes les autres villes, forteresses, terres, conquises par ses armes en Crimée et dans le Kuban, les districts entre les fleuves Berda, Kouschiwode et le Nieper, de même que toute l'étendue du terrain jusqu'aux frontières de Pologne entre le Bug et le Niester, hormis la forteresse d'Oczakov avec son ancien district, qui, comme ci-devant, restera à la Porte, et promet, après la signature du traité de paix et l'échange en ratification, de retirer de ces pays toutes ses troupes. La Sublime Porte s'engage pareillement à se désister de toutes prétentions sur les forteresses, villes, places, etc., en Crimée, dans le Cuban, et dans l'île Taman, à n'y jamais envoyer des garnisons ou troupes armées, et en conséquence à remettre aux Tartares, comme fait la Russie, ces États avec une pleine et entière indépendance. La Sublime Porte promet en outre et solennellement qu'elle ne fera jamais passer dans lesdites villes, places et contrées, aucunes garnisons ni troupes armées, pas même aucun intendant ou autres employés militaires, sous quelque nom que ce puisse être ; mais laissera, à l'exemple de la Russie, tous les Tartares dans la jouissance de leur liberté et indépendance.

ART. 4. — Comme, suivant le droit de la nature, il est permis à chacune puissance de faire à son gré tels arrangements qu'elle juge utiles dans ses propres États, les deux Empires auront, suivant ce principe, une liberté parfaite et illimitée de construire, chacune dans son pays et en dedans de ses frontières, des forts, villes, bourgs, fabriques et habitations, en tels endroits qu'ils estimeront être les plus convenables, ainsi que d'améliorer les anciennes fortifications, villes et places.

ART. 5. — Après la conclusion de cette paix et le renouvellement d'une sincère amitié de voisinage, la Cour Impériale de Russie entretiendra auprès de la Sublime Porte un ministre de second rang, savoir : un envoyé ou ministre plénipotentiaire, pour le caractère duquel elle aura toute l'estime qu'elle porte aux ministres des puissances les plus respectables ; et dans toutes ses fonctions publiques ce ministre aura toujours et immédiatement le pas après celui des Romains, supposé que les caractères fussent égaux; mais s'il était d'un rang plus élevé ou inférieur, il suivra immédiatement l'ambassadeur de Hollande, et en son absence celui de la république de Venise.

Art. 6. — Si, pendant le séjour du ministre de Russie auprès de la Sublime Porte, l'un de ses domestiques dût être puni pour cause de vol ou d'un crime capital, et qu'afin d'éviter sa punition il voulût se faire Turc, on aura égard à son intention; mais après avoir subi son supplice et restitué son larcin, il sera admis dans la religion mahométane suivant la coutume et la déclaration du ministre. Ceux au contraire qui, dans un état d'ivresse, voudraient en être membres, n'y seront pas reçus comme tels, à moins qu'ils ne soient dessoulés et n'aient repris l'usage de la raison; encore leur déclaration devra se faire en présence d'une personne nommée par le ministre, et d'un musulman impartial.

Art. 7. — La Sublime Porte promet de protéger constamment la religion chrétienne dans toutes les églises, et consent aussi à ce que les ministres de la Cour Impériale de Russie lui fassent des représentations en faveur de l'église à bâtir dans Constantinople, ainsi qu'en faveur de ceux qui la desserviront, et promet de recevoir ces remontrances comme venant d'une personne respectable au nom d'une puissance voisine, sincèrement amie.

Art. 8. — Il est accordé aux sujets de l'Empire russe, tant ecclésiastiques que séculiers, de voyager à Jérusalem et en d'autres places dignes d'attention, sans que jamais on exige de ces pèlerins ou voyageurs, ni à Jérusalem, ni en d'autres endroits, ni même pendant qu'ils voyagent, un caraccio, droit ou imposition; mais seront munis de passeports suffisants ou de firmans, que l'on accorde aux sujets des autres puissances. Pendant le temps qu'ils s'arrêteront dans l'Empire ottoman, il ne leur sera fait ni tort ni injustice, mais ils jouiront de la protection des lois.

Art. 9. — Les drogmans des ministres russes à Constantinople, de quelque nation qu'ils soient, ceux que l'on emploie dans les affaires d'État et qui par conséquent servent les deux Empires, seront traités avec toute la douceur possible dans les commissions qu'ils auront à remplir de la part de leurs principaux respectifs, et on ne leur suscitera aucune difficulté.

Art. 10. — Au cas que pendant la signature de ces articles de paix, et en conséquence des ordres que les généraux des deux armées pourraient recevoir dans cet intervalle, il survienne des hostilités dans l'un ou l'autre endroit, aucune des deux parties ne les interprétera pour une injustice, et tous les avantages, ainsi que les prises, seront déclarés illicites et d'aucune utilité aux deux parties.

Art. 11. — Pour le commun avantage des deux Empires, il sera établi une navigation libre et sans obstacle pour les vaisseaux marchands des deux puissances dans toutes leurs mers limitrophes, et la Sublime Porte accorde aux vaisseaux marchands et navires russes la libre entrée dans les ports et dans toutes les places, sur le même pied qu'aux autres puissances, de faire commerce dans la mer Blanche (l'Archipel) et dans la mer Noire, d'en fréquenter toutes les côtes, rades, passages et canaux que les eaux réunissent. En outre, la Sublime Porte approuve que les sujets russes trafiquent dans ces États, tant par mer que par terre; qu'ils naviguent sur le Danube, avec toutes les prérogatives et avantages dont jouissent les nations les plus privilégiées, telles que l'anglaise et la française, que la Porte favorise préférablement dans les libertés du commerce. Et serviront les Capitulations de ces deux-ci, ainsi que de toutes les autres nations, comme si elles étaient ici insérées mot à mot, de règle en toute occasion pour le commerce russe et ses négociants qui, après avoir satisfait aux douanes, égales en tarifs, pourront transporter à toutes les côtes et ports d'une mer à l'autre, ainsi qu'à Constantinople, et en exporter toutes sortes de marchandises. De cette manière est accordé aux deux nations le commerce et la navigation dans toutes les eaux, sans distinction. Les deux puissances donnent aussi à leurs négociants respectifs la liberté de s'arrêter dans leurs États aussi longtemps que l'exigeront leur intérêt et leurs affaires, leur promettant la même sûreté et franchise qu'ont les sujets des puissances amies. D'ailleurs, comme le maintien du bon ordre est en tout le plus avantageux, la Sublime Porte est d'accord que la Russie établisse des consuls et vice-consuls dans toutes les places qu'elle jugera à propos, lesquels seront traités avec la même estime que les autres consuls des puissances amies. La Sublime Porte les autorise aussi à tenir des interprètes, nommés *Baratli*, c'est-à-dire *Patentés*, auxquels seront octroyées des patentes impériales, et ceux-ci jouiront des mêmes privilèges dont jouissent les pareils drogmans au service de l'Angleterre, de la France et d'autres nations. La Russie accorde aux sujets de la Sublime Porte la liberté de commercer dans ses États par mer et par terre avec les mêmes prérogatives et avantages, moyennant l'acquittement des douanes ordinaires, à l'exemple des puissances amies. Quant aux malheurs qui pourraient arriver aux vaisseaux, il leur sera donné dans les deux Empires toute l'assistance usitée en pareil cas parmi les puissances alliées, et les choses dont ils auront besoin leur seront procurées aux prix ordinaires.

Art. 12. — Au cas que la Cour de Russie voulût conclure des traités de commerce avec les régences d'Afrique, comme Tripoli, Tunis et Alger, la Sublime Porte s'oblige à interposer son crédit et son autorité pour l'accomplissement de ces vues de la Russie, et à garantir à l'égard de ces États les points qui auraient été stipulés.

Art. 13. — La Sublime Porte promet à la souveraine de l'Empire russe de lui donner dans toutes les négociations et lettres publiques, **ainsi que dans toutes les occasions qui se présenteront, le titre sacré d'Impératrice de toutes les Russies**, en langue turque : *Temameu Russiblevin Podissach.*

Art. 14. — Outre l'église domestique, la Cour de Russie sera en droit, à l'exemple des autres puissances, de faire bâtir une église au quartier Galatée, dans la rue nommée Bey-Ugla, laquelle église portera le nom d'église russe-grecque, et sera toujours sous la protection du ministre de Russie, exempte de toute imposition et à couvert d'attaques.

Art. 15. — Quoique de la manière dont les frontières des deux puissances contractantes sont fixées, on puisse conclure que les sujets de part et d'autre ne seront plus enveloppés dans des contentions et vifs démêlés, néanmoins les deux puissances conviennent qu'en tous cas inespérés et pour éviter tout ce qui pourrait influer désavantageusement sur les traités, chacun de ces cas sera discuté par les gouverneurs et commandants des frontières, conjointement avec les commissaires nommés ci-dessus, lesquels, après un examen exact, remettront incessamment à ceux à qui il appartiendra le soin de faire droit; mais sous condition expresse que tel cas ne servira jamais de prétexte à la moindre altération de l'amitié et de la bonne intelligence rétablies par le présent traité.

Art. 16. — La Russie rend à la Sublime Porte la Bessarabie avec les villes Ackierman, Kilia et Ismaïlow, les bourgs et villages, ainsi que toutes leurs appartenances, de même que la Valachie et la Moldavie, compris toutes les forteresses, villes, bourgs et villages qui s'y trouvent. Néanmoins, la Sublime Porte les reprend sous les réserves et conditions suivantes, avec promesse solennelle de les accomplir religieusement :

1° De publier son amnistie entière et parfaite en faveur des sujets desdites Principautés, de quelques rang, distinction, condition, nom ou nation qu'ils puissent être, tous indistinctement, et d'ensevelir, suivant le premier article, dans un éternel oubli les plaintes contre tous ceux qui sont ou seront accusés ou soupçonnés d'avoir agi contre l'intérêt de la Porte, et de les rétablir dans les rangs, emplois, biens et possessions qu'ils occupaient avant la présente guerre ;

2° De ne former en aucune manière que ce soit obstacle à l'exercice du culte divin, libre à tous égards, ni d'empêcher la bâtisse de nouvelles églises, ni la réparation des anciennes comme elles étaient ci-devant ;

3° De bonifier aux couvents, et à d'autres personnes privées, les biens et possessions autour de Braïla, Choczim, Bender, etc., qui leur appartenaient d'ancienneté, mais qui depuis lors leur ont été enlevés contre toute justice, et qui sont connus aujourd'hui sous le nom de *Raja;*

4° De reconnaître et d'honorer les ecclésiastiques suivant leur rang ;

5° De permettre aux familles qui veulent quitter leur patrie et se retirer dans un autre pays, qu'ils emportent leurs biens; et comme, pour ajuster leurs affaires, lesdites familles ont besoin d'un certain temps, on leur assigne le terme d'un an pour leur émigration, à compter du jour de la ratification de ce traité;

6° De n'exiger d'elles rien en argent ou en valeur équivalente pour raison d'anciennes dettes, de quelque nature qu'elles puissent être;

7° De ne prétendre des habitants, pendant deux ans depuis le jour de la ratification du présent traité, aucune contribution pour tout le temps de la guerre et les dommages soufferts pendant sa durée;

8° Après l'expiration de ce temps, la Porte promet d'user de toute la modération possible dans l'établissement d'impositions pécuniaires, d'en confier tous les cinq ans la perception à certains commissaires, et qu'après que les habitants auront satisfait à ce dû, ils ne seront jamais molestés par aucun pacha, ni gouverneur, ni toute autre personne, sans qu'aucun payement ou impôt ultérieur, sous quelque nom ou prétexte que ce soit, puisse être extorqué; mais ils participeront aux mêmes avantages dont ils ont joui sous la régence du sultan Mahomet IV, de louable mémoire, très digne père de Sa Hautesse;

9° Il est accordé aux Souverains des deux Principautés de Moldavie et de Valachie, à chacun d'eux en particulier, d'entretenir auprès de la Sublime Porte des envoyés de la religion grecque, chargés de leurs affaires; les ministres d'État veilleront à l'intérêt desdites Principautés, à ce qu'ils soient favorablement reçus de la Sublime Porte et considérés dans leurs faiblesses, comme des hommes qui jouissent du droit des nations, c'est-à-dire exempts de toute oppression;

10° La Sublime Porte consent aussi que, suivant l'exigence des circonstances desdites Principautés, les ministres de la Cour Impériale de Russie intercèdent auprès d'elle en leur faveur, et promet de prendre en considération, avec cette amicale et respectueuse estime que les puissances ont réciproquement les unes pour les autres, les remontrances qui lui seront faites à leur occasion.

ART. 17. — L'Empire russe restitue à la Sublime Porte toutes les îles dans l'Archipel, qui néanmoins sont sous la domination de la Russie. En revanche, la Porte promet de son côté :

1° D'observer religieusement les conditions stipulées dans le premier article à l'égard de l'amitié et de l'entier oubli de toutes sortes d'accusations et de soupçons formés contre les sujets comme s'ils s'étaient comportés au préjudice de l'intérêt de la Porte;

2° Que dès maintenant et à jamais la religion chrétienne ne sera plus exposée à la moindre persécution, ni défendu d'améliorer et de rebâtir ses églises, ni que ses ecclésiastiques soient jamais raillés et persécutés, de quelque manière que ce puisse être;

3° Que dans deux ans à compter du jour de la restitution de ces îles, qui ont été au pouvoir de la Russie, il ne sera exigé de leurs habitants aucune imposition, pour cause de dommage et de dégats soufferts pendant le cours de la présente guerre ;

4° Qu'il sera libre aux familles qui voudront quitter leur patrie, d'emporter leurs biens et ce qui est à elles, et qu'afin qu'elles puissent convenablement mettre ordre à leurs affaires, il sera accordé le terme d'un an, à commencer du jour de la ratification de ce traité ;

5° Qu'au cas qu'au départ de la flotte russe, lequel devra avoir lieu en trois mois après ladite ratification, elle ait besoin de quelque chose, la Porte fournira tout ce qui pourrait lui manquer.

Art. 18. — Le fort de Kinburn, situé à l'embouchure du Nieper, et un district qui s'étend jusqu'à la rive gauche de ce fleuve, ainsi que le coin dont les bruyères forment l'entre-deux du Bug et du Nieper, resteront toujours pleinement et incontestablement en la puissance de l'Empire russe.

Art. 19. — Les forteresses de Jenikale et de Kertsch, situées dans la Crimée, avec leurs forts et tout ce qui s'y trouve, ainsi que leur juridiction qui s'étend depuis la mer Noire le long des anciennes frontières de Kerose jusqu'à l'endroit nommé Bubace, en droite ligne vis-à-vis du lac d'Azof, resteront aussi à la Russie en pleine, perpétuelle et indiscutable propriété.

Art. 20. — La ville d'Azof avec sa juridiction et ses limites, telles qu'elles sont fixées par l'acte passé entre le gouverneur Tolstoy et le gouverneur Acciuk-Hassan-Pacha, en 1700, nommément en 1113, suivant la manière de compter des Ottomans, appartiendra perpétuellement à l'Empire russe.

Art. 21. — Les deux Kabardes, grande et petite, attendu que par leur voisinage avec les Tartares elles vivent en bonne intelligence avec le chan de la Crimée et sont dévouées à la Cour Impériale de Russie, elles se conformeront avec leur conseil et le chef des Tartares à la volonté du chan de la Crimée.

Art. 22. — Les deux Empires ont résolu de supprimer et d'oublier pour toujours les traités et engagements contractés, inclus celui de Belgrade, de ne point les réclamer à l'avenir, ni de s'en faire un titre de prétention, à l'exception seulement de la convention de l'an 1700 entre le gouverneur Tolstoy et le commandant Acciuk-Hassan-Pacha, concernant les frontières de la juridiction d'Azof et la fixation des limites du Kuban.

Art. 23. — Les forteresses en Géorgie, Mingrélie, Bazdazik et Tsherban, conquises par les armes russes, seront restituées à leurs anciens possesseurs ; mais celles que la Sublime Porte a occupées depuis un temps immémorial seront censées lui appartenir et après la confirmation de ce traité, les troupes russes évacueront la Géorgie et la Mingrélie dans le temps prescrit. De son côté, la Porte s'engage, conformément au premier article, envers ces peuples, dont elle a souffert des préjudices pendant le cours de cette guerre, à leur accorder pareillement une parfaite amnistie. Elle renonce aussi, sincèrement et pour toujours, au tribut des personnes du sexe et de jeunes gens desdites provinces, ainsi qu'à toutes autres sortes d'impositions; sous forte promesse de ne reconnaître dans lesdites contrées pour ses sujets, que ceux que l'on peut prouver avoir déjà été tels ci-devant. Toutes ces régions et les places fortes resteront soumises à leur protection et régences immédiates comme elles étaient anciennement possédées par les Géorgiens et Mingréliens, avec défense d'opprimer en aucune manière leur religion, couvents et églises, ou d'empêcher l'amélioration d'anciens et la construction de nouveaux temples, beaucoup moins encore de permettre qu'ils soient troublés dans la possession de leurs biens, soit par le gouverneur de Tschildir, ou par d'autres chefs quelconques. Au reste, vu que lesdits peuples doivent être considérés comme sujets de la Sublime Porte, la Russie ne se mêlera pas de ces affaires.

Art. 24. — Immédiatement après la signature et la confirmation de ces articles, toutes les troupes russes, qui sont à la rive droite du Danube, se retireront et se rendront, dans un mois après la signature, à la rive gauche de ce fleuve. Lorsque toutes les troupes auront passé le Danube, on évacuera et rendra aux Turcs le château d'Hirfowa, mais non avant que toutes les troupes russes n'ayent passé à la rive gauche du Danube. Ensuite, on commencera à procéder à l'évacuation de la Valachie et de la Bessarabie, et dans le même temps, à l'effet de quoi est prescrit un terme de deux mois, et après qu'au préalable toutes les troupes auront quitté ces deux Provinces, on restituera aux Turcs, d'un côté la forteresse de Giurgewo, et de l'autre la ville Ismaïl, de même que le fort Kilia, puis Ackierman, après que les garnisons russes de ces deux places les auront abandonnées pour suivre les autres troupes; de sorte que pour l'évacuation de ces deux pays on a fixé un terme de deux mois. Quand toutes ces dispositions se seront effectuées, toute l'armée impériale russe quittera la Moldavie et retournera vers la rive gauche du Niester; tellement que l'évacuation de toutes ces places et pays aura lieu après la signature de cette paix perpétuelle et du rétablissement de cette amitié entre les deux Empires. Et lorsque toute l'armée russe sera revenue à la rive gauche du Niester, les forteresses Choczim et Bender seront remises aux Turcs; mais seulement à ces conditions qu'en même temps le château de Kinburn avec sa juridiction, comme elle est décrite, et l'angle dont les bruyères sont l'entre-deux des fleuves Bug et Nieper, ainsi qu'il est stipulé article 17, seront livrés à l'Empire de Russie pour être par lui possédés à titre de propriété perpétuelle et incontestable. Quant aux îles de l'Archipel, la flotte impériale russe et les armées qui s'y trouvent les restitueront dans le même état qu'elles ont originairement appartenu à la domination indubitable de la Porte; et cela dès que les arrangements et les dispositions de la flotte impériale russe pourront le permettre; de sorte qu'eu égard à la distance, il n'est guère possible de fixer un certain temps pour cet effet. La Sublime Porte s'oblige comme puissance amie d'avancer le départ de ladite flotte et de la pourvoir de tout le nécessaire. Aussi longtemps que les troupes impériales russes séjourneront dans les provinces qui doivent être rendues à la Porte, leur régence et constitution subsistera comme elle a été et sous l'administration actuelle; tellement que jusqu'au temps fixé pour l'entière évacuation de toutes les troupes impériales russes, la Porte ne se mêlera pas de la régence desdites provinces, et les troupes russes continueront jusqu'au dernier terme de se munir de tout ce qui est nécessaire à leur entretien, et de se servir de toutes commodités et aisances, comme elles font encore actuellement. Les troupes de la Porte ne sont point autorisées à mettre le pied dans les forteresses à restituer, beaucoup moins encore à user d'autorité dans les pays qui doivent lui être remis, qu'auparavant le commandant russe n'ait donné connaissance, à celui qui sera nommé par la Porte, de l'évacuation de chaque forteresse ou pays. Les troupes russes s'empareront suivant leur bon plaisir, des magasins des munitions de guerre et de bouche qui se trouvent dans les forteresses et villes, à la réserve seulement de l'artillerie turque qui y existe actuellement. Les habitants, de quelque âge, nation et pays qu'ils puissent être, lesquels ont pris service dans les troupes impériales russes, ainsi que ceux qui, après un an stipulé dans les articles 16 et 17, voudront se retirer dans une autre place ou pays, en auront la liberté, et même suivant ces articles, à l'observation desquels la Sublime Porte s'engage maintenant et pendant le temps prescrit, avec promesse de n'y contrevenir en aucune manière.

ART. 25. — Tous les prisonniers de guerre et esclaves, de quelque rang, qualité et pays qu'ils puissent être, lesquels se trouvent dans les deux Empires, à l'exception de ceux qui en Russie ont embrassé la religion chrétienne, ou en Turquie la secte mahométane, seront quittes de tout après l'échange des ratifications du présent traité, de même que tous autres chrétiens en captivité, savoir : Polonais, Moldaves, Valaques, Péloponésiens, habitants des îles et Géorgiens, tous sans la moindre distinction, ainsi que Russes et Turcs qui se trouvent dans de pareils cas.

ART. 26. — Le commandant de l'armée russe en Crimée et celui d'Oczakow se communiqueront au plus tôt les choses qui les regardent respectivement. Ils nommeront des personnes de confiance pour l'extradition du fort Kinburn, etc., de laquelle, après qu'elle aura été effectuée, ils donneront avis au général-feld-maréchal et au grand visir.

Art. 27. — Pour rendre plus efficaces cette paix et sincère amitié entre les deux Cours, elles s'enverront réciproquement des ambassadeurs extraordinaires qui confirmeront le traité de paix affermi et les ratifications des deux Empires, le temps desquelles ambassades sera déterminé avec l'approbation des deux Cours. Ces ambassadeurs se rencontreront dans le même temps sur les frontières et se recevront mutuellement avec toutes les formalités et les marques de politesse en usage entre les ambassadeurs de la Porte et ceux des puissances européennes.

Art. 28. — Dès que ces articles d'une paix perpétuelle seront signés par le susnommé Prince Repnin, lieutenant général, de la part de l'Empire russe, et de la part de la Sublime Porte, le Niffangi-Resmi Achmed-Effendi et Ibrahim-Munib Reis-Effendi, toutes hostilités cesseront entre les grandes armées et tous autres corps respectifs détachés, tant par mer que par terre, et il sera incontinent expédié les courriers nécessaires à cette occasion.

Et comme la conclusion de cette paix, faite entre les deux Puissances Souveraines, est confiée aux commandants en chef de leurs armées, le général feld-maréchal comte Romanzow et le grand visir Mousson-Zadé-Mehemed-Pacha, ces deux commandants, en vertu des pleins pouvoirs dont ils étaient revêtus de la part de leurs Souverains, ont respectivement signé et confirmé de leurs scels, en langues russe et italienne ceux du feld-maréchal, et ceux du grand visir en turc et en italien, tous les articles contenus dans le présent traité de paix, comme s'ils avaient été réellement dressés en leur présence.

Fait au camp, près de la ville de Koutschouk-Kaïnardji, le 10 juillet (vieux style) de l'année 1774 (1).

Signé : Nic. de Repnin, Niffangi-Resmi Achmed-Effendi, Ibrahim-Munib Reis-Effendi.

Confirmé :

Signé : P. de Roumanzow, Mousson-Zadé Mehemed-Pacha.

(1) *Recueil des principaux traités,* par de Martens, t. Ier, p. 507.

Articles séparés du traité de Koutschouk-Kaïnardji.

ARTICLE PREMIER. — Quoique dans l'article 17 du traité de paix aujourd'hui souscrit, il soit indiqué que dans trois mois la flotte impériale russe devra évacuer les îles de l'Archipel; comme dans l'article 24 du même traité il est expliqué que dans un tel éloignement il n'est pas possible de spécifier quel temps sera nécessaire, nous nous sommes accordés à nous en tenir à ce dernier article. En conséquence de quoi nous répétons que ladite flotte impériale russe évacuera l'Archipel le plus tôt possible, sans déterminer pour cela un temps limité; et pour faciliter l'exécution de cette évacuation, la Sublime Porte lui fournira tout ce qui sera besoin pour son voyage, autant que cela dépendra d'elle.

Cet article séparé recevra, ensemble avec tout le traité, la même confirmation, et nous lui donnons la même force et stabilité que s'il était inscrit mot à mot dans le traité souscrit aujourd'hui : en foi de quoi nous avons signé de notre main et scellé de nos sceaux.

Au camp près de Koutschouk-Kaïnardji, le 10 juillet 1774.

ART. 2. — Il est réglé et établi, par cet article séparé, que la Sublime Porte payera à l'Empire russe, pour les dépenses de la guerre, la somme de quinze mille bourses, ou sept millions et demi de piastres, qui font, en monnaie russe, quatre millions et demi de roubles, en trois ans et en trois termes. Le premier terme de ce payement se fera le 1ᵉʳ janvier de l'an 1775, le second terme de payement, le 1ᵉʳ janvier 1776; le troisième payement, le 1ᵉʳ janvier 1777. Chaque payement de cinq mille bourses sera fait par la Sublime Porte au ministre russe accrédité près ladite Sublime Porte; et si la Cour de Russie voulait, outre cela, quelque autre sûreté, la Porte Ottomane la satisfera en cela, en quoi elle s'oblige religieusement. Cet article séparé aura sa confirmation, ensemble avec tout le traité signé aujourd'hui, et nous lui donnerons la même force et la même stabilité que s'il était inscrit mot à mot dans le traité fait aujourd'hui entre les deux Empires respectifs; en foi de quoi nous l'avons signé de notre main et scellé de nos sceaux.

Au camp près de Koutschouk-Kaïnardji, le 10 juillet 1774 (1).

Par un édit de l'Impératrice de Russie, en date des 19/30 mars 1775,

---

(1) *Tableau historique, géographique et politique de la Moldavie et de la Valachie*, par M. Wilkinson. Traduction française de M. de la Roquette, p. 214.

qui fixe un jour d'actions de grâces pour le rétablissement de la paix, on voit que les ratifications ont été échangées à Constantinople le 12/24 janvier 1775, entre le chargé d'affaires de Russie, le colonel Péterson, et le grand visir lui-même.

La Russie pouvait se réjouir par des actions de grâces de sa victoire ; car, « les conditions de ce traité, humiliantes pour la Porte, devaient surtout lui être funestes. Elles détachaient de sa souveraineté les Tartares de la Crimée, de Budjiac, du Kouban, que devait gouverner librement leur propre souverain, issu de la race de Djurguyz-Khan. La Russie restituait, il est vrai, toute la Bessarabie et les Principautés de Valachie et de Moldavie, ainsi que les principales îles qu'elle occupait dans l'Archipel; mais elle s'adjugeait à perpétuité la ville et le territoire d'Asof, plusieurs forts de la Crimée ; de plus, la libre navigation dans toutes les mers de la Porte était concédée aux vaisseaux marchands de la puissance russe. Enfin, aux vingt-huit articles patents du traité étaient jointes deux clauses secrètes : par l'une, la Porte s'engageait à payer une somme énorme à titre de frais de guerre ; l'autre, sur laquelle on a gardé un silence absolu, se rapportait peut-être à l'acte de partage de la Pologne, déjà réglé entre la Russie, l'Autriche et la Prusse.

« Si, comme il est permis de le croire, on imposa à la Porte l'obligation de garantir ce partage, une telle clause dut être un bien sanglant outrage pour le Divan ; mais rien n'autorise à affirmer que l'ambitieuse Catherine ait lancé dès ce temps, et avec une ironie aussi sanglante, le manifeste de ses vues ultérieures sur la Turquie.

« Seulement, on sait qu'après toutes les nouvelles stipulations qu'il fallait faire pour expliquer et rendre exécutoire le traité de Koutschouk-Kaïnardji, cette princesse ne regardait que comme trêve et comme un échelon à ses grandes entreprises, la paix, chèrement payée, qu'il procurait aux Ottomans (1). »

(1) *Éphémérides universelles,* mises en ordre et publiées par Édouard Monniers, t. VII, p. 370.

CONVENTION EXPLICATIVE DU TRAITÉ DE KOUTSCHOUK-KAINARDJI, ENTRE L'EMPIRE DE RUSSIE ET LA PORTE OTTOMANE, CONCLUE A CONSTANTINOPLE, LE 10 MARS DE L'ANNÉE 1779.

Au nom de Dieu tout-puissant.

Depuis la conclusion du traité de paix éternelle entre l'Empire de toutes les Russies et la Porte Ottomane, fait à Kaïnardji, le 10 juillet 1774, et de l'hégire 1188, il est survenu sur quelques articles de ce traité, et particulièrement à raison de la transformation des Tartares de la Crimée et autres en une puissance libre, indépendante et soumise à Dieu seul, divers malentendus et contestations qui sont parvenus au point de priver les sujets respectifs de la jouissance des fruits de la paix, qui sont la bonne harmonie et la sûreté. Pour éteindre et écarter une fois pour toutes des inconvénients aussi désagréables, qui peuvent occasionner entre les deux Empires la discorde et des hostilités, on est convenu mutuellement et amiablement, par le moyen des plénipotentiaires des deux Empires, munis de pleins pouvoirs, d'entamer une nouvelle négociation à Constantinople, dans la pure intention d'éclaircir et d'expliquer les doutes, sans rompre ni altérer le susdit traité de Kaïnardji. A cet effet, Sa Majesté Impériale la Très Auguste et Très Puissante Impératrice et Souveraine de toutes les Russies, de sa part, a choisi et muni de pleins pouvoirs le haut et noble Alexandre Stachièff, son conseiller d'État, envoyé extraordinaire et ministre plénipotentiaire près la Sublime Porte, chevalier de l'Ordre de Saint-Stanislas de Pologne; et la Sublime Porte, de son côté, a choisi le très honoré et très estimé Hadji Abdulrezzac Effendi Bahir, ci-devant Reis Effendi, et Difter Emini, et actuellement Nischundgi, lesquels ministres respectifs s'étant dûment légitimés par l'échange de leurs pleins pouvoirs, après les avoir produits, confrontés et trouvés dans la forme requise, ont arrêté, conclu, signé et scellé de leurs cachets la nouvelle convention d'éclaircissements, du contenu suivant :

ARTICLE PREMIER. — L'on confirme par cette nouvelle convention le traité de la paix éternelle de Kaïnardji, conjointement avec ses deux articles séparés, dans toutes ses forces et dans tous ses points sans exclusion, chacun selon son sens littéral, comme si ledit traité eût été inséré ici mot par mot dans toute son étendue, à l'exception des articles qu'on a expressément et précisément désignés et éclaircis dans les articles de la présente convention; en conséquence de quoi, la paix, l'amitié, l'harmonie, le bon voisinage entre les deux hauts Empires doivent subsister éternellement, sans aucune altération ni infraction, et les deux Empires s'engagent aussi religieusement que solennellement de veiller chacun de son côté à ce qu'aucun de leurs sujets ne puisse entreprendre, encore moins effectuer, rien qui puisse porter atteinte ou être préjudiciable à cette convention sacrée.

ART. 2. — Pour rendre plus clair et plus précis le sens de l'article 3 du traité de Kaïnardji, l'Empire de Russie, en considération de l'amitié qui règne entre les deux Empires, et pour complaire à la Sublime Porte, consent que les khans des Tartares, après leur élection et leur élévation à cette dignité par le vœu libre et unanime des Tartares, envoient à la Sublime Porte, tant de leur part que de celle des peuples de leur domination, des députés avec des *mahzards,* conçus en termes conformes à l'instrument qu'on vient de fixer pour servir de règle une fois pour toutes, dans lesquels *mahzards* seront exprimés la reconnaissance du Califat suprême de la religion mahométane, en la personne de Sa Hautesse le Grand Seigneur, et la demande de sa bénédiction spirituelle, tant pour le khan que pour la nation tartare, qui aura lieu par l'envoi d'une lettre de bénédiction convenable à la dignité libre et indépendante d'un souverain professant la même religion que les Ottomans. La Cour Impériale de Russie, eu égard à la même amitié et condescendance envers la Porte Ottomane, permet encore de ne s'opposer à rien de ce qui peut être indispensablement nécessaire ou relatif à l'unité de leur religion, et la Sublime Porte Ottomane s'oblige et promet solennellement (1) :

1° De ne porter aucune atteinte, ni gêner en quelque manière que ce soit, sous le prétexte de la connexité et influences spirituelles, le pouvoir civil et politique des khans tartares qui leur appartient en qualité de souverains qui gouvernent leurs États à l'égard du temporel sans en rendre compte à aucune puissance sur la terre ;

2° De donner, sans la moindre difficulté et sans alléguer aucun prétexte de refus, la lettre de bénédiction de Sa Hautesse le Grand Seigneur, en sa qualité de Calife suprême de la religion mahométane, à chacun des khans de Crimée qui sera librement élu et élevé à cette dignité par la nation tartare, à chaque vacance légitime ;

(1) La Russie ne se doutait guère alors qu'elle venait de semer les germes de la future guerre du Caucase.

3° De ne jamais supprimer ou altérer un seul mot de la forme des lettres de bénédiction, dont la Porte Ottomane est présentement convenue, pour servir de modèle et de règle immuable à l'avenir;

4° La Sublime Porte ayant déjà renoncé, dans le traité de paix de Kaïnardji, à tous ses droits temporels sur les hordes, tribus et races tartares, elle s'engage de nouveau, dans la présente convention, à ne jamais les renouveler sous quelque prétexte que ce soit, mais de reconnaître et considérer ces peuples comme nation libre et indépendante, selon le contenu de l'article 3 du traité ci-dessus mentionné; lequel article, outre ce qui est énoncé dans celui-ci, doit être regardé comme s'il y était rappelé mot pour mot;

5° Enfin s'il survenait, relativement aux Tartares, quelque cas inopiné et non prévu dans la présente convention, les deux hauts Empires s'engagent à ne prendre aucune mesure quelconque, avant de s'en être entendus amiablement.

Art. 3. — Aussitôt que l'arrangement détaillé ci-dessus, dans le second article, atteindra sa perfection, par l'acte formel et convenu de la part de la Sublime Porte, d'un côté, et du gouvernement des Tartares, de l'autre, relativement à la forme des mahzards de notification de ces derniers et des lettres de bénédiction que Sa Hautesse le Grand Seigneur doit donner à chaque nouvelle élection du khan, ainsi qu'à l'égard des autres cérémonies spirituelles que la nation tartare doit observer et suivre à l'avenir, selon la confession mahométane, relativement à sa connexité de religion avec la Porte Ottomane, en considération du Califat; en ce cas, les déclarations solennelles et de la même teneur, que les soussignés plénipotentiaires des deux côtés ont, indépendamment de cela, réglé, signé et scellé de leurs cachets; afin de déterminer plus précisément pour l'avenir la forme et la nature de la liberté et indépendance des Tartares, la Cour Impériale de Russie promet de retirer immédiatement toutes ses troupes, à savoir : de la Crimée et de l'île de Taman dans le terme de trois mois et vingt jours, à raison de sa distance plus grande, au plus tard, ou plus tôt s'il se peut, à dater du jour de cette convention, et de ne pas les y réintroduire sous aucun prétexte que ce soit, comme la Sublime Porte s'engage d'observer inviolablement la même chose de sa part.

Art. 4. — Dès que la Sublime Porte sera informée par le gouvernement de Crimée que lesdites troupes auront effectivement passé la ligne de Perecop et qu'elle aura reçu, tant de la part du khan Schahin Ghéraï que de la nation tartare, des nouveaux députés avec les mahzards dans la forme établie, Sa Hautesse le Grand Seigneur, conformément à la promesse qu'il a donnée préalablement et par écrit à la Cour Impériale de Russie, voudra bien reconnaître Son Altesse Schahin pour khan, et en cette qualité le munir de lettres de bénédiction dans la forme dont on est convenu; par où seront terminés et finis tous les embarras relativement aux affaires des Tartares, à la satisfaction réciproque des deux Empires.

ART. 5. — La Cour Impériale de Russie, pour prouver à la Sublime Porte qu'elle ne veut pas lui causer des embarras, consent à se désister de la cession qu'on a faite aux Tartares du terrain qui se trouve situé entre le Dniester, le Bug, la frontière de la Pologne et la mer Noire, que la Porte prétend appartenir au territoire d'Oczakov, cependant aux conditions suivantes :

1º Que la Sublime Porte, de son côté, s'entendra et conviendra avec le khan et le gouvernement de la Crimée, attendu que ce terrain leur est approprié par l'article 3 du traité. La Cour Impériale de Russie promet d'employer de bonne foi et avec zèle ses bons offices pour que le khan et le gouvernement tartare consentent aussi de bon gré à céder ce terrain, et se flatte d'avance de la réussite, pourvu que la Porte leur fasse la première proposition pour ne pas porter atteinte à l'indépendance des Tartares au moment de son établissement.

2º Pour la tranquillité des trois puissances limitrophes de ce terrain, la Sublime Porte s'engage et promet, après en avoir pris une portion suffisante pour former le district d'Oczakov en ligne droite jusqu'à ses États les plus proches, de laisser le reste dudit terrain sous sa propriété tout à fait vide, sans aucune habitation ou autre établissement de quelque nature que ce soit, à l'exception des villages et habitations qui s'y trouvent actuellement, dont la Sublime Porte remettra à la Cour Impériale de Russie la liste, les noms, force et qualité des habitants, avec la promesse de ne pas y permettre quelques nouveaux établissements ou demeures, ni souffrir des gens sans aveu; à la conservation de ces villages dans leur état actuel, l'envoyé de Russie ne souscrit que *sub spe rati*.

3º Pour éviter toute altercation entre les deux Empires, la Sublime Porte promet, conformément à l'article 2 du traité, de rendre à la Russie les Cosaques zaporoviens, en cas qu'ils veuillent profiter de l'amnistie que Sa Majesté l'Impératrice de toutes les Russies leur accorde; autrement le Gouvernement ottoman s'engage de les retirer en deçà du Danube, le plus loin qu'il se pourra de la mer Noire, dans l'intérieur du pays.

ART. 6. — Pour éviter à l'avenir tout malentendu et contestation à l'égard de la navigation, l'on déclare que la Sublime Porte Ottomane permet un libre passage de la mer Noire dans la mer Blanche (mer Marmara) et de la mer Blanche dans la mer Noire, aux vaisseaux marchands russes, précisément de la forme et de la grandeur qu'emploient, à Constantinople et autres ports et havres ottomans, les autres nations, et particulièrement les Français et les Anglais, comme les deux nations les plus favorisées, et qu'on avait prises pour exemple dans l'article du traité de paix relatif au commerce et à la navigation russes. Selon les vérifications faites, les vaisseaux marchands de ces deux nations, ainsi que des autres qui viennent par la mer Blanche à Constantinople, portent jusqu'à seize mille kilos ou huit mille kantars, qui reviennent à vingt-six mille quatre cents pouds (poids russe); ainsi, pour déterminer une fois pour toutes une certaine forme et grandeur pour les vaisseaux russes, on prend pour règle le gabarit de la plus petite jusqu'à la plus grande proportion, qui est de mille jusqu'à seize mille kilos, ou huit mille kantars; que pour donner encore à cette occasion une preuve de la sincérité de ses sentiments amiables, la Cour Impériale de Russie admet volontiers, et promet d'ordonner à ses sujets, que les vaisseaux qu'ils enverront désormais dans les ports ottomans ne surpassent pas ledit gabarit, ni soient autrement armés et équipés que ceux des deux nations ci-dessus mentionnées, n'employant dans leurs équipages les sujets de la Sublime Porte qu'en cas de nécessité et de l'aveu du Gouvernement ottoman; ce que la Sublime Porte s'oblige d'observer également de son côté envers la Cour Impériale de Russie, ainsi que de garder religieusement et inviolablement tous les autres engagements spécifiés dans l'article 11 du traité de Kaïnardji, et particulièrement qu'on n'exige pas des sujets russes des droits d'entrée et de sortie autres que ceux que payent les deux nations française et anglaise. Pour obvier à tout malentendu dans les objets de commerce entre les deux Empires, on est convenu de part et d'autre de s'en expliquer et d'en former une convention à part, sur la base et conformément au sens des capitulations française et anglaise, en les adaptant au commerce de Russie autant que sa nature en est susceptible.

Art. 7. — Comme l'article 16 du traité de paix, relativement aux Principautés de Moldavie et de Valachie, se rapporte aux temps passés, celui d'à présent demande donc quelque changement dans cet article; c'est pourquoi on en est convenu, et la Sublime Porte s'oblige de nouveau :

1° De ne mettre, en quelque manière que ce soit, aucun obstacle ou empêchement à la profession et à l'exercice parfaitement libre de la religion chrétienne, ainsi qu'à la construction de nouvelles églises et à la réparation des anciennes, selon le vrai sens de l'article ci-dessus mentionné du traité;

2° De restituer, tant aux couvents qu'aux particuliers, les terres et autres possessions qui leur appartenaient aux environs de Brahilow, Choczim et autres lieux, lesquelles terres et possessions présentement portent la dénomination de *rai* ou *rayes*, à dater de l'époque de la conclusion du traité de Belgrade en 1739 selon l'ère chrétienne, et de l'hégire 1152, ainsi que de condescendre à l'intercession de la Cour Impériale de Russie pour laisser divers particuliers des deux Principautés en possession aussi paisible qu'irrévocable des biens-fonds de leurs ancêtres, situés dans les deux Principautés, qui leur ont été adjugés sur preuves examinées dans le temps que le gouvernement russe y existait ;

3° De reconnaître et d'honorer par les égards et distinctions convenables le clergé chrétien de ces deux Principautés ;

4° D'imposer avec modération et humanité le tribut des deux Principautés, qui sera apporté à Constantinople par des députés nationaux que chaque Principauté enverra à la Porte tous les deux ans. De ne pas souffrir qu'aucun Pacha, Gouverneur, ou telle autre personne que ce soit, vexe les deux Principautés, ou en exige quelque autre payement ou impôt, sous quelque dénomination et prétexte que ce soit, tant qu'elles continueront d'acquitter régulièrement le tribut mentionné, une fois réglé et fixé; en outre, la Sublime Porte s'engage de conserver religieusement dans leur force originale les premiers hatti-chérifs que Sa Hautesse le Grand Seigneur régnant a donnés à ces deux Principautés lors de leur retour sous sa domination, pour la tranquillité et la sûreté des sujets ;

5° Que chaque Principauté entretiendra à Constantinople un chargé d'affaires chrétien de la communion grecque, lequel la Sublime Porte accueillera avec bonté, et considérera comme jouissant du droit des gens, c'est-à-dire à l'abri de toute violence et avanie ;

6° La Cour Impériale de Russie, de son côté, promet de n'employer le droit d'intercession, qui est réservé à son ministre dans le traité de paix, en faveur des deux Principautés, qu'uniquement pour la conservation inviolable des conditions spécifiées dans cet article.

ART. 8. — Au lieu de la restitution que le traité de Kaïnardji assure aux habitants de la Morée, de leurs terres et autres biens, qui se trouvent depuis leur confiscation avoir été appropriés aux mosquées, vacufs et autres fondations pieuses, la Sublime Porte promet d'indemniser les habitants en toute justice et équité, en leur assignant d'autres terres, ou des avantages proportionnés à leurs pertes; et la Cour Impériale de Russie y consent volontiers, se reposant sur la promesse et la parole de la Sublime Porte.

ART. 9. — Cette convention, servant d'annexe et d'éclaircissement au traité de paix conclu à Kaïnardji, doit être regardée comme une partie dudit traité, et conserver éternellement la force et la sainteté des engagements y stipulés des deux parts ; les plénipotentiaires sont convenus de la consolider par ratifications solennelles, sous la propre signature, tant de Sa Majesté Impériale la Très Auguste et Très Puissante Souveraine de toutes les Russies, que de celle de Sa Hautesse le Sultan ottoman, lesquelles ratifications, dans la forme usitée, doivent être échangées ici, à Constantinople, aussitôt que faire se pourra, et au plus tard quatre mois après la conclusion de cette convention, dont ayant fait deux exemplaires d'un et même contenu, les ministres plénipotentiaires ci-dessus mentionnés, pour plus de sûreté, les ont signés de leurs propres mains, en y apposant leurs cachets ordinaires.

Fait à Constantinople, le 10 mars de l'an 1779 (1).

Signé : Alexandre STACHIEFF, HADGI ABDULREZZAC, EFFENDI BAHIR.

---

(1) *Tableau historique, géographique et politique de la Moldavie et de la Valachie,* par W. WILKINSON. Traduction de M. de la Roquette, p. 216.

TRAITÉ DÉFINITIF DE PAIX

ENTRE SA MAJESTÉ L'IMPÉRATRICE DE RUSSIE ET LA PORTE OTTOMANE, SIGNÉ A IASSI, LE 29 DÉCEMBRE 1791 (9 JANVIER 1792).

Au nom du Très-Haut,

La Très Puissante Impératrice de toutes les Russies et le Très Puissant Empereur ottoman, désirant rétablir la paix, qui a été rompue par quelques accidents, et terminer la guerre qui a duré jusqu'à présent entre leurs États respectifs, en fondant sur une base solide la paix, l'amitié et la bonne intelligence, Leurs Majestés ont jugé à propos de confier cette œuvre bonne et salutaire au zèle et aux lumières de leurs plénipotentiaires, savoir : de la part de l'Empereur ottoman, S. Exc. Jussuf-Pacha, grand visir de la Sublime Porte ; et de la part de l'Impératrice, S. Exc. le comte Alexandre de Besborodko, conseiller privé actuel et chevalier des Ordres de Russie ; et pour suivre cette négociation, Leurs Majestés ont choisi et muni des pleins pouvoirs nécessaires pour rédiger, conclure et signer le présent traité, les personnes suivantes, savoir : l'Empereur ottoman, les excellents et très savants reïs effendi Eiseid Abdallah Birri ; Orda Cardissi, revêtu de la dignité de stambol-effendi ; Saïd Ibrahim, ismet bey, et Rusnamadzii, Ervel Mahomet, durri-effendi ; et l'Impératrice, Leurs Exc. MM. Alexandre de Stamoïloff, lieutenant général des armées russes, chambellan de Sa Majesté, directeur de la chancellerie du Sénat, chevalier de plusieurs Ordres ; Joseph de Ribas, général major, commandant de la flotte de Racues, chevalier de plusieurs Ordres ; et Sergius de Lascarof, conseiller d'État et chevalier ; lesquels, réunis à Iassi, pour conclure une paix durable entre les deux Empires, ont respectivement accepté et arrêté les articles suivants :

ARTICLE PREMIER. — Toutes hostilités et toutes inimitiés cesseront dès aujourd'hui et pour toujours entre Sa Hautesse le Grand Seigneur et Sa Majesté l'Impératrice de toutes les Russies, leurs héritiers et successeurs, de même qu'entre leurs Empires et leurs sujets respectifs ; elles seront ensevelies dans un éternel oubli, et il existera à l'avenir entre eux une paix solide et durable sur terre et sur mer. Il sera établi et entretenu une amitié constante et une harmonie durable, tant qu'on observera avec franchise et sincérité les articles présentement arrêtés du traité de paix, de manière qu'aucune des deux parties ne fasse ou ne tente secrètement ni ouvertement contre l'autre aucune entreprise ou expédition. Par suite du renouvellement d'une amitié si sincère, les deux Hautes Parties contractantes accordent respectivement une amnistie et un pardon général à tous ceux de leurs sujets, sans aucune exception, qui auraient offensé l'une d'elles, rendant la liberté à ceux de leurs sujets qui se trouvent sur les galères ou dans les prisons, permettant en outre à tous ceux qui ont émigré ou qui ont été bannis, de rentrer dans leurs foyers, et promettant de leur rendre après la paix les biens et les honneurs dont ils avaient joui auparavant, sans leur faire éprouver la moindre insulte, préjudice ou offense, mais au contraire de les recevoir, comme tous leurs compatriotes, sous la protection des lois et des usages du pays.

Art. 2. — Le présent traité de paix confirme et ratifie le traité conclu et signé le 10 juillet 1774, ou de l'hégire l'an 1188, du 14 du mois de zemazielevel; la convention explicative du 20 zemazielakir, ou du 10 mars 1779; le traité de commerce du 20 du mois de redjeb 1197, ou 10 juin 1783; et l'acte conclu le 15 seffer 1198, ou 28 décembre 1783, relatif à l'incorporation à la Russie de la Crimée et de l'île de Taman, et qui fixe pour la limite le fleuve de Kuban; et les deux Hautes Puissances s'engagent à observer religieusement et à faire exécuter avec exactitude et fidélité tous les articles de ces traités qui n'ont point été changés par le présent, ou par des traités antérieurs.

Art. 3. — En vertu de l'article 2 des préliminaires, qui établit que le Dniester sera pour toujours la limite qui séparera les deux Empires, les deux Hautes Parties contractantes sont respectivement convenues, par le présent, qu'à l'avenir le Dniester servira pour toujours de bornes aux deux Empires, de manière que le territoire situé sur la rive droite de ce fleuve sera rendu à la Sublime Porte, et restera à jamais et incontestablement sous sa domination; comme au contraire tout le territoire situé sur la rive gauche du même fleuve restera à jamais et incontestablement sous la domination russe.

Art. 4. — En conséquence de ladite clause relative aux limites des deux Empires, et vu l'article 4 des préliminaires, qui établit que toutes les autres frontières des deux Empires resteront telles qu'elles étaient au commencement de la présente guerre, et que tous les pays qui, durant les hostilités, ont été pris par les troupes russes, avec toutes les fortifications qui s'y trouvent, et dans l'état où elles sont actuellement, seront rendus à la Sublime Porte, Sa Majesté l'Impératrice lui restitue la Bessarabie, ainsi que les places de Bender, Ackerman, Kilia et Ismaïl, et toutes les villes et villages que renferme cette province.

De plus, Sa Majesté l'Impératrice rend à la Sublime Porte la province de Moldavie, avec ses villes et villages, et tout ce qu'elle renferme, aux conditions suivantes, que la Sublime Porte promet de remplir fidèlement.

1° D'observer et d'exécuter religieusement tout ce qui a été stipulé en faveur des deux provinces de Valachie et de Moldavie, dans le traité de paix conclu l'an de l'hégire 1188, du 14 du mois zemazielevel (10 juillet 1774); dans la convention explicative conclue le 20 zemazielakir 1193 (10 mars 1779), ainsi que dans l'acte du 15 du mois de seffer 1198 (28 décembre 1783), que le grand visir a signés au nom de la Porte ;

2° De ne point exiger de ces provinces aucun remboursement de dettes arriérées, de quelque nature qu'elles soient ;

3° De ne point exiger de ces pays, pour tout le temps de la guerre, aucunes contributions ou payements, mais au contraire, et en considération des dommages et des dévastations qu'ils ont soufferts pendant ladite guerre, de les libérer pendant deux années, à dater de l'époque de la ratification du présent traité, de toutes charges et impositions quelconques ;

4° De permettre aux familles qui voudraient quitter leur pays et s'établir ailleurs, de sortir librement et d'emporter avec elles leurs biens ; et afin qu'elles aient le temps de prévenir leurs parents, sujets de l'Empire ottoman, de vendre leurs biens meubles ou immeubles, selon les lois du pays, à d'autres sujets de l'Empire ottoman et de mettre enfin ordre à leurs affaires, il leur sera accordé un délai de quatorze mois, à dater du jour de l'échange et de la ratification du présent traité.

ART. 5. — Pour prouver la sincérité avec laquelle les deux Hautes Puissances contractantes désirent, non seulement pour le présent, rétablir la paix et la bonne harmonie entre elles, mais la consolider à l'avenir et éloigner tout ce qui pourrait fournir le plus léger prétexte à des différends, la Sublime Porte promet, en renouvelant le firman qu'elle a déjà expédié, de défendre sévèrement au commandant des frontières, au pacha d'Akhaltziké ou Achiska, d'inquiéter, à partir de ce jour, sous quelque prétexte que ce soit, secrètement ou publiquement, les pays et les habitants qui sont sous la domination du Czar de Tiflis ou de Cartalinie, et de lui ordonner expressément de ne point interrompre les relations d'amitié et de bon voisinage.

ART. 6. — Le deuxième article du présent traité ayant confirmé, entre autres traités précédents, l'acte du 28 décembre 1783, relatif à l'incorporation à l'Empire russe de la Crimée et de l'île de Taman, et qui fixe pour limite des deux Empires le fleuve Kuban, la Sublime Porte promet et s'engage solennellement à employer son autorité et tous ses moyens pour maintenir dans l'ordre les peuplades qui habitent la rive gauche du Kuban et les empêcher de faire des incursions dans l'Empire russe ou de porter préjudice, soit secrètement, soit ouvertement, sous quelque prétexte que ce soit, aux habitants russes de la rive droite. Pour cet effet, la Sublime Porte enverra à qui il appartient les ordres les plus exprès, pour défendre, sous les peines les plus sévères, d'enlever des sujets russes et de les conduire en esclavage, et elle fera, après l'échange et la ratification du présent traité, publier sur les lieux mêmes ces défenses. Si après ces dispositions il arrivait que quelque individu de ces peuplades fît des incursions sur le territoire russe, leur dérobât du bétail ou toute autre propriété, ou réduisît en esclavage des sujets russes, sur la plainte portée à ce sujet, il sera fait prompte justice, et les objets pillés ou volés seront restitués. Il ne sera fait aucune difficulté relativement aux enquêtes nécessaires pour découvrir ceux qui auront enlevé des sujets russes, et pour la délivrance de ces derniers; de plus, les frais que pourront occasionner ces recherches seront à la charge de la Porte, et les auteurs reconnus de ces délits seront sévèrement punis en présence du commissaire russe qui aura été nommé à cet effet par le commandant des frontières. Si, contre toute attente, la réparation n'avait pas lieu six mois après la date de la plainte, la Sublime Porte s'engage, un mois après la réclamation qu'aura faite le ministre de Russie, à payer tous les frais qui seraient résultés de ces incursions; bien entendu que, malgré ces dédommagements, les peines dont nous avons parlé plus haut contre ceux qui troubleraient le repos et la bonne intelligence qui doit régner entre voisins seront sur-le-champ appliquées.

Art. 7. — Le commerce formant le lien véritable et plus constant de l'harmonie réciproque, la Sublime Porte, pour prouver qu'elle désire sincèrement qu'il fleurisse autant que possible et se fasse avec sûreté et profit pour les sujets des deux Empires, renouvelle ici l'article 6 du traité de commerce relatif aux corsaires d'Alger, de Tunis et de Tripoli, et stipule particulièrement que si un sujet russe rencontre un corsaire d'Alger, de Tunis ou de Tripoli, s'il est pris ou si les corsaires s'emparent de son bâtiment ou de marchandises quelconques appartenant à des marchands russes, elle s'engage à employer son crédit auprès de ces régences pour faire rendre la liberté aux sujets russes qui auraient été conduits en esclavage, leur faire restituer leur navire ou leurs marchandises, et à les indemniser complètement; et si l'on apprend, par des rapports certains, que les firmans n'ont point été exécutés par lesdites régences, la Sublime Porte s'engage, sur la réclamation du ministre ou chargé d'affaires russe, et dans l'espace de deux mois à compter de la date de sa réclamation, ou plus tôt s'il est possible, de payer le montant de l'indemnité de son trésor impérial.

Art. 8. — Tous les prisonniers de guerre et autres esclaves des deux sexes, quels qu'ils soient, qui se trouvent dans les deux Empires, excepté les chrétiens qui, en Turquie, auraient embrassé la religion mahométane, seront mis en liberté immédiatement après l'échange du présent traité et sans aucune rançon, ainsi que tous les autres chrétiens qui sont tombés en esclavage, et nommément Polonais, Moldaves, Valaques, habitants du Péloponèse, des îles et Géorgiens, et tous autres chrétiens sans exception et sans rançon. Ces dispositions s'étendront également, après la conclusion du présent traité, à tous les sujets russes qui, par quelque événement que ce soit, tomberaient en esclavage dans l'Empire ottoman ; et la Russie promet d'user, à l'égard des sujets de la Porte, de la plus parfaite réciprocité.

Art. 9. — Pour éviter toute espèce de malentendu ou d'erreur, après l'armistice pendant lequel se sont si heureusement terminées les présentes négociations, le grand visir de la Porte Ottomane et le ministre plénipotentiaire de Sa Majesté l'Impératrice feront savoir, immédiatement après la signature du présent traité, à tous les chefs des armées et des flottes des deux Empires que la paix et l'amitié sont rétablies entre les deux Puissances.

Art. 10. — Pour mieux cimenter la paix et l'amitié qui uniront désormais les deux Empires, les Hautes Parties contractantes s'enverront réciproquement des ambassadeurs extraordinaires à une époque dont elles conviendront ; ils seront reçus aux frontières avec tous les honneurs et le cérémonial que les deux Cours accordent aux ambassadeurs des Puissances les plus favorisées sous ce rapport. Les deux souverains se feront, par leurs ambassadeurs respectifs, des présents conformes à leur dignité.

Art. 11. — Après la conclusion de ce traité et après l'échange des ratifications de la part des deux Souverains, les troupes russes et la flotte des Racues procéderont à l'évacuation du territoire ottoman. Mais les obstacles qu'oppose la saison avancée obligeant de différer cette évacuation, les deux Hautes Parties contractantes sont convenues d'en fixer le dernier terme au 15 mai (vieux style) de l'année prochaine 1792, époque à laquelle toutes les troupes de Sa Majesté l'Impératrice se retireront en longeant la rive gauche du Dniester, et toute la flotte de Racues quittera l'embouchure du Danube. Tant que les troupes russes occuperont les pays et les forteresses qui, en vertu du présent traité, seront restituées à la Porte Ottomane, l'administration et l'ordre de choses établis actuellement subsisteront, et la Porte ne s'en mêlera en aucune façon jusqu'au moment de l'entière évacuation ; les troupes russes continueront à recevoir jusque-là tous les vivres, fournitures et objets de nécessité qui leur ont été livrés jusqu'à présent.

Art. 12. — Quinze jours après que les plénipotentiaires respectifs réunis à Iassi auront signé le présent traité, ou plus tôt s'il est possible, ils en feront l'échange, qui donnera à cette œuvre salutaire toute sa force.

Art. 13. — Le présent traité, heureusement conclu, qui assure aux deux Empires une paix perpétuelle, sera confirmé par la ratification signée solennellement de la propre main de Leurs Majestés le Grand Seigneur et l'Impératrice de Russie ; et ces ratifications seront échangées par les plénipotentiaires qui auront signé le traité, dans cinq semaines, ou plus tôt s'il est possible. Tous les plénipotentiaires respectifs ont signé le présent traité, et après y avoir apposé leur sceau, en ont fait un échange réciproque.

Fait à Iassi le 29 décembre 1791 (9 janvier 1792), ou le 15 du mois remadzielevel (djoumadi 1ᵉʳ 1206) (1).

> *Signé :* Alexandre DE SAMOILOW, Joseph DE RIBAS, Serge DE LASCAROF, ABDALLAH BIRRI; ORDA CARDISSI; SAID IBRAHIM; RUSNAMADZII; ERVEL MAHOMET.

(1) *Tableau historique, géographique et politique de la Moldavie et de la Valachie*, par W. WILKINSON. Traduction de M. de la Roquette, page 230.

TRAITÉ DE PAIX

ENTRE SA MAJESTÉ L'EMPEREUR DE TOUTES LES RUSSIES ET LA PORTE OTTOMANE, SIGNÉ A BUCAREST LE 16/28 MAI 1812.

Au nom du Très-Haut,

Sa Majesté le Sublime et Très Puissant Empereur de toutes les Russies, et Sa Hautesse le Puissant Empereur des Ottomans, animés d'un égal désir de terminer la guerre qui subsiste depuis longtemps entre les deux Empires, et de rétablir une paix permanente et une amitié durable basées sur une bonne harmonie, ont daigné confier cette œuvre sacrée et salutaire aux soins et aux lumières de leurs ministres plénipotentiaires, savoir : du côté de Sa Majesté l'Empereur de toutes les Russies, à Son Exc. M. Michel, comte Golenitcheff Koutstusof, général d'infanterie et général en chef de son armée, chevalier des Ordres de Russie, grand-croix de l'Ordre impérial de Marie-Thérèse et de Saint-Jean de Jérusalem ; et du côté de Sa Hautesse l'Empereur ottoman, à l'illustre Achmet-Pacha, grand visir et généralissime de ses armées impériales, afin que lesdits plénipotentiaires choisissent à leur tour les personnes chargées de traiter, conclure et signer le présent traité.

En conséquence, ont été choisis, nommés et munis de pleins pouvoirs, savoir : du côté de Sa Majesté Impériale de toutes les Russies, S. Exc. André Italinsky, conseiller privé, chambellan de Sa Majesté, chevalier des Ordres de Saint-Wladimir de seconde classe, de Sainte-Anne de première classe, du Croissant de première classe et de Saint-Jean de Jérusalem ; et S. Exc. Jean Sabanief, général major de l'armée russe, chef d'un régiment de la grande armée du Danube, chevalier de l'Ordre de Saint-Wladimir de seconde classe, de Sainte-Anne de première classe, et de Saint-Georges de seconde classe ; et enfin M. Joseph Fonton, conseiller d'État de Sa Majesté Impériale, chevalier des Ordres de Saint-Wladimir de troisième classe et de Sainte-Anne de seconde classe ; et du côté de la Sublime Porte, Leurs Exc. Es-Seyde Mouhamed Ghalib Effendi, Kiaïa-bey mouphti ; Zadé Ibrahim Solim Effendi, Kadileskier d'Asie et cadi de l'armée ottomane en Orient ; et enfin l'Abdal Hamid Effendi, chancelier des janissaires, lesquels, après s'être réunis et avoir échangé réciproquement leurs pleins pouvoirs, sont convenus des articles suivants :

ARTICLE PREMIER. — Toutes les hostilités et les différends qui ont eu lieu jusqu'ici entre les deux Empires cesseront dès aujourd'hui et pour toujours, sur terre et sur mer, en vertu du présent traité. La paix, l'amitié et la bonne intelligence régneront désormais à perpétuité entre Sa Majesté l'Empereur de toutes les Russies et Sa Hautesse l'Empereur ottoman, entre leurs successeurs et les sujets des deux Empires. Les deux Hautes Parties contractantes, également animées du désir sincère d'écarter tout ce qui pourrait donner lieu à des contestations entre leurs sujets respectifs, rempliront avec la plus scrupuleuse exactitude toutes les dispositions du présent traité, et mettront tout leur zèle à empêcher qu'à l'avenir il ne se fasse rien, ni d'une part ni de l'autre, secrètement ou publiquement, qui soit contraire au susdit traité.

Art. 2. — Les Hautes Parties contractantes, ainsi réconciliées, accordent une amnistie et un pardon général à tous ceux qui, dans le cours de la guerre, ont pris part aux opérations militaires, ou qui, de quelque manière que ce soit, ont agi contre les intérêts de leur Souverain et de leur pays. En conséquence, ils sont dégagés de toute responsabilité, et tous ceux qui rentreront dans leurs foyers jouiront, sous la protection des lois, de la même manière que leurs compatriotes, de tous les droits qui leur étaient acquis auparavant.

Art. 3. — Tous les traités et toutes les conventions qui ont été conclus dans plusieurs négociations de paix antérieures, et qui ont été reconnus par les deux Souverains, sont confirmés et demeurent en vigueur, à l'exception de ceux des articles qui, par l'effet du temps, ont souffert quelque changement. En conséquence, les deux Hautes Parties contractantes promettent d'observer fidèlement et religieusement, non seulement le présent traité, mais tous les traités antérieurs.

Art. 4. — Par le premier article des préliminaires, il est stipulé que le Pruth, depuis l'endroit où il entre en Moldavie jusqu'à son embouchure dans le Danube, et de là, la rive gauche du Danube jusqu'à Kilia, et à son embouchure dans la mer Noire, forme la frontière des deux Empires. Cependant la navigation continuera à être commune aux deux peuples. Les petites îles du Danube, inhabitées jusqu'au commencement de cette guerre, et qui se trouvent d'Ismaïl à Kilia, doivent, étant plus proches de la rive gauche, être sous la domination russe; mais les Hautes Parties contractantes sont convenues qu'elles resteraient désertes, et que désormais il n'y sera construit aucune fortification quelconque; les sujets des deux puissances seront libres d'y pêcher et d'y couper du bois. Les grandes îles situées vis-à-vis Ismaïl et Kilia resteront également désertes, mais seulement à une lieue de distance de la rive gauche du Danube. Cette distance sera précisée dans la suite. Les établissements qui subsistaient avant la guerre, comme le *Vieux Kilia,* ne sont point compris dans cette ligne de démarcation. En vertu des autres dispositions de ce même article, la Sublime Porte Ottomane renonce, en faveur de la Russie, aux pays situés à la rive gauche du Pruth, à toutes les forteresses, villes et habitations qui s'y trouvent, ainsi qu'à la moitié du fleuve Pruth, qui forme la limite des deux Empires. Les bâtiments marchands des deux Puissances pourront entrer dans l'embouchure du Danube, en sortir et naviguer sur toute l'étendue de ce fleuve, mais les vaisseaux de guerre russes ne pourront remonter le Danube que jusqu'à son confluent avec le Pruth.

ART. 5. — Sa Majesté l'Empereur de toutes les Russies abandonne et rend à la Sublime Porte la partie de la Moldavie située sur la rive droite du Pruth, ainsi que la grande et la petite Valachie, avec ses forteresses, dans l'état où elles se trouvent actuellement, et toutes les villes, bourgs, villages et autres établissements, et tout ce que peut renfermer cette province, et les îles du Danube, à l'exception de celles qui sont mentionnées dans l'article précédent.

Les traités et les conventions relatifs aux privilèges de la Moldavie et de la Valachie sont confirmés suivant les principes du cinquième article des préliminaires. Les conventions particulières et les dispositions du quatrième article du traité de Iassi demeurent également en vigueur, savoir : que la Porte n'exigera point d'indemnités pour les revenus qu'elle a perdus ; qu'elle ne lèvera aucun impôt pour toute la durée de la guerre, et que les habitants de ces deux Provinces seront, pendant deux années à dater de l'échange des ratifications du présent traité, exempts de toute imposition ; enfin, que ceux qui voudraient émigrer obtiendront un délai de quatre mois ; et que la Sublime Porte agira de manière que les impôts futurs de la Moldavie soient proportionnés à l'étendue actuelle de son territoire.

ART. 6. — Excepté les limites nouvelles formées par le Pruth, toutes les autres frontières des deux Empires, tant en Asie que dans d'autres pays, demeureront les mêmes qu'elles étaient avant le commencement des hostilités ; et la Cour de Russie, en vertu du troisième article des préliminaires, rend à la Sublime Porte Ottomane toutes les forteresses et forts conquis compris dans ces limites, et dans l'état où ils sont actuellement, avec toutes les villes, bourgs, villages, habitations, et tout ce que renferment ces pays.

ART. 7. — Les sujets ottomans qui, par suite de la guerre, sont ou venus ou restés dans les pays cédés présentement à la Russie, pourront, avec leurs familles et toutes leurs propriétés, passer librement dans les États de la Sublime Porte, et s'y fixer sans que personne les en empêche. Ils seront libres de vendre leurs biens à qui bon leur semblera et d'emporter tout ce qu'ils voudront. Cette permission s'étendra également aux habitants des pays cédés qui y possèdent des biens et qui se trouvent actuellement dans les États ottomans, et il leur sera accordé, aux uns et aux autres, pour pouvoir mettre ordre à leurs affaires, **un délai de dix-huit mois** à dater de l'échange des ratifications du présent **traité**. De même les Tartares de la horde de Kavoussan qui, durant cette guerre, ont passé de la Bessarabie en Russie, pourront, s'ils le désirent, rentrer dans les États ottomans, toutefois à condition que la Sublime Porte sera obligée de dédommager la Russie des frais que lui ont occasionnés l'émigration et l'établissement de ces Tartares. Pareillement, les chrétiens qui ont des possessions dans les pays cédés à la Russie, ou qui y sont nés, mais qui se trouvent actuellement dans d'autres parties de l'Empire ottoman, pourront, s'ils le désirent, revenir dans lesdits pays cédés, et s'y établir avec leurs familles et leurs biens sans que personne puisse y mettre obstacle ; il leur sera également permis de vendre les biens quelconques qu'ils possèdent dans l'Empire ottoman, et d'en faire passer le produit dans les États russes, et ils jouiront pour cela du même délai de dix-huit mois, depuis le jour de l'échange des ratifications du présent traité.

Art. 8. — Quoiqu'il ne soit pas permis de douter que la Sublime Porte, fidèle à son principe, n'use de clémence et de générosité envers les Serviens (peuple qui lui est soumis et dès longtemps tributaire), on a trouvé équitable, vu la part qu'ils ont prise à cette guerre, de convenir solennellement d'une clause relative à leur sûreté ; en conséquence, et conformément à l'article 4 des préliminaires, la Sublime Porte accorde aux Serviens une entière amnistie, et promet que leur tranquillité ne pourra être troublée à cause des événements passés. Les forteresses construites dans leur pays à l'occasion de cette guerre, et qui n'existaient pas auparavant, seront rasées en tant qu'elles seraient à l'avenir inutiles, et la Sublime Porte prendra, comme ci-devant, possession des autres places fortes, y mettra l'artillerie, les munitions et les garnisons qu'elle jugera à propos ; mais pour que ces garnisons n'exercent pas une injuste oppression envers les Serviens, la Sublime Porte, ne consultant que ses sentiments de miséricorde, traitera ce peuple avec toute la modération convenable. En outre la Sublime Porte, à la prière des Serviens, leur accordera les mêmes avantages que ceux dont jouissent ses sujets des îles de l'Archipel et d'autres parties de ses États ; elle leur donnera aussi une preuve de sa magnanimité, en leur laissant à eux-mêmes le soin de l'administration intérieure du pays, et en recevant immédiatement d'eux le montant des impôts modérés qu'elle lèvera sur eux, et en prenant à cet effet des mesures de concert avec ce peuple.

Art. 9. — Tous les prisonniers qui se trouvent dans les deux Empires, de tout sexe, de toute nation et de tout rang, seront échangés d'abord après la ratification du présent traité, et sans la moindre rançon, excepté toutefois les chrétiens qui, dans les États de la Sublime Porte, auraient embrassé de leur plein gré le mahométisme, et les musulmans qui, en

Russie, auraient également embrassé volontairement le christianisme. Ces mesures s'étendront à tous les sujets russes qui, après la signature du présent traité, seront tombés en esclavage par quelque événement que ce soit et qui se trouvent dans l'Empire ottoman. La Cour de Russie s'engage à user de réciprocité à l'égard des sujets de la Sublime Porte. Les deux Hautes Parties contractantes ne pourront former de prétentions relativement aux sommes employées pour l'entretien des prisonniers, qui seront pourvus de tout ce qui est nécessaire à la vie jusqu'à leur arrivée aux frontières, où des commissaires respectifs en feront l'éehange.

Art. 10. — Toutes les affaires et tous les procès des sujets respectifs des deux Empires qui n'ont pu être terminés par suite de la guerre, ne sont point censés abandonnés, mais seront au contraire traités et jugés après la paix.

Toutes les dettes contractées par les sujets des deux puissances, ainsi que les prétentions du fisc, seront au plus tôt acquittées.

Art 11. — En conséquence du présent traité de paix conclu entre les deux Hautes Parties, et après l'échange des ratifications, les troupes de terre et les flottes de Sa Majesté l'Empereur de Russie procéderont à l'évacuation des États et des eaux de l'Empire ottoman. Mais cette évacuation ne pouvant s'effectuer aisément, vu les grandes distances et pour d'autres obstacles, les deux Hautes Parties contractantes sont convenues de fixer à trois mois, à dater de l'échange des ratifications, le terme de l'entière évacuation tant de la Moldavie et de la Valachie que des autres provinces d'Europe et d'Asie, et tandis que les troupes russes quitteront toutes les provinces restituées par ce traité à la Sublime Porte, les flottes et bâtiments de guerre russes se retireront des mers de l'Empire ottoman. Les lieux et places fortes occupés par les Russes continueront jusqu'au moment de l'évacuation à être, comme actuellement, administrés par la Cour de Russie, sans que la Sublime Porte s'en mêle le moins du monde, jusqu'à l'échéance du terme fixé et l'entière évacuation de toutes les troupes, lesquelles seront entretenues et pourvues de tout ce dont elles auront besoin jusqu'au jour de leur départ, sur le même pied qu'elles l'ont été jusqu'à présent.

Art. 12. — Dans le cas où le ministre ou le plénipotentiaire de la Cour de Russie à Constantinople demanderait par écrit, et en vertu de l'article 7 du traité de Iassi, des dédommagements pour ce qui aurait été enlevé à des sujets et commerçants russes par les corsaires des régences d'Alger, de Tunis ou de Tripoli, ou ferait des réclamations relatives aux intérêts garantis par les traités de commerce existants, la Sublime Porte aura soin de veiller à ce que toutes les dispositions desdits traités soient observées et remplies, et d'écarter ainsi toutes les causes de litiges et de plaintes, sans toutefois porter préjudice aux règlements et ordonnances établis. La Cour de Russie observera, relativement aux lois commerciales, la même conduite à l'égard de la Sublime Porte.

Art. 13. — Après la conclusion du présent traité, la Cour de Russie consent à ce que la Sublime Porte offre ses bons offices à ses coreligionnaires, afin que la guerre entre la Russie et la Perse se termine et qu'un accord réciproque assure la paix à ces deux puissances.

Art. 14. — Après l'échange des ratifications du présent traité, les généraux commandant les armées respectives des deux Empires enverront au plus tôt à tous les commandants de corps particulier l'ordre de cesser toutes les hostilités sur terre et sur mer; et s'il arrivait que néanmoins il s'en commît après la signature du présent traité, elles seront regardées comme non avenues et ne pourront donner lieu à aucun changement à ce traité. En outre, toutes les conquêtes qu'auraient faites dans cet intervalle les troupes des deux Hautes Parties contractantes seront sur-le-champ restituées.

Art. 15. — Après que les plénipotentiaires des deux souverains auront signé ce traité, le premier plénipotentiaire de Sa Majesté l'Empereur de toutes les Russies et le grand visir de la Sublime Porte Ottomane le confirmeront, et dix jours après leur signature, ou plus tôt s'il est possible, les actes en seront échangés par ces plénipotentiaires.

Art. 16. — Le présent traité d'une paix perpétuelle sera confirmé et ratifié par Sa Majesté l'Empereur de toutes les Russies et par Sa Hautesse l'Empereur des Ottomans, qui le signeront solennellement de leur propre main, et il sera échangé par leurs plénipotentiaires respectifs dans la ville où le traité a été conclu, et dans l'espace de quatre semaines, ou plus tôt s'il est possible.

En vertu de nos pleins pouvoirs, nous avons signé le présent traité de paix en seize articles, qui, après l'échange des ratifications respectives, entrera en pleine vigueur; nous y avons apposé le sceau de nos armes, et l'avons échangé contre un acte parfaitement semblable signé et scellé par les plénipotentiaires de la Sublime Porte.

Fait à Bucarest le 16/28 mai 1812 (1).

Signé : André Italinsky; Jean Sabanief; Joseph Fonton; Es-Seyde Mouhamed Ghalib; Zadé Ibrahim Solim; Abdal Hamid.

---

(1) *Tableau historique, géographique et politique de la Moldavie et de la Valachie*, par W. Wilkinson. Traduction de M. de la Roquette, page 242.

L'échange des ratifications du traité de Bucarest a eu lieu le 2 juillet 1812 (vieux style).

CONVENTION

ENTRE LA RUSSIE ET LA PORTE, DESTINÉE A FIXER LE MODE D'ACCOM-
PLISSEMENT DE TOUS LES ARTICLES DU TRAITÉ DE BUCAREST QUI
N'AVAIENT PAS ÉTÉ EXÉCUTÉS PAR LA PORTE DEPUIS L'ANNÉE 1812, A
ASSURER L'ÉTAT DE POSSESSION TERRITORIALE DE LA RUSSIE SUR LES
COTES DE LA MER NOIRE ET A REMETTRE EN VIGUEUR TOUS LES PRI-
VILÈGES DONT LA MOLDAVIE, LA VALACHIE ET LA SERVIE DOIVENT
JOUIR SOUS L'INFLUENCE TUTÉLAIRE DU CABINET DE PÉTERSBOURG,
SIGNÉE A ACKERMANN, LE 25 SEPTEMBRE/7 OCTOBRE 1826 (1).

I. — Convention explicative du traité de Bucarest.

Au nom de Dieu Tout-Puissant,

La Cour Impériale de Russie et la Sublime Porte, animées du désir sincère de mettre un terme aux discussions qui se sont élevées entre elles depuis la conclusion du traité de Bucarest, et voulant consolider les rapports des deux Empires en leur donnant pour base une parfaite harmonie et une entière confiance réciproque, sont convenues d'ouvrir, par le moyen de plénipotentiaires respectifs, une négociation amicale dans la pieuse intention d'écarter de leurs relations nouvelles tout sujet de différend ultérieur, et d'assurer pour l'avenir la pleine exécution du traité de Bucarest, ainsi que les traités et actes qu'il renouvelle ou confirme et dont l'observation peut seule garantir le maintien de la paix si heureusement établie entre la Cour Impériale de Russie et la Sublime Porte Ottomane. En conséquence, Sa Majesté l'Empereur et Padischah de toutes les Russies et Sa Majesté l'Empereur et Padischah des Ottomans ont nommé pour leurs plénipotentiaires, savoir :

Sa Majesté l'Empereur et Padischah de toutes les Russies, les sieurs comte Michel Woronzoff, aide de camp général, général d'infanterie, membre du Conseil de l'Empire, gouverneur général de la Nouvelle-Russie et commissaire plénipotentiaire de la province de Bessarabie, chevalier de l'Ordre de Saint-Alexandre Newsky, chevalier grand-croix de

(1) *Extrait du recueil des principaux traités* de MM. DUPONT et ROUSSET. Imprimé à Gœttingue dans la librairie de Diéterich, 1828, tome X, année 1822-1826.

celui de Saint-Georges de 2ᵉ classe, de Saint-Wladimir de 1ʳᵉ classe, de Sainte-Anne de 1ʳᵉ classe, enrichie de diamants, et chevalier de plusieurs Ordres étrangers ;

Et Alexandre de Ribeaupierre, conseiller privé et chambellan actuel, envoyé extraordinaire et ministre plénipotentiaire près la Sublime Porte, chevalier de l'Ordre de Saint-Anne de 1ʳᵉ classe, enrichie de diamants, chevalier grand-croix de l'Ordre de Saint-Wladimir de 2ᵉ classe, ainsi que de celui de Léopold d'Autriche de 1ʳᵉ classe.

Et Sa Hautesse :

Les sieurs Saïd Méhémed Hadji Effendi, contrôleur général d'Anatolie, 1ᵉʳ plénipotentiaire ;

Et Seïd Ibrahim Iffet Effendi, cadi provisoire de Sophia, avec rang de mollah de Scutari, 2ᵉ plénipotentiaire ;

Lesquels, après avoir échangé les copies de leurs pouvoirs trouvés en bonne forme, ont arrêté, conclu et signé les articles suivants :

ARTICLE PREMIER. — Toutes les clauses et stipulations du traité de paix conclu à Bucarest le 16 mai 1817 (17ᵉ jour de la lune de djimaziul-evel de l'an de l'hégire 1227) sont confirmées dans toute leur force et valeur par la présente convention, comme si le traité de Bucarest s'y trouvait inséré mot à mot, les éclaircissements qui font l'objet de la présente convention ne devant servir qu'à déterminer le sens précis et à corroborer la teneur des articles dudit traité.

ART. 2. — L'article 4 du traité de Bucarest ayant stipulé pour les deux grandes îles du Danube situées vis-à-vis d'Ismaïl et de Kilia, — lesquelles, tout en demeurant propriété de la Porte Ottomane, doivent rester en partie désertes et inhabitées, — un mode de délimitation dont l'exécution a été reconnue impossible, vu les inconvénients qu'entraînent les fréquents débordements du fleuve, et l'expérience ayant démontré en outre la nécessité d'établir une séparation fixe et suffisamment étendue entre les riverains respectifs pour leur ôter tout point de contact et pour faire cesser par là même les différends et les troubles continuels qui en résultent, la Sublime Porte Ottomane, voulant donner à la Cour Impériale de Russie une preuve non équivoque de son désir sincère de cimenter les relations d'amitié et de bon voisinage entre les deux États, s'engage à exécuter et à maintenir l'arrangement qui a été convenu à cet égard à Constantinople entre l'envoyé de Russie et les ministres de la Sublime Porte, dans la conférence tenue le 21 août 1817, conformément aux dispositions énoncées au protocole à cette conférence. En conséquence, les dispositions énoncées dans ce protocole et relatives à l'objet en question sont considérées comme faisant partie intégrante de la présente convention.

ART. 3. — Les traités et actes relatifs aux privilèges dont jouissent la

Moldavie et la Valachie ayant été confirmés par une clause expresse de l'article 5 du traité de Bucarest, la Sublime Porte s'engage solennellement à observer lesdits privilèges, traités et actes en toute occasion, avec la fidélité la plus scrupuleuse, et promet de renouveler dans l'espace de six mois après la ratification de la présente convention les hatti-chérifs de 1812 qui ont spécifié en garantie ces mêmes privilèges. En outre, vu les malheurs qu'ont essuyés ces Provinces par suite des derniers événements, vu le choix fait de boyards valaques et moldaves pour être Hospodars des deux Principautés, et vu que la Cour Impériale de Russie a donné son assentiment à cette mesure, il a été reconnu, tant par la Sublime Porte que par la Cour de Russie, que les hatti-chérifs ci-dessus mentionnés de l'année 1802 devaient indispensablement être complétés au moyen des clauses consignées dans l'*Acte séparé* ci-joint, qui a été convenu entre les plénipotentiaires respectifs, et qui est et sera considéré comme faisant partie intégrante de la présente convention.

Art. 4. — Il a été stipulé par l'article 6 du traité de Bucarest que, du côté de l'Asie, la frontière entre les deux Empires serait rétablie comme elle était avant la guerre, et que la Cour Impériale de Russie restituerait à la Sublime Porte Ottomane les forteresses et châteaux situés dans l'intérieur de cette frontière et conquis par ses armes. En conséquence de cette stipulation, et vu que la Cour Impériale de Russie a évacué et restitué immédiatement après la paix celles des forteresses qui avaient été prises seulement pendant la guerre sur les troupes de la Sublime Porte, il est convenu de part et d'autre que désormais les frontières asiatiques entre les deux Empires demeureront telles qu'elles existent aujourd'hui, et qu'un terme de deux ans est fixé afin d'aviser réciproquement aux moyens les plus propres à maintenir la tranquillité et la sûreté des sujets respectifs.

Art. 5. — La Sublime Porte Ottomane, désirant donner à la Cour Impériale de Russie un témoignage éclatant de ses dispositions amicales et de sa scrupuleuse attention à remplir en entier les conditions du traité de Bucarest, mettra immédiatement à exécution toutes les clauses de l'article 8 du traité de Bucarest relatives à la nation servienne, laquelle étant *ab antiquo* sujette et tributaire de la Sublime Porte, devra éprouver en toute occasion les effets de sa clémence et de sa générosité. En conséquence, la Sublime Porte réglera avec les députés de la nation servienne les mesures qui seront jugées les plus convenables pour lui assurer les avantages stipulés en sa faveur, avantages dont la jouissance sera tout à la fois la juste récompense et le meilleur gage de la fidélité dont cette nation a donné les preuves à l'Empire ottoman. — Comme un terme de dix-huit mois est jugé nécessaire pour procéder aux vérifications qu'exige cet objet, conformément à l'acte séparé ci-joint, convenu entre les plénipotentiaires respectifs, lesdites mesures seront réglées et arrêtées de concert avec la députation servienne à Constantinople et consignées en détail dans un firman suprême revêtu du hatti-chérif, lequel sera mis en vigueur dans le plus court délai possible, et au plus tard dans le susdit terme de dix-huit mois, et sera en outre communiqué à la Cour Impériale de Russie et considéré dès lors comme faisant partie intégrante de la présente convention.

ART. 6. — En vertu des stipulations expresses de l'article 10 du traité de Bucarest, toutes les affaires et réclamations des sujets respectifs, lesquelles avaient été suspendues par l'événement de la guerre, devront être reprises et terminées ; de même les créances que les sujets respectifs peuvent avoir les uns contre les autres, ainsi que sur le fisc, devront être examinées et réglées en toute justice, et promptement et entièrement liquidées ; il est convenu que toutes les affaires et réclamations de sujets russes à l'occasion des pertes qu'ils ont essuyées par les déprédations des pirates barbaresques, les confiscations faites au moment de la rupture entre les deux Cours en 1806, et autres actes de même nature, y compris ceux qui ont eu lieu depuis l'année 1821, donneront lieu à une liquidation et à un dédommagement équitable. A cet effet, il sera nommé de part et d'autre des commissaires qui vérifieront les états des pertes et vérifieront le montant d'un dédommagement. Tous les travaux de ces commissions seront terminés, et la somme à laquelle s'élèvera le dédommagement ci-dessus mentionné sera remise en bloc à la Légation impériale de Russie à Constantinople, dans un terme de dix-huit mois à dater de la ratification de la présente convention. Il sera aussi observé une égale réciprocité envers les sujets de la Sublime Porte.

ART. 7. — La réparation des dommages causés aux sujets et négociants de la Cour Impériale de Russie par les corsaires des Régences d'Alger, de Tunis et de Tripoli, et la pleine et entière exécution des stipulations du traité de commerce et de l'article 7 du traité de Iassi, étant d'une stricte obligation pour la Sublime Porte en vertu des clauses expresses de l'article 12 du traité de Bucarest, lequel conjointement avec l'article 3 rappelle et confirme toutes les transactions antérieures, la Sublime Porte réitère solennellement la promesse de remplir désormais avec la plus scrupuleuse fidélité tous ses engagements à cet égard. En conséquence : 1° La Sublime Porte mettra tous ses soins à empêcher que les corsaires des régences barbaresques ne puissent, sous quelque prétexte que ce soit, inquiéter le commerce ou la navigation russe, et, en cas de déprédation de leur part, dès qu'elle en sera instruite, elle s'engage itérativement à faire restituer sans nul retard toutes les prises faites par lesdits corsaires, à faire dédommager les sujets russes des pertes qu'ils auraient essuyées, à adresser à cette fin un firman rigoureux aux régences barbaresques, de manière qu'il ne soit plus nécessaire de le réitérer une seconde fois, et, dans le cas où le firman n'aurait pas été exécuté, à payer le montant de l'indemnité, de son trésor impérial, dans le terme de deux mois spécifié à l'article 7 du traité de Iassi à dater du jour de la réclamation qui aura été présentée à cet égard par le ministre de Russie sur la vérification qui aura été faite.

2º La Sublime Porte promet d'observer rigoureusement toutes les conditions dudit traité de commerce, de lever toutes les prohibitions contraires à la teneur expresse de ces stipulations, de ne mettre aucune entrave à la libre navigation des navires marchands sous pavillon russe, dans toutes les mers et eaux de l'Empire ottoman sans aucune exception, en un mot, de faire jouir les marchands, les capitaines et tous les sujets russes, en général, des avantages et prérogatives, comme de l'entière liberté de commerce qui sont formellement stipulés par les traités de commerce existant entre les deux Empires.

3º Conformément à l'article premier du traité de commerce, qui stipule en faveur de tous les sujets russes, en général, la liberté de navigation et de commerce dans tous les États de la Sublime Porte, tant sur terre que sur mer, et partout où la navigation et le commerce peuvent convenir aux sujets russes, et en vertu des clauses des articles 31 et 35 dudit traité, qui assurent le libre passage par le canal de Constantinople des navires marchands russes chargés de vivres ou autres marchandises et productions de la Russie ou d'autres États non soumis à l'Empire ottoman, ainsi que la libre disposition de ces vivres, marchandises et productions, la Sublime Porte promet de n'apporter aucun obstacle ni empêchement à ce que les bâtiments russes chargés de blés et autres vivres, à leur arrivée dans le canal de Constantinople, le cas de besoin échéant, puissent transborder leur cargaison sur d'autres bâtiments, soit russes, soit d'autres nations étrangères, pour être transportés hors des États de la Sublime Porte.

4º La Sublime Porte acceptera les bons offices de la Cour Impériale de Russie à l'effet d'accorder, d'après les exemples précédents, l'entrée de la mer Noire aux bâtiments des puissances amies de l'Empire ottoman qui n'ont pas encore obtenu ce privilège, de manière que le commerce d'importation en Russie par le moyen de ces bâtiments et l'exportation des produits russes à leur bord ne puissent essuyer aucune entrave.

ART. 8. — La présente convention, servant d'éclaircissement et de complément au traité de Bucarest, sera ratifiée par Sa Majesté l'Empereur et Padischah de toutes les Russies et Sa Majesté l'Empereur et Padischah des Ottomans au moyen de ratifications solennelles munies de leur propre signature suivant l'usage, qui seront échangées par les plénipotentiaires respectifs dans le terme de quatre semaines, ou plus tôt s'il est possible, à compter du jour de la conclusion de la présente convention.

Fait à Ackermann, le 25 septembre/7 octobre 1826.

Signé : Comte Michel WORONZOFF, Alexandre DE RIBEAUPIERRE, SAÏD MÉHÉMED, SEÏD IBRAHIM.

II. — *Acte séparé relatif aux principautés de Moldavie et de Valachie.*

Au nom de Dieu Tout-Puissant,

Les Hospodars de Moldavie et de Valachie étant choisis parmi les Boyards indigènes, leur élévation sera désormais faite dans chacune de ces provinces d'après le consentement et la volonté de la Sublime Porte, par l'Assemblée générale du Divan, conformément à l'ancien usage du pays.

Les Boyards du Divan de chaque province, comme corps du pays, et avec l'accord général des habitants, feront choix, pour la dignité d'Hospodar, d'un des Boyards les plus anciens et les plus capables de la bien remplir, et ils présenteront à la Sublime Porte par une requête (arzmashat) le candidat élu, lequel, s'il est agréé par la Sublime Porte, sera nommé Hospodar et recevra l'investiture. Si par des raisons graves la nomination du candidat élu ne se trouvait point conforme au désir de la Sublime Porte, dans ce cas, après que ces raisons graves auront été avérées par les deux Cours, il sera permis de recommander auxdits Boyards de procéder à l'élection d'une autre personne convenable.

La durée de l'administration des Hospodars restera toujours fixée, comme par le passé, à sept années complètes et entières, à dater du jour de leur nomination, et ils ne pourront être destitués avant ce terme. Si, pendant la durée de leur administration, ils commettent quelque délit, la Sublime Porte en informerait le ministre de Russie, et lorsque, après vérification faite de part et d'autre, il sera constaté que l'Hospodar s'est effectivement rendu coupable d'un délit, sa destitution sera permise dans ce cas seulement.

Les Hospodars qui auront achevé leur terme de sept années sans avoir donné, soit aux deux Cours, soit au pays, aucun sujet de plainte légitime et grave, seront nommés de nouveau pour sept autres années, si la demande en est faite à la Sublime Porte par les Divans des provinces, et si le consentement général des habitants se manifeste à leur égard.

S'il arrive qu'un des Hospodars abdique avant l'accomplissement du terme de sept ans, pour cause de vieillesse, de maladie ou pour toute autre raison, la Sublime Porte en donnera connaissance à la Cour de Russie, et l'abdication pourra avoir lieu d'après un accord préalable des deux Cours.

Tout Hospodar qui aurait été destitué avant d'avoir fini son terme, ou qui aurait abdiqué, encourra la déchéance de son titre et pourra rentrer dans la classe des Boyards, à condition de rester paisible et tranquille, mais sans pouvoir ni redevenir membre du Divan ni remplir aucune fonction publique, et sans pouvoir être réélu Hospodar.

Les fils des Hospodars destitués ou abdicataires conserveront la qualité de Boyards, pourront occuper les charges du pays et être élus Hospodars.

En cas de destitution, d'abdication ou de mort d'un Hospodar, et jusqu'à ce qu'il lui soit donné un successeur, l'administration de la Principauté sera confiée à des caïmacans nommés par le Divan, de ladite Principauté.

Le hatti-chérif de 1802 ayant ordonné l'abolition des impôts, redevances et réquisitions introduites depuis l'année 1198 (1783), les Hospodars avec les Boyards des Divans respectifs détermineront et fixeront les impôts et les charges nouvelles de la Moldavie et de la Valachie, en prenant pour base les règlements qui ont été établis à la suite du hatti-chérif de 1802. Les Hospodars ne pourront dans aucun cas manquer au strict accomplissement de cette disposition. Ils auront égard aux représentations du ministre de Sa Majesté Impériale et à celles que leurs consuls leur adresseront d'après ses ordres, tant sur cet objet que sur le maintien des privilèges du pays, et spécialement sur l'observation des clauses et articles insérés dans le présent acte.

Les Hospodars, de concert avec les Divans respectifs, fixeront dans chaque Province le nombre des *Bechlis* d'après celui qui existait avant les troubles de 1821. Ce nombre une fois fixé ne pourra être augmenté sous aucun prétexte, à moins que l'urgente nécessité n'en soit reconnue de part et d'autre, et il est bien entendu que les Bechlis continueront à être formés et organisés comme ils l'étaient avant les troubles de 1821 ; que les agas continueront d'être choisis et nommés d'après le mode suivi avant ladite époque, et qu'enfin les Bechlis et leurs agas ne rempliront jamais que les fonctions pour lesquelles ils auront été originairement institués, sans pouvoir se mêler des affaires du pays ni se permettre aucune action.

Les usurpations faites sur le territoire de la Valachie du côté d'Ibraïl, Giurgevo et Coulé, et au delà de l'Olto, seront restituées aux propriétaires, et il sera fixé pour ladite restitution un terme dans les firmans y relatifs, lesquels seront adressés à qui il appartient.

Ceux des Boyards moldaves qui, uniquement par suite des derniers troubles, se sont vus forcés de quitter leur patrie, pourront y revenir librement, sans être inquiétés par qui que ce soit, et rentreront dans la pleine et entière jouissance de leurs droits, prérogatives, biens et propriétés comme par le passé.

La Sublime Porte, eu égard aux malheurs qui ont pesé sur les Principautés de Moldavie et de Valachie, par suite des derniers troubles, leur accordera deux années d'exemption des tributs et redevances qu'elles sont tenues de lui payer. A l'expiration du terme de l'exemption ci-dessus mentionnée, lesdits tributs et redevances seront acquittés au terme fixé par les hatti-chérifs de 1802 et ne pourront être augmentés dans aucun cas. La Sublime Porte accordera également aux habitants des deux Principautés la liberté de commerce pour toutes les productions de leur sol et de leur industrie, dont ils pourront disposer comme bon leur semblera, sauf les restrictions exigées, d'un côté par les fournitures dues annuellement à la Sublime Porte, dont ces Provinces sont comme les greniers, de l'autre part, par l'approvisionnement du pays. — Toutes les dispositions du hatti-chérif de 1802 relatives à ces fournitures, à leur acquittement régulier et aux prix courants d'après lesquels elles doivent être soldées, et dont la fixation appartiendra en cas de litige aux Divans respectifs, seront remises en vigueur et observées à l'avenir avec une scrupuleuse exactitude.

Les Boyards sont tenus d'exécuter les ordres des Hospodars et de rester envers eux dans les bornes d'une parfaite soumission. De leur côté, les Hospodars ne pourront sévir arbitrairement contre les Boyards ni leur faire subir des punitions non méritées ; ils séviront seulement dans le cas où les Boyards commettraient quelque faute avérée, et ces derniers ne subiront de peine qu'après avoir été jugés conformément aux lois et usages du pays.

Les troubles survenus dans les dernières années en Moldavie et en Valachie ayant porté la plus grave atteinte à l'ordre dans les diverses branches de l'administration intérieure, les Hospodars seront tenus de s'occuper sans le moindre délai, avec les Divans respectifs, des mesures nécessaires pour améliorer la situation des Principautés confiées à leurs soins, et ces mesures feront l'objet d'un règlement général pour chaque province, lequel sera mis immédiatement à exécution.

Tous les autres droits et privilèges des Principautés de Moldavie et de Valachie, et tous les hatti-chérifs qui les concernent, seront maintenus et observés, en tant qu'ils ne seront pas modifiés par le présent acte.

C'est pourquoi, nous soussignés, plénipotentiaires de Sa Majesté l'Empereur et Padischah de toutes les Russies, munis des pleins pouvoirs souverains, de concert avec les plénipotentiaires de la Sublime Porte

Ottomane, avons arrêté et réglé à l'égard de la Moldavie et de la Valachie les points ci-dessus, lesquels sont la conséquence de l'article 3 de la convention explicative et confirmative du traité de Bucarest, conçue en huit articles, dans les conférences à Ackermann entre nous et les plénipotentiaires ottomans.

En conséquence, le présent acte a été séparé et rédigé, muni de nos cachets et de nos signatures, et délivré entre les mains des plénipotentiaires de la Sublime Porte.

Fait à Ackermann, le 25 septembre/7 octobre 1826 (1).

Signé : Comte Michel WORONZOFF, Al. DE RIBEAUPIERRE, SAÏD MÉHÉMED, SEÏD IBRAHIM.

(1) Extrait du *Recueil des principaux traités*, par MM. DUPONT et ROUSSET, t. X, années 1822-1826.

TRAITÉ D'ANDRINOPLE (1829).

TRAITÉ DE PAIX ENTRE LA RUSSIE ET LA TURQUIE.

Au nom de Dieu Tout-Puissant,

Sa Majesté Impériale le Très Haut et Très Puissant Empereur et Autocrate de toutes les Russies,

Et Sa Hautesse le Très Haut et Très Puissant Empereur des Ottomans,

Animés d'un égal désir de mettre un terme aux calamités de la guerre, et d'établir sur des bases solides et immuables la paix, l'amitié et la bonne harmonie entre leurs Empires, ont résolu, d'un commun accord, de confier cette œuvre salutaire à leurs plénipotentiaires.

ARTICLE PREMIER. — Toute inimitié et tous différends qui ont existé jusqu'à présent entre les deux Empires cesseront à compter de ce jour, tant sur terre que sur mer, et il y aura à perpétuité paix, amitié et bonne intelligence entre Sa Majesté l'Empereur, Padischah de toutes les Russies et Sa Hautesse le Padischah des Ottomans, leurs héritiers et successeurs au trône, ainsi qu'entre leurs Empires respectifs. Les deux Hautes Parties contractantes porteront toute leur attention à empêcher tout ce qui pourrait faire renaître la mésintelligence entre leurs sujets respectifs; ils exécuteront scrupuleusement toutes les conditions du présent traité, et veilleront en même temps à ce qu'il ne soit enfreint en aucune façon, soit directement, soit indirectement.

ART. 2. — Sa Majesté l'Empereur et Padischah de toutes les Russies désirant donner à Sa Hautesse l'Empereur et Padischah des Ottomans un gage de ses dispositions amicales, rend à la Sublime Porte la Principauté de Moldavie avec toutes les frontières qu'elle avait avant la guerre à laquelle le présent traité a mis fin. Sa Majesté Impériale rendra aussi la Principauté de Valachie, le banat de Craiova, la Bulgarie, la Dobrudja, depuis le Danube jusqu'à la mer, ainsi que Silistrie, Hirsova, Matkia, Isachia, Toultcha, Babadag, Buyardjik, Varna, Pravady et autres villes et villages qu'il contient, toute l'étendue du Balkan, depuis Emineh, Bournou jusqu'à Kosan, et tout le pays depuis le Balkan jusqu'à la mer, avec Selimnea, Iamboli, Aidos, Karnabat, Missenovica, Akhioly, Bourgas, Sizopoli, Kirkklissi, la ville d'Andrinople, Zule-

Bourgas, et toutes les villes, bourgs et villages, et, en général, toutes les places que les Russes ont occupées dans la Roumélie.

Art. 3. — Le Pruth continuera de former la limite des deux Empires depuis le point où cette rivière touche au territoire de la Moldavie jusqu'à sa jonction avec le Danube. De ce point, la ligne suivra le cours du Danube jusqu'à l'embouchure de Saint-Georges, de sorte que, laissant toutes les îles formées par les divers bras de cette rivière en possession de la Russie, la rive droite restera comme anciennement en possession de la Porte Ottomane. Cependant il est convenu que cette rive droite restera inhabitée depuis le point où le bras de Saint-Georges se sépare de celui de Soulina, à une distance de *deux heures* de la rivière, et qu'aucun établissement d'aucune espèce n'y sera formé, non plus que sur les îles qui resteront au pouvoir de la Cour de Russie, où, à l'exception des quarantaines qui pourront y être établies, il ne sera permis de faire aucun autre établissement ni fortification. Les bâtiments marchands des deux puissances auront la liberté de parcourir le Danube dans tout son cours, et ceux qui porteront pavillon ottoman auront libre entrée dans les embouchures de Kilia et de Soulina, celle de Saint-Georges restant commune aux bâtiments de guerre et bâtiments marchands des deux Puissances contractantes. Mais les navires de guerre russes, lorsqu'ils remonteront le Danube, n'iront pas au delà du point de sa jonction avec le Pruth.

Art. 4. — La Géorgie, l'Imirète, la Mingrélie, le Gouriel, et plusieurs autres provinces du Caucase, ayant été depuis longues années et à perpétuité unis à l'Empire de Russie, et cet Empire ayant en outre, par le traité conclu avec la Perse à Towsk'nantchai, le 10 février 1828, acquis les Khanats d'Erivan et de Naktchivan, les deux Hautes Parties contractantes ont reconnu la nécessité d'établir entre leurs États respectifs tout le long de cette ligne une frontière bien tracée qui puisse prévenir toute discussion future. Elles ont également pris en considération les moyens convenables d'opposer des obstacles insurmontables aux incursions et déprédations que les tribus voisines ont commises jusqu'à ce jour, et qui ont si souvent compromis les relations d'amitié et de bonne affection entre les deux Empires ; en conséquence, il a été convenu de considérer dorénavant comme la frontière entre les territoires de la Cour Impériale de Russie et ceux de la Sublime Porte Ottomane en Asie, la ligne qui, suivant la limite actuelle du Gouriel depuis la mer Noire, remonte jusqu'au bord de l'Imirète, et de là en ligne droite jusqu'au point ou les frontières des pachaliks d'Akhaltzik et de Kars rencontrent celles de la Géorgie, laissant, de cette manière, au nord et au dedans de cette ligne la ville d'Akhaltzik et le fort de Khallnanick à une distance moindre de *deux heures*.

Tous les pays situés au midi et à l'ouest de cette ligne de démarcation, vers les pachaliks de Kars et de Trébizonde, ainsi que la majeure partie du pachalik d'Akhaltzik, resteront à perpétuité sous la domination de la Sublime Porte, tandis que ceux qui sont situés au nord et à l'est de ladite ligne vers la Géorgie, l'Imirète et le Gouriel, ainsi que le littoral de la mer Noire, depuis l'embouchure du Kouban jusqu'au port Saint-Nicolas inclusivement, seront sous la domination de l'Empereur de Russie. En conséquence, la Cour Impériale de Russie abandonne et rend à la Sublime Porte le reste de pachalik d'Akhaltzik, la ville et le pachalik de Kars, la ville et le pachalik de Bayazid, la ville et le pachalik d'Erzeroum, ainsi que les places occupées par les troupes russes qui peuvent être en dehors de la ligne ci-dessus mentionnée.

Art. 5. — Les Principautés de Moldavie et de Valachie s'étant, par une capitulation, placées sous la suzeraineté de la Sublime Porte, et la Russie ayant garanti leur prospérité, il est entendu qu'elles conserveront tous les privilèges et immunités qui leur ont été accordés en vertu de leur capitulation, soit par les traités conclus entre les deux Cours Impériales, soit par les hatti-chérifs promulgués à diverses époques. En conséquence, elles jouiront du libre exercice de leur religion, d'une parfaite sécurité, d'une administration nationale et indépendante, et d'une entière liberté de commerce. Les clauses additionnelles aux stipulations précédentes, jugées nécessaires pour assurer à ces deux Provinces la jouissance de leur droit, seront insérées dans l'acte séparé annexe, qui est et sera considéré comme faisant partie intégrante du présent traité.

Art. 6. — Les circonstances qui se sont présentées depuis la conclusion de la convention d'Ackermann n'ayant pas permis à la Sublime Porte d'entreprendre immédiatement l'exécution des clauses de l'acte séparé relatif à la Servie, et annexé au cinquième article de ladite convention, la Sublime Porte s'engage de la manière la plus solennelle à les exécuter sans le moindre délai et avec la plus scrupuleuse exactitude, et de procéder surtout à la restitution immédiate des six districts détachés de la Servie, afin d'assurer pour toujours la tranquillité et le bien être de cette nation fidèle et soumise. Le firman confirmé par le hatti-chérif qui ordonnera l'exécution des clauses ci-dessus sera livré et communiqué à la Cour Impériale de Russie dans l'intervalle d'un mois à compter de la signature du présent traité de paix.

Art. 7. — Les sujets russes jouiront dans toute l'étendue de l'Empire ottoman, tant par terre que par mer, de la liberté pleine et entière de commerce, qui leur est assurée par les traités précédents conclus entre les deux Hautes Parties contractantes. Aucune infraction à cette liberté de commerce ne sera commise, et il ne sera pas permis de l'interrompre dans aucun cas, ni sous aucun prétexte, par une prohibition ou restriction quelconque, ni en conséquence d'aucun règlement ou mesure d'administration ou de législation intérieure. Les sujets, bâtiments et marchandises russes seront à l'abri de toute violence, de toute chicane. Les premiers seront sous la juridiction exclusive et la police des ministres et consuls de Russie. Les bâtiments russes ne seront soumis à aucune visite quelconque de la part des autorités ottomanes, ni à la mer ni dans aucun des ports ou rades appartenant aux possessions de la Sublime Porte. Toutes les marchandises et denrées appartenant à un sujet russe, après avoir payé les droits de douane stipulés par les tarifs, seront librement transportées, déposées à terre dans les magasins du propriétaire ou de son consignataire, ou autrement transportées à bord des bâtiments de toute autre nation quelconque, sans que les sujets russes soient tenus d'en donner avis aux autorités locales, et encore moins de demander leur autorisation. Il est expressément convenu que tous les grains provenant de la Russie jouiront des mêmes privilèges, et que le transit libre n'éprouvera jamais, sous aucun prétexte, de difficulté ou d'obstacle. La Sublime Porte s'engage, en outre, à veiller soigneusement à ce que le commerce et la navigation de la mer Noire n'éprouvent pas le moindre obstacle d'une nature quelconque.

Dans ce but, la Sublime Porte reconnaît et déclare le passage du canal de Constantinople et le détroit des Dardanelles entièrement libres et ouverts aux bâtiments russes sous pavillon marchand, chargés ou sur lest, soit qu'ils viennent de la mer Noire pour aller dans la Méditerranée, soit que, revenant de la Méditerranée, ils veuillent rentrer dans la mer Noire. Ces bâtiments, pourvu que ce soient des bâtiments marchands, de quelque grandeur qu'ils soient, quel que soit leur tonnage, ne sont exposés à aucune entrave ou vexation quelconque, comme il a été stipulé ci-dessus. Les deux Cours s'entendront sur les meilleurs moyens à employer pour empêcher tout délai dans l'expédition des acquits de la douane nécessaires. En vertu du même principe, le passage du canal de Constantinople et du détroit des Dardanelles est déclaré libre et ouvert à tous les bâtiments marchands des Puissances en paix avec la Sublime Porte, soit qu'ils se rendent dans les ports russes de la mer Noire ou qu'ils en viennent, soit qu'ils soient chargés ou sur lest, aux mêmes conditions que celles stipulées pour les bâtiments sous pavillon russe. Enfin, la Sublime Porte, reconnaissant le droit de la Cour Impériale de Russie d'obtenir une garantie de cette pleine liberté de commerce et de navigation dans la mer Noire, déclare solennellement que jamais, et sous aucun prétexte quelconque, elle n'y apportera le moindre obstacle; elle promet surtout de ne jamais se permettre, à l'avenir, d'arrêter ou de détenir les bâtiments chargés ou sur leur lest, soit russes, soit appartenant à des nations avec lesquelles la Porte Ottomane ne sera pas en état de guerre déclarée, qui passeraient par le détroit de Constantinople et le détroit des Dardanelles pour se rendre de la mer Noire, dans la Méditerranée, ou de la Méditerranée aux ports russes de la mer Noire; et si, à ce que Dieu ne plaise, quelqu'une des stipulations contenues dans le présent article était enfreinte, et que la réclamation du ministre russe à ce sujet n'obtenait pas une satisfaction pleine et prompte, la Sublime Porte reconnaît d'avance le droit de la Cour Impériale de Russie de considérer une telle infraction comme un acte d'hostilité, et de faire immédiatement des représailles sur l'Empire Ottoman.

Art. 8. — Les arrangements précédemment stipulés par le sixième article de la convention d'Ackerman, dans le dessein de régler et liquider les droits des sujets et marchands respectifs des deux Empires, relativement à l'indemnité pour les pertes éprouvées à diverses époques depuis la guerre de 1806, n'ayant pas encore été mis à exécution, et le commerce russe ayant, depuis la conclusion de la susdite convention, souffert de nouveaux et considérables dommages en conséquence des mesures adoptées sur la navigation du Bosphore, il est arrêté et convenu que la Sublime Porte, comme réparation pour ces dommages et ces pertes, payera à la Cour Impériale de Russie, dans le délai de dix-huit mois, à des époques qui seront fixées plus tard, la somme de 1,500,000 ducats de Hollande : de sorte que le payement de cette somme mettra fin à tous les droits ou prétentions réciproques de la part des deux Puissances contractantes au sujet des circonstances ci-dessus mentionnées.

Art. 9. — La prolongation de la guerre, à laquelle le traité de paix actuel met heureusement fin, ayant occasionné à la Cour Impériale de Russie des dépenses considérables, la Sublime Porte reconnaît la nécessité de lui offrir une indemnité proportionnée. A cet effet, et indépendamment de la cession d'une petite portion de territoire en Asie, stipulée par l'article 4, que la Cour de Russie consent à recevoir pour compte de ladite indemnité, la Sublime Porte s'engage à payer à ladite Cour une somme d'argent dont le montant sera réglé de concert.

Art. 10. — La Sublime Porte, en déclarant son adhésion entière aux stipulations du traité conclu à Londres le 24 juin/6 juillet 1827, entre la Russie, la Grande-Bretagne et la France, adhère également à l'Acte du 10/22 mars 1829, rédigé d'un consentement mutuel entre les mêmes Puissances sur les bases dudit traité, et contenant les mesures de détail relatives à son exécution définitive. Ce traité et cette note concernent la reconnaissance de l'affranchissement de la Grèce.

Art. 11. — Immédiatement après la signature du présent traité de paix entre les deux Empires, et l'échange des ratifications par les deux Souverains, la Sublime Porte prendra toutes les mesures nécessaires pour la prompte et rigoureuse exécution des stipulations qu'il contient, et particulièrement du troisième et du quatrième article, relatif aux limites qui séparent les deux Empires, tant en Europe qu'en Asie ; ainsi que des cinquième et sixième articles, relatifs aux Principautés de la Valachie et de la Moldavie, aussi bien que de la Servie ; et, dès l'instant que ces stipulations pourront être considérées comme ayant été exécutées, la Cour Impériale de Russie procédera à l'évacuation du territoire de l'Empire Ottoman conformément aux bases établies par un acte séparé qui fait partie intégrante de ce traité. Jusqu'à la complète évacuation du territoire occupé par les troupes russes, l'administration et l'ordre de choses établi dans le moment actuel, sous l'influence de la Cour de Russie, seront maintenus, et la Sublime Porte ne s'en occupera en aucune manière.

Art. 12. — Immédiatement après la signature du présent traité de paix, des ordres seront donnés aux commandants des troupes respectives, tant sur terre que sur mer, de cesser les hostilités. Celles commises après la signature du présent traité seront considérées comme n'ayant pas eu lieu et n'amèneront aucun changement dans les stipulations qu'il contient ; de même, tout ce qui aura pu être conquis dans l'intervalle par les troupes de l'une ou de l'autre des Hautes Puissances contractantes sera rendu sans le moindre délai.

Art. 13. — Les Hautes Puissances contractantes, en rétablissant entre elles les relations d'amitié sincère, accordent un pardon général et une amnistie pleine et entière à tous ceux de leurs sujets, de quelque condition qu'ils soient, qui, pendant le cours de la guerre heureusement terminée aujourd'hui, auront pris part aux opérations militaires ou manifesté, soit par leur conduite, soit par leurs opinions, leur attachement à l'une ou à l'autre des deux parties contractantes. En conséquence, aucun de ces individus ne sera inquiété ou persécuté, soit dans sa personne, soit dans ses biens, pour sa conduite passée ; et chacun d'eux, recouvrant les propriétés qu'il possédait auparavant, en jouira paisiblement sous la protection des lois, et sera en liberté d'en disposer dans l'espace de dix-huit mois, de se transporter avec sa famille, ses biens, propriétés, etc., dans le pays quelconque qu'il lui plaira de choisir, sans éprouver aucune entrave ou vexation quelconque.

Il sera, en outre, accordé aux sujets respectifs des deux Puissances établis sur les territoires rendues à la Sublime Porte ou cédés à la Cour Impériale de Russie, le même intervalle de dix-huit mois, à dater de l'échange des ratifications du présent traité de paix, pour disposer, s'ils le jugent convenable, de leurs propriétés acquises soit avant, soit depuis la guerre, et de se retirer avec leurs capitaux, fortune, propriétés, etc., des États de l'une des Puissances contractantes dans ceux de l'autre.

Art. 14. — Tous les prisonniers de guerre, de quelque nation, condition ou sexe qu'ils soient, qui sont dans les deux Empires, devront immédiatement après l'échange des ratifications du présent traité de paix, être mis en liberté, et rendus sans le moindre payement ou rançon, à l'exception des chrétiens qui, de leur propre volonté, ont embrassé la religion mahométane dans les États de la Sublime Porte, ou les mahométans qui, aussi de leur propre volonté, ont embrassé la religion chrétienne dans les territoires de l'Empire russe.

La même conduite sera observée à l'égard des sujets russes qui, après la signature du présent traité de paix, seront tombés dans la captivité d'une manière quelconque, et seront trouvés dans les États de la Sublime Porte.

La Cour Impériale de Russie promet, de son côté, d'agir de la même manière envers les sujets de la Sublime Porte. Aucun remboursement ne sera exigé pour les sommes qui ont été employées par les deux Hautes Puissances contractantes pour l'entretien des prisonniers. Chacune d'elles fournira aux prisonniers tout ce qui pourra être nécessaire à leur voyage jusqu'aux frontières, où ils seront échangés par des commissaires nommés des deux côtés.

Art. 15. — Tous les traités, conventions et stipulations arrêtés et conclus à diverses époques, entre la Cour Impériale de Russie et la Porte Ottomane, à l'exception de ceux qui sont annulés par le présent traité de paix, sont confirmés dans toute leur force et effet, et les deux Hautes Parties contractantes s'engagent à les exécuter religieusement et inviolablement.

Art. 16. — Le présent traité de paix sera ratifié par les deux Hautes Cours contractantes, et l'échange des ratifications entre les plénipotentiaires respectifs aura lieu dans l'espace de six semaines, ou plus tôt si faire se peut (1).

En foi de quoi ont signé :

Le comte Alexis Orloff, le comte F. V. Pahlen.

En vertu de pouvoir :

Signé : Diebitsch Zabalkansky.

---

(1) *Annuaire historique universel,* par C.-L. Lesur. Année 1829 : *Documents historiques,* p. 94.

NOTE EXPLICATIVE

CONCERNANT L'EXÉCUTION DE CERTAINS ARTICLES DU TRAITÉ D'ANDRINOPLE.

Le § 1er de cette note règle le payement à la Russie, en dix-huit mois, de la somme de 1,500,000 ducats de Hollande allouée comme indemnité des pertes subies par les sujets et commerçants russes.

Le § 2 règle les dates des échéances et le montant des sommes pour chaque payement de l'indemnité ci-dessus.

Le § 3 fixe l'indemnité de guerre à allouer à la Russie à la somme de 10,000,000 de ducats de Hollande.

« § 4. — Quant à la stipulation contenue dans l'acte séparé concernant les Principautés de Moldavie et de Valachie, et en vertu de laquelle les villes turques situées sur la rive gauche du Danube, Turno, Giurgevo, Braïla, etc., avec leur territoire, doivent être réunies à la Valachie, et les fortifications qui ont ci-devant existé sur cette rive ne jamais être rétablies, il a été réglé dans la convention explicative (art. 1er) que Giurgevo, qui se trouvait encore alors au pouvoir des Turcs, serait évacué, remis aux troupes russes, et que les fortifications en seraient rasées. » — L'évacuation devait avoir lieu quinze jours après la signature de la paix (on sait qu'elle a été retardée). Les troupes turques devaient se retirer à Routschouk, sur la rive droite du Danube, vis-à-vis de Giurgevo, et emmener leur artillerie, leurs munitions et leurs propriétés. Il était également permis aux habitants turcs de Giurgevo d'émigrer avec leur fortune.

« § 5. — Relativement à l'évacuation du territoire ottoman par les troupes russes, notamment article 11 du traité principal, la convention explicative porte (art. 4) : « Aussitôt que le premier payement (100,000 ducats) sur les indemnités stipulées pour les pertes des sujets et commerçants russes aura été acquitté; aussitôt que l'article 6 du traité concernant la Servie aura été accompli, Giurgevo conséquemment évacué et remis aux troupes russes, alors sous un mois après l'échange des ratifications, l'armée russe quittera les villes d'Andrinople, Kisklisse, Zule, Burgas, Widin, Juiada et autres endroits, qui seront remis aussitôt aux autorités nommées par la Porte pour les recevoir. »

« § 6. — Aussitôt l'acquittement du second payement (400,000 ducats) de l'indemnité pour les commerçants russes, c'est-à-dire six mois après l'échange des ratifications, les troupes russes évacueront sous un mois tout le pays depuis le Balkan jusqu'à la mer Noire et au golfe de Burgas, et elles se retireront au delà du Balkan en Bulgarie et en Dobrudja. — Au bout du second terme de six mois, lorsque les 500,000 ducats formant le troisième payement des indemnités auront été acquittés, les troupes russes évacueront toute la Bulgarie avec les villes et les villages, etc., situés sur la Dobrudja, depuis le Danube jusqu'à la mer Noire. Les 500,000 ducats restants seront payés dans les six mois suivants, c'est-à-dire dix-huit mois après l'échange des ratifications. La ville de Silistrie et les Principautés de Moldavie et de Valachie sont exclues de l'évacuation ci-dessus, et seront gardées en dépôt par la Russie jusqu'à l'entier acquittement de la somme que la Porte s'est engagée à payer en indemnité pour les frais de la guerre. Aussitôt ce payement terminé, Silistrie et les Principautés seront évacuées sous deux mois et remises ponctuellement aux autorités de la Porte.

« § 7. — Quant à l'évacuation des provinces d'Asie qui doivent être rendues à la Porte en vertu de l'article 4 du traité, il a été réglé qu'elle commencerait trois mois après l'échange des ratifications, et cela conformément à une convention particulière que le général comte Paskewitch conclura avec les commandants de la Porte dans ces contrées, de manière que l'évacuation totale des pays qui doivent être rendus à la Porte soit terminée huit mois après l'échange des ratifications (1). »

(1) *Annuaire historique universel pour l'année 1826 : Documents historiques*, p. 98.

TRAITÉ D'ANDRINOPLE (Suite).

TRAITÉ SÉPARÉ ENTRE LA RUSSIE ET LA PORTE RELATIF AUX PRINCIPAUTÉS DE MOLDAVIE ET DE VALACHIE.

Au nom de Dieu Tout-Puissant,

Les deux Hautes Puissances contractantes, en confirmant tout ce qui a été stipulé par l'acte séparé de la convention d'Ackermann, relativement au mode d'élection des Hospodars de Moldavie et de Valachie, ont reconnu la nécessité de donner à l'administration de ces Provinces une base plus stable et plus conforme aux véritables intérêts des deux pays. — A cet effet, il a été convenu et réglé définitivement que la durée du gouvernement des Hospodars ne serait plus bornée à sept ans, comme par le passé, mais qu'ils seraient dorénavant investis de cette dignité à vie, sauf les cas d'abdication volontaire ou de destitution pour cause de délits prévus par ladite note séparée.

Les Hospodars régleront librement toutes les affaires intérieures de leurs Provinces, en consultant leurs Divans respectifs, sans pouvoir néanmoins porter atteinte aux droits garantis aux deux pays par les traités ou les hatti-chérifs, et ne seront troublés dans leur administration par aucun ordre contraire à ces droits.

La Sublime Porte promet et s'engage à veiller scrupuleusement à ce que les privilèges accordés à la Moldavie et à la Valachie ne soient d'aucune manière enfreints par les commandants limitrophes, de ne souffrir aucune ingérence de leur part dans les affaires de ces deux Provinces, et d'empêcher toute incursion des riverains de la rive droite du Danube sur le territoire valaque ou moldave. Seront considérées comme faisant partie intégrante de ce territoire toutes les îles attenantes à la rive gauche du Danube, et le chenal de ce fleuve formera la limite des deux Principautés depuis son entrée dans l'Empire ottoman jusqu'à son confluent avec le Pruth.

Pour mieux assurer l'inviolabilité du territoire Moldave et Valaque, la Sublime Porte s'engage à ne conserver aucun point fortifié, à ne tolérer aucun établissement quelconque des sujets musulmans sur la rive gauche du Danube. En conséquence, il est invariablement arrêté que sur toute cette rive, dans la grande et la petite Valachie, et aussi en Moldavie, aucun mahométan ne pourra jamais avoir son domicile, et que l'on y admettra les seuls marchands munis de firmans, qui viendront acheter pour leur propre compte dans les Principautés les denrées nécessaires pour la consommation de Constantinople, ou d'autres objets.

Les villes turques situées sur la rive gauche du Danube seront, ainsi que leurs territoires (*rajahs*), restituées à la Valachie pour être désormais réunies à cette Principauté, et les fortifications existant auparavant sur cette rive ne pourront jamais être rétablies. Les musulmans qui possèdent des biens-fonds non usurpés sur des particuliers, soit dans ces mêmes villes, soit sur tout autre point de la rive gauche du Danube, seront tenus de les vendre aux indigènes dans l'espace de dix-huit mois.

Le gouvernement des deux Principautés, jouissant de tous les privilèges d'une administration intérieure indépendante, pourra librement établir des cordons sanitaires et des quarantaines le long du Danube et ailleurs dans le pays où il en sera besoin, sans que les étrangers qui y arrivent, tant musulmans que chrétiens, puissent se dispenser de l'exacte observation des règlements sanitaires. — Pour le service des quarantaines aussi bien que pour veiller à la sûreté des frontières, au maintien du bon ordre dans les villes et campagnes et à l'observation des lois et règlements, le gouvernement de chaque Principauté pourra entretenir un nombre de gardes strictement nécessaire pour ces diverses fonctions. Le nombre et l'entretien de cette milice seront réglés par les Hospodars, de concert avec leurs Divans respectifs, en se basant sur les anciens exemples.

La Sublime Porte, animée du désir sincère de procurer aux deux Principautés tout le bien-être dont elles peuvent jouir, et informée des abus et des vexations qui s'y commettent à l'occasion des diverses fournitures exigées par la consommation de Constantinople, l'approvisionnement des forteresses situées sur le Danube et les besoins de l'arsenal, leur fait un abandon plein et entier de son droit à cet égard. En conséquence, la Valachie et la Moldavie seront pour toujours dispensées de fournir les grains et autres denrées, les moutons et les bois de construction qu'elles étaient tenues de livrer précédemment.

Il ne sera de même requis de ces Provinces, en aucun cas, des ouvriers pour les travaux des forteresses, ni aucune autre corvée de quelque nature que ce soit. Mais, afin de dédommager le trésor impérial des pertes que cet abandon total de ses droits pourrait lui faire éprouver, indépendamment du tribut annuel que les deux Principautés doivent payer à la Sublime Porte, sous les dénominations de *karatsh*, de *idiyé* et de *bekiabyé* (selon la teneur des hatti-chérifs de 1802), la Moldavie et la Valachie payeront chacune annuellement à la Sublime Porte, par forme de compensation, une somme d'argent dont la quotité sera déterminée ultérieurement d'un commun accord. En outre, à chaque renouvellement des Hospodars, par le décès, l'abdication ou la destitution des titulaires, la Principauté où le cas viendrait à échoir sera tenue de payer à la Sublime Porte une somme équivalente au tribut annuel de la Province établi par les hatti-chérifs. Ces sommes exceptées, il ne sera jamais exigé du pays ni des Hospodars aucun autre tribut, redevance ou cadeau, sous quelque prétexte que ce puisse être.

En vertu de l'abolition des fournitures ci-dessus spécifiées, les habitants des Principautés jouiront de la pleine liberté de commerce pour toutes les productions de leur sol et de leur industrie (stipulées par l'acte séparé de la convention d'Ackerman) sans aucune restriction, hormis celles que les Hospodars, de concert avec leurs Divans respectifs, jugeront indispensable d'établir, afin d'assurer l'approvisionnement du pays. Ils pourront naviguer librement sur le Danube avec leurs propres bâtiments, munis de passeports de leur gouvernement, et aller commercer dans les autres villes ou ports de la Sublime Porte, sans être molestés par les percepteurs du *karatsh* ni exposés à aucune autre vexation.

De plus, la Sublime Porte, considérant toutes les calamités que la Moldavie et la Valachie ont eu à supporter, et mue par un sentiment d'humanité tout particulier, consent à exempter les habitants de ces Provinces, pour l'espace de deux ans, à compter du jour où les Principautés auront été entièrement évacuées par les troupes russes, du payement des impôts annuels versés dans son trésor.

Enfin, la Sublime Porte, désirant assurer de toutes les manières le bien-être futur des deux Principautés, s'engage solennellement à confirmer les règlements administratifs qui, durant l'occupation de ces deux Provinces par les armées de la Cour Impériale, ont été faits d'après le vœu exprimé par les assemblées des notables du pays, et qui devront à l'avenir servir de base pour le régime intérieur des deux Provinces, en tant, bien entendu, que lesdits règlements ne porteraient aucune atteinte aux droits de souveraineté de la Sublime Porte.

C'est pourquoi, nous soussignés, plénipotentiaires de Sa Majesté l'Empereur et Padischah de toutes les Russies, de concert avec les plénipotentiaires de la Sublime Porte Ottomane, avons arrêté et réglé à l'égard de la Moldavie et de la Valachie les points ci-dessus, lesquels sont les conséquences de l'article 5 du traité de paix conclu à Andrinople entre nous et les plénipotentiaires ottomans. En conséquence, le présent acte séparé a été rédigé, muni de ses cachets et de nos signatures, et délivré entre les mains des plénipotentiaires de la Sublime Porte (1).

Fait à Constantinople le 2/14 septembre 1829.

Signé à l'original : Comte Alexis ORLOFF, comte F.-V. PAHLEN.

Confirmé à l'original par le comte DIESBITCH ZUBALKANSKI, général en chef de la deuxième division.

---

(1) *Annuaire historique universel,* année 1829, par C.-L. LESCUR : *Documents historiques,* p. 99.

TRAITÉ DE SAINT-PÉTERSBOURG

(Janvier 1834.)

Art. 2. — Par l'instrument fait séparément à Andrinople relativement aux Principautés de Moldavie et de Valachie, la Sublime Porte a pris l'engagement de reconnaître formellement les règlements faits, pendant que les troupes russes occupaient ces Provinces, par les principaux habitants sur leur administration intérieure; la Sublime Porte, ne trouvant rien dans les articles de cette Constitution qui puisse affecter ses droits de souveraineté, consent dès à présent à reconnaître formellement ladite Constitution.

Elle s'engage à publier à cet égard un firman accompagné d'un hatti-chérif, deux mois après l'échange des ratifications, et à donner une copie du même à la mission russe à Constantinople.

Après la reconnaissance formelle de la Constitution, les Hospodars de Valachie et de Moldavie seront nommés, mais pour cette fois-ci, et comme un cas tout particulier, de la manière qui a été convenue il y a quelque temps entre les deux Puissances contractantes, et ils commenceront à gouverner les deux Provinces conformément à la Constitution, laquelle est une suite des stipulations dont il a été parlé plus haut.

Sa Majesté l'Empereur de Russie, voulant donner une nouvelle preuve des égards et de la considération qu'elle a pour Sa Hautesse, et hâter le moment où la Sublime Porte usera des droits que les traités lui assurent sur les deux Provinces, ordonnera à ses troupes, une fois que les Princes auront été nommés, de se retirer des deux Provinces. Ce point aura son exécution deux mois après la nomination des Princes. Et comme une compensation est due, en toute justice, pour les avantages que la Sublime Porte accorde par faveur aux Valaques et aux Moldaves, il est convenu et arrêté que le tribut annuel que les deux Provinces doivent lui payer d'après les traités est fixé désormais à six mille bourses (c'est-à-dire à trois millions de piastres turques), et les Princes auront soin que cette somme lui soit payée annuellement à partir du 1er janvier 1835.

Il est convenu entre les deux Cours que le nombre des troupes employées comme garnisons dans l'intérieur des deux Provinces sera fixé d'une manière invariable et au gré de la Sublime Porte, et que celle-ci donnera les drapeaux aux garnisons, et le pavillon aux bâtiments marchands moldo-valaques qui naviguent sur le Danube. . . . .

7° De ne point non plus exiger d'eux aucune contribution ou autre payement pour tout le temps de la guerre, attendu le grand nombre de pertes et de calamités par eux souffertes pendant sa durée, ni même durant deux ans, à compter du jour de l'échange dudit traité.

8° Lequel temps expiré, la Porte promet d'user de toute l'humanité et de toute la générosité possibles dans l'imposition des tributs, consistant en argent, et de les recevoir par le canal des commissaires qui seront envoyés tous les cinq ans; et après le payement de ces tributs sur eux imposés, aucun pacha ou gouverneur, ou autre personne quelconque ne pourra, en aucun cas, les molester ni exiger d'eux aucun autre payement ni imposition quelconque, sous quelque nom ou prétexte que ce soit, mais il leur sera permis de jouir des mêmes avantages dont ils ont joui du temps du règne de Mahomet IV, d'heureuse mémoire, père de Sa Hautesse.

9° De permettre encore aux Souverains des deux Principautés de Moldavie et de Valachie d'avoir, chacun pour son compte, auprès de la Sublime Porte, des chargés d'affaires chrétiens de religion grecque représentant le Prince : ces chargés d'affaires auront soin des intérêts desdites Principautés et seront favorablement traités par la Sublime Porte qui les regardera même, malgré leur peu d'importance, comme des hommes jouissant du droit des gens, et par conséquent exempts de toute vexation.

10° La Sublime Porte consent en outre que, suivant les circonstances où se trouveront les deux Principautés, les ministres de la Cour Impériale de Russie puissent parler en leur faveur, et la Sublime Porte promet d'avoir égard à ces représentations, conformément à la considération amicale et aux égards que les puissances ont les unes envers les autres.

CONVENTION (sened) DE BALTA LIMAN

(19 avril/1er mai 1849.)

Sa Majesté Impériale le Très Haut et Très Puissant Empereur et Autocrate de toutes les Russies, et Sa Majesté Impériale le Très Haut et Très Puissant Empereur et Padischah des Ottomans, animés d'une égale sollicitude pour le bien-être des Principautés de Moldavie et de Valachie, et fidèles aux engagements antérieurs qui assurent auxdites Principautés le privilège d'une administration distincte et certaines autres immunités locales, ont reconnu qu'à la suite des commotions qui viennent d'agiter ces Provinces, il convenait de prendre, d'un commun accord, des mesures extraordinaires et efficaces pour protéger ces immunités et privilèges, soit contre les bouleversements révolutionnaires et anarchiques, soit contre les abus de pouvoir qui y paralysaient l'exécution des lois et privaient les habitants paisibles des bienfaits du régime dont les deux Principautés doivent jouir, en vertu de traités solennels conclus entre la Russie et la Sublime Porte.

A cet effet, nous soussignés, par l'ordre et l'autorisation expresse de Sa Majesté l'Empereur de toutes les Russies, S. A. Rechid-Pacha, grand vizir, et S. Exc. Aali-Pacha, ministre des affaires étrangères de la Sublime Porte Ottomane, par l'ordre et l'autorisation expresse de Sa Majesté le Sultan, après nous être dûment expliqués et concertés ensemble, avons arrêté et conclu les articles suivants :

ARTICLE PREMIER. — Vu les circonstances exceptionnelles amenées par les derniers évenements, les deux Cours Impériales sont convenues qu'au lieu de suivre le mode établi par le règlement de 1831 pour l'élection des Hospodars de Moldavie et de Valachie, ces hauts fonctionnaires seront nommés par Sa Majesté le Sultan, d'après un mode spécialement concerté pour cette fois entre les deux Cours, dans le but de confier l'administration de ces deux Provinces aux candidats les plus dignes et jouissant de la meilleure renommée parmi leurs compatriotes. Pour cette fois également, leurs deux Hospodars ne seront nommés que pour sept ans, les deux Cours se réservant, un an avant l'expiration du terme fixé par la présente convention, de prendre en considération l'état intérieur des Principautés et les services qu'auraient rendus les deux Hospodars, pour aviser d'un commun accord à des déterminations ultérieures.

ART. 2. — Le règlement organique accordé aux Principautés en 1831 continuera à être en vigueur, sauf les changements et les modifications dont l'expérience a prouvé la nécessité, notamment pour ce qui concerne les assemblées ordinaires et extraordinaires des Boyards. Dans le mode de composition et d'élection suivi jusqu'ici, ces réunions ayant donné lieu, plus d'une fois, à des conflits déplorables et même à des actes d'insubordination ouverte, leur convocation restera suspendue, et les deux Cours se réservent de s'entendre au sujet de leur rétablissement sur des bases combinées avec toute la maturité requise, et à l'époque où elles jugeront que cette mesure pourrait être mise à exécution sans inconvénient pour le maintien du repos public dans les Principautés. Leurs fonctions délibératives seront provisoirement confiées à des conseils ou divans *ad hoc,* formés des Boyards les plus notables et les plus dignes de confiance et de quelques membres du haut clergé. Les attributions principales de ces conseils seront l'assiette des impôts et l'examen du budget annuel dans les deux Provinces.

ART. 3. — Afin de procéder avec toute la maturité nécessaire aux améliorations organiques que réclament la situation des Principautés et les abus administratifs qui s'y sont introduits, il sera établi deux comités de revision, l'un à Iassi et l'autre à Bucarest, composés des Boyards les plus recommandables par leur caractère et leurs capacités, auxquels sera déférée la tâche de reviser les règlements existants, et de signaler les modifications les plus propres à donner à l'administration du pays la régularité et l'ensemble qui lui ont souvent manqué.

Le travail de ces comités sera soumis dans le plus bref délai possible à l'examen du Gouvernement ottoman, qui, après s'être entendu avec la Cour de Russie et avoir ainsi constaté l'approbation mutuelle, accordera auxdites modifications sa sanction définitive, qui sera publiée, moyennant la forme usitée d'un hatti-chérif de Sa Majesté le Sultan.

ART. 4. — Les troubles qui viennent d'agiter si profondément les Principautés ayant démontré la nécessité de prêter à leurs gouvernements l'appui d'une force militaire capable de réprimer promptement tout mouvement insurrectionnel et de faire respecter les autorités établies, les deux Cours Impériales sont convenues de prolonger la présence d'une certaine partie des troupes russes et ottomanes qui occupent aujourd'hui le pays, et notamment pour préserver les frontières de Valachie et de Moldavie des accidents du dehors, il a été décidé qu'on y laisserait pour le moment de 25 à 30,000 hommes de chacune des deux parts. Après le rétablissement de la tranquillité desdites frontières, il restera dans les deux pays 10,000 hommes de chaque côté, jusqu'à l'achèvement des travaux d'amélioration organique et la consolidation du repos intérieur des deux Provinces. Ensuite, les troupes des deux Puissances évacueront complètement les Principautés, mais resteront à portée d'y rentrer immédiatement, dans le cas où des circonstances graves survenues dans les Principautés réclameraient de nouveau l'adoption de cette mesure. Indépendamment de cela, on aura soin de compléter sans retard la réorganisation de la milice indigène, de manière qu'elle offre par sa discipline et son effectif une garantie suffisante pour le maintien de l'ordre légal.

Art. 5. — Pendant la durée de l'occupation, les deux Cours continueront à faire résider dans les Principautés un commissaire extraordinaire russe et un commissaire extraordinaire ottoman. Ces agents spéciaux seront chargés de diriger la marche des affaires et d'offrir en commun aux Hospodars leurs avis et leurs conseils, toutes les fois qu'ils remarqueront quelques abus graves ou quelque mesure nuisible à la tranquillité du pays. Lesdits commissaires extraordinaires seront munis d'instructions identiques concertées entre les deux Cours, et qui leur traceront leurs devoirs et le degré d'ingérence qu'ils auront à exercer dans les affaires des deux Principautés. Les deux commissaires auront également à s'entendre sur le choix des membres des comités de revision à établir dans les Principautés, ainsi qu'il a été dit dans l'article 3. Ils rendront compte à leurs Cours respectives du travail de ces comités, en y joignant leurs propres observations.

Art. 6. — La durée du présent arrangement est fixée au terme de sept années, à l'expiration duquel les deux Cours se réservent de prendre en considération la situation dans laquelle les Principautés se trouveraient alors, et d'aviser aux mesures ultérieures et les plus propres à assurer, pour un long avenir, le bien-être et la tranquillité de ces deux Provinces.

Art. 7. — Il est entendu que par le présent acte, motivé par des circonstances exceptionnelles et conclu pour un temps limité, il n'est dérogé à aucune des stipulations existantes entre les deux Cours, à l'égard des Principautés de Valachie et de Moldavie, et que les traités antérieurs corroborés par l'acte séparé du traité d'Andrinople conservent toute leur force et valeur.

Les sept articles qui précèdent ayant été arrêtés et conclus, notre signature et le sceau de nos armes ont été apposés au présent acte, qui est remis à la Sublime Porte en échange de celui qui nous est remis par Son Altesse le grand visir, et Son Excellence le ministre des affaires étrangères précités.

Fait à Balta Liman le 19 avril/1ᵉʳ mai et de l'hégire le 8 djemazi-ul-akhir 1265.

Signé : Vladimir Titoff,

Envoyé extraordinaire et ministre plénipotentiaire
de Sa Majesté l'Empereur de Russie près la
Sublime Porte.

DOCUMENTS

1º INDIGÉNAT ACCORDÉ AU GÉNÉRAL COMTE KISSELEFF.

2º CHRYSOBULLE DE MATHIEU BASSARABA, DE 1639.

3º GÉNÉALOGIE ET TABLEAUX DE LA FAMILLE BASSARABA-BRANCOVAN BIBESCO.

S. Exc. M. le vice-chancelier, à M. Daschkoff.

S. M. l'Empereur de Russie a autorisé le général comte Kisseleff à accepter l'indigénat qui lui a été offert par l'Assemblée générale de Valachie.

20 avril 1841.

Je me suis fait un devoir de placer sous les yeux de l'Empereur votre dépêche du 6 mars, n° 33, qui rend compte de la résolution adoptée par l'Assemblée générale de Valachie d'offrir au comte Kisseleff l'indigénat dans la Principauté, comme témoignage de reconnaissance pour la manière dont il y a rempli les vues magnanimes de Sa Majesté Impériale.

Cette manifestation solennelle et spontanée des sentiments de reconnaissance qu'inspirent aux Valaques les bienfaits de l'auguste protecteur de leur patrie, cet hommage public d'estime et d'affection rendu à celui qui a été le dépositaire des intentions généreuses et bienveillantes de l'Empereur, étaient de nature à faire éprouver à Sa Majesté une satisfaction réelle.

Je m'empresse de vous inviter, Monsieur, à annoncer au Prince Ghika que notre auguste Maître a daigné autoriser le général comte Kisseleff à accepter l'indigénat qui vient de lui être conféré. Vous voudrez bien en même temps le prier d'exprimer à l'Assemblée générale le prix que l'Empereur attache aux sentiments qu'elle a manifestés à cette occasion et qui répondent d'ailleurs si parfaitement à la vive sollicitude que ne cessent d'inspirer à Sa Majesté les destinées de la Valachie.

CHRYSOBULLE DE MATHIEU BASSARABA

DE 1639 (1).

Au nom du Père, du Fils et du Saint-Esprit, Amen !

Nous *Io* Mathieu Bassaraba, par la grâce de Dieu maître et seigneur de toute la Valachie, et de même seigneur des pays d'au delà des montagnes, d'Almasch et de Fàgàrasch, faisons savoir à tous les habitants du pays, pris en masse, comme aussi à chacun pris à part, à tous ceux qui doivent connaître de l'affaire dont il s'agit, ou en être informés, aux habitants de notre terre de Valachie de l'un et l'autre ordre, aux ecclésiastiques aussi bien qu'aux laïques, aux princes très éclairés (2), aux très saints métropolitains, aux évêques aimés de Dieu, aux très honorés archimandrites, aux honorables hégoumènes, aux respectables protopopes, prêtres et diacres, et à toute personne appartenant à la hiérarchie ecclésiastique, et de même à tous les grands boyards de bonne noblesse, aux très prudents et très honorés conseillers du trône, à tout fonctionnaire, à tout juge, à toute personne appartenant à l'administration, quel que soit son rang, à tous les boyards, grands et petits, de notre pays, à tous nos aimés et féaux qui vivez présentement, et à ceux qui viendront dans le cours des temps, faisons, disons-nous, savoir, par cette chrysobulle nôtre, que de même que, par la volonté et l'enseignement de N.-S. Jésus-Christ, dans le monde entier, s'est enracinée l'habitude d'élever de saints monastères, de même depuis les anciens temps, depuis la conquête du pays, cette coutume a pris racine dans notre patrie que les bons chrétiens et aimant Dieu, Princes, métropolitains, évêques, boyards, et tout habitant du pays qui en avait le pouvoir, bâtissent des maisons à Dieu, de saints monastères, au milieu des forêts, des montagnes ou même des villes, pour augmenter la gloire du nom de Dieu, ou à la louange de la très pure Vierge et de tous les saints aimés de Dieu, et dans le but d'offrir une demeure et une nourriture à ceux qui, selon le mot de l'Évangile, ont abandonné le monde et les joies du monde pour suivre les voies de Dieu ; — pour s'assurer éternellement des prières, afin d'obtenir la rémission de leurs péchés, et aussi pour honorer

---

(1) BOLLEAC, p. 465.
(2) C'est-à-dire : ses successeurs. (*Note du traducteur.*)

leur patrie, ils ont assuré ces fondations en terres, en biens meubles et immeubles.

Ces usages ont été observés jusqu'en ces derniers temps et années, lorsqu'il arriva que le pays vit s'élever, comme métropolitains et princes du pays, des hommes qui nous étaient étrangers, non par la sainte loi religieuse, mais par la race et la langue, et ils avaient des accoutumances funestes au pays; c'étaient des Grecs qui se montrèrent impitoyables, et, dans leur triomphe, ils ne s'adonnèrent point au repos, mais travaillèrent à changer et à renverser les bonnes vieilles coutumes du pays, lesquelles altérées, ils ne tardèrent pas à amener le pays à être entièrement ruiné et désert; arrivés à ce point, ils n'éprouvèrent ni honte ni craintes, dans leurs tristes accoutumances, à s'en prendre aux saints monastères fondés par les Princes du pays, et ils n'hésitèrent point à violer les us et coutumes des monastères, et les lois décrétées par les anciens Princes fondateurs au sujet des saints monastères; ils n'en tinrent aucun compte, mais, s'attirant par là les malédictions lancées par ces anciens Princes, ils se salirent les mains en recevant des pots-de-vin, qui sont comme un bandeau pour les yeux, et, usant d'intrigues cachées, ils commencèrent à vendre les biens des saints monastères du pays, à en faire commerce, et les saintes maisons fondées par les Princes, ils les dédièrent, en qualité de succursales (metoh) soumises à un véritable impôt, à d'autres monastères de Grèce ou du Mont-Athos (Sainte-Agora). Ils firent des chrysobulles de dédicace, à l'insu du conseil, et sans la participation du concile, ou d'un quelconque des habitants du pays, voulant par là fournir aux Saints Lieux une arme sûre contre les monastères du pays, afin de pouvoir les posséder à jamais. Un tel état de choses nous donne le droit de citer, en les modifiant un peu, les paroles du saint prophète et empereur David : « Seigneur, les étrangers sont venus dans notre pays, et ils ont sali leurs mains de pots-de-vin, et ils ont osé vendre mes saints trésors, et en faire commerce, et chasser les indigènes, et le fruit de leurs efforts et de leurs peines, le donner aux étrangers, et ce fut une fumée qui répandait la honte et la mauvaise odeur jusque chez nos voisins. » Mais, dans sa bonté, Dieu n'a pas permis à de tels étrangers de nous étouffer éternellement, et il prit en compassion les prières, les larmes et les soupirs des Saints Pères chassés par les étrangers de leurs demeures par force et sans nul droit; la grande charité de Dieu le fit jeter de nouveau un regard sur ce pauvre pays, et se souvenant des antiques bontés qu'il eut pour notre race des Bassaraba, pour les Princes indigènes qui bâtirent et enrichirent maint monastère et mainte église, et voulant instaurer de nouveau ses antiques bontés dans cette même race des Bassaraba, il se souvint de nous plus haut nommé. Io Matei Bassaraba, voulant donc chasser de ce pays les étrangers, et y rassembler de nouveau les indigènes, il nous ramena de l'étranger où nous avaient contraint de fuir ces méchants vagabonds venus d'autres contrées, et il fit choix de nous pour régner sur ce pays, nous élevant au trône de nos ancêtres.

Devenant donc, par sa sainte grâce, maître du pays, d'une manière stable, et honoré du drapeau impérial (1), nous avons appelé et réuni en notre présence l'assemblée du pays tout entier, prêtres et laïques ; tous à genoux devant nous, les larmes aux yeux, ils ont crié vers nous, ils nous ont supplié, et se sont plaints à nous des injustices qu'ils ont tous endurées des étrangers, non les laïques seuls, mais les saints monastères eux-mêmes, comme il est dit plus haut.

C'est pourquoi, nous plus haut nommé Io Mathieu Bassaraba, en face de l'assemblée du pays tout entier, d'après le conseil et l'assentiment de cette assemblée tout entière, avons décrété que les saintes maisons princières, que ces Princes et prélats étrangers ont, pour des pots-de-vin, sans que personne le sût ou y donnât son consentement, dédiées et soumises, en qualité de succursales obligées à un véritable impôt, à d'autres monastères de Grèce, du Mont-Athos, ou d'ailleurs, et nommément que les monastères de Tismana, de Cozia, d'Argesch, de Bistritza, de Govora, de Dealul, de Glavacior, de Snagor, de Cotmana, de Valea, de Rimaciovul, de Mislea, de Bonlintin, de Cimpulung, de Caldarusani, de Brincoveni, de Sadova, d'Arnota, de Gura Motrulni, de Potopul, de Ninetul, de Tinganul, que tous ces monastères soient libres du joug de ces moines étrangers, qui ne les avaient obtenus que par des pots-de-vin, et qu'ils continuent à jouir des mêmes immunités que jadis, selon la loi et les dispositions portées par ceux qui les ont fondés et bâtis. Ils ne seront désormais soumis qu'aux autorités du pays, comme ils l'étaient de tout temps. Exception est faite pour les monastères fondés soit par les Princes, soit par des boyards que les fondateurs eux-mêmes auraient dédiés, en qualité de succursale, à un autre monastère choisi par eux. Ces monastères continueront à être soumis aux moines étrangers, selon la lettre et les dispositions des lettres de dédicace délivrées par les fondateurs, et ils ne violeront en rien la loi qui leur est faite. Quant aux monastères usurpés par les moines étrangers grâce à des pots-de-vin, ceux-ci les perdront, et ces monastères devront être habités par des moines roumains, et les étrangers devront rendre toutes lettres de donation, chrysobulles ou autres documents qu'ils auraient de ces Princes ou prélats étrangers ; et s'ils en dissimulent l'existence pour les produire plus tard, à quelque époque que cela arrive, nul ne devra accueillir ces documents, leur prêter confiance ni y faire la moindre attention ; tout au con-

(1) Il ne rompt pas avec la Turquie. (*Note du traducteur.*)

traire, on devra les leur retenir, et les annuler comme mesures injustement prises, par l'influence pernicieuse des pots-de-vin, en violation des volontés de l'assemblée du pays. Et quel que soit le Prince choisi par Dieu pour gouverner après notre mort, quels que soient les prélats, évêques, boyards ou puissants du jour qui, gagnés par des pots-de-vin, ou cédant aux prières et obsessions des moines étrangers, ou à la prière de quelque étranger ou indigène, se laisseront jamais induire à accueillir de telles lettres de donation ou chrysobulles que ces moines auraient dissimulées pour les produire plus tard, et oseront violer et mépriser cette chrysobulle nôtre, qui est donnée conformément au conseil et à la volonté de toute l'assemblée du pays, et auront le courage de dédier aux monastères étrangers et de leur soumettre un quelconque de ceux qui ont été de la part des étrangers l'objet de vente et d'un scandaleux commerce, ou de ceux qui y avaient échappé, que de telles gens, fussent-ils Princes ou métropolitains, ou évêques, ou grands boyards, fussent-ils étrangers ou indigènes, qui eux, aussi bien que leurs instigateurs, tombent sous la malédiction de l'assemblée, des prélats, des hégoumènes et de tous les prêtres du pays, lesquels, en notre présence et celle de l'assemblée de tout le pays, revêtus des vêtements sacrés, tenant dans leurs mains les torches allumées, ont prononcé ce terrible et effroyable anathème ; et, après l'avoir prononcé, ont éteint les torches, selon la coutume.

Nous-même, dans cette chrysobulle nôtre, nous rappelons cet anathème, et prions Dieu que quiconque osera rejeter cette loi de l'assemblée, que lui-même, ainsi que ses instigateurs, soit rejeté du Seigneur Dieu, qui le fera tomber dans des pièges dont il ne se doute pas, et qu'on lui donne la chasse comme il a chassé lui-même vilainement, et qu'il tombe dans les pièges par lui-même dressés, que sa cour reste déserte, que sous son toit personne ne demeure, que son nom soit effacé du livre de vie, et ne soit pas passé dans la liste des justes ; que Dieu fasse prédominer sur lui le méchant, que Satan marche à sa droite ; que le jour du jugement il soit condamné ; que sa prière soit rejetée comme celle d'un réprouvé, que sa vie soit courte, qu'un autre prenne sa fonction ; que ses fils demeurent dans la pauvreté, et sa femme dans le veuvage ; qu'ils soient chassés de leurs maisons ; que leurs créanciers recherchent tout ce qui leur appartient, que les étrangers pillent le fruit de ses fatigues ; qu'il soit sans protecteur, sans personne qui lui fasse l'aumône ; que sa descendance périsse ; qu'une seule génération soit suffisante pour abolir sa race ; que le souvenir des injustices du père soit toujours devant les yeux de Dieu ; que son péché ne soit pas aboli, ni la colère divine, que Dieu les ait toujours présents ; qu'il tombe impuissant sous les coups de ses ennemis ; que l'ennemi le poursuive et triomphe de lui jusque dans son âme, qu'il éteigne sa vie sur cette terre, et de son souvenir qu'il en fasse de la poussière ; que sa race soit balayée de la terre, qu'à la mort il soit rangé avec les païens, et qu'au jour de l'effroyable jugement, il ne voie point la gloire de Dieu, mais que sa part soit le feu, le brasier et le vent de la tempête, et que son lot soit celui de Judas et d'Arius. Puisse-t-il lui arriver de rencontrer tous ces maux dans la vallée du feu originaire, et qu'il encoure par trois fois l'anathème des trois cent dix-huit Saints Pères du concile de Nicée.

Tout au contraire, quiconque respectera et observera identiquement cette décision de l'assemblée du pays, rapportée dans cette chrysobulle nôtre, et lui donnera une nouvelle sanction par sa propre chrysobulle, que Dieu accueille sa prière, dans les jours difficiles, et qu'il trouve un appui dans le nom du Dieu de Jacob, que le secours divin lui vienne de Dieu et de Sion, que Dieu lui soit en aide et le bénisse, qu'il n'éprouve que des joies tous les jours de sa vie, que Dieu lui donne à tout jamais des jours longs et bénis ; que sa lumière s'allume de bonne heure aux yeux du monde ; que sa justice marche devant lui, que la gloire de Dieu l'entoure ; que sa gloire brille même dans les ténèbres, et que ces ténèbres soient comme la lumière de midi ; que Dieu soit à jamais avec lui, et soit toujours satisfait de ses pensées ; que le jour de son trépas, après la mort, il entre en la joie de Dieu, son Seigneur, et qu'il prenne éternellement sa part de la suprême bonté, avec celui que l'œil de l'homme n'a point vu, que son oreille n'a point entendu, que son esprit n'a point compris, dans le séjour que Dieu a préparé pour ceux qui l'aiment, dans la lumière infinie où habite Dieu à tout jamais béni. Amen !

Pour donner plus de foi à cette décision de l'assemblée, voici que dans cette chrysobulle nôtre, nous insérons comme témoins les noms des honorés et féaux conseillers de Notre Altesse, et fonctionnaires du pays, ecclésiastiques et laïques : notre saint père l'archi-métropolitain et vladica de Valachie, *chir* (père) *Théophile, chir Ignatie*, évêque du saint évêché de Rimnic, *chir Stefan*, évêque du saint évêché de Buzau, pan (1) *Théodose*, grand ban (2), pan *Hrizea*, grand vornic ; pan *Grégoire*, grand logothète, pan *Radu*, grand vistier, pan *Preda*, grand spatar, pan *Buzinca*, grand clucer, pan *Socol*, grand stolnic, pan *Radu*, grand comis, pan *Vucinà*, grand paharnic, pan *Constantin*, grand de Craiova, capitale de l'Œpénie, Postelnic et Ispravnic, et nous donnons en témoignage la propre parole de Notre Altesse. En outre, pour mieux inspirer la foi, nous avons signé de notre propre main, et avons ordonné qu'on appendît à ce document le grand sceau du pays. Et c'est moi *Pirvul Radulovicé* qui ai écrit cette chrysobulle.

(1) Seigneur, abréviation de *jupan*.
(2) *Idem*.

Donné dans notre principal palais de la ville forteresse, par Dieu défendue, de Bucarest, le 28 du mois de..... l'année de la création du monde 7147 (1), ou 1639 de l'ère du salut, et de notre règne la septième.

Io MATHIEU VAYVODE, prince par la grâce de Dieu.

<small>Le sigille princier étant appendu, s'est conservé dans l'orignal.</small>

(1) Les orthodoxes donnent 5508 comme date de la création du monde.

FAMILLE BASSARABA-BRANCOVAN-BIBESCO

SES ORIGINES.

D'après la tradition, l'origine de la famille Brancovan remonte à *Vick Brancovici*, frère du despote de Serbie *Lazare Brancovici*.

Ce nom de *Brancovici* fut porté par le saint martyr de l'Orthodoxie, le Métropolitain *Sava Brancovici*, victime du zèle protestant et de la barbarie hongroise. Il est à présumer qu'il appartenait à une branche des *Brancovici* ou *Brancoveano*.

Le Prince *Mathieu Bassaraba* était *Brancovan* (1). Il s'appelait *Matei aga din Brancoveni*, lorsqu'il se révolta contre la Turquie.

Pour reprendre les choses de plus haut, la révolte de *Michel le Brave* eut cette conséquence que, le jour où il fut assassiné par les ordres de la Cour d'Autriche, les Roumains purent élire Prince *Radu-Serban-Bassaraba*, qui battit et tua le chef du parti hongrois de Transylvanie, *Moïk Szekely*.

Mais, dix ans après, les Turcs nommèrent à sa place *Radu-Mihnea*, et bientôt leur joug et celui des Grecs, leurs créatures, — qui se servaient de la puissance turque pour s'enrichir et enrichir leurs monastères, — devint si intolérable, qu'en 1633 *Mathieu Brancovan* dut faire une révolution.

Le Prince Mathieu mentionne toujours, dans ses actes, « *l'oncle de Mon Altesse, le Vayvode Bassaraba* ». Son père avait donc épousé une sœur de *Serban*.

Mathieu avait un frère, qui eut pour fils *Preda*, grand vornic, père du postelnic *Papa Brancovan*, père lui-même du Prince *Constantin Brancovan Bassaraba*, exécuté par les Turcs en 1714.

La chronique anonyme, connue aussi sous le nom de « *Chronique du capitaine Constantin* » (MAGAZIN HISTORIQUE, t. Ier), dit que *Preda Brancovano* a été tué dans la révolte contre les Grecs qui désola les derniers jours de *Mathieu Bassaraba*. C'est là une erreur; *Papa* seul a été tué, sous *Constantin Serban Bassaraba*.

En effet, au *Monastère de Brancoveni*, qui était si riche en ornements et en livres précieux donnés par *Mathieu Bassaraba*, par *Constantin Serban Bassaraba* (bâtard de *Radu-Serban*) et par *Constantin Bassaraba Brancovan*, qui tous l'ont agrandi et embelli, se trouvent les tombes

---

(1) Voir les nombreuses Chrysobulles de ce Prince.

dois reprendre les couves couleurs ainsi que les
Hors format et couleurs des gros livres jaunes.
reprendre aussi le code 9893.

Problème des jours non peint.
Problème du lieu de travail.
Des documents rié etc...
— Demande.

TABLEAU GÉNÉALOGIQUE
DE LA FAMILLE RÉGNANTE DES MAUROCORDATOS

De laquelle est issue la Princesse ZOÉ, adoptée par le Prince Grégoire BASARABA-BRANCOVAN et mariée à GEORGES-DEMETRE BIBESCO, qui règne de 1842 à 1848.

Nicolas MAUROCORDATOS
né à Chios, en 1599. Marié à Roxandre Scaletti. Mort à Constantinople en 1639.

Alexandre MAUROCORDATOS
né à Constantinople en 1636. Marié à Sultane, née Chujioscaulea. Mort en 1709. Grand Interprète, négocia la paix de Carlovitz. Reçut de l'Empereur Léopold le titre de Prince de l'Empire.

Jean MAUROCORDATOS
premier Prince régnant en Moldavie depuis 1709.

Nicolas MAUROCORDATOS
né à Constantinople en 1734. Premier Prince régnant grec de Valachie depuis 1709. Traita et conclut la paix de Passarovitz. Mort comme Prince régnant, en 1730, à Bucarest. Savant et auteur distingué, ses ouvrages en grec ancien furent publiés à Leipzig, avec traduction latine. Enterré au couvent de Vacaresti, qu'il avait fondé et richement doté.

1734

Constantin MAUROCORDATOS
né à Bucarest en 1711, mort à Jassy le 4 décembre 1769. Succéda à son père, en 1730, sur le trône de Valachie : y régna à plusieurs reprises pendant 16 ans, et en Moldavie pendant 6 ans. Célèbre par la réforme qu'il introduisit, en Valachie et en Moldavie, par l'affranchissement de la culture du maïs. Il fit traduire tous les livres ecclésiastiques dans la langue du pays.

paysan vers ši et p`in traduction des

Sultane MAUROCORDATOS
mariée au grand Postelnic Mourouzi, père de Constantin MOUROUZI, premier Prince régnant de cette famille.

Jean MAUROCORDATOS
Prince régnant de Moldavie de 1743 à 1747.

Demetre MAUROCORDATOS
né et mort en Moldavie.

Alexandre MAUROCORDATOS
Prince régnant de Moldavie, surnommé Dely Bey, de 1782 à 1785. Marié à la Princesse Marie Collimachy.

Sultane MAUROCORDATOS
mariée au Grand Interprète de la Sublime Porte Ottomane, Georges Caradja, père du Prince de Valachie Jean Caradja.

Alexandre MAUROCORDATOS
Prince régnant, né à Constantinople le 1er juillet 1734, mort à Moscou le 8 février 1829. Grand Interprète de la Porte pendant la cession de la Crimée à la Russie. Prince régnant de Moldavie, depuis 1787 ; protégé beaucoup par l'Impératrice Catherine, il se réfugia en Russie, vécut à Moscou et y mourut.

Alexandre MAUROCORDATOS
né et mort à Jassy, marié à Catherine, née Balche.

Ralou MAUROCORDATOS
née en 1785, morte à Athènes en 1860. Mariée au fils du Prince régnant de Moldavie, Alexandre Maurocordatos, Sy. Constantin.

Catherine MAUROCORDATOS
Demoiselle d'honneur de l'Impératrice de Russie.

Zoé MAUROCORDATOS
mariée à GEORGES-DEMETRE BIBESCO qui règne en Valachie de 1842 à 1848. *Élu par la nation à vie.*

Demetre MAUROCORDATOS
marié à Mademoiselle Spyro.

Alexandre MAUROCORDATOS
né à Jassy.
→

Marie MAUROCORDATOS
mariée à Basiles Beldimano.

GRÉGOIRE, par adoption, BASARABA-BRANCOVAN, † oct. 1886, épouse Rachel Mussurus.

NICOLAS, † juin 1890, épouse Hélène, née d'Elchingen.

GEORGES, épouse Valentine de Riquet, Comtesse de Caraman-Chimay.

ALEXANDRE, épouse Hélène, née Epureanu.
—

ÉLISE, épouse Philippesco. † août 1863.
—

CATHERINE, † 1866, épouse le général Jean Floresco.

ZOÉ, † 1858, épouse Georges Cantacuzène.

de *Barbu Brancovan* († 1694), de *Preda* et de *Papa Brancovan*, et de la femme de ce dernier.

Voici l'inscription relevée sur la tombe de *Preda* et de *Papa Brancovan* :

« Ci reposent les os de ceux qui ont trépassé dans le Saint-Esprit, du
« bienheureux jupan *Preda Brancovan*, grand vornic, et de son fils le
« postelnic *Papa*, qui ont péri, d'abord le postelnic *Papa*, sous le règne
« du Vayvode *Constantin Serban*, alors que les trabans (dorobantzi) à
« cheval se sont, en vrais brigands, soulevés contre leur Prince et la
« classe des boyards. Ils ont tué alors le postelnic *Papa*, l'an 7163 (1655).
« Son père, le vornic *Preda*, a été tué par le prince *Mihnea le Méchant*,
« dans le palais princier de Tergoviste, innocent de tout mal, et cette
« pierre a été posée par Sa Seigneurie la jupanessa *Stanca Cantacuzène*,
« qui a été femme du postelnic *Papa*, au 4 du mois de juin de l'année
« 7176 (1668). »

Voici également l'inscription de la tombe de *Stanca Cantacuzène* :

« Sous ce marbre reposent les cendres de la jupaneassa *Stanca Cantacu-*
« *zène*, fille du jupan *Constantin*, ex-grand postelnic, — issu de l'ancienne
« race des Empereurs *Cantacuzène*, — et de sa Seigneurie Ilinca (Hélène),
« fille de l'ancien Prince *Io Serban Bassaraba*, Vayvode. Elle fut femme
« du jupan *Papa Brancovan* (*ici une cassure de la pierre*), fils du jupan
« *Preda Brancovan*, ex-grand vornic, et mère du très béni Prince *Io Con-*
« *stantin Brancovan Bassaraba*, Vayvode; ayant vécu douée de la plus
« grande douceur et faisant force aumônes et beaucoup d'autres bonnes
« choses, elle a fini sa vie à l'âge de (*ici une cassure de la pierre*) ans,
« dont elle passa 44 dans le veuvage, privée de son mari (*ici une cas-*
« *sure de la pierre*). Et en bonne Chrétienne elle a rendu son âme l'an
« de la création 7207 et du salut 1699, au 1er février, la 11e année du
« règne de son fils le Vayvode *Io Constantin Brancovan Bassaraba*, qui
« avec grande pompe, et avec toutes les aumônes et services religieux
« chrétiens, l'ont amenée et ensevelie ici au *Monastère de Brancoveni*, où
« elle-même à sa mort a désiré reposer, près de son mari le postelnic
« *Papa*, et de son beau-père le vornic *Preda*. »

Il résulte de ces divers documents que les *Brancovan* ont, par deux mariages successifs, du sang des *Bassaraba*.

Les *Bibesco* descendent par les femmes des *Brancovan*, et, par le mariage du Prince *Georges D. Bibesco*, ils sont en droit héritiers du nom.

L'élection de 1843 a consacré ce que l'on pourrait, en France, appeler la légitimité (1).

---

(1) La note et la traduction des deux inscriptions ci-dessus sont de M. Boniface Floresco, professeur à la faculté de Bucarest, licencié ès lettres de la faculté de Rennes.

ERRATA

Page 15, ligne 5, *au lieu de* : Juil, Argesil, *lire* : Juil, Argeschul.
Page 15, ligne 6, *au lieu de* : Jalomnita, *lire* : Jalomita.
Page 43, ligne 8, *au lieu de* : article 26, *lire* : article 31.
Page 43, ligne 22, *au lieu de* : M. le Caïmacan, *lire* : MM. les Caïmacams.
Page 61, ligne 29, *au lieu de* : bons, *lire* : bans.
Page 62, ligne 16, *au lieu de* : deux resteront au monastère de Sinaï pour ses dépenses, *lire* : deux resteront au monastère indigène pour ses dépenses et réparations, et la troisième sera envoyée au monastère de Sinaï pour ses dépenses.
Page 63, ligne 22-23-24, *au lieu de* : francs (partout), *lire* : lei.
Page 66, note 2, *au lieu de* : Dealoul, Glavatchocoul, *lire* : Dealoul, Glavatchocului.
Page 66, note 2, *au lieu de* : Vallea, Rincaciovoul, *lire* : Vallea, Rincaciovului.
Page 66, note 2, *au lieu de* : Vucetul, Tanganulu, *lire* : Nucetul, Tanganului.
Page 73, supprimer le chiffre 2.
Page 73, note 3. La rapporter au bas de la page.
Page 78, ligne 26, *au lieu de* : Grecs, *lire* : du pays.
Page 78, ligne 33, *au lieu de* : Joannisliau, *lire* : Joannichiu.
Page 83, lignes 5 et 6, *au lieu de* : Le colonel Couza, proclamé le 24 janvier 1859 prince de Moldavie, puis le 5 janvier prince de Valachie, *lire* : Le prince Couza, proclamé le 5 janvier 1859 prince de Valachie, puis, le 24 janvier, prince de Moldavie.
Page 89, note 2, *au lieu de* : p. 40 et 41, *lire* : p. 74 et 76.
Page 92, note 1, *au lieu de* ; p. 38, *lire* : p. 74.
Page 94, ligne 19, *au lieu de* : Couvents grecs, *lire* : Couvents soumis aux Grecs.
Page 94, ligne 19, *au lieu de* : de tout empiétement, *lire* : elle promet de les défendre de tout empiétement.
Page 96, ligne 4, *au lieu de* : exagérées, *lire* : exigées.
Page 96, ligne 18, *au lieu de* : vingt-cinq mille, *lire* : deux cent cinquante mille.
Page 96, ligne 23, *au lieu de* : destiné, *lire* : désigné.
Page 98, ligne 8, *au lieu de* : subvention, *lire* : exemption.
Page 174, ligne 10, le renvoi (1) à supprimer.
Page 245, ligne 15, supprimer les mots : repousse et.
Page 262, ligne 4, supprimer : un des ancêtres du prince Bibesco.

TABLE DES MATIÈRES

PREMIÈRE PARTIE

EXPOSÉ SOMMAIRE DES ÉVÉNEMENTS QUI PRÉCÈDENT ET SUIVENT LE TRAITÉ D'ANDRINOPLE, DEPUIS L'OUVERTURE DES HOSTILITÉS ENTRE LA SUBLIME PORTE ET LA RUSSIE (23 AVRIL 1828) JUSQU'A L'AVÈNEMENT AU TRONE DE VALACHIE DE BIBESCO, GEORGES-DEMETRE (1ᵉʳ JANVIER 1843).

CHAPITRE PREMIER

COUP D'ŒIL SUR LES CAMPAGNES DE 1828 ET 1829.

Firman du 20 décembre 1827. — La Russie y répond par une déclaration de guerre. — Le 23 avril 1828 les troupes russes passent le Pruth; elles s'emparent de Braïla et de Varna, elles échouent devant Silistrie. — En 1829 nouveau siège de Silistrie. Après la capitulation de la place, le maréchal Diebitch marche sur Constantinople, remporte la victoire de Slivno, s'empare d'Andrinople et impose la paix au Sultan. Traité d'Andrinople, 14 septembre 1829.. 1

CHAPITRE II

KISSELEFF GOUVERNEUR GÉNÉRAL DES PRINCIPAUTÉS DANUBIENNES.

Les Principautés avant 1829. — Kisseleff nommé gouverneur général de la Moldo-Valachie. — Ses réformes. — Travaux relatifs au règlement organique. — Le 1ᵉʳ mai 1831, le règlement pour la Valachie et celui destiné à la Moldavie sont votés par l'assemblée générale extraordinaire convoquée *ad hoc*. Principales dispositions de l'œuvre. — Le choléra. — Énergie et dévouement de Kisseleff. — Reprise et achèvement des travaux de réorganisation.. 8

CHAPITRE III

SITUATION DE LA SUBLIME PORTE.

Préparatifs du général Kisseleff pour se porter au secours de Constantinople menacé par Ibrahim-Pacha. — Situation de la Porte. — La paix est conclue. Kisseleff quitte les Principautés. — Regrets qui l'accompagnent....... 17

CHAPITRE IV

RÉORGANISATION DES PRINCIPAUTÉS DANUBIENNES.

Attitude de la Porte pendant cette période de réorganisation des Principautés. — Nomination par la Porte d'Alexandre Ghyka comme prince de Valachie, de Michel Stourdza comme prince de Moldavie. — Mai 1834. — Le prince Ghyka est déposé en 1842 par un firman de la Porte. — Nomination d'une Caïmacanie chargée de gouverner le pays en attendant l'élection du futur Prince.. 23

CHAPITRE V

LE PRINCE GEORGES-DEMETRE BIBESCO.

Georges-D. Bibesco. — Origine de sa famille, ses études, ses débuts dans la carrière politique. — Son élection à vie, par la nation, comme Prince de Valachie... 33

CHAPITRE VI

L'histoire d'après les anonymes................................... 45

DEUXIÈME PARTIE

CORRESPONDANCE DIPLOMATIQUE ET DOCUMENTS CONCERNANT LE RÈGNE DE BIBESCO, DU 1ᵉʳ JANVIER 1843 AU 11 JUIN 1848.

QUESTION DES SAINTS LIEUX

Couvents dédiés ou biens conventuels en Roumanie................... 57
Mémoire... 59
S. A. S. le Prince Bibesco, à S. Exc. le comte de Nesselrode. Bucarest, 20 mai 1843.. 86
Mémorandum de S. A. S. le Prince Bibesco, à S. Exc. le comte de Nesselrode. Bucarest, 20 mai 1843.. 89
Mémoire du Gouvernement de Saint-Pétersbourg. 1ᵉʳ août 1843........ 93
S. A. S. le Prince Bibesco, à S. Exc. le comte de Nesselrode. Constantinople, 20 septembre 1843.. 98
Mémoire de S. A. S. le Prince Bibesco, sur les monastères des Principautés de Valachie et de Moldavie dédiés aux Saints Lieux. Constantinople, 20 septembre 1843.. 101
M. Billecoq à M. Guizot. 26 septembre 1843....................... 108
M. Billecoq à M. Guizot. 26 septembre 1843....................... 109

M. Guizot à M. Billecoq. 23 octobre 1843............................. 111
Dépêche de S. Exc. le comte de Nesselrode, à M. Daschkoff. Saint-Pétersbourg, 28 décembre 1843.. 113
S. Exc. le général Kisseleff, à S. A. S. le Prince Bibesco. Saint-Pétersbourg, 14 avril 1844... 117
Mémoire de S. A. S. le Prince Bibesco. Avril 1844..................... 118
S. Exc. le comte de Nesselrode, à M. Daschkoff, Saint-Pétersbourg, 18 mai 1845.. 121
Mémorandum de S. A. S. le Prince Bibesco, au Cabinet de Saint-Pétersbourg. Bucarest, 24 décembre 1844...................................... 122
S. A. S. le Prince Bibesco, à S. Exc. le comte de Nesselrode. Bucarest, 13/25 juillet 1845... 127
S. Exc. le général comte Kisseleff, à S. A. S. le Prince Bibesco. Saint-Pétersbourg, 25 novembre 1845... 131
Instructions de S. A. S. le Prince Bibesco, à Aristarchi-Bey, 1845...... 132

QUESTION COMMERCIALE

Exposé.. 147
S. A. S. le Prince Bibesco, et le Cabinet de Saint-Pétersbourg......... 151
S. A. S. le Prince Bibesco, à S. M. le Sultan. Bucarest, 1843.......... 157
S. A. S. le Prince Bibesco, à S. A. le grand vizir Richid-Pacha. Bucarest, 1843.. 158
Firman impérial... 159
M. Timony, à S. A. S. le Prince Bibesco. Bucarest, 14/28 décembre 1843. 162
S. Exc. le comte de Stürmer, à S. A. S. le Prince de Valachie. Constantinople, 21 mai 1844... 164
S. A. S. le Prince Bibesco, à S. Exc. M. de Titow. Bucarest, 11/23 janvier 1845.. 165
S. Exc. le comte de Nesselrode, à S. A. S. le Prince Bibesco. Saint-Pétersbourg, 30 mars 1845.. 168
M. Philippsborn, à S. A. S. le Prince Bibesco. Vienne, 6 mars 1846..... 169
M. Philiposborn, à S. A. S. le Prince Bibesco. 31 mars 1846............ 171

CORRESPONDANCE GÉNÉRALE DIPLOMATIQUE
(1843-1846.)

S. Exc. le comte de Nesselrode, à M. Daschkoff. Saint-Pétersbourg, 12 janvier 1843.. 177
M. Billecoq, à S. Exc. M. Guizot. 2 janvier 1843...................... 179
S. Exc. le comte de Nesselrode, à M. Daschkoff. Janvier 1843.......... 180
S. Exc. le comte de Nesselrode, à S. A. S. le Prince Bibesco.......... 181
S. Exc. le général comte Kisseleff, à S. A. S. le Prince Bibesco. Saint-Pétersbourg, 1843 (28 janvier).. 185
S. A. S. le Prince Bibesco de Valachie, à S. A. S. le Prince Stourdza de Moldavie. Bucarest, 2 mars 1843....................................... 187
S. Exc. le comte de Nesselrode, à S. Em. le Métropolitain Néophyte. Saint-Pétersbourg, 31 mars 1843.. 188
S. Exc. le général Duhamel, à S. A. S. le Prince Bibesco. Paris, 24 avril/ 6 mai 1843... 190

TABLE DES MATIÈRES.

S. Exc. le général Kisseleff, à S. A. S. le Prince Bibesco. 1ᵉʳ mai 1843...	191
S. Exc. le général comte Kisseleff, à S. A. S. le Prince Bibesco. Saint-Pétershourg, 7 juin 1843.	192
S. Exc. le général comte Kisseleff, à S. A. S. le Prince Bibesco. Peterhoff, 14 juin 1843.	194
S. A. S. le Prince Stourdza, à S. A. S. le Prince Bibesco. Juillet 1843...	199
S. A. R. le Prince Albert de Prusse, à S. A. S. le Prince Bibesco. Berlin, 10 septembre 1843.	200
S. M. Frédéric-Guillaume, roi de Prusse, à S. A. S. le Prince Bibesco. Sans-Souci, 19 septembre 1843.	201
S. A. R. le Prince Albert de Prusse, à S. A. S. le Prince Bibesco. Nice, 20 octobre 1844.	202
S. A. R. le Prince Albert de Prusse, à S. A. S. le Prince Bibesco. Berlin, 12 mars 1845.	203
S. A. R. le Prince Albert de Prusse, à S. A. S. le Prince Bibesco. Berlin, 30 septembre 1846.	203
S. A. R. le Prince Albert de Prusse, à S. A. S. le Prince Bibesco. Berlin, 28 septembre 1846.	204
S. A. S. le Prince Bibesco, à S. A. S. le Prince Stourdza. Bucarest, 19 octobre 1843.	205
S. A. S. le Prince Bibesco, à S. A. S. le Prince Stourdza, 2 janvier 1844.	207
M. Philippsborn, à S. A. S. le Prince Bibesco. Vienne, 20 novembre 1843.	208
M. Philippsborn, à S. A. S. le Prince Bibesco. Vienne, 21 novembre 1843.	209
S. Exc. Rifaat, à S. A. S. le Prince Bibesco. Constantinople, 1ᵉʳ décembre 1843.	211
S. A. S. le Prince Bibesco, à S. A. S. le Prince Stourdza. Bucarest, 9 janvier 1844.	213
S. Exc. M. de Titow, à M. Daschkoff. Pera, 6/18 janvier 1844.	215
S. A. S. le Prince Bibesco, à S. A. S. le Prince Stourdza. Bucarest, 30 mai 1844.	217
S. A. S. le Prince Bibesco, à S. A. S. le Prince Stourdza. Bucarest, 22 août 1844.	218
S. A. S. le Prince Bibesco, à S. A. S. le Prince Stourdza. 19 mars 1845..	220
S. Exc. le général comte Kisseleff, à S. A. S. le Prince Bibesco. Saint-Pétersbourg, 14 avril 1844.	221
M. Philippsborn, à S. A. S. le Prince Bibesco, Vienne, 8 avril 1844.	224
S. Exc. le comte Kisseleff, à M. Cantacuzène. Saint-Pétersbourg, 14 avril 1844.	228
S. Exc. le général comte Kisseleff, à S. A. S. le Prince Bibesco. Saint-Pétersbourg, 1ᵉʳ mai 1844.	232
S. Exc. le comte de Nesselrode, à S. A. S. le Prince Bibesco. Saint-Pétersbourg, 2 mai 1844.	235
S. Exc. le général comte Kisseleff, à S. A. S. le Prince Bibesco. Saint-Pétersbourg, 17 juillet 1844.	237
Le général Kisseleff, à S. A. S. le Prince Bibesco. 30 octobre 1844.	239
S. Exc. le comte Kisseleff, à S. Em. le Métropolitain Néophyte. Saint-Pétersbourg, 13 novembre 1844.	239
Le Consul général de France, à S. A. S. le Prince Bibesco. Bucarest, 18/30 octobre 1845.	241

LA POLITIQUE DE M. BILLECOQ

Mémoire..	243-275
S. A. S. le Prince Bibesco, à S. Exc. M. Guizot. Bucarest, 6 mai 1846...	276
M. de Nion, à S. Exc. M. Guizot. Bucarest, 15 mai 1846..............	277
M. de Nion, à S. Exc. M. Guizot. Bucarest, 21 mai 1846..............	280
M. de Nion, à S. Exc. M. Guizot. Bucarest, 3 juillet 1846.............	282
M. de Nion, à S. A. S. le Prince Bibesco. Bucarest, 18/25 juin 1846.....	288
S. A. S. le Prince Bibesco, à S. Exc. M. Guizot. Bucarest, 21 juin/3 juillet 1846..	289
M. de Nion, à S. Exc. M. Guizot. Bucarest 14 octobre 1846...........	290
S. Exc. le général comte Kisseleff, à S. A. S. le Prince Bibesco. Saint-Pétersbourg, 27 octobre 1846......................................	295
S. Exc. le général comte Kisseleff, à S. A. S. le Prince Bibesco. Saint-Pétersbourg, 27 octobre 1846......................................	297
M. Stürmer, à S. A. S. le Prince Bibesco. Constantinople, 4 novembre 1846...	298
S. A. S. le Prince Bibesco, à M. Philippsborn. Bucarest, 1846..........	299
S. A. le Prince de Metternich, à M. Timony.......................	300

CORRESPONDANCE GÉNÉRALE DIPLOMATIQUE
(1847-1848.)

Le roi Louis-Philippe, au Prince Bibesco...........................	303
S. A. S. le Prince Bibesco, à S. M. le Roi des Français. Bucarest, 8/20 juillet..	304
S. Exc. le général comte Kisseleff, à S. A. S. le Prince Bibesco. Saint-Pétersbourg, 2 février 1847.......................................	305
S. Exc. le général comte Kisseleff, à S. A. S. le Prince Bibesco. Saint-Pétersbourg, mai 1847...	308
S. A. S. le Prince Bibesco, à S. Exc. le général comte Kisseleff. Breaza, 16 août 1847...	310
S. Exc. le général comte Kisseleff, à S. A. S. le Prince Bibesco. Saint-Pétersbourg, 6 août 1847..	314
S. Exc. le général comte Kisseleff, à S. A. S. le Prince Bibesco. Saint-Pétersbourg, 21 mars 1848.......................................	316
S. Exc. le comte Kisseleff, à S. Em. le Métropolitain Néophyte. Saint-Pétersbourg, 20 juin 1847..	317
S. Exc. Rechid-Pacha, à S. A. S. le Prince Bibesco. Constantinople, 18 mars 1848...	319
S. Exc. le général comte Kisseleff, à S. A. S. le Prince Bibesco. Saint-Pétersbourg, 22 avril 1848.......................................	320
S. Exc. Rechid-Pacha, à S. A. S. le Prince Bibesco. Constantinople, 21 mai 1848..	323
Rifaat-Pacha, à S. A. S. le Prince Bibesco. 30 mai 1848...............	324
S. Exc. le général comte Kisseleff, à S. A. S. le Prince Bibesco. Pawlovna, 29 juin 1848..	325
M. C. de Kotzebue, à S. A. S. le Prince Bibesco. Bucarest, 12 juin 1848.	326
M. C. de Kotzebue, à S. A. S. le Prince Bibesco. Galatz, 8 juillet 1848..	327

Le comte de Nesselrode, à S. A. S. le Prince Georges Bibesco. Pétersbourg, 17 décembre 1848... 328

QUESTION RELATIVE A L'INSTRUCTION PUBLIQUE

Exposé 335
S. A. S. le Prince Bibesco, à M. D..., professeur au collège Louis le Grand. Bucarest, 14 mai 1847... 337
S. A. S. le Prince Bibesco, à S. Exc. le ministre de l'instruction publique de France. Bucarest, 9 octobre 1847............................. 339
Le comte de Salvandy, à S. A. S. le Prince Bibesco. Paris, 26 novembre 1847.. 341
S. A. S. le Prince Bibesco, à S. Exc. le comte de Salvandy. Bucarest, 7/19 février 1848... 343
Loi sur l'instruction publique. 2 mars 1847............................... 344

CORRESPONDANCE GÉNÉRALE
(1849-1858).

Note... 350
S. Exc. Rechid-Pacha, à S. A. S. le Prince Bibesco. Constantinople, 18 juin 1849... 351
S. Exc. Aali-Pacha, à S. A. S. le Prince Bibesco. Constantinople, 1/13 mars 1854... 352
S. Exc. Rechid-Pacha, à S. A. S. le Prince Bibesco. 31 décembre 1849.. 353
S. Exc. Rifaat-Pacha, à S. A. S. le Prince Bibesco. Constantinople, 28 février 1850... 354
S. Exc. Rechid-Pacha, à S. A. S. le Prince Bibesco. Constantinople. 12/24 mars 1852.. 354
(Le Prince roumain choisi par la Porte pour opérer un rapprochement souhaité par Elle avec l'Autriche.)
M. Timony, à S. A. S. le Prince Bibesco. Vienne, 22 octobre 1853...... 358
S. Exc. Riza-Pacha, à S. A. S. le Prince Bibesco. Constantinople, 25 janvier 1854... 361
S. Exc. Fuad-Pacha, à S. A. S. le Prince Bibesco. Mai 1855............. 362
S. Exc. Fuad-Pacha, à S. A. S. le Prince Bibesco. Vienne, 23 juin 1855.. 363
S. Exc. le comte Coronini, à S. A. S. le Prince Bibesco. Mehadia, 16 août 1856.. 363
S. Exc. le comte Coronini, à S. A. S. le Prince Bibesco. Bucarest, 10 septembre 1855.. 364
S. A. S. le Prince Bibesco, à M. de Cambyse. Paris, 14 octobre 1855.... 366
S. Exc. Aali-Pacha, à S. A. S. le Prince Bibesco. 23 décembre 1857..... 369
Copie d'une lettre remarquable, non signée. 25 octobre 1857........... 371
S. Exc. le séraskier Omer-Pacha, à S. A. S. le Prince Bibesco. Constantinople, 28 avril 1858... 375
Conclusion.. 376-377

PIÈCES JUSTIFICATIVES

Traités. — Documents historiques............................... 381-440

TABLE DES MATIÈRES. 461

Traité de Koutschouk-Kaïnardji du 10/22 juillet 1774.................. 383
Traité de Iassy du 29 décembre 1791/9 janvier 1792................... 403
Traité de Bucarest du 16/28 1812.................................... 409
Convention explicative conclue à Ackermann le 25 septembre/7 octobre
  1826... 415
Traité d'Andrinople du 2/14 juillet 1829............................. 424
Traité de Saint-Pétersbourg de janvier 1834.......................... 436
Convention de Balta-Liman, 19 avril/1er mai 1849..................... 438

DOCUMENTS

Indigénat accordé au général comte Kisseleff........................ 443
Chrysobulle de Mathieu Bassaraba, de 1639........................... 444
Généalogie et tableaux de la famille Bassaraba-Brancovan-Bibesco..... 450
Errata.. 453

FIN DE LA TABLE DES MATIÈRES DU TOME PREMIER.

PARIS

TYPOGRAPHIE DE E. PLON, NOURRIT ET Cie
Rue Garancière, 8.

www.ingramcontent.com/pod-product-compliance
Lightning Source LLC
Chambersburg PA
CBHW050244230426
43664CB00012B/1826